資治通鑑

第四册

漢光武帝建武二十三年丁未起
漢靈帝光和三年庚申止

卷四十四
至五十七

中華書局

資治通鑑卷第四十四

翰林學士兼侍讀學士朝散大夫右諫議大夫知制誥判尚書都省兼提舉萬壽觀公事上護軍河內郡開國侯食邑一千三百戶賜紫金魚袋臣司馬光　奉敕編集

後學天台胡三省　音註

漢紀三十六

起強圉協洽（丁未），盡上章涒灘（庚申），凡十四年。

世祖光武皇帝下

建武二十三年（丁未、四七）

1 春，正月，南郡蠻叛；郡國志：南郡，在雒陽南一千五百里。蠻，即緣沔諸山蠻也。杜佑曰：時南郡潳山蠻反，劉尚討破之，徙其種人七千餘口，置江夏界中，其後沔中蠻是也。遣武威將軍劉尚討破之。

2 夏，五月，丁卯，大司徒蔡茂薨。

3 秋，八月，丙戌，大司空杜林薨。

4 九月，辛未，以陳留【章：十二行本「留」下有「太守」二字；乙十一行本同；孔本同；張校同。】玉況爲大司徒。賢曰：玉，音肅，姓也。

5 冬，十月，丙申，以太僕張純爲大司空。

6 武陵蠻精夫相單程等反，秦昭王使白起伐楚，略取蠻夷，始置黔中郡；漢興，改爲武陵。范書曰：長沙武陵蠻名渠帥曰精夫，槃瓠之後也。遣劉尚發兵萬餘人泝沅水入武谿擊之。賢曰：沅水出牂柯故且蘭，東北經辰州、潭州、岳州，經洞庭湖入江。武谿，在今辰州盧谿縣西百八十里，卽五谿之一也。沅，音元。尚輕敵深入，蠻乘險邀之，尚一軍悉沒。

7 初，匈奴單于輿弟右谷蠡王知牙師以次當爲左賢王，谷蠡，音鹿黎。左賢王次卽當爲單于。單于欲傳其子，遂殺知牙師。烏珠留單于有子曰比，爲右薁鞬日逐王，薁，音郁。鞬，居言翻。領南邊八部。比見知牙師死，出怨言曰：「以兄弟言之，右谷蠡王次當立；以子言之，我前單于長子，我當立！」呼韓邪單于約其諸子以兄弟次相傳，單于輿殺其弟知牙師而立其子，亂呼韓邪之約，而比則烏珠留之長子也。比自謂若父子相傳，則烏珠留死，比當立爲單于，何待至輿而始傳其子也。師古曰：谷，音鹿。蠡，盧奚翻。遂內懷猜懼，庭會稀闊。匈奴諸王歲正月會單于庭。單于疑之，乃遣兩骨都侯監領比所部兵。監，古銜翻。及單于蒲奴立，比益恨望，密遣漢人郭衡奉匈奴地圖詣西河太守求內附。郡國志：西河郡，在雒陽北千二百里。守，式又翻。兩骨都侯頗覺其意，會五月龍祠，匈奴諸王每歲五月會龍城祠。南匈奴傳曰：匈奴俗歲有三龍祠，常以正月、五月、九月戊日。勸單于誅比。比弟漸將王在單于帳下，南匈奴傳：大臣貴者左賢王，次左谷蠡王，次右賢王，次右谷蠡王，謂之四角。次左、右日逐王，次左、右溫禺鞮王，次左、右斬將王，是爲六角。「漸」，當作「斬」，傳寫誤加水旁耳。聞之，馳以報比。比遂聚八部兵四五萬人，待兩骨都侯還，欲殺之。骨都侯且到，知其謀，亡去。單于遣萬騎擊之，見比衆盛，不敢進而還。

8 是歲，鬲侯朱祜卒。范書朱祜傳：二十四年卒。祜爲人質直，尚儒學；爲將多受降，將，卽亮翻。降，戶江翻。以克定城邑爲本，不存首級之功。又禁制士卒不得虜掠百姓，軍人樂放縱，樂，音洛。多以此怨之。

二十四年（戊申、四八）

1 春，正月，乙亥，赦天下。

2 匈奴八部大人共議立日逐王比爲呼韓邪單于，款五原塞，願永爲藩蔽，扞禦北虜。事下公卿，下，遐稼翻。議者皆以爲「天下初定，中國空虛，夷狄情僞難知，不可許。」五官中郎將耿國五官中郎將，掌五官郎。杜佑曰：漢制，三署郎，年五十以上屬五官，其次分屬左、右署。獨以爲「宜如孝宣故事，受之，事見二十七卷宣帝甘露、黃龍間。令東扞鮮卑，北拒匈奴，率厲四夷，完復邊郡。」時邊郡皆創殘，有南匈奴爲扞蔽，則可以完復矣。帝從之。

3 秋七月，武陵蠻寇臨沅；賢曰：臨沅，縣名，屬武陵郡，故城在今朗州武陵縣。遣謁者李嵩、中山太守馬成討之，不克。馬援請行，帝愍其老，未許，援曰：「臣尚能被甲上馬。」被，皮義翻。帝令試之。援據鞍顧眄，以示可用，帝笑曰：「矍鑠哉是翁！」賢曰：矍鑠，勇貌也。遂遣援率中郎將馬武、耿舒等將四萬餘人征五溪。酈道元註水經云：武陵有五溪，謂雄溪、樠溪、酉溪、潕溪、辰溪，悉是蠻夷所居，故謂五溪，皆槃瓠之子孫也。土俗「雄」作「熊」，「樠」作「朗」，「潕」作「武」。賢曰：五溪在今辰州界。援謂友人杜愔曰：「吾受厚恩，年迫日索，索，盡也。愔，於今翻。索，昔各翻。常恐不得死國事；今獲所願，甘心瞑目，但畏長者家兒或在左右，或與從事，殊難得調，介介獨惡是耳！」賢曰：長者家兒，謂權要子弟等。介介，猶耿耿也。余謂調，和也。援固已慮耿舒之難與共事，梁松、竇固之邇言矣。惡，烏路翻。

4冬，十月，匈奴日逐王比自立爲南單于，遣使詣闕奉藩稱臣。上以問朗陵侯臧宮。賢曰：朗陵，縣名，屬汝南郡，故城在今豫州朗山縣西南。宮曰：「匈奴飢疫分爭，臣願得五千騎以立功。」帝笑曰：「常勝之家，難與慮敵，吾方自思之。」

二十五年（己酉、四九）

1春，正月，遼東徼外貊人寇邊，徼，古弔翻。貊，莫百翻。太守祭肜招降之。降，戶江翻。肜又以財利撫納鮮卑大都護偏何，使招致異種，駱驛款塞。種，章勇翻。駱驛，相繼也。款，叩也，至也。肜曰：「審欲立功，當歸擊匈奴，斬送頭首，乃信耳。」偏何等卽擊匈奴，斬首二千餘級，持頭詣郡。其後歲歲相攻，輒送首級，受賞賜。自是匈奴衰弱，邊無寇警，鮮卑、烏桓並入朝貢。

朝，直遥翻。彤爲人質厚重毅，撫夷狄以恩信，故皆畏而愛之，得其死力。

2 南單于遣其弟左賢王莫莫者，左賢王之名。將兵萬餘人擊北單于弟薁鞬左賢王，生獲之；北單于震怖，怖，普布翻。卻地千餘里。北部薁鞬骨都侯與右骨都侯率衆三萬餘人歸南單于。三月，南單于復遣使詣闕貢獻，求使者監護，復，扶又翻。監，古銜翻。遣侍子，修舊約。舊約，宣帝舊約。

3 戊申晦，日有食之。

4 馬援軍至臨鄉，水經註：武陵郡沅南縣，建武中所置縣，在沅水之陰，因以沅南爲名，縣治故城，昔馬援討臨鄉所築也。擊破蠻兵，斬獲二千餘人。

初，援嘗有疾，虎賁中郎將梁松來候之，虎賁中郎將，掌虎賁郎。賁，音奔。獨拜牀下，援不答。松去後，諸子問曰：「梁伯孫，帝壻，梁松，字伯孫，尚帝女舞陰公主。爾雅曰：女子之夫爲壻。貴重朝廷，公卿已下莫不憚之，大人柰何獨不爲禮？」援曰：「我乃松父友也，雖貴，何得失其序乎！」

援兄子嚴、敦並喜譏議，賢曰：喜，許吏翻。通輕俠，援前在交趾，還書誡之曰：「吾欲汝曹聞人過失，如聞父母之名，耳可得聞，口不可得言也。好論議人長短，好，呼到翻；下同。妄是非政法，賢曰：謂譏刺時政也。此吾所大惡也；寧死，不願聞子孫有此行也。惡，烏路翻。行，下孟翻；下同。龍伯高敦厚周愼，口無擇言，謙約節儉，廉公有威，吾愛之重之，願汝曹效之。杜季良豪俠好義，憂人之憂，樂人之樂，樂，音洛。父喪致客，數郡畢至，吾愛之重之，不願汝曹效也。效伯高不得，猶爲謹敕之士，所謂『刻鵠不成尚類鶩』者也；賢曰：鶩，鴨也。鶩，莫卜翻。毛晃曰：舒鳧，俗謂之鴨，可畜而不能高飛者曰鴨，野生而高飛者曰鶩。效季良不得，陷爲天下輕薄子，所謂『畫虎不成反類狗』者也。」伯高者，山都長龍述也；龍，姓；述，名。賢曰：山都，縣名，屬南陽郡，舊南陽之赤鄉，秦以爲縣，故城在今襄州義清縣東北。長，知兩翻。季良者，越騎司馬杜保也；百官志：越騎校尉，其屬有司馬，秩千石。皆京兆人。會保仇人上書，訟「保爲行浮薄，亂羣惑衆，伏波將軍萬里還書以誡兄子，而梁松、竇固與之交結，將扇其輕僞，敗亂諸夏。」敗，補邁翻。書奏，帝召責松、固，以訟書及援誡書示之，松、固叩頭流血，而得不罪。詔免保官，擢拜龍述爲零陵太守。賢曰：零陵，今永州。守，式又翻。松由是恨援。

及援討武陵蠻，軍次下雋，賢曰：下雋，縣名，屬長沙國，故城在今辰州沅陵縣。宋白曰：岳州巴陵縣，漢地理志，下雋縣，屬長沙郡，在今鄂州蒲圻縣界，卽此地。按水經，江水東至長沙下雋縣北，澧水、資水、沅水合，東流注之，則宋說爲是，賢說非。雋，子兗翻。有兩道可入，從壺頭則路近而水嶮，水經註：夷水南出夷山，北流注沅。夷山，東接壺頭山，山下水際有馬援停軍處。賢曰：壺頭山在今辰州沅陵東。從充則塗夷而運遠。賢曰：充，縣名，屬武陵郡。充，昌容翻。耿舒欲從充道；援以爲棄日費糧，不如進壺頭，搤其喉咽，搤，持也。咽，音煙；喉嚨也。充賊自破；以事上之，上，時掌翻；下同。帝從援策。進營壺頭，賊乘高守隘，水疾，船不得上；會暑甚，士卒多疫死，援亦中病，乃穿岸爲室以避炎氣。武陵記曰：壺頭山邊有石窟，卽援所穿室也。中，竹仲翻。賊每升險鼓譟，援輒曳足以觀之，左右哀其壯意，莫不爲之流涕。爲，于僞翻。耿舒與兄好時侯弇書曰：好時縣，屬扶風。時，音止。「前舒上書當先擊充，糧雖難運而兵馬得用，軍人數萬，爭欲先奮。今壺頭竟不得進，大衆怫鬱行死，師古曰：怫鬱，憂不樂也。佛，符弗翻。怫鬱，氣蘊積而不得舒也。行死，謂行將疫死也。誠可痛惜！前到臨鄉，賊無故自致，若夜擊之，卽可殄滅，伏波類西域賈胡，到一處輒止，賢曰：言似商胡，所至之處輒停留也。賈，音古。以是失利。今果疾疫，皆如舒言。」弇得書奏之，帝乃使梁松乘驛責問援，因代監軍。監，古銜翻。

會援卒，松因是構陷援。帝大怒，追收援新息侯印綬。郡國志：新息，侯國，屬汝南郡。應劭曰：古息國，其後東徙，加「新」字。初，援在交趾，常餌薏苡實，能輕身，勝障氣，神農本草經曰：薏苡味甘，微寒，主風濕痺，下氣，除筋骨邪氣，久服輕身益氣。障，與瘴同。軍還，載之一車。及卒後，有上書譖之者，以爲前所載還皆明珠文犀。文犀，犀之有文彩者。帝益怒。

援妻孥惶懼，孥，音奴，子也。不敢以喪還舊塋，槀葬域西，賢曰：槀，草也，以不歸舊塋，時權葬，故稱槀。馬援傳作「城西」。【章：乙十一行本正作「城西」。張校云：「域」作「城」，誤。】說文曰：塋，墓地。廣雅曰：塋域，葬地也。賓客故人，莫敢弔會。不敢弔及會葬。嚴與援妻子草索相連，詣闕請罪。索，昔各翻。帝乃出松書以示之，方知所坐，上書訴冤，前後六上，辭甚哀切。上，時掌翻；下同。

前雲陽令扶風朱勃雲陽縣，屬左馮翊，有秦雲陽宮。鉤弋夫人葬雲陽，昭帝爲起雲陵邑，後爲縣。詣闕上書曰：「竊見故伏波將軍馬援，拔自西州，欽慕聖義，閒關險難，難，乃旦翻。觸冒萬死，經營隴、冀，謂征隗囂時也。謀如涌泉，勢如轉規，規，圓也。兵動有功，師進輒克。誅鋤先零，飛矢貫脛；零，音憐。建武十一年，援擊破先零，飛矢貫脛。脛，形定翻。出征交趾，與妻子生訣。征交趾事見上卷十七年、十八年、十九年。閒復南討，復，扶又翻。立陷臨鄉，師已有業，業，緒也。未竟而死；吏士雖疫，援不獨存。夫戰或以久而立功，或以速而致敗，深入未必爲得，不進未必爲非，人情豈樂久屯絕地不生歸哉！樂，音洛。惟援得事朝廷二十二年，北出塞漠，謂討烏桓。南渡江海，觸冒害氣，僵死軍事，名滅爵絕，國土不傳，海內不知其過，衆庶未聞其毀，家屬杜門，葬不歸墓，怨隙並興，宗親怖慄，怖，普布翻。死者不能自列，生者莫爲之訟，爲，于僞翻。臣竊傷之！夫明主醲於用賞，約於用刑，高祖嘗與陳平金四萬斤以閒楚軍，不問出入所爲，事見十卷高帝三年。閒，古莧翻。豈復疑以錢穀閒哉！復，扶又翻。願下公卿，平援功罪，宜絕宜續，以厭海內之望。」下，遐稼翻。厭，一葉翻。帝意稍解。

初，勃年十二，能誦詩、書，常候援兄況，辭言嫺雅，賢曰：嫺，音閑。嫺雅，猶言沈靜也；余謂嫺，習也。屈原傳：嫺於辭令。援裁知書，見之自失。況知其意，乃自酌酒慰援曰：「朱勃小器速成，智盡此耳，卒當從汝稟學，卒，子恤翻；終也。賢曰：稟，受也。勿畏也。」勃未二十，右扶風請試守渭城宰。前書音義曰：試守者，試守一歲乃爲眞，食其全俸。賢曰：渭城，縣名，故城在今咸陽縣東北。及援爲將軍封侯，而勃位不過縣令。援後雖貴，常待以舊恩而卑侮之，勃愈身自親。及援遇讒，唯勃能終焉。

謁者南陽宗均監援軍，「宗均」，列傳作「宋均」。趙明誠金石錄有漢司空宗俱碑。按後漢宋均傳：均族子意，意孫俱，靈帝時爲司空。余嘗得宗資墓前碑龜膊上刻字，因以後漢帝紀及姓苑、姓纂諸書參考，以謂自均以下，其姓皆作「宗」，而列傳轉寫爲「宋」，誤也。後得此碑，益知前言之不繆。援旣卒，軍士疫死者太半，蠻亦飢困。均乃與諸將議曰：「今道遠士病，不可以戰，欲權承制降之，何如？」諸將皆伏地莫敢應。降，戶江翻。均曰：「夫忠臣出竟，有可以安國家，專之可也。」公羊傳曰：聘禮，大夫受命不受辭，出境有可以安社稷，全國家者，則專之可也。竟，讀曰境。乃矯制調伏波司馬呂种守沅陵長，調，徒弔翻。命种奉詔書入虜營，告以恩信，因勒兵隨其後。蠻夷震怖，冬十月，共斬其大帥而降。帥，所類翻。於是均入賊營，散其衆，遣歸本郡，爲置長吏而還，爲，于僞翻。還，從宣翻，又如字。羣蠻遂平。均未至，先自劾矯制之罪；劾，戶概翻，又戶得翻。上嘉其功，迎，賜以金帛，令過家上冢。受命而出，未復命則不當先過家，今使過家上冢，所以示寵榮也。上，時掌翻。

5 是歲，遼西烏桓大人郝旦等率衆内屬，考異曰：帝紀今春既著烏桓來朝。歲末又紀是歲烏桓朝貢内屬。蓋始獨大人來朝，後乃率種族内屬耳。詔封烏桓渠帥爲侯、王、君長者八十一人，帥，所類翻。長，知兩翻。使居塞内，布於緣邊諸郡，令招來種人，種，章勇翻。給其衣食，遂爲漢偵候，偵，丑鄭翻。助擊匈奴、鮮卑。時司徒掾班彪上言：「烏桓天性輕黠，好爲寇賊，若久放縱而無總領者，必復掠居人，掾，俞絹翻。黠，下八翻。好，呼到翻。復，扶又翻。但委主降掾吏，賢曰：蓋當時權置也。降，戶江翻。恐非所能制。臣愚以爲宜復置烏桓校尉，西都置護烏桓校尉，至王莽時，烏桓叛，校尉由是罷。闞駰十三州志曰：護烏桓，擁節，秩比二千石，武帝置以護内附烏桓，既而并於匈奴中郎將。余據匈奴中郎將，亦此時方置，未知并於匈奴中郎將果何時也！校，戶教翻。誠有益於附集，省國家之邊慮。」帝從之，於是始復置校尉於上谷甯城，賢曰：甯城，縣名。前書「甯」作「寧」，「寧」、「甯」兩字通也。杜佑曰：甯城，在嬀州郡懷戎縣西北，俗名西吐敎城。開營府，并領鮮卑賞賜、質子，歲時互市焉。質，音致。

二十六年（庚戌、五〇）

1 正月，詔增百官奉，百官志：大將軍、三公奉，月三百五十斛；秩中二千石奉，月百八十斛；二千石，月百二十斛；比二千石，月百斛；千石，月九十斛；比千石，月八十斛；六百石，月七十斛；比六百石，月五十五斛；四百石，月五十斛；比四百石，月四十五斛；三百石，月四十斛；比三百石，月三十七斛；二百石，月三十斛；比二百石，月二十七斛；百石，月十六斛；斗食，月十一斛；佐史，月八斛。凡諸受奉，錢、穀各半。奉，音扶用翻。其千石已上，減於西京舊制，六百石已下，增於舊秩。

2 初作壽陵。賢曰：初作陵，未有名，故號壽陵，蓋取久長之義也。帝曰：「古者帝王之葬，皆陶人、瓦器、木車、茅馬，使後世之人不知其處。太宗識終始之義，景帝能述遵孝道，遭天下反覆，而霸陵獨完受其福，豈不美哉！謂赤眉入長安，惟霸陵不掘。今所制地不過二三頃，無【章：十二行本「無」下有「爲」字；乙十一行本同；張校同。】山陵陂池，裁令流水而已。賢曰：言不起山陵，裁令封土陂池不停水而已。陂，音普何翻。池，音徒河翻。使迭興之後，與丘隴同體。」迭興，謂易姓而王者。

3 詔遣中郎將段彬、【章：十二行本「彬」作「郴」；乙十一行本同。】彬，丑林翻。副校尉王郁使南匈奴，立其庭，去五原西部塞八十里。地理志，五原西部都尉治田辟。師古曰：辟，讀曰壁。使者令單于伏拜受詔，單于顧望有頃，乃伏稱臣。拜訖，令譯曉使者曰：「單于新立，誠慙於左右，願使者衆中無相屈折也。」詔聽南單于入居雲中，賢曰：雲中，郡名，在今勝州北。宋白曰：漢雲中故城，在勝州東北四十里榆林縣界，趙武侯所築。始置使匈奴中郎將，將兵衛護之。

4 夏，南單于所獲北虜薁鞬左賢王將其衆及南部五骨都侯韓氏骨都侯、當于骨都侯、呼衍骨都侯、郎氏骨都侯、粟藉骨都侯，凡五。薁，音郁。鞬，居言翻。合三萬餘人畔歸，去北庭三百餘里，自立爲單于。月餘，日更相攻擊，更，工衡翻。五骨都侯皆死，左賢王自殺，諸骨都侯子各擁兵自守。

5 秋，南單于遣子入侍。詔賜單于冠帶、璽綬、南匈奴傳：黃金璽，盭緺綬。賢曰：盭，音戾，草名；

以戾草染綬，因以爲名，別漢諸侯王制。戾，綠色。緺，紫青色，音瓜。璽，斯氏翻。綬，音受。車馬、金帛、甲兵、什器。賢曰：古之師行，二五爲什，食器之類必供之，故曰什物、什具。今人通謂生生之具爲什物。又轉河東米糒二萬五千斛，牛羊三萬六千頭以贍給之。糒，音備，糗也。令中郎將將弛刑五十人，隨單于所處，參辭訟，察動靜。弛刑者，弛刑徒也。說文：弓解曰弛。此謂解其罪而輸作者。處，昌呂翻。考異曰：帝紀：今年春，使段彬賜璽綬，置使匈奴中郎將。據匈奴傳，賜璽綬在秋，其置中郎將亦未知決在何時。或者今春置之，至是更爲之約束制度耳。單于歲盡輒遣奉奏，送侍子入朝，漢遣謁者送前侍子還單于庭，賜單于及閼氏、左・右賢王以下繒綵合萬匹，歲以爲常。閼，音煙。氏，音支。於是雲中、五原、朔方、北地、定襄、鴈門、上谷、代八郡民歸於本土。前此避匈奴內徙者，令皆歸復本土。遣謁者分將弛刑，補治城郭，將，卽亮翻；下同。治，直之翻。發遣邊民在中國者布還諸縣，皆賜以裝錢，轉給糧食。時城郭丘墟，掃地更爲，上乃悔前徙之。徙民見上卷十五年。

6 冬，南匈奴五骨都侯子復將其衆三千人歸南部，北單于使騎追擊，悉獲其衆。南單于遣兵拒之，逆戰不利，於是復詔單于徙居西河美稷，復，扶又翻。因使段彬、王郁留西河擁護之，使匈奴中郎將自是亦屯西河美稷。杜佑曰：汾州隰城縣有美稷鄉，卽漢美稷縣也。隰城，漢之茲氏縣也。令西河長史歲將騎二千、弛刑五百人助中郎將衞護單于，冬屯夏罷，自後以爲常。南單于既居西河，亦列置諸部王，助漢扞戍北地、朔方、五原、雲中、定襄、鴈門、代郡，皆領部衆，爲郡縣偵邏耳目。偵，丑鄭翻。賢曰：邏，音力賀翻。北單于惶恐，頗還所掠漢民以示善意，鈔兵每到南部下，鈔，楚交翻。還過亭候，輒謝曰：「自擊亡虜薁鞬日逐耳，薁，於六翻。鞬，居言翻。非敢犯漢民也。」

二十七年（辛亥、五一）

1 夏，四月，戊午，大司徒玉況薨。

2 五月，丁丑，詔司徒、司空並去「大」名，去，羌呂翻。改大司馬爲太尉。驃騎大將軍行大司馬劉隆卽日罷，以太僕趙憙爲太尉，大司農馮勤爲司徒。

3 北匈奴遣使詣武威求和親，自北地以東、南部分居塞內，北使不敢至塞下，故詣武威求和。賢曰：武威郡故城，在今涼州姑臧縣西北，故涼城是也。帝召公卿廷議，不決；皇太子言曰：「南單于新附，北虜懼於見伐，故傾耳而聽，爭欲歸義耳。今未能出兵而反交通北虜，臣恐南單于將有二心，北虜降者且不復來矣。」復，扶又翻；下同。帝然之，告武威太守勿受其使。

4 朗陵侯臧宮、揚虛侯馬武上書曰：朗陵侯國，屬汝南郡。水經註：揚虛縣屬平原，漯水逕其東，商河發源於此。「匈奴貪利，無有禮信，窮則稽首，安則侵盜。稽，音啓。虜今人畜疫死，旱蝗赤地，疲困乏力，不當中國一郡，萬里死命，縣在陛下；縣，讀曰懸；下同。福不再來，時或易失，豈宜固守文德而墮武事乎！左傳曰：大福不再。蒯通曰：時難得而易失。易，以豉翻。墮，讀曰隳。今命將臨塞，厚縣購賞，將，卽亮翻。縣，讀曰懸。喻告高句驪、烏桓、鮮卑攻其左，句，如字，又音駒。驪，力知翻。發河西四郡、天水、隴西羌·胡擊其右，如此，北虜之滅，不過數年。臣恐陛下仁恩不忍，謀臣狐疑，令萬世刻石之功不立於聖世！」詔報曰：「黃石公記曰：『柔能制剛，弱能制強。』賢曰：黃石公卽張良於下邳圯上所見老父，出一編書者。舍近謀遠者，勞而無功；舍遠謀近者，逸而有終。舍，讀曰捨。故曰：務廣地者荒，務廣德者強，有其有者安，貪人有者殘。殘滅之政，雖成必敗。』今國無善政，災變不息，百姓驚惶，人不自保，而復欲遠事邊外乎！孔子曰：『吾恐季孫之憂不在顓臾。』見論語。且北狄尚強，而屯田警備，傳聞之事，恆多失實。恆，戶登翻。誠能舉天下之半以滅大寇，豈非至願！苟非其時，不如息民。」自是諸將莫敢復言兵事者。

5上問趙熹以久長之計，熹請遣諸王就國。冬，上始遣魯王興、齊王石就國。興，縯之次子。石，章之子，縯之嫡孫也。

6是歲，帝舅壽張恭侯樊宏薨。壽張縣，屬東平國，春秋曰良，漢曰壽良，帝避叔父趙王良諱，改曰壽張。宏，帝舅也，諡敬侯；曰恭侯，溫公避國諱也。考異曰：袁紀「宏」皆作「密」，今從范書。宏爲人，謙柔畏愼，每當朝會，輒迎期先到，俯伏待事；所上便宜，朝，直遙翻；下同。上，時掌翻。手自書寫，毀削草本；公朝訪逮，逮，及也。不敢衆對。宗族染其化，未嘗犯法。帝甚重之。及病困，遺令薄葬，一無所用。以爲棺柩一藏，不宜復見，復，扶又翻。如有腐敗，傷孝子之心，使與夫人同墳異藏。古夫婦合葬，詩曰：穀則異室，死則同穴是也。同墳異藏自宏始。帝善其令，以書示百官，因曰：「今不順壽張侯意，無以彰其德；且吾萬歲之後，欲以爲式。」

二十八年（壬子、五二）

1春，正月，己巳，徙魯王興爲北海王；以魯益東海。帝以東海王彊去就有禮，謂以天下讓。故優以大封，食二十九縣，賜虎賁、旄頭，設鍾虡之樂，漢官儀曰：虎賁千五百人，戴鶡尾，屬虎賁中郎將。旄頭，註見前。爾雅：木謂之虡，所以懸鍾磬也。說文曰：虡飾爲猛獸。虡，音巨。擬於乘輿。乘，繩證翻。

2夏，六月，丁卯，沛太后郭氏薨。

3初，馬援兄子壻王磐，平阿侯仁之子也。王莽敗，磐擁富貲爲游俠，俠，戶頰翻。有名江、淮間。後游京師，與諸貴戚友善，援謂姊子曹訓曰：「王氏，廢姓也，子石當屏居自守，磐，字子石。屏，必郢翻。而反游京師長者，賢曰：長者，謂豪俠者也。余謂長者，正指諸貴戚耳，前所謂長者家兒，可以概推。用氣自行，多所陵折，其敗必也。」後歲餘，磐坐事死；磐子肅復出入王侯邸第。復，扶又翻。時禁罔尚疏，諸王皆在京師，競脩名譽，招游士。馬援謂司馬呂种曰：「建武之元，名爲天下重開，种，持中翻。重，直龍翻。自今以往，海內日當安耳。但憂國家諸子並壯而舊防未立，若多通賓客，則大獄起矣。賢曰：舊防，諸侯王子不許交通賓客。卿曹戒慎之！」至是，有上書告肅等受誅之家，爲諸王賓客，慮因事生亂。會更始之子壽光侯鯉得幸於沛王，賢曰：壽光縣，屬北海郡，今青州縣。怨劉盆子，結客殺故式侯恭。帝怒，沛王坐繫詔獄，三日乃得出。因詔郡縣收捕諸王賓客，更相牽引，更，工衡翻。死者以千數；呂种亦與其禍，與，讀曰豫。臨命嘆曰：「馬將軍誠神人也！」

4 秋，八月，戊寅，東海王彊、沛王輔、楚王英、濟南王康、淮陽王延始就國。濟，子禮翻。

5 上大會羣臣，問「誰可傅太子者？」羣臣承望上意，皆言「太子舅執金吾原鹿侯陰識可。」原鹿縣，屬汝南郡，春秋之鹿上也。可，言可任也。博士張佚正色曰：「今陛下立太子，爲陰氏乎，爲天下乎？卽爲陰氏，則陰侯可；爲天下，則固宜用天下之賢才！」爲，于僞翻。帝稱善，曰：「欲置傅者，以輔太子也；今博士不難正朕，況太子乎！」卽拜佚爲太子太傅，以博士桓榮爲少傅，賜以輜車、乘馬。乘，繩證翻。榮大會諸生，陳其車馬、印綬，曰：「今日所蒙，稽古之力也，可不勉哉！」

6 北匈奴遣使貢馬及裘，更乞和親，并請音樂，又求率西域諸國胡洛【章：十二行本「洛」作「客」；乙十一行本同；熊校同。】俱獻見。帝下三府議酬答之宜，三府，太尉、司徒、司空府也。見，賢遍翻；下，遐稼翻。司徒掾班彪曰：「臣聞孝宣皇帝敕邊守尉曰：『匈奴大國，多變詐，交接得其情，則卻敵折衝；應對入其數，則反爲輕欺。』數，術數也；言入其術中也。今北單于【章：十二行本「單于」作「匈奴」；乙十一行本同；孔本同；退齋校同。】見南單于來附，懼謀其國，故數乞和親，數，所角翻；下同。又遠驅牛馬與漢合市，合市，與漢和合爲市也。重遣名王，多所貢獻，斯皆外示富強以相欺誕也。臣見其獻益重，知其國益虛；歸親愈數，爲懼愈多。然今既未獲助南，則亦不宜絕北，羈縻之義，禮無不答。謂可頗加賞賜，略與所獻相當，報答之辭，令必有適。賢曰：適，猶所也，言報答之辭，必令得所也。余謂適，當也，言報答之辭必有當乎事情也。今立稾草并上，曰：『單于不忘漢恩，追念先祖舊約，謂呼韓邪舊約也。上，時掌翻。欲修和親，以輔身安國，計議甚高，爲單于嘉之！爲，于僞翻。往者匈奴數有乖亂，呼韓邪、郅支自相讎隙，並蒙孝宣帝【章：十二行本「帝」上有「皇」字；乙十一行本同。】垂恩救護，故各遣侍子稱藩保塞。其後郅支忿戾，自絕皇澤，而呼韓附親，忠孝彌著。及漢滅郅支，遂保國傳嗣，子孫相繼。事並見前紀。今南單于攜衆向南，款塞歸命，自以呼韓嫡長，次第當立，而侵奪失職，猜疑相背，數請兵將，歸掃北庭，長，知兩翻。背，蒲妹翻。將，卽亮翻。策謀紛紜，無所不至。惟念斯言不可獨聽，惟，思也。又以北單于比年貢獻，比，毗至翻。欲脩和親，故拒而未許，將以成單于忠孝之義。漢秉威信，總率萬國，日月所照，皆爲臣妾，殊俗百蠻，義無親疏，服順者褒賞，畔逆者誅罰，善惡之效，呼韓、郅支是也。今單于欲脩和親，款誠已達，何嫌而欲率西域諸國俱來獻見！西域國屬匈奴與屬漢何異！單于數連兵亂，國內虛耗，貢物裁以通禮，何必獻馬裘！今齎雜繒五百匹，弓鞬韇丸一，賢曰：鞬，音居言翻。方言曰：藏弓爲鞬，藏箭爲韇。丸，即箭箙也。韇，與韣同；徒谷翻。矢四發，遺單于；遺，于季翻。又賜獻馬左骨都侯、右谷蠡王，谷，音鹿。蠡，音黎。雜繒各四百匹，斬馬劍各一。單于前言「先帝時所賜呼韓邪竽、瑟、空侯皆敗，竽管三十六簧。劉昫曰：女媧氏造匏，列管於匏上，內簧其中；爾雅謂之巢。大者曰竽，小者曰和。竽，煦也，立春之氣，煦生萬物也。竽管三十六宮，管在左，和管十三宮，管居中。今之竽笙，並以木代匏而漆之，無復八音矣。瑟，註見前。空侯，世本云：空國侯所造。劉昫曰：漢武帝使樂人侯調所作，以祠太廟。或曰：侯暉所作，其聲坎坎應節，謂之坎侯，聲訛爲箜篌；或謂師賢靡靡樂，非也。舊說一依琴制，今按，其形似瑟而小，七絃，用撥彈之如琵琶。願復裁賜。」賢曰：言更請裁賜也。余謂裁，量也，量多少以賜也。復，扶又翻。念單于國尙未安，方厲武節，以戰攻爲務，竽、瑟之用，不如良弓、利劍，故未以齎。朕不愛小物，於單于便宜所欲，遣驛以聞。』」帝悉納從之。

二十九年（癸丑、五三）

1春，二月，丁巳朔，日有食之。

三十年（甲寅、五四）

1春，二月，車駕東巡。羣臣上言：「即位三十年，宜封禪泰山。」詔曰：「即位三十年，百姓怨氣滿腹，『吾誰欺，欺天乎！』『曾謂泰山不如林放乎！』論語記孔子之言。何事汙七十二代之編錄！賢曰：莊子曰：易姓而王，封於泰山，禪於梁父者，七十有二代；其有形兆垠堮，勒石凡千八百餘處。許愼說文序曰：蒼頡之初作書，蓋依類象形，故謂之文；其有形聲相益，即謂之字。字者，言孳乳而滋多也。著於竹帛，謂之書。書者，如也。以迄五帝、三王之世，改易殊體，封於泰山者，七十有二代，靡有同焉。汙，烏故翻。若郡縣遠遣吏上壽，盛稱虛美，必髡，令屯田。」於是羣臣不敢復言。復，扶又翻。

甲子，上幸魯濟南；濟，子禮翻。閏月，癸丑，還宮。

2 有星孛于紫宮。孛，蒲內翻。

3 夏，四月，戊子，徙左翊王焉爲中山王

4 五月，大水。

5 秋，七月，丁酉，上行幸魯；冬，十一月，丁酉，還宮。

6 膠東剛侯賈復薨。諡法：能補前過曰剛。此直以賈復剛毅而諡之耳。考異曰：本傳在三十一年。今從袁紀。復從征伐，未嘗喪敗，數與諸將潰圍解急，身被十二創。喪，息浪翻。數，所角翻。被，皮義翻。創，初良翻。帝以復敢深入，希令遠征，而壯其勇節，常自從之，常以復自從也。故復少方面之勳。少，詩沼翻。諸將每論功伐，復未嘗有言。帝輒曰：「賈君之功，我自知之。」

三十一年，（乙卯、五五）

1 夏，五月，大水。

2 癸酉晦，日有食之。

3 蝗。

4 京兆掾第五倫倫之先，齊諸田，徙長陵；諸田徙園陵者多，故以次第爲氏。掾，俞絹翻。領長安市，公平廉介，市無姦枉。每讀詔書，常歎息曰：「此聖主也，一見決矣。」等輩笑之曰：「爾說將尚不能下，賢曰：將謂州將。說，輸芮翻。將，卽亮翻。安能動萬乘乎！」乘，繩證翻。倫曰：「未遇知己，道不同故耳。」後舉孝廉，補淮陽王醫工長。百官志：王國官有禮樂長，主樂人；衛士長，主衛士；醫工長，主醫藥；永巷長，主宮中婢使；祠祀長，主祠祀；皆比四百石。長，知兩翻。

中元元年（丙辰、五六）洪氏隸釋曰：成都有漢蜀郡太守何君造尊楗閣碑，其末云「建武中元二年六月」。按范史本紀，建武止三十一年，次年改爲中元，直書爲中元元年。觀此所刻，乃是雖別爲中元，猶冠以建武，如文、景中元、後元之類也。又祭祀志載封禪後赦天下詔，明言云「改建武三十二年爲建武中元元年」。東夷倭國傳，「建武中元二年，來奉貢」，證據甚明。宋莒公紀元通譜云：「紀、志俱出范史，必傳寫脫誤，學者失於精審，以意刪去。梁武帝大同、大通俱有『中』字，是亦憲章於此。」司馬公作通鑑，不取其說。余按考異，溫公非不取宋說也，從袁、范書中元者，從簡易耳。

1 春，正月，淮陽王入朝，倫隨官屬得會見。見，賢遍翻。帝問以政事，倫因此酬對，帝大悅；明日，復特召入，與語至夕。復，扶又翻。帝謂倫曰：「聞卿爲吏，篣婦公，篣，音彭。不過從兄飯，寧有之邪？」過，工禾翻。從，才用翻。飯，扶晚翻。對曰：「臣三娶妻，皆無父。少遭饑亂，少，詩照翻。實不敢妄過人食。衆人以臣愚蔽，故生是語耳。」帝大笑。以倫爲扶夷長，賢曰：扶夷縣，屬零陵郡，故城在今邵州武岡縣東北。水經註：夫夷縣在邵陵西。未到官，追拜會稽太守；會，古外翻。守，式又翻。爲政淸而有惠，百姓愛之。

2 上讀河圖會昌符曰：「赤劉之九，會命岱宗。」風俗通曰：岱，始也。泰山，山之尊者，一曰岱宗。岱，始也；宗，長也。萬物之始，陰陽交代，故爲五岳之長。上感此文，乃詔虎賁中郎將梁松等按察【章：十二行本「察」作「索」；乙十一行本同。】河、雒讖文，言九世當封禪者凡三十六事。讖，楚譖翻。於是張純等復奏請封禪，復，扶又翻。史記集註曰：泰山上築土爲壇以祭天，報天之功，故曰封。泰山下、小山上除地，報地之功，故曰禪。上乃許焉。詔有司求元封故事，當用方石再累，玉檢、金泥。元封故事，武帝封禪故事也。用方石再累，置壇中，皆方五尺，厚一尺。用玉牒書藏方石，牒厚五寸，長尺三寸，廣五寸。有玉檢，又有石檢十枚，列於石旁，東西各三，南北各二，皆長五尺，廣三尺，厚七寸。檢中刻三處，深四寸，方五寸，有蓋。檢用金縷五周，以水銀和金以爲泥。上以石功難就，欲因孝武故封石，置玉牒其中；梁松等爭以爲不可，乃命石工取完青石，無必五色。舊制用石，蓋各依方色也。

丁卯，車駕東巡，二月己卯，幸魯，進幸泰山。辛卯，晨，燎，祭天於泰山下南方，羣神皆從，從，從祀也。從，才用翻。用樂如南郊。事畢，至食時，天子御輦登山，日中後，到山上，郭璞註山海經曰：泰山從山下至頭，四十八里二百步。更衣。易服，乃卽事也。更，工衡翻。晡時，升壇北面，尙書令奉玉牒檢，天子以寸二分璽親封之，璽，斯氏翻。訖，太常命騶騎二千餘人騶，側尤翻。發壇上方石，尚書令藏玉牒已，復石覆訖，覆，敷救翻。尚書令以五寸印封石檢。事畢，天子再拜。羣臣稱萬歲，乃復道下。謂復故道而下山也。夜半後，上乃到山下，百官明旦乃訖。甲午，禪祭地於梁陰，梁父之陰也。禪，時戰翻。以高后配，山川羣神從，從，從祀也。從，才用翻。如元始中北郊故事。

3 三月，戊辰，司空張純薨。

4 夏，四月，癸酉，車駕還宮；己卯，赦天下，改元。考異曰：續漢志云：「以建武三十二年爲建武中元元年。」紀年通譜云：據紀、志俱出范氏，而所載不同，此必傳寫脫誤。今官書累經校定，學者失於精審，但見紀元復有建武二字，輒以意刪去，斯爲繆矣。梁武帝大同、大通之號俱有「中」字，是亦憲章於此。今從袁紀、范書。

5 上行幸長安；五月，乙丑，還宮。

6 六月，辛卯，以太僕馮魴爲司空。魴，符方翻。

7 乙未，司徒馮勤薨。

8 京師醴泉湧出，爾雅：甘雨時降，萬物以嘉，謂之醴泉。又有赤草生於水崖，賢曰：赤草，朱草也。大戴禮曰：朱草日生一葉，至十五日以後，日落一葉，週而復始。郡國頻上甘露。上，時掌翻；下同。羣臣奏言：「靈物仍降，宜令太史撰集，以傳來世。」賢曰：太史，史官之長也。撰，雛免翻。帝不納。帝

【章：十二行本「帝」作「常」；乙十一行本同；孔本同。】自謙無德，于【章：十二行本「于」作「每」；乙十一行本同；孔本同；熊校同。】郡國所上，輒抑而不當，故史官罕得記焉。

9 秋，郡國三蝗。

10 冬，十月，辛未，以司隸校尉東萊李訢爲司徒。郡國志：東萊郡，在雒陽東三千一百二十八里。訢，許斤翻。

11 甲申，使司空告祠高廟，上薄太后尊號曰高皇后，配食地祇。上，時掌翻。遷呂太后廟主于園，以呂太后幾危劉氏也。賢曰：園，謂塋域也，於中置寢。四時上祭。上，時掌翻。

12 十一月，甲子晦，日有食之。

13 是歲，起明堂、靈臺、辟雍，賢曰：漢官儀：明堂去平城門二里所，天子出從平城門，先歷明堂，乃至郊祀。又曰：辟雍，去明堂三百步，車駕臨辟雍，從北門入；三月、九月，皆於中行鄉射禮。辟雍，以水周其外，以節觀者。漢宮闕疏曰：靈臺，高三丈，十二門。楊衒之雒陽記曰：平昌門直南，大道東是明堂，大道西是靈臺。宣布圖讖於天下。

初，上以赤伏符卽帝位，見四十卷建武元年。由是信用讖文，多以決定嫌疑。給事中桓譚上疏諫曰：「凡人情忽於見事而貴於異聞。見，賢遍翻。觀先王之所記述，咸以仁義正道爲本，非有奇怪虛誕之事。蓋天道性命，聖人所難言也，自子貢以下，不得而聞，論語：子貢曰：

夫子之言性與天道，不可得而聞也。況後世淺儒，能通之乎！今諸巧慧小才、伎數之人，增益圖書，矯稱讖記，伎，謂方伎，醫方之家也。數，謂數術。明堂羲和、史卜之官也。圖書，卽讖緯符命之類是也。伎，渠綺翻。以欺惑貪邪，詿誤人主，焉可不抑遠之哉！詿，古賣翻，又戶卦翻。焉，於虔翻。遠，于願翻。臣譚伏聞陛下窮折方士黃白之術，甚爲明矣；黃白，謂以藥化成金銀也。方士，有方術之士也。而乃欲聽納讖記，又何誤也！其事雖有時合，譬猶卜數隻偶之類。賢曰：言偶中也。陛下宜垂明聽，發聖意，屏羣小之曲說，屏，必郢翻，又卑正翻。述五經之正義。」疏奏，帝不悅。會議靈臺所處，處，昌呂翻。帝謂譚曰：「吾欲以讖決之，何如？」譚默然，良久曰：「臣不讀讖。」帝問其故，譚復極言讖之非經。復，扶又翻。帝大怒曰：「桓譚非聖無法，將下，斬之！」將，資良翻，持也，領也。譚叩頭流血，良久，乃得解。出爲六安郡丞，賢曰：六安郡故城，在今壽州安豐縣南。余據郡國志，建武十六年，省六安國，以其縣屬廬江郡，譚出爲郡丞，必不在是年，通鑑因靈臺事，併書於此。道病卒。

范曄論曰：桓譚以不善讖流亡，鄭興以遜辭僅免；賈逵能傅會文致，最差貴顯；鄭興事見四十二卷七年。明帝永平中，賈逵上言：左氏與圖讖合，明劉氏爲堯後。帝嘉之，歷遷侍中，領騎都尉，甚見信用。傅，讀曰附。世主以此論學，悲哉！

逵，扶風人也。

14 南單于比死，弟左賢王莫立，爲丘浮尤鞮單于。鞮，丁奚翻。帝遣使齎璽書拜授璽綬，賜以衣冠及繒綵，繒，慈陵翻。是後遂以爲常。

二年（丁巳、五七）

1 春，正月，辛未，初立北郊，祀后土。

2 二月，戊戌，帝崩於南宮前殿，年六十二。帝每旦視朝，日昃乃罷，日過中則昃。朝，直遙翻。數引公卿、郎將數，所角翻。講論經理，夜分乃寐。賢曰：分，猶半也。皇太子見帝勤勞不怠，承間諫曰：間，古莧翻。「陛下有禹、湯之明，而失黃、老養性之福，願頤愛精神，優游自寧。」帝曰：「我自樂此，不爲疲也！」樂，音洛。雖以征伐濟大業，及天下既定，乃退功臣而進文吏，明慎政體，總攬權綱，量時度力，量，音良。度，徒洛翻。舉無過事，故能恢復前烈，身致太平。

太尉趙憙典喪事。時經王莽之亂，舊典不存，皇太子與諸王雜止同席，藩國官屬出入宮省，宮省，卽宮禁也。與百僚無別。別，彼列翻。憙正色，橫劍殿階，扶下諸王以明尊卑；奏遣謁者將護官屬分止他縣，諸王並令就邸，諸王國各置邸洛陽。唯得朝晡入臨；臨，臨哭也，力鴆翻；下同。整禮儀，嚴門衞，賈公彥曰：漢宮殿門每門皆使司馬一人守門，比千石，皆號司馬殿門。內外肅然。

3 太子卽皇帝位，尊皇后曰皇太后。

4 山陽王荆哭臨不哀，而作飛書，令蒼頭詐稱大鴻臚郭況書與東海王彊，言其無罪被廢，被，皮義翻。及郭后黜辱，勸令東歸舉兵以取天下，且曰：「高祖起亭長，陛下興白水，謂光武起於南陽舂陵之白水鄉也。長，知兩翻。何況於王，陛下長子、故副主哉！故副主，謂舊爲太子也。長，知兩翻。當爲秋霜，毋爲檻羊。賢曰：秋霜，肅殺於物；檻羊，受制於人。人主崩亡，閭閻之伍尚爲盜賊，欲有所望，何況王邪！」彊得書惶怖，怖，普故翻。即執其使，使，疏吏翻。封書上之。上，時掌翻。明帝以荆母弟，帝及荆皆陰后所生。祕其事，遣荆出止河南宮。宮在河南縣。

5 三月，丁卯，葬光武皇帝於原陵。帝王紀曰：原陵，在臨平亭東南，去雒陽十五里。水經註：光武葬臨平亭南，西望平陰，大河逕其北。

6 夏，四月，丙辰，詔曰：「方今上無天子，下無方伯，若涉淵水而無舟楫。夫萬乘至重而壯者慮輕，實賴有德左右小子。帝謙言年尚少壯，思慮輕淺，故須賢人輔弼。賴，恃也。左右，助也。左右，音佐佑。高密侯禹，元功之首；東平王蒼，寬博有謀；其以禹爲太傅，蒼爲驃騎將軍。」蒼懇辭，帝不許。又詔驃騎將軍置長史，掾史員四十人，位在三公上。賢曰：四府掾史，皆無四十人，今特置以優之也。驃，匹妙翻。掾，俞絹翻。蒼嘗薦西曹掾齊國吳良，百官志：西曹主府史署用。掾，秩比四百石。帝曰：「薦賢助國，宰相之職也。蕭何舉韓信，設壇而拜，不復考試，復，扶又翻；下同。今以良爲議郎。」

7 初，燒當羌豪滇良擊破先零，奪居其地；羌無弋爰劍玄孫研，居湟中，至豪健，羌中號其種爲研種。

至研十三世孫燒當復豪健，其子孫更以燒當爲種號。滇良者，燒當之玄孫也。自燒當至滇良，世居河北大允谷，而先零卑湳，並皆強富。滇良集諸雜種，掩擊先零卑湳，大破之，奪居大榆中地，繇是始強。滇，音顛。零，音憐。滇良卒，子滇吾立，附落轉盛。秋，滇吾與弟滇岸率衆寇隴西，敗太守劉盱於允街，敗，補邁翻。賢曰：允，音鉛；街，音皆；屬金城郡，故城在今涼州昌松縣東南，城臨麗水，一名麗水城。於是守塞諸羌皆叛。詔謁者張鴻領諸郡兵擊之，戰於允吾，賢曰：允吾，縣名，屬金城郡，故城在今蘭州廣武縣西南。允，音鉛。吾，音牙。杜佑曰：西平郡龍支縣，漢允吾縣地，後漢爲龍耆縣。鴻軍敗沒。冬，十一月，復遣中郎將竇固監捕虜將軍馬武等二將軍、四萬人討之。監，古銜翻。

8 是歲，南單于莫死，弟汗立，爲伊伐於慮鞮單于。鞮，丁奚翻。

顯宗孝明皇帝上

幼名陽，後改名莊。伏侯古今註曰：「莊」之字曰「嚴」。謚法：照臨四方曰明。光武第四子也。

永平元年（戊午、五八）

1 春，正月，帝率公卿已下已下，卽以下。孔穎達曰：已與以字本同。朝于原陵，如元會儀。朝陵如元會儀，事死如事生也。朝，直遙翻。乘輿拜神坐，乘，繩證翻。坐，徂臥翻。退，坐東廂；侍衞官皆在神坐後，太官上食，上，時掌翻；下同。太常奏樂；郡國上計吏以次前，當神軒占其郡穀價及民所疾苦。是後遂以爲常。

2 夏，五月，高密元侯鄧禹薨。諡法：行義說民曰元；主義行德曰元。此特以鄧禹中興元功而諡之耳，後世諡法始有茂德丕績曰元。

3 東海恭王彊病，上遣使者太醫乘驛視疾，駱驛不絕。驛，傳遽馬也。左傳謂之乘馹者，乘驛馬也，西漢謂之置傳、馳傳。駱驛，往來不絕也。詔沛王輔、濟南王康、淮陽王延詣魯省疾。省，悉景翻。戊寅，彊薨，臨終，上書謝恩，言：「身既夭命，孤弱復爲皇太后、陛下憂慮，言身既夭死，而子孫又貽上之人憂慮也。夭，於紹翻。復，扶又翻；下同。誠悲誠慙！息政，小人也，息，子也；政其名。猥當襲臣後，必非所以全利之也，願還東海郡。今天下新罹大憂，謂光武崩也。惟陛下加供養皇太后，數進御餐。供，居用翻。養，羊亮翻。數，所角翻。臣彊困劣，言不能盡意，願並謝諸王，不意永不復相見也！」帝覽書悲慟，從太后出幸津門亭發哀，賢曰：津門，雒陽城南面西頭門也，一名津陽門。每門皆有亭。李尤銘，津門位未。使大司空持節護喪事，百官志：司空掌水土事；大喪，掌將校復土。今使護藩王喪，殊禮也。贈送以殊禮，詔楚王英、趙王栩、北海王興及京師親戚皆會葬。栩，況羽翻。帝追惟彊深執謙儉，惟，思也。不欲厚葬以違其意，於是特詔：「遺送之物，務從約省，衣足斂形，斂，力贍翻。茅車瓦器，物減於制，以彰王卓爾獨行之志。」將作大匠留起陵廟。秦曰將作少府，景帝改爲將作大匠；掌修作宗廟、路寢、宮室、陵園土木之工，并樹桐梓之類，列於道側。

4秋，七月，馬武等擊燒當羌，大破之，餘皆降散。降，戶江翻。

5山陽王荆私迎能爲星者，與謀議，冀天下有變；帝聞之，徙封荆廣陵王，遣之國。郡國志，廣陵，在雒陽東一千六百四十里。

6遼東太守祭肜使偏何討赤山偏氏，高辛後。急就章有偏、呂、何。烏桓，烏桓傳：赤山，在遼東西北數千里。鮮卑傳云：偏何擊漁陽赤山烏桓欽〔歆〕志賁。蓋歆志賁本赤山種而居漁陽塞外也。大破之，斬其魁帥。帥，所類翻。塞外震讋，讋，之涉翻。西自武威，東盡玄菟，郡國志：武威郡，在雒陽西三千五百里。玄菟郡，在雒陽東北四千里。菟，同都翻。皆來內附，野無風塵，乃悉罷緣邊屯兵。

7東平王蒼以爲中興三十餘年，四方無虞，宜修禮樂，乃與公卿共議定南北郊冠冕、車服制度光武建武二年，立南郊。中元元年，立北郊於雒陽城北四里。今定其冠冕、車服制度。漢官儀曰：北郊壇在城西北角，去城一里所。及光武廟登歌、八佾舞數，上之。記曰：歌者，在上貴人聲也，天子樂舞八佾，六十四人，八八六十四人也。佾，音逸，舞行列也。上，時掌翻。

8好時愍侯耿弇薨。時，音止。謚法：在國遭憂曰愍。時國有大喪，故以謚弇，言與國同戚也。弇，古含翻。

二年（己未、五九）

1春，正月，辛未，宗祀光武皇帝於明堂，宗，尊也，尊而祀之以配上帝。帝及公卿列侯始服冠冕、玉佩以行事。漢官儀曰：天子冠通天，諸侯王冠遠遊，三公諸侯冠進賢三梁，卿大夫尚書二千石博士冠兩梁，千石以下至小吏冠一梁。天子、公卿、特進、諸侯祀天地明堂，皆冠平冕，天子十二旒，三公、九卿、諸侯七；其纓各如其綬色，玄衣纁裳。周禮曰：王祀昊天上帝，則服大裘而冕，祀五帝亦如之。三禮圖曰：冕以三十升布漆而爲之，廣八寸，長尺六寸，前圜後方，前下後高，有俛伏之形，故謂之冕。欲人之位彌高而志彌下，故以名焉。董巴輿服志曰：顯宗初服冕衣裳以祀天地。衣裳以玄上纁下，乘輿備文日月星辰十二章，三公、諸侯用山龍九章，卿已下用華蟲七章，皆五色采；乘輿刺繡，公卿已下皆織成，陳留、襄邑獻之。徐廣車服註曰：漢明帝按古禮備服章，天子郊廟衣，皁上絳下，前三幅，後四幅，衣畫而裳繡。禮記：古之君子必佩玉，君子於玉比德焉。天子佩白玉，公侯佩山玄玉，大夫佩水蒼玉，世子佩瑜玉。晉志曰：周禮弁師掌六冕，司服掌六服，自后王至庶人，各有等差。秦變古制，郊祭之服皆以袀玄，舊法掃地盡矣。漢承秦故，二百餘年，未能有所制立。及中興後，明帝乃始采周官、禮記、尚書及諸儒記說，備袞冕之服。天子車乘冠服，從歐陽氏說；公卿已下，從大、小夏侯氏說。禮畢，登靈臺，望雲物。春秋左氏傳曰：分至啓閉，必書雲物。杜預註曰：雲物，氣色災變也，素察妖祥，逆爲之備。前書天文志曰：歲正月旦，旦至食爲麥，食至日昳爲稷，昳至餔爲黍，餔至下餔爲菽，下餔至日入爲麻，各以其時用雲色，占種所宜。赦天下。

2 三月，臨辟雍，初行大射禮。儀禮曰：大射之禮，王將祭射宮，擇士以助祭也。張虎侯、熊侯、豹侯，其制若今之射的也。

冬，十月，壬子，上幸辟雍，初行養老禮；以李躬爲三老，桓榮爲五更。更，工衡翻。三老服都紵大袍，冠進賢，扶玉杖；紵，直呂翻。說文曰：紵，絺屬。績紵以爲美布，故曰都紵。續漢志：進賢冠，古緇布冠也，文儒者之服也。前高七寸，後高三寸，長八寸。公侯三梁，中二千石至博士兩梁，自博士以下至小史、私學弟子皆一梁。又，仲春之月，縣道皆案戶比民，民年始七十者授之以玉杖。玉杖，長七尺，端以鳩鳥爲飾。鳩者，不噎之鳥也，欲老人不噎。爾雅翼曰：刻玉爲鳩，置之杖端，謂之鳩杖，亦曰玉杖。五更亦如之，不杖。乘輿到辟雍禮殿，乘，繩證翻。御坐東廂，遣使者安車迎三老、五更於太學講堂，天子迎于門屏，交禮；道自阼階，道，讀曰導。三老升自賓階；至階，天子揖如禮。三老升，東面，三公設几，九卿正履，天子親袒割牲，執醬而饋，饋，進食也。醬，食味之主，故執之而饋。執爵而酳，酳，音胤，又士覲翻。祝鯁在前，祝饐在後。饐，一結翻，食窒氣不通。五更南面，三公進供，禮亦如之。賢曰：宋均曰：三老，老人知天地人之事者；五更，老人知五行更代事者。鄭康成曰：三老、五更，皆年老更事致仕者也；天子以父兄養之，示天下之孝弟也。名以三、五者，取象三辰、五星，天所以照明天下者。都布，布名。進賢冠，古緇布冠也，文儒者之服，前高七寸，後高三寸，長八寸。禮殿，先聖、先師也。阼階，東階，主階也；賓階，西階也。賢曰：醬，醢也；酳，漱也，所以潔口也。陸德明曰：以酒曰酳，以水曰漱。音義隱云：飯畢盪口也，音胤。老人食多鯁饐，故置人於前後祝之，令其不鯁饐也。都，布之美者也。進賢冠，古緇布冠也。玉杖，長七尺，端以鳩鳥爲飾，鳩者，不噎之鳥也，欲老人不噎。更，工衡翻。禮畢，引桓榮及弟子升堂，上自爲下說，賢曰：下說，謂下語而講說也。諸儒執經問難於前，難，乃旦翻。冠帶縉紳之人圜橋門而觀聽者，蓋億萬計。漢官儀曰：辟雍，四門外有水，以節觀者，門外皆有橋，觀者在水外，故云圜橋門也。圜，繞也。於是下詔賜榮爵關内侯；考異曰：帝紀載詔文，上言李躬而下獨封榮，似脱「躬」字。榮傳、袁紀，詔獨言桓榮，不及李躬，今闕疑。三老五更皆以二千石祿養終厥身。賜天下三老酒，人一石，肉四十斤。

上自爲太子，受尚書於桓榮，及卽帝位，猶尊榮以師禮。嘗幸太常府，令榮坐東面，設几杖，會百官及榮門生數百人，門生，受業於門者也。上親自執業；執業，猶執經也。諸生或避位發難，發難，發疑難也。難，乃旦翻。上謙曰：「太師在是。」既罷，悉以太官供具賜太常家。榮每疾病，帝輒遣使者存問，太官、太醫相望於道。及篤，上疏謝恩，讓還爵土。帝幸其家問起居，入街，下車，擁經而前，撫榮垂涕，賜以牀茵、帷帳、刀劍、衣被，良久乃去。自是諸侯、將軍、大夫問疾者，不敢復乘車到門，復，扶又翻。皆拜牀下。榮卒，帝親自變服臨喪送葬，賜冢塋于首山之陽。賢曰：首陽山，在今偃師縣西北。子郁當嗣，讓其兄子汎；帝不許，郁乃受封，而悉以租入與之。帝以郁爲侍中。

3 上以中山王焉，郭太后少子，太后尤愛之，故獨留京師，至是始與諸王俱就國，賜以虎賁、官騎，賢曰：漢官儀：騶騎，王家名官騎。余據焉傳，時賜以北軍胡騎百人，便兵善射。騶，側尤翻。恩寵尤厚，獨得往來京師。帝禮待陰、郭，每事必均，數受賞賜，數，所角翻；下同。恩寵俱渥。

4 甲子，上行幸長安。十一月，甲申，遣使者以中牢祠蕭何、霍光，帝過，式其墓。進幸河東；癸卯，還宮。

5 **十二月，護羌校尉竇林坐欺罔及臧罪，下獄死。**時羌滇吾叛，滇岸來降，林奏以滇岸爲大豪。後滇吾復降，林又奏其爲第一豪。帝怪其一種兩豪，以詰林，窮驗，知之，怒而免林官。涼州刺史又奏林臧罪，遂下獄死。下，遐稼翻。**林者，融之從兄子也。**從，才用翻。**於是竇氏一公、兩侯、三公主、四二千石相與並時，**賢曰：一公：大司空也。兩侯：安豐、顯親也。四二千石：衛尉、城門校尉、護羌校尉、中郎將也。余據融傳，融子穆尚內黃公主，穆子勳尚東海王彊女沘陽公主，友子固尚光武女涅陽公主。**自祖及孫，官府邸第相望京邑，於親戚功臣中莫與爲比。及林誅，帝數下詔切責融，融惶恐乞骸骨，詔令歸第養病。**

6 **是歲，初迎氣於五郊。**續漢書曰：迎氣五郊之兆，四方之兆各依其位，中央之兆在未，壇皆三尺。立春之日，迎春於東郊，祭青帝、句芒，車服皆青，歌青陽，八佾舞雲翹之舞。立夏之日，迎夏於南郊，祭赤帝、祝融，車服皆赤，歌朱明，舞如迎春。先立秋十八日，迎黃靈於中兆，祭黃帝、后土，車服皆黃，歌朱明，八佾舞雲翹育命之舞。立秋之日，迎秋於西郊，祭白帝、蓐收，車服皆白，歌白藏，八佾舞育命之舞。立冬之日，迎冬於北郊，祭黑帝、玄冥，車服皆黑，歌玄冥，舞如迎秋。

7 **新陽侯陰就子豐尚酈邑公主。公主驕妬，豐殺之，被誅，父母皆自殺。**公主，光武女。賢曰：酈縣，屬南陽郡。酈，音櫟。

8 **南單于汗死，單于比之子適立，爲醢僮尸逐侯鞮單于。**賢曰：醢，火奚翻。

三年（庚申、六〇）

1 春，二月，甲寅，太尉趙熹、司徒李訢免。丙辰，以左馮翊郭丹爲司徒。己未，以南陽太守虞延爲太尉。

2 甲子，立貴人馬氏爲皇后，皇子炟爲太子。賢曰：炟，音丁達翻。后，援之女也，光武時，以選入太子宮，能奉承陰后，傍接同列，禮則脩備，上下安之，遂見寵異；及帝卽位，爲貴人。時后前母姊女賈氏亦以選入，生皇子炟；帝以后無子，命養之，謂曰：「人未必當自生子，但患愛養不至耳！」后於是盡心撫育，勞悴過於所生。悴，秦醉翻。太子亦孝性淳篤，母子慈愛，始終無纖介之間。賢曰：纖介，猶細微也。間，隙也。間，古莧翻。后常以皇嗣未廣，薦達左右，若恐不及。後宮有進見者，每加慰納；若數所寵引，見，賢遍翻。數，所角翻；下同。輒加隆遇。及有司奏立長秋宮，皇后宮謂之長秋宮。帝未有所言，皇太后曰：「馬貴人德冠後宮，冠，古玩翻。卽其人也。」后既正位宮闈，愈自謙肅，好讀書。常衣大練，賢曰：大練，大帛也。杜預註左傳曰：大帛，厚繒也。好，呼到翻。衣，於既翻。裙不加緣；緣，俞絹翻。朔望諸姬主朝請，朝，直遙翻。望見后袍衣疏粗，以爲綺縠，就視，乃笑。后曰：「此繒特宜染色，故用之耳。」羣臣奏事有難平者，平，決也。難平，難決者也。帝數以試后，后輒分解趣理，各得其情，然未嘗以家私干政事。帝由是寵敬，始終無衰焉。

3帝思中興功臣，乃圖畫二十八將於南宮雲臺，以鄧禹爲首，次馬成、吳漢、王梁、賈復、陳俊、耿弇、杜茂、寇恂、傅俊、岑彭、堅鐔、馮異、王霸、朱祜、任光、祭遵、李忠、景丹、萬脩、蓋延、邳彤、銚期、劉植、耿純、臧宮、馬武、劉隆；又益以王常、李通、竇融、卓茂，合三十二人。雲臺功臣之次，以鄧禹、吳漢、賈復、耿弇、寇恂、岑彭、馮異、朱祜、祭遵、景丹、蓋延、銚期、耿純、臧宮、馬武、劉隆爲一列，馬成、王梁、陳俊、杜茂、傅俊、堅鐔、王霸、任光、李忠、萬脩、邳彤、劉植、王常、李通、竇融、卓茂爲一列。此序其次，不與前史合。鐔，音覃，又音尋。祭，則介翻。蓋，古盍翻。銚，音姚。馬援以椒房之親，獨不與焉。與，讀曰預。

4夏，四月，辛酉，封皇子建爲千乘王，羨爲廣平王。郡國志：高帝以西平昌置千乘郡，在雒陽東千五百二十里。地理志：武帝征和元年，置爲平干國，宣帝五鳳二年，復爲廣平國。郡國志：光武建武十三年，省廣平國，以其縣屬鉅鹿郡。賢曰：廣平縣故城，在今洺州永年縣北。千乘，今青州縣，故城在今淄州高苑縣北。乘，繩證翻。

5六月，丁卯，有星孛於天船北。晉天文志，大陵八星在胃北，又北九星曰天船，一曰舟星，所以濟不通也。天漢西南行，絡大陵、天船、卷舌而南行。孛，蒲內翻。

6帝大起北宮。時天旱，尚書僕射會稽鍾離意會，古外翻。詣闕，免冠，上疏曰：「昔成湯遭旱，以六事自責曰：『政不節邪？使民疾邪？宮室營「營」，范書作「榮」。【章：十二行本正作「榮」；乙十一行本同。】邪？女謁盛邪？苞苴行邪？讒夫昌邪？』帝王記曰：成湯大旱七年，齋戒，剪髮斷爪，以己爲犧牲，禱於桑林之社，以六事自責。竊見北宮大作，民失農時；自古非苦宮室小狹，但患民不安寧，宜且罷止，以應天心。」帝策詔報曰：「湯引六事，咎在一人，其冠、履，勿謝！」策詔者，書詔於策也。又敕大匠止作諸宮，減省不急。詔因謝公卿百僚，遂應時澍雨。說文曰：雨所以澍注萬物，故曰澍，音注。

意薦全椒長劉平，全椒縣，屬九江郡。賢曰：今滁州縣。詔徵拜議郎。平在全椒，政有恩惠，民或增貲就賦，或減年從役。刺史、太守行部，行，戶孟翻。獄無繫囚，人自以得所，不知所問，唯班詔書而去。

帝性褊察，好以耳目隱發爲明，賢曰：隱，猶私也。余謂隱者，人耳目之所不及，帝好以耳目窺其隱而發之。好，呼到翻。公卿大臣數被詆毁，數，所角翻；下同。近臣尚書以下至見提曳。提，讀如「冒絮提文帝」之提，音大計翻；擲物以擊之也。曳，讀曰拽，音奚結翻，拖也，引也。一說：提、曳，讀皆如字。常以事怒郎藥崧，藥，姓；崧，名。以杖撞之；撞，直江翻。崧走入牀下，帝怒甚，疾言曰：「郎出！」崧乃曰：「天子穆穆，諸侯皇皇，記曲禮之文。鄭曰：皆行容止之貌也。賢曰：穆穆，美也。煌煌，盛也。未聞人君，自起撞郎。」帝乃赦之。

是時朝廷莫不悚慄，爭爲嚴切以避誅責，唯鍾離意獨敢諫爭，爭，讀曰諍。數封還詔書，臣下過失，輒救解之。會連有變異，上疏曰：「陛下敬畏鬼神，憂恤黎元，而天氣未和，寒暑違節者，咎在羣臣不能宣化治職，治，直之翻。而以苛刻爲俗，百官無相親之心，吏民無雍雍之志，爾雅曰：雍雍，和也。至於感逆和氣，以致天災。百姓可以德勝，難以力服，鹿鳴之詩必言宴樂者，鹿鳴，詩小雅宴羣臣也。其詩曰：呦呦鹿鳴，食野之苹；我有嘉賓，鼓瑟吹笙。又曰：我有旨酒，以宴樂嘉賓之心。樂，音洛。以人神之心洽，然後天氣和也。願陛下垂聖德，緩刑罰，順時氣以調陰陽。」帝雖不能時用，然知其至誠，終愛厚之。

7 秋，八月，戊辰，詔改太樂官曰太予，用讖文也。賢曰：尚書璇璣鈐曰：有帝漢出，德洽作樂，名予。故據璇璣鈐改之。漢官儀曰：太予樂令一人，秩六百石。蔡邕禮樂志曰：漢樂四品：一曰太予樂，典郊廟、上陵殿諸食舉之樂；二曰周頌雅樂，典辟雍、饗射、六宗、社稷之樂；三曰黃門鼓吹，天子所以宴樂羣臣；四曰短簫鐃歌，軍樂也。

8 壬申晦，日有食之。詔曰：「昔楚莊無災，以致戒懼，說苑曰：楚莊王見天不見妖而地不出孽，則曰：天其忘予歟？此能求過於天，必不逆諫矣！魯哀禍大，天不降譴。春秋感精符曰：魯哀公時，政彌亂，絕不日食。政亂之類，當致日食之變；而不應者，譴之何益，告之不悞〔悟〕，故哀公之篇，絕無日食之異。今之動變，儻尚可救，有司勉思厥職，以匡無德！」

9 冬，十月，甲子，車駕從皇太后幸章陵。光武建武六年，改春陵鄉爲章陵縣。荆州刺史郭賀，官有殊政，荆州統南陽、南郡、江夏、零陵、桂陽、武陵、長沙等郡。上賜以三公之服，黼黻、冕旒；東漢之制，冕冠垂旒，前後邃延，三公、諸侯七旒，青玉爲珠。敕行部去襜帷，爾雅曰：襜帷蔽前。襜帷者，車之前帷也。孔穎達曰：襜帷，山東謂之裳，或曰潼容，氓之詩曰：淇水湯湯，漸車帷裳。註：帷裳，潼容也。其上有蓋，四方旁垂而下，謂之幨。行，下孟翻。去，羌呂翻。襜，蚩占翻。使百姓見其容服，以章有德。戊辰，還自章陵。

10 是歲，京師及郡國七大水。

11 莎車王賢以兵威逼奪于窴、大宛、嬀塞王國，嬀塞國，塞種，臨嬀水而居者，因以爲國名。莎，素禾翻。窴，徒賢翻。宛，於元翻。嬀，居爲翻。塞，悉則翻。使其將守之。于窴人殺其將君德，立大人休莫霸爲王，賢率諸國兵數萬擊之，大爲休莫霸所敗，脫身走還。休莫霸進圍莎車，中流矢死，敗，補邁翻。中，竹仲翻。于窴人復立其兄子廣德爲王，廣德使其弟仁攻賢。廣德父先拘在莎車，賢乃歸其父，以女妻之，復，扶又翻。妻，七細翻。與之和親。爲廣德殺賢張本。

王崇武標點容肇祖聶崇岐覆校

資治通鑑卷第四十五

翰林學士兼侍讀學士朝散大夫右諫議大夫知制誥判尚書都省兼提舉萬壽觀公事上護軍河内郡開國侯食邑一千三百戶賜紫金魚袋臣 司馬光 奉敕編集

後學天台 胡三省 音註

漢紀三十七起重光作噩（辛酉），盡旃蒙大淵獻（乙亥），凡十五年。

顯宗孝明皇帝下

永平四年（辛酉、六一）

1 春，帝近出觀覽城第，城，雒陽城。第，宅也。賢曰：有甲乙之次，故曰第。欲遂校獵河内；河内郡，在雒陽北百二十里。東平王蒼上書諫；帝覽奏，卽還宮。

2 秋，九月，戊寅，千乘哀王建薨，無子，國除。乘，繩證翻。

3 冬，十月，乙卯，司徒郭丹、司空馮魴免，魴，音房。以河南尹沛國范遷爲司徒，太僕伏恭爲司空。恭，湛之兄子也。

4 陵鄉侯梁松坐怨望、縣飛書誹謗，下獄死。松嗣父統爵爲陵鄉侯。縣，讀曰懸。下，遐稼翻。

初，上爲太子，太中大夫鄭興子衆以通經知名，知名者，有名於時，人皆知之也。太子及山陽王荆因梁松以縑帛請之，衆曰：「太子儲君，無外交之義；儲，副也。漢有舊防，蕃王不宜私通賓客。」松曰：「長者意，不可逆。」衆曰：「犯禁觸罪，不如守正而死。」遂不往。及松敗，賓客多坐之，唯衆不染於辭。

5 于窴王廣德將諸國兵三萬人攻莎車，誘莎車王賢，殺之，窴，徒賢翻。莎，素禾翻。并其國。匈奴發諸國兵圍于窴，廣德請降。匈奴立賢質子不居徵爲莎車王，質，音致。廣德又攻殺之，更立其弟齊黎爲莎車王。更，工衡翻。

6 東平王蒼自以至親輔政，蒼輔政，始上卷中元二年。聲望日重，意不自安，前後累上疏稱：「自漢興以來，宗室子弟無得在公卿位者，乞上驃騎將軍印綬，退就藩國。」辭甚懇切，帝乃許蒼還國，而不聽上將軍印綬。上，時掌翻。

五年（壬戌、六二）

1 春，二月，【章：十二行本「月」下有「庚戌」二字；乙十一行本同。】蒼罷歸藩；東平國，在雒陽東六百七十二里。帝以驃騎長史爲東平太傅，掾爲中大夫，令史爲王家郎，百官志：將軍長史一人，秩千石；掾屬二十九人，秩比四百石至比二百石；令史及御屬三十一人，百石。帝特爲蒼置掾、史，員四十人。王國太傅秩二千石，中大夫比六百石，郎二百石。掾，俞絹翻。加賜錢五千萬，布十萬匹。

2 冬，十月，上行幸鄴；是月，還宮。

3 十一月，北匈奴寇五原；十二月，寇雲中，南單于擊卻之。

4 是歲，發遣邊民在內郡者，賜裝錢，人二萬。賜錢爲辦裝也。

5 安豐戴侯竇融年老，子孫縱誕，多不法。長子穆尚內黃公主，內黃縣，屬魏郡。矯稱陰太后詔，令六安侯劉盱去婦，以女妻之。六安國，屬廬江郡。賢曰：今之廬州。按前漢以六安爲王國，後漢以六安爲侯國，屬廬江郡。賢以唐之廬州爲漢之廬江郡可也，若漢之六安侯國實在唐壽州界。劉昫地理志：壽州安豐縣，漢六國故城在縣南，此爲可據。此後章帝元和二年，徙江陵王恭爲六安王，以廬江郡爲國，卻可以用賢註。盱，妻，七細翻。盱婦家上書言狀，帝大怒，盡免穆等官。諸竇爲郎吏者，皆將家屬歸故郡，竇氏，故扶風平陵人。獨留融京師；融尋薨。後數歲，穆等復坐事與子勳、宣皆下獄死。復，扶又翻。下，遐稼翻。久之，詔還融夫人與小孫一人居雒陽。

六年（癸亥、六三）

1 春，二月，王雒山出寶鼎，獻之。據本紀，王雒山在廬江郡。夏四月，甲子，詔曰：「祥瑞之降，以應有德；方今政化多僻，何以致茲！易曰：『鼎象三公，』三公鼎足承君，故云然。此蓋易緯之辭。豈公卿奉職得其理邪！其賜三公帛五十匹，九卿、二千石半之。先帝詔書，禁人上事言『聖』，見四十二卷光武建武七年。上，時掌翻。而間者章奏頗多浮詞；自今若有過稱虛譽，尙書皆宜抑而不省，省，悉景翻。示不爲諂子蚩也。」蚩，笑也。

[2]冬，十月，上行幸魯；十二月，還幸陽城；陽城縣，屬潁川。壬午，還宮。

[3]是歲，南單于適死，單于莫之子蘇立，爲丘除車林鞮單于；鞮，丁奚翻；下同。數月，復死，復，扶又翻；下同。單于適之弟長立，爲湖邪尸逐侯鞮單于。

七年（甲子、六四）

[1]春，正月，癸卯，皇太后陰氏崩。二月，庚申，葬光烈皇后。西京諸后皆從帝謚，惟衞思后、許恭哀后不以壽終而別追謚之。從帝謚而又加一字，自陰后始。范曄曰：漢世皇后皆因帝謚爲稱，明帝始建光烈之稱，其後並以德爲配，至於賢愚優劣，混同一貫。賢曰：謚法：執德遵業曰烈。

[2]北匈奴猶盛，數寇邊，數，所角翻。遣使求合市；上冀其交通，不復爲寇，許之。

[3]以東海相宗均爲尙書令。初，均爲九江太守，九江郡，在雒陽東南一千五百里。五日一聽事，悉省掾、史，閉督郵府內，屬縣無事，郡有五部督郵，監屬縣。閉之府內者，恐以司察爲功能，侵擾屬縣，適以多事故也。百姓安業。九江舊多虎暴，常募設檻穽，賢曰：檻，爲機以捕獸。穽，謂穿地陷之。而猶多傷害。均下記屬縣曰：「夫江、淮之有猛獸，猶北土之有雞豚也，今爲民害，咎在殘吏，而勞勤張捕，張，設也，設爲機穽以伺鳥獸曰張。裴炎猩猩銘所謂「奴欲張我」是也。非憂恤之本也。其務退姦貪，思進忠善，可一去檻穽，去，羌呂翻。除削課制。」其後無復虎患。復，扶又翻。帝聞均名，

故任以樞機。均謂人曰：「國家喜文法、廉吏，以爲足以止姦也；喜，許記翻。然文吏習爲欺謾，而廉吏清在一己，謾，音慢，又莫連翻。無益百姓流亡、盜賊爲害也。均欲叩頭爭之，時未可改也，久將自苦之，乃可言耳！」未及言，會遷司隸校尉。後上聞其言，追善之。

八年（乙丑、六五）

1春，正月，己卯，司徒范遷薨。

2三月，辛卯，以太尉虞延爲司徒，衞尉趙熹行太尉事。

3越騎司馬鄭衆使北匈奴，越騎校尉司馬一人，秩千石。單于欲令衆拜，衆不爲屈。單于圍守，閉之不與水火；衆拔刀自誓，自誓以死，不爲單于屈也。單于恐而止，乃更發使，隨衆還京師。

初，大司農耿國上言：「宜置度遼將軍屯五原，以防南匈奴逃亡，」朝廷不從。南匈奴須卜骨都侯等知漢與北虜交使，內懷嫌怨，欲畔，匈奴異姓大臣，左、右骨都侯也。又異姓有呼衍氏、須卜氏、立林氏、蘭氏，皆匈奴國中名族，常與單于婚姻。密使人詣北虜，令遣兵迎之。鄭衆出塞，疑有異；伺候，果得須卜使人。伺，相吏翻。使，疏吏翻。乃上言：「宜更置大將，以防二虜交通。」由是始置度遼營，以中郎將吳棠行度遼將軍事，將黎陽虎牙營士屯五原曼柏。漢官儀曰：光武以幽、冀兵克定天下，故於黎陽立營，以謁者監領，兵騎千人。賢曰：昭帝拜范明友爲度遼將軍，至此復置焉。曼柏縣，在今勝州銀城縣界。

4 秋，郡國十四大水。

5 冬，十月，北宮成。

6 丙子，募死罪繫囚詣度遼營；有罪亡命者，令贖罪各有差。楚王英奉黃縑、白紈詣國相曰：漢成帝王國省內史，令相治民，職如太守，秩二千石。紈，今之絹也。師古曰：紈，素也；縑，并絲絹也。相，息亮翻。「託在藩輔，過惡累積，歡喜大恩，奉送縑帛，以贖愆罪。」國相以聞，詔報曰：「楚王誦黃、老之微言，尚浮屠之仁慈，潔齋三月，齊，讀曰齋。與神爲誓，何嫌何疑，當有悔吝！其還贖，以助伊蒲塞、桑門之盛饌。」塞，悉則翻。饌，雛戀翻，又雛皖翻。

初，帝聞西域有神，其名曰佛，因遣使之天竺求其道，得其書及沙門以來。其書大抵以虛無爲宗，貴慈悲不殺；以爲人死，精神不滅，隨復受形；生時所行善惡，皆有報應，故所貴修煉精神，以至爲佛。善爲宏闊勝大之言，以勸誘愚俗。精於其道者，號曰沙門。於是中國始傳其術，圖其形像，而王公貴人，獨楚王英最先好之。袁宏漢紀：浮屠，佛也。西域天竺國有佛道焉。佛者，漢言覺也，將以覺悟羣生也。其教以修善慈心爲主，不殺生，專務清靜。其精者爲沙門。沙門，漢言息也。蓋息意去欲以歸於無爲。長丈六尺，黃金色。初，明帝夢見金人長大，以問羣臣。或曰：「西方有神，其名曰佛，陛下所夢，得無是乎？」於是遣使天竺，問其道術而圖其形像焉。賢曰：伊蒲塞，卽優婆塞也，中國翻爲近住，言受戒行堪近僧住也。桑門，卽沙門，梵云沙門那，或曰桑門，唐言勤息，秦譯云勤行，又云善覺。魏收曰：漢武帝遣霍去病討匈奴，獲休屠王金人，以爲大神，列於甘泉宮，不祭祀，但燒香禮拜而已。此則佛道流通之漸也。張騫使大夏，傳其旁有身毒國，一名天竺，始聞有浮屠之教。哀帝元壽元年，博士弟子秦景憲受大月氏王使伊存口授浮屠經，中國聞之，未信了也。後明帝夜夢金人，頂有白光，飛行殿庭，乃訪羣臣，傅毅始以佛對。帝遣郎中蔡愔等使天竺，寫浮屠遺範，仍與沙門攝摩騰、竺法蘭東還洛陽，中國有沙門跪拜之法自此始。愔之還，以白馬負經而至，漢因立白馬寺於洛城雍關西。好，呼到翻。

7 壬寅晦，日有食之，既。既，盡也。詔羣司勉脩職事，極言無諱。於是在位者皆上封事，各言得失；帝覽章，深自引咎，以所上班示百官。上，時掌翻。詔曰：「羣僚所言，皆朕之過。民冤不能理，吏黠不能禁；黠，下八翻。而輕用民力，繕脩宮宇，出入無節，喜怒過差。永覽前戒，竦然兢懼；徒恐薄德，久而致怠耳！」人主能切己省察，然後能有是言。

8 北匈奴雖遣使入貢，而寇鈔不息。鈔，楚交翻。邊城晝閉。帝議遣使報其使者，鄭衆上疏諫曰：「臣聞北單于所以要致漢使者，要，一遙翻。欲以離南單于之衆，堅三十六國之心也；賢曰：武帝開通西域，本三十六國，余謂堅其心者，欲使之專附匈奴。又當揚漢和親，誇示鄰敵，令西域欲歸化者局足狐疑，懷土之人絕望中國耳。漢使既到，便偃蹇自信；信，音申。若復遣之，虜必自謂得謀，得謀，猶言得計。復，扶又翻；下同。其羣臣駁議者不敢復言。賢曰：駁議，謂勸單于歸漢。駁，北角翻。如是，南庭動搖，烏桓有離心矣。南單于庭在西河美稷。動搖，謂欲出塞北去。烏桓本附匈奴，漢置校尉領護，使不得與匈奴交通。離心，謂其心不親附漢而貳於匈奴也。南單于久居漢地，具知形勢，萬分離析，旋爲邊害。今幸有度遼之衆揚威北垂，雖勿報答，不敢爲患。」帝不從。復遣衆往，衆因上言：「臣前奉使，不爲匈奴拜，爲，于僞翻；下同。單于恚恨，遣兵圍臣；恚，於避翻。今復銜命，必見陵折，臣誠不忍持大漢節對氈裘獨拜。前書匈奴傳曰：自君王以下，皆食畜肉，衣其皮革，被旃裘。旃，與氈同。如令匈奴遂能服臣，將有損大漢之強。」帝不聽。衆不得已，既行，在路連上書固爭之；詔切責衆，追還，繫廷尉，會赦，歸家。其後帝見匈奴來者，聞衆與單于爭禮之狀，乃復召衆爲軍司馬。漢制：大將軍營五部，部校尉一人，比二千石；軍司馬一人，比千石；其不置校尉部，但軍司馬一人。帝召衆爲軍司馬，使與馬廖擊車師。

九年（丙寅、六六）

1夏，四月，甲辰，詔司隸校尉、部刺史歲上墨綬長吏視事三歲已上、治狀尤異者各一人與計偕上，及尤不治者亦以聞。杜佑曰：後漢十三州部：司隸治河南，今府；豫治譙，今酇縣；兗治昌邑，今魯郡金鄉縣；徐治郯，今臨淮郡下邳縣；青治臨淄，今北海郡縣；涼治隴，今天水郡隴城縣；并治晉陽，今太原府；冀治鄗，今趙郡鄗縣；幽治薊，今范陽郡；揚治歷陽，今郡縣；荆治漢壽，今武陵郡武陵縣；交治廣信，今蒼梧郡蒼梧縣。漢制：千石、六百石，墨綬，三采青、赤、紺，長丈六尺，八十首；四百石、三百石長同。此墨綬長吏，謂大縣令以下。上，時掌翻。治，直吏翻。

2是歲，大有年。穀梁傳曰：五穀皆熟，書大有年。

3賜皇子恭號曰靈壽王，黨號曰重熹王，賢曰：取其美名也。未有國邑。

4帝崇尚儒學，自皇太子諸王侯及大臣子弟、功臣子孫，莫不受經。又爲外戚樊氏、郭氏、陰氏、馬氏諸子立學於南宮，號「四姓小侯」。賢曰：以非列侯，故曰小侯。禮記曰「庶方小侯」，亦其義也。余據東平王蒼傳，送列侯印十九枚，諸王子年五歲以上能趨拜者，皆令帶之。意四姓小侯亦猶是也。置五經師，搜選高能以授其業。自期門、羽林之士，悉令通孝經章句。匈奴亦遣子入學。

5廣陵王荆復呼相工謂曰：「我貌類先帝，先帝三十得天下，我今亦三十，可起兵未？」相者詣吏告之，相，息亮翻。荆惶恐，自繫獄，帝加恩，不考極其事，詔不得臣屬吏民，唯食租如故，恐其復謀不軌，故不得臣屬吏民，唯食國之租稅。使相、中尉謹宿衞之。荆又使巫祭祀、祝詛。祝，職又翻。詛，莊助翻。詔長水校尉樊鯈等雜治其獄，鯈，直留翻。治，直之翻。事竟，奏請誅荆。帝怒曰：「諸卿以我弟故，欲誅之；卽我子，卿等敢爾邪？」鯈對曰：「天下者高帝天下，非陛下之天下也。春秋之義，君親無將，將而必誅。賢曰：春秋公羊傳之文也。將者，將爲弑逆之事也。臣等以荆屬託母弟，帝與荆皆出於陰后。陛下留聖心，加惻隱，故敢請耳；如令陛下子，臣等專誅而已。」賢曰：專，謂不請也。帝歎息善之。鯈，宏之子也。

十年（丁卯、六七）

1春，二月，廣陵思王荆自殺，諡法：追悔前過曰思。國除。

2夏，四月，戊子，赦天下。

3 閏月，甲午，上幸南陽，召校官弟子作雅樂，賢曰：校，學也，戶教翻。雅樂，註見上。奏鹿鳴，帝自奏塤篪和之，以娛嘉賓。鄭玄註周禮云：塤，燒土爲之，大如鴈子。鄭衆云：有六孔。世本曰：暴辛公作篪，以竹爲之，長尺四寸，有八孔。孔穎達曰：土曰壎，竹曰篪。周禮小師職作「塤」，古今字異耳。釋樂云：大塤謂之嘂，音叫。孫炎曰：音大如叫呼也。郭璞曰：塤，燒土爲之，大如鵝子，銳上平底，形似稱鎚，六孔；小者如雞子。釋樂又云：大篪謂之沂。李巡曰：大篪，其聲非一也。郭璞曰：篪以竹爲之，長尺四寸，圍三寸，一孔上出，逕三分，橫吹之，小者尺二寸。廣雅云：八孔。鄭司農小師註云：篪七孔，蓋不數其上出者，故七也。世本云：暴辛公作塤，蘇成公作篪。譙周古史考云：古有塤、篪，尚矣。周幽王時，暴辛公善塤，蘇成公善篪，記者因以爲作，繆矣。釋名：塤，喧也，聲濁喧然。塤，況袁翻。篪，音池。和，戶臥翻。還，幸南頓。冬，十二月，甲午，還宮。

4 初，陵陽侯丁綝卒，陵陽縣，屬丹陽郡。綝，丑林翻。子鴻當襲封，上書稱病，讓國於弟盛，不報。既葬，乃挂衰絰於冢廬而逃去。衰，倉回翻。友人九江鮑駿遇鴻於東海，東海郡，在雒陽東一千五百里。讓之曰：「昔伯夷、吳札，亂世權行，故得申其志耳。賢曰：伯夷，孤竹君之子，讓其弟叔齊。季札，吳王壽夢之季子也，諸兄欲讓以國，季子乃舍其室而耕。皆是權時所行，非常道也。伯夷當紂時，季札當周末，故言亂世也。春秋之義，不以家事廢王事。春秋：衛靈公卒，孫輒立，父蒯聵與輒爭國。公羊傳曰：輒者，蒯聵之子。然則曷爲不立蒯聵而立輒？蒯聵無道，靈公逐之而立輒。然則輒之義可以立乎？曰：可，不以父命辭於王〔父〕命，不以家事辭於王事。故駿引以爲言。今子以兄弟私恩而絕父不滅之基，可乎？」鴻感悟垂涕，乃還就國。鮑駿因上書薦鴻經學至行，行，下孟翻。上徵鴻爲侍中。

十一年（戊寅、六八）

1春，正月，東平王蒼與諸王俱來朝，月餘，還國。帝臨送歸宮，悽然懷思，乃遣使手詔賜東平國中傅曰：「辭別之後，獨坐不樂，樂，音洛；下同。因就車歸，伏軾而吟，瞻望永懷，實勞我心。誦及采菽，以增歎息。采菽，詩小雅之章也。其詩曰：采菽采菽，筐之筥之；君子來朝，何錫予之。毛詩註云：菽，所以芼太牢而待君子，羊則苦，豕則薇。箋云：菽，大豆也，采其葉以爲藿。三牲，牛、羊、豕，芼以藿。正義曰：傳既言羊則苦，豕則薇，則菽不總芼三牲；而言菽所以芼太牢者，舉牛之芼，則羊豕之苦、薇從可知矣。日者問東平王：『處家何等最樂？』王言：『爲善最樂。』處，昌呂翻。樂，音洛。其言甚大，副是要腹矣。要，讀曰腰。蒼腰帶十圍。今送列侯印十九枚，諸王子年五歲已上能趨拜者，皆令帶之。」

十二年（己巳、六九）

1春，哀牢王柳貌率其民五萬餘戶內附，以其地置哀牢、博南二縣。哀牢夷者，九隆種也，居牢山，絕域荒外，山川阻深，未嘗通中國，西南去雒陽七千里。賢曰：在今匡州匡州縣西。張柬之曰：姚州，哀牢國地。始通博南山，度蘭倉水，華陽國志曰：博南縣西山高三十里，越之，得蘭倉水，有金沙，洗取融爲金。行者苦之，歌曰：「漢德廣，開不賓；度蘭倉，爲他人。」爲，于僞翻。

2初，平帝時，河、汴決壞，久而不脩。建武十年，光武欲脩之；浚儀令樂俊上言，民新被兵革，未宜興役，乃止。浚儀縣，屬陳留郡。被，皮義翻。其後汴渠東侵，日月彌廣，兗、豫百姓怨歎，以爲縣官恆興他役，不先民急。會有薦樂浪王景能治水者，樂浪，在雒陽東北五千里。恆，戶登翻。先，悉薦翻。樂浪，音洛琅。夏，四月，詔發卒數十萬，遣景與將作謁者王吳脩汴渠隄，自滎陽東至千乘海口千餘里，謁者，屬光祿勳。王吳以謁者而將作，故謂之將作謁者。賢曰：汴渠，即莨蕩渠也。汴自滎陽首受河，所謂石門，在滎陽山北一里，過汴以東，積石爲隄，亦號金隄，成帝陽嘉中所作也。十里立一水門，令更相洄注，爾雅曰：逆流而上曰洄。郭璞註云：旋流也。更，工衡翻。無復潰漏之患。復，扶又翻。景雖簡省役費，然猶以百億計焉。十萬曰億。

3 秋，七月，乙亥，司空伏恭罷；乙未，以大司農牟融爲司空。風俗通：牟子國，祝融之後，後因氏焉。

4 是時，天下安平，人無傜役，歲比登稔，百姓殷富，粟斛三十，牛羊被野。比，毗至翻。被，皮義翻。

十三年（庚午、七〇）

1 夏，四月，汴渠成；河、汴分流，復其舊迹。河、汴之隄決壞，則汴水東侵而與河合；今隄成，則河東北入海，而汴東南入泗，是分流復其舊迹也。辛巳，帝行幸滎陽，巡行河渠，行，下孟翻。遂渡河，登太行，幸上黨；行，戶剛翻。壬寅，還宮。

2 冬，十月，壬辰晦，日有食之。

3 楚王英與方士作金龜、玉鶴，刻文字爲符瑞。男子燕廣姓譜：燕召公之後，爲秦所滅，子孫以國爲氏。燕，於賢翻。告英與漁陽王平、顏忠等造作圖書，有逆謀；事下案驗。下，遐稼翻。有司奏「英大逆不道，請誅之。」帝以親親不忍。十一月，廢英，徙丹陽涇縣，賢曰：今宣州縣。賜湯沐邑五百戶；賢曰：湯沐者，取其賦稅以供湯沐之具也。男女爲侯、主者，食邑如故；許太后勿上璽綬，留住楚宮。許太后者，英母許氏。上，時掌翻。先是有私以英謀告司徒虞延者，先，悉薦翻。延以英藩戚至親，不然其言。及英事覺，詔書切讓延。

十四年（辛未、七一）

1 春，三月，甲戌，延自殺。以太常周澤行司徒事；頃之，復爲太常。考異曰：澤傳云「十二年」。按十二年不闕司徒，當是虞延免後、邢穆未至間，澤行司徒事爾，故云數月。夏，四月，丁巳，以鉅鹿太守南陽邢穆爲司徒。鉅鹿郡在雒陽北一千一百里。邢本周公之胤，爲衞所滅，子孫以國爲氏。

2 楚王英至丹陽，自殺。詔以諸侯禮葬於涇。封燕廣爲折姦侯。是時，窮治楚獄，遂至累年。治，直之翻；下同。其辭語相連，自京師親戚、諸侯、州郡豪桀及考按吏，阿附坐死、徙者以千數，而繫獄者尚數千人。

初，樊儵弟鮪，儵，除留翻。鮪，于軌翻。爲其子賞求楚王英女，爲，于僞翻。儵聞而止之曰：

「建武中，吾家並受榮寵，一宗五侯。謂宏封長羅侯，弟丹射陽侯，兄子尋玄鄉侯，族兄忠更父侯，宏又封壽張侯也。時特進一言，女可以配王，男可以尚主；賢曰：宏爲特進。但以貴寵過盛，即爲禍患，故不爲也。且爾一子，柰何棄之於楚乎！」鮪不從。及楚事覺，鯈已卒，上追念鯈謹恪，故其諸子皆得不坐。

英陰疏天下名士，上得其錄，有吳郡太守尹興名，吳郡在雒陽東三千二百里。乃徵興及掾史五百餘人詣廷尉就考。掾，俞絹翻。諸吏不勝掠治，勝，音升。掠，音亮。治，直之翻。死者大半；惟門下掾陸續、主簿梁宏、功曹史駟勳，備受五毒，門下掾，在郡門下總錄衆事。功曹史，主選署功勞。五毒，四肢及身備受楚毒也；或云，鞭、箠、及灼及徽、纆爲五毒。肌肉消爛，終無異辭。續母自吳來雒陽，作食以饋續。續雖見考，辭色未嘗變，而對食悲泣不自勝。治獄使者問其故，續曰：「母來不得見，故悲耳。」問：「何以知之？」續曰：「母截肉未嘗不方，斷葱以寸爲度，斷，丁管翻。故知之。」使者以狀聞，上乃赦興等，禁錮終身。

顏忠、王平辭引隧鄉侯耿建、朗陵侯臧信、濩澤侯鄧鯉、曲成侯劉建。耿純弟宿，封隧鄉侯，建蓋紹封者也。朗陵侯臧信，宮之子也。鄧鯉、劉建皆無可考。濩澤，侯國，屬河東郡。曲成，侯國，屬東萊郡；賢曰：故城在今萊州掖縣西北。師古曰：濩，音烏號翻。建等辭未嘗與忠、平相見。是時，上怒甚，吏皆惶恐，諸所連及，率一切陷入，無敢以情恕者。侍御史寒朗心傷其冤，考異曰：范書作「寒」，陸龜蒙離合詩云：「初寒朗詠徘徊立。」袁紀作「蹇」。按今有蹇姓，音件，與袁紀合。今從之。余按姓譜有寒姓，以爲夏諸侯后寒之後。又曰：周武王子寒侯之後。試以建等物色，獨問忠、平，賢曰：物色，謂形狀也。而二人錯愕不能對。賢曰：錯愕，猶倉卒也。錯，音七故翻。愕，音五故翻。朗知其詐，乃上言：「建等無姦，專爲忠、平所誣；疑天下無辜，類多如此。」帝曰：「卽如是，忠、平何故引之？」對曰：「忠、平自知所犯不道，漢法有大逆不道。故多有虛引，冀以自明。」帝曰：「卽如是，何不早奏？」對曰：「臣恐海內別有發其姦者。」帝怒曰：「吏持兩端！」促提下捶之。捶，止蘂翻。左右方引去，朗曰：「願一言而死。」帝曰：「誰與共爲章？」對曰：「臣獨作之。」上曰：「何以不與三府議？」三府，太尉、司徒、司空府也。對曰：「臣自知當必族滅，不敢多汙染人。」汙，烏故翻。上曰：「何故族滅？」對曰：「臣考事一年，不能窮盡姦狀，反爲罪人訟冤，爲，于僞翻；下同。故知當族滅。然臣所以言者，誠冀陛下一覺悟而已。臣見考囚在事者，咸共言妖惡大故，故，事也，囚也。妖，於驕翻。臣子所宜同疾，今出之不如入之，言出其罪，不如入其罪也。可無後責。是以考一連十，考十連百。又公卿朝會，陛下問以得失，皆長跪言：『舊制，大罪禍及九族；陛下大恩，裁止於身，天下幸甚！』裁，與纔同。及其歸舍，口雖不言而仰屋竊歎，莫不知其多冤，無敢牾陛下言者。牾，五故翻，逆也。臣今所陳，誠死無悔！」帝意解，詔遣朗出。

後二日，車駕自【章：十二行本「自」作「因」。】幸洛陽獄錄囚徒，師古曰：省錄之，知其情狀爲冤滯爲不也。今之慮囚，本錄聲之去者耳，音力具翻；而近俗不曉其意，訛其文，遂爲思慮之慮，失其源矣。理出千餘人。時天旱，即大雨。馬后亦以楚獄多濫，乘間爲帝言之，間，古莧翻。帝惻然感悟，夜起彷徨，彷徨，釋徘徊也，莊子註：猶翱翔也。余謂彷徨，不自安之貌。由是多所降宥。

任城令汝南袁安遷楚郡太守，任城縣，屬東平國。任，音壬。到郡不入府，先往按楚王英獄事，理其無明驗者，條上出之。上，時掌翻。府丞、掾史皆叩頭爭，以爲「阿附反虜，法與同罪，不可。」安曰：「如有不合，太守自當坐之，不以相及也。」遂分別具奏。別，彼列翻。帝感悟，即報許，得出者四百餘家。

3夏，五月，封故廣陵王荆子元壽爲廣陵侯，食六縣。篤兄弟之恩也。又封竇融孫嘉爲安豐侯。念功臣之世也。

4初作壽陵，制：「令流水而已，無得起墳。萬年之後，埽地而祭，杅水脯糒而已。說文曰：杅，飲器，音于。方言曰：盌謂之盂。過百日，唯四時設奠。置吏卒數人，供給灑埽。灑，所賣翻；埽，悉報翻：又並如字。敢有所興作者，以擅議宗廟法從事。」前書曰：擅議宗廟者，棄市。

十五年（壬申、七二）

1春，二月，庚子，上東巡。癸亥，耕于下邳。下邳縣，本屬東海郡；是年，以臨淮郡爲下邳國，下邳縣屬焉，在雒陽東一千四百里。三月，至魯，幸孔子宅，親御講堂，孔子宅，在闕里。講堂，講授之堂。魯共王升孔子堂，聞金石絲竹之音，卽此。命皇太子、諸王說經；又幸東平、大梁。浚儀縣，本大梁。夏，四月，庚子，還宮。

2封皇子恭爲鉅鹿王，黨爲樂成王，樂成國，本信都郡，帝更名，在雒陽北二千里。衍爲下邳王，暢爲汝南王，昞爲常山王，長爲濟陰王；濟，子禮翻。帝親定其封域，裁令半楚、淮陽。馬后曰：「諸子數縣，於制不亦【章：十二行本「亦」作「已」；乙十一行本同。】儉乎？」帝曰：「我子豈宜與先帝子等，歲給二千萬足矣！」

3乙巳，赦天下。

4謁者僕射耿秉數上言請擊匈奴，百官志：謁者僕射，秩比千石，爲謁者臺率，主謁者。古重習武，有主射以督錄之，故曰僕射。數，所角翻。上以顯親侯竇固嘗從其世父融在河西，爾雅曰：父之昆弟，先生爲世父，後生爲叔父。明習邊事，乃使秉、固與太僕祭肜、虎賁中郎將馬廖、廖，音聊。下博侯劉張、張，齊王縯之孫。好畤侯耿忠等共議之。畤，音止。耿秉曰：「昔者匈奴援引弓之類，援，于元翻。幷左衽之屬，故不可得而制。孝武既得河西四郡及居延、朔方，居延，武帝置縣，屬張掖郡。賢曰：故城在今甘州張掖縣北。虜失其肥饒畜兵之地，羌、胡分離；唯有西域，俄復內屬；復，扶又翻。故呼韓邪單于請事款塞，其勢易乘也。易，以豉翻。今有南單于，形勢相似；然西域尚未內屬，北虜未有釁作。臣愚以爲當先擊白山，西河舊事曰：白山冬夏有雪，故曰白山，匈奴謂之天山，過之，皆下馬拜焉，去蒲類海百里之內。得伊吾，賢曰：伊吾卽伊吾盧地，本屬匈奴，後取其地置宜禾都尉，以爲屯田，今伊州納職縣伊吾故城是也。又曰：伊吾故城，在今瓜州晉昌縣北。破車師，通使烏孫諸國以斷其右臂；使，疏吏翻。斷，丁管翻。伊吾亦有匈奴南呼衍一部，破此，復爲折其左角，復，扶又翻。折，而設翻。然後匈奴可擊也。」上善其言。議者或以爲「今兵出白山，匈奴必幷兵相助，又當分其東以離其衆。」上從之。十二月，以秉爲駙馬都尉，固爲奉車都尉；以騎都尉秦彭爲秉副，三都尉皆武帝置，奉車都尉掌乘輿，駙馬都尉掌天子之副馬。師古曰：駙，副也；一曰：近也，疾也。耿忠爲固副，皆置從事、司馬，出屯涼州。秉，國之子；忠，弇之子；廖，援之子也。

十六年（癸酉、七三）

1春，二月，遣肜與度遼將軍吳棠將河東、西河羌、胡及南單于兵萬一千騎出高闕塞，高闕，在朔方北。竇固、耿忠率酒泉、敦煌、張掖甲卒及盧水羌、胡萬二千騎出酒泉塞，賢曰：按湟水東經臨羌縣故城北，又東盧溪水注之，水出西南，盧川卽其地也。余據西南夷傳，冉駹夷北有黃石、北地、盧水胡。敦，徒門翻。耿秉、秦彭率武威、隴西、天水募士及羌、胡萬騎出張掖居延塞，騎都尉來苗、護烏桓校尉文穆將太原、鴈門、代郡、上谷、漁陽、右北平、定襄郡兵及烏桓、鮮卑萬一千騎出平城塞，伐北匈奴。竇固、耿忠至天山，賢曰：天山，卽祁連山，一名雪山，今名折羅漢山，在伊州北。「漢」，一作「漫」。擊呼衍王，斬首千餘級；追至蒲類海，賢曰：蒲類海，今名婆悉海，在今庭州蒲昌縣東南。取伊吾盧地，置宜禾都尉，留吏士屯田伊吾盧城。耿秉、秦彭擊匈林王，「匈林」，恐當作「句林」。建武時，匈奴嘗遣句林王迎盧芳。句，音古侯翻。絶幕六百餘里，至三木樓山而還。來苗、文穆至匈河水上，據前書，匈河水去令居數千里。臣瓚曰：去令居千里。虜皆奔走，無所獲。祭肜與南匈奴左賢王信不相得，出高闕塞九百餘里，得小山，信妄言以爲涿邪山，北史曰：循弱水西行得涿邪山。不見虜而還。肜與吳棠坐逗留畏懦，下獄，免。下，遐稼翻。考異曰：袁紀「棠」，皆作「常」；今從范書。肜自恨無功，出獄數日，歐血死；臨終，謂其子曰：「吾蒙國厚恩，奉使不稱，稱，尺證翻。身死誠慚恨，義不可以無功受賞。死後，若悉簿上所得物，若，汝也，皆爲文簿而上之。上，時掌翻。身自詣兵屯，效死前行，以副吾心。」既卒，行，戶剛翻。卒，子恤翻。其子逢上疏，具陳遺言。帝雅重肜，方更任用，聞之，大驚，嗟嘆良久。烏桓、鮮卑每朝賀京師，常過肜冢拜謁，仰天號泣；遼東吏民爲立祠，四時奉祭焉。肜，先爲遼東太守，威信行於烏桓、鮮卑。號，戶刀翻。爲，于僞翻。竇固獨有功，加位特進。

固使假司馬班超與從事郭恂俱使西域。百官志：大將軍營五部，部有校尉一人，軍司馬一人；又有軍假司馬，爲副貳。使，疏吏翻；下同。超行到鄯善，鄯，上扇翻。鄯善王廣奉超禮敬甚備，後忽更疏懈。懈，古隘翻。超謂其官屬曰：「寧覺廣禮意薄乎？」官屬曰：「胡人不能常久，無他故也。」超曰：「此必有北虜使來，狐疑未知所從故也。明者睹未萌，況已著邪！」乃召侍胡，詐之曰：「匈奴使來數日，今安在乎？」侍胡惶恐曰：「到已三日，去此三十里。」超乃閉侍胡，侍胡，鄯善所遣侍超者。使，疏吏翻。悉會其吏士三十六人，與共飲，酒酣，因激怒之曰：「卿曹與我俱在絕域，今虜使到裁數日，而王廣禮敬即廢。如令鄯善收吾屬送匈奴，骸骨長爲豺狼食矣，爲之柰何？」官屬皆曰：「今在危亡之地，死生從司馬！」超曰：「不入虎穴，不得虎子。當今之計，獨有因夜以火攻虜，使彼不知我多少，必大震怖，可殄盡也。怖，普布翻。滅此虜，則鄯善破膽，功成事立矣。」衆曰：「當與從事議之。」超怒曰：「吉凶決於今日；從事文俗吏，聞此必恐而謀泄，死無所名，非壯士也。」衆曰：「善！」初夜，超遂將吏士往奔虜營。初夜，甲夜也。會天大風，超令十人持鼓藏虜舍後，約曰：「見火然，皆當鳴鼓大呼。」呼，火故翻。餘人悉持兵弩，夾門而伏。超乃順風縱火；前後鼓噪，虜衆驚亂，超手格殺三人，吏兵斬其使及從士三十餘級，從，才用翻。餘衆百許人悉燒死。明日乃還，告郭恂，還，從宣翻，又如字。恂大驚；既而色動，意欲分超功而不能自揜於外，故色動。超知其意，舉手曰：「掾雖不行，班超何心獨擅之乎！」從事，掾也。掾，俞絹翻。恂乃悅。超於是召鄯善王廣，以虜使首示之，一國震怖。超告以漢威德，「自今以後，勿復與北虜通。」復，扶又翻。廣叩頭，「願屬漢，無二心，」遂納子爲質。還白竇固，固大喜，具上超功效，質，音致。上，時掌翻。幷求更選使使西域。帝曰：「吏如班超，何故不遣，而更選乎！今以超爲軍司馬，令遂前功。」

固復使超使于窴，復，扶又翻；下同。窴，徒賢翻。欲益其兵；超願但將本所從三十六人，曰：「于窴國大而遠，今將數百人，無益於強；如有不虞，多益爲累耳。」累，力瑞翻。是時于窴王廣德雄張南道，賢曰：雄張，猶熾盛也。張，竹亮翻。予謂張者，自大之意。而匈奴遣使監護其國。監，古銜翻。超既至于窴，廣德禮意甚疏。且其俗信巫，巫言：「神怒，何故欲向漢？漢使有騧馬，急求取以祠我！」賢曰：續漢及華嶠書並作「騩」。說文：馬淺黑色也，音京媚翻。余謂騧，音瓜；黃馬黑喙曰騧，讀如本字。廣德【章：十二行本「德」下有「乃」字；乙十一行本同。】遣國相私來比就超請馬。相，息亮翻。超密知其狀，報許之，而令巫自來取馬。有頃，巫至，超即斬其首；收私來比，鞭笞數百。以巫首送廣德，因責讓之。廣德素聞超在鄯善誅滅虜使，大惶恐，即殺匈奴使者而降。降，戶江翻。超重賜其王以下，因鎮撫焉。於是諸國皆遣子入侍，西域與漢絕六十五載，至是乃復通焉。王莽天鳳三年，焉耆擊殺王駿，西域遂絕，至此五十八載耳；此言與漢絕六十五載，蓋自始建國元年數之，謂莽篡位而西域遂與漢絕也。復，扶又翻。載，子亥翻。超，彪之子也。

2 淮陽王延，性驕奢，而遇下嚴烈。有上書告「延與姬兄謝弇及姊壻韓光招姦猾，作圖讖，祠祭祝詛。」事下按驗。讖，楚譖翻。祝，職救翻。詛，莊助翻。下，遐稼翻。五月，癸丑，弇、光及司徒邢穆皆坐死，所連及死徙者甚衆。

3 戊午晦，日有食之。

4 六月，丙寅，以大司農西河王敏爲司徒。

5 有司奏請誅淮陽王延；上以延罪薄於楚王英，秋，七月，徙延爲阜陵王，食二縣。賢曰：阜陵，縣名，屬九江郡，故城在今滁州全椒縣南。

6 是歲，北匈奴大入雲中，雲中太守廉范拒之；吏以衆少，欲移書傍郡求救，范不許。會日暮，范令軍士各交縛兩炬，三頭爇火，營中星列。賢曰：用兩炬交縛如十字，爇其三頭，手持一端，使敵人望之，疑兵士之多。爇，懦劣翻。虜謂漢兵救至，大驚，待旦將退。范令軍中蓐食，晨，往赴之，賢曰：蓐食，早起食於寢蓐中也。斬首數百級，虜自相轔藉，死者千餘人，賢曰：轔，轢也。藉，相蹈藉也。轔，良刃翻。由此不敢復向雲中。復，扶又翻。范，丹之孫也。廉丹爲王莽將。

十七年（甲戌、七四）

1 春，正月，上當謁原陵，夜，夢先帝、太后如平生歡，既寤，悲不能寐；即案曆，明旦日吉，遂率百官上陵。上，時掌翻。其日，降甘露於陵樹，考異曰：帝紀云：「甘露降甘陵。」皇后紀云：「謁原陵，甘露降於樹。」然則實降原陵也。帝紀誤以「原」爲「甘」。帝令百官采取以薦。會畢，帝從席前伏御床，視太后鏡奩中物，奩，鏡匣也，音廉。感動悲涕，令易脂澤裝具；左右皆泣，莫能仰視。沈約曰：三代以前無墓祭，至秦，始出寢，起於墓側。漢因秦上陵皆有園寢，故稱寢殿。起居衣服，象生人之具，古寢之意也。

2 北海敬王睦薨。睦，北海靖王興之子。睦少好學，少，詩照翻。好，呼到翻；下同。光武及上皆愛之。嘗遣中大夫詣京師朝賀，賢曰：中大夫，王國官也，掌奉王使京師，奉璧賀正月。朝，直遙翻。召而謂之曰：「朝廷設問寡人，賢曰：朝廷，謂天子也。大夫將何辭以對？」使者曰：「大王忠孝慈仁，敬賢樂士，樂，音洛。臣敢不以實對！」睦曰：「吁，子危我哉！賢曰：吁，音于。孔安國註尚書曰：吁者，疑怪之聲。余按吁，匈于翻。此乃孤幼時進趣之行也。趣，讀曰趨，又七喻翻。行，下孟翻。大夫其對以孤襲爵以來，志意衰惰，聲色是娛，犬馬是好，乃爲相愛耳。」其智慮畏慎如此。時禁切藩王，法憲頗峻，故睦慮及此。

3 二月，乙巳，司徒王敏薨。

4 三月，癸丑，以汝南太守鮑昱爲司徒。昱，永之子也。

5 益州刺史梁國朱輔益州部漢中、巴郡、廣漢、蜀郡、犍爲、牂柯、越巂、益州、永昌等郡。益州刺史治廣漢郡雒縣。宣示漢德，威懷遠夷，自汶山以西，汶山，在蜀郡湔氐道西徼外，江水所出。杜佑曰：茂州，漢汶山縣。汶，晉書音讀曰岷。湔，裴松之音剪。前世所不至，正朔所未加，白狼、槃木等百餘國，皆舉種稱臣奉貢。種，章勇翻。白狼王唐菆作詩三章，歌頌漢德，菆，側鳩翻，又徂丸翻。輔使犍爲郡掾由恭譯而獻之。犍爲郡，在雒陽西三千二百七十里，夷言不與中國通，故譯而後獻。犍，居言翻。掾，俞絹翻。由，姓也。秦有由余；或曰：楚王孫由子之後。

6初，龜茲王建爲匈奴所立，龜茲，音見前。倚恃虜威，據有北道，攻殺疏勒王，立其臣兜題爲疏勒王。班超從間道至疏勒，間，古莧翻。范史，疏勒國，去雒陽萬三百里。去兜題所居槃橐城九十里，逆遣吏田慮先往降之，降，戶江翻；下同。敕慮曰：「兜題本非疏勒種，種，章勇翻。國人必不用命；若不卽降，便可執之。」慮既到，兜題見慮輕弱，殊無降意。降，戶江翻。慮因其無備，遂前劫縛兜題，左右出其不意，皆驚懼奔走。慮馳報超，超卽赴之，悉召疏勒將吏，說以龜茲無道之狀，因立其故王兄子忠爲王，考異曰：袁紀云：「求索故王近屬，得兄榆勒立之，更名忠。」續漢書云：「求得故王兄子榆勒立之，更名忠。」今從超傳。國人大悅。超問忠及官屬：「當殺兜題邪，生遣之邪？」咸曰：「當殺之。」超曰：「殺之無益於事，當令龜茲知漢威德。」遂解遣之。

7夏，五月，戊子，公卿百官以帝威德懷遠，祥物顯應，並集朝堂奉觴上壽。班固西都賦：左右廷中，朝堂百僚之位，蕭、曹、丙、魏謀謨乎其上，蓋在殿庭左右也。賢曰：壽者，人之所欲，故卑下奉觴進酒，皆言上壽。朝，直遙翻。制曰：「天生神物，以應王者；遠人慕化，實由有德；朕以虛薄，何以享斯！唯高祖、光武聖德所被，被，皮義翻。不敢有辭，其敬舉觴，太常擇吉日策告宗廟。」仍推恩賜民爵及粟有差。時賜天下男子爵人二級，三老、孝悌、力田人三級，流人無名數欲占者人一級，鰥、寡、孤、獨、篤癃、貧不能自存者，粟人三斛。

8冬，十一月，遣奉車都尉竇固、駙馬都尉耿秉、騎都尉劉張出敦煌昆侖塞，擊西域，賢曰：昆侖，山名，因以爲塞，在今肅州酒泉縣西南，山有昆侖之體，故名之。周穆王見西王母于此山，有石室、王母臺。又曰：前書敦煌郡廣至縣有昆侖障，宜禾都尉居也。廣至故城，在今瓜州常樂縣東。敦，徒門翻。侖，盧昆翻。秉、張皆去符、傳以屬固，符、傳，皆合之以爲信。符，兵符也。張晏曰：傳，若今過所也。如淳曰：兩行書繒帛，分持其一，出入關，合之乃得過，謂之傳。此傳，蓋亦行兵所用以爲信，非度關所用之傳也。專將則有符、傳，今以兵屬固，故去之。去，羌呂翻。傳，株戀翻。合兵萬四千騎，擊破白山虜於蒲類海上，遂進擊車師。車師前王，卽後王之子也，其廷相去五百餘里。車師前王居交河城，後王居務塗谷。固以後王道遠，山谷深，士卒寒苦，欲攻前王；秉以爲先赴後王，并力根本，則前王自服。固計未決，秉奮身而起曰：「請行前。」乃上馬引兵北入，衆軍不得已，並進，斬首數千級。後王安得震怖，走出門迎秉，脫帽，抱馬足降，降，戶江翻。秉將以詣固；其前王亦歸命，遂定車師而還。還，從宣翻，又如字。於是固奏復置西域都護及戊、己校尉。宣帝置都護，元帝置戊、己校尉，自王莽之亂，西域與中國絕，不復置；今通西域，復置之。以陳睦爲都護；考異曰：袁紀「睦」作「穆」，今從范書。司馬耿恭爲戊校尉，屯後王部金蒲城；賢曰：金蒲城，車師後王城廷也，今庭州蒲昌縣城是也。杜佑曰：金蒲城，卽車師後王所治務塗谷，今北庭府蒲類縣也。謁者關寵爲己校尉，屯前王部柳中城，賢曰：柳中，今西州縣。考異曰：袁紀作「折中」，今從范書。屯各置數百人。恭，況之孫也。耿況以上谷歸光武，子孫多著功名。

十八年（乙亥、七五）

1 春，二月，詔竇固等罷兵還京師。

2 北單于遣左鹿蠡王率二萬騎擊車師，蠡，盧奚翻。耿恭遣司馬將兵三百人救之，皆爲所沒，匈奴遂破殺車師後王安得而攻金蒲城。恭以毒藥傅矢，語匈奴曰：「漢家箭神，其中瘡者必有異。」虜中矢者，視瘡皆沸，傅，音附。語，牛倨翻。中，竹仲翻。大驚。會天暴風雨，隨雨擊之，殺傷甚衆；匈奴震怖，怖，普布翻。相謂曰：「漢兵神，眞可畏也！」遂解去。

3 夏，六月，己未，有星孛於太微。晉天文志：太微，天子廷也，十二諸侯府也。孛，蒲內翻。

4 耿恭以疏勒城傍有澗水可固，引兵據之。此疏勒城在車師後部，非疏勒國城也。據西域傳，疏勒國去長史所居五千里，後部去長史所居五百里，耿恭自後部金蒲城移據疏勒城，其後范羌又自前部交河城從山北至疏勒迎恭。審觀本末，則非疏勒國城明矣。秋，七月，匈奴復來攻，復，扶又翻。擁絕澗水；恭於城中穿井十五丈，不得水，吏士渴乏，至笮馬糞汁而飲之。賢曰：笮，謂壓笮也，音側駕翻。恭身自率士輓籠，輓，音晚。師古曰：籠，所以盛土也；音盧紅翻。鄭氏周禮註：竈土之器曰籠。陸德明音力董翻。朱熹曰：蕢，土籠也。有頃，水泉奔出，衆皆稱萬歲。乃令吏士揚水以示虜，虜出不意，以爲神明，遂引去。

5 八月，壬子，帝崩於東宮前殿，年四十八。遺詔：「無起寢廟，藏主於光烈皇后更衣別室。」賢曰：禮藏主於廟，既不起寢廟，故藏於后之易衣別室。更，易也。更，工衡翻；下同。

帝遵奉建武制度，無所變更，后妃之家不得封侯與政。館陶公主爲子求郎，館陶公主，光武女紅夫也，適駙馬都尉韓光。與，讀曰預。爲，于僞翻。不許，而賜錢千萬，謂羣臣曰：「郎官上應列宿，史記曰：太微宮後二十五星，郎位也。宿，音秀。出宰百里，苟非其人，則民受其殃，是以難之。」公車以反支日不受章奏，陰陽書曰：凡反支日，用月朔爲正：戌、亥朔，一日反支；申、酉朔，二日反支；午、未朔，三日反支；辰、巳朔，四日反支；寅、卯朔，五日反支；子、丑朔，六日反支。帝聞而怪曰：「民廢農桑，遠來詣闕，而復拘以禁忌，復，扶又翻。豈爲政之意乎！」於是遂蠲其制。尚書閻章二妹爲貴人，章精力曉舊典，久次當遷重職，帝爲後宮親屬，竟不用。是以吏得其人，民樂其業，樂，音洛。遠近畏服，戶口滋殖焉。

6 太子卽位，年十八。尊皇后曰皇太后。

明帝初崩，馬氏兄弟爭欲入宮。北宮衞士令楊仁被甲持戟，嚴勒門衞，人莫敢輕進者。東都南、北宮皆有衞士令一人，秩六百石，各掌其宮衞士。漢官曰：北宮員吏七十二人，衞士四百七十一人，朱爵司馬主南掖門，員吏四人，衞士百二十四人，東明司馬主東門，員吏十三人，衞士百八十人；朔平司馬主北門，員吏五人，衞士百一十七人：凡員吏皆隊長佐。凡居宮中者，皆有口籍於門之所屬宮名兩字，爲鐵印文符，案省符乃內之。若外人以事當入本宮，長吏爲封棨傳；其有官位者，令御者言其官。胡廣曰：符用木，長可二寸，鐵印以符之。被，皮義翻。諸馬乃共譖仁於章帝，言其峻刻，帝知其忠，愈善之，拜爲什邡令。什邡縣，屬廣漢郡，此卽高帝封雍齒之什方也。邡，讀曰方。

7壬戌，葬孝明皇帝于顯節陵。帝王紀曰：顯節陵，故富壽亭也，西北去雒陽三十七里。

8冬，十月，丁未，赦天下。

9詔以行太尉事節鄉侯熹爲太傅，司空融爲太尉，並錄尚書事。光武不任三公，事歸臺閣，惟錄尚書事者權任稍重，自是迄于齊、梁，謂之錄公。賢曰：武帝初以張子孺領尚書事，錄尚書事由此始。晉百官志曰：漢武時，左右曹、諸吏分平尚書奏事，知樞要者始領尚書事，張安世以車騎將軍、霍光以大將軍、王鳳以大司馬、師丹以左將軍並領尚書事。後漢章帝以太傅趙熹、太尉牟融並錄尚書事，尚書有錄名，自此始，亦西京領尚書之任，猶唐、虞大麓之職也。沈約曰：漢東京每帝卽位，輒置太傅、錄尚書事，薨輒省。

10十一月，戊戌，以蜀郡太守第五倫爲司空。倫在郡公淸，所舉吏多得其人，故帝自遠郡用之。續漢志：蜀郡，在雒陽西三千一百里。守，式又翻。

11焉耆、龜茲攻沒都護陳睦，北匈奴圍關寵於柳中城。會中國有大喪，救兵不至，車師復叛，復，扶又翻；下同。與匈奴共攻耿恭。恭率厲士衆禦之，數月，食盡窮困，乃煑鎧弩，食其筋革。鎧，可亥翻。恭與士卒推誠同死生，故皆無二心，而稍稍死亡，餘數十人。單于知恭已困，欲必降之，遣使招恭曰：「若降者，當封爲白屋王，按李巡註爾雅，五狄有白屋一種。降，戶江翻。妻以女子。」妻，七細翻。恭誘其使上城，手擊殺之，炙諸城上。單于大怒，更益兵圍恭，不能下。

關寵上書求救，詔公卿會議，司空倫以爲不宜救；司徒鮑昱曰：「今使人於危難之地，急而棄之，外則縱蠻夷之暴，內則傷死難之臣，難，乃旦翻。誠令權時，後無邊事可也。匈奴如復犯塞爲寇，陛下將何以使將！將，卽亮翻。又二部兵人裁各數十，賢曰：二部謂關寵及恭也。匈奴圍之，歷旬不下，是其寡弱力盡之效也。力盡，猶言盡力也。可令敦煌、酒泉太守各將精騎二千，多其幡幟，倍道兼行以赴其急；幟，昌志翻。匈奴疲極之兵，必不敢當，四十日間足還入塞。」帝然之。乃遣征西將軍耿秉屯酒泉，行太守事，遣酒泉太守段彭考異曰：耿恭傳云「秦彭」，今從帝紀。與謁者王蒙、皇甫援姓譜：宋有皇甫充石，宋之公族也。漢初有皇甫鸞，自魯徙居茂陵，改父爲甫。余按詩，周亦有皇父卿士。發張掖、酒泉、敦煌三郡及鄯善兵合七千餘人以救之。鄯，上扇翻。

12 甲辰晦，日有食之。

13 太后兄弟虎賁中郎廖及黃門郎防、光百官志：給事黃門侍郎六百石，掌侍從左右。漢舊儀曰：黃門郎屬黃門令，日暮，入對青瑣門拜，名曰夕郎。終明帝世未嘗改官。帝以廖爲衛尉，防爲中郎將，光爲越騎校尉。廖等傾身交結，冠蓋之士爭赴趣之。趣，七喻翻。第五倫上疏曰：「臣聞書曰：『臣無作威作福，其害于而家，凶于而國。』尚書洪範之言。近世光烈皇后雖友愛天至，而抑損陰氏,不假以權勢。謂陰后不爲宗親求位也。其後梁、竇之家,互有非法,明帝即位,竟多誅之。謂梁松、竇穆等也。自是洛中【章:十二行本「洛」作「雒」;乙十一行本同;下均同。】無復權戚,書記請託,一皆斷絕。復,扶又翻。斷,丁管翻。又諭諸外戚曰:『苦身待士,不如爲國。爲,于僞翻。戴盆望天,事不兩施。』司馬遷書曰:戴盆何以望天。今之議者,復以馬氏爲言。竊聞衞尉廖以布三千匹,城門校尉防以錢三百萬,私贍三輔衣冠,知與不知,莫不畢給。又聞臘日亦遺其在雒中者錢各五千。遺,于季翻。越騎校尉光,臘用羊三百頭,米四百斛,肉五千斤。臣愚以爲不應經義,惶恐,不敢不以聞。陛下情欲厚之,亦宜所以安之。臣今言此,誠欲上忠陛下,下全后家也。」

14 是歲,京師及兗、豫、徐州大旱。兗州部陳留、東郡、東平、泰山、濟北、山陽、濟陰等郡國。豫州部汝南、潁川二郡,梁、沛、陳、魯等國。徐州部東海、琅邪、彭城、廣陵、下邳等郡國。杜佑曰:兗州蓋以沇水爲名。又兗之爲言端也,信也。端,言陽氣端端,故其氣纖殺也。徐州蓋取舒緩之義,或云:因徐丘以爲名。

資治通鑑卷第四十六

翰林學士兼侍讀學士朝散大夫右諫議大夫知制誥判尚書都省兼提舉萬壽觀公事上護軍河内郡開國侯食邑一千三百户賜紫金魚袋臣 司馬光 奉敕編集

後學天台 胡三省 音註

漢紀三十八 起柔兆困敦（丙子），盡閼逢涒灘（甲申），凡九年。

肅宗孝章皇帝上 諱炟，顯宗第五子，母賈貴人，以馬后母養爲嫡，卽位。謚法：温克令儀曰章。伏侯古今註：「炟」之字曰「著」。

建初元年（丙子、七六）

1春，正月，詔兖、豫、徐三州稟贍飢民。上問司徒鮑昱：「何以消復旱災？」消復者，消去災異而復其常。對曰：「陛下始踐天位，雖有失得，未能致異。臣前爲汝南太守，典治楚事，賢曰：永平十三年，楚王英謀反，連坐者在汝南，昱時主劾之也。治，直之翻。繫者千餘人，恐未能盡當其罪。夫大獄一起，冤者過半。又，諸徙者骨肉離分，孤魂不祀。宜一切還諸徙家，蠲除禁錮，使死生獲所，則和氣可致。」帝納其言。

校書郎楊終上疏曰：「間者北征匈奴，西開三十六國，百姓頻年服役，轉輸煩費；愁困之民足以感動天地，陛下宜留念省察！」漢蘭臺，藏書之室也；當時文學之士，使讎校於其中，故有校書之職，劉向、揚雄輩是也。東都於蘭臺置令史，典校秘書，以郎居其任者，謂之校書郎。終徵詣蘭臺，拜校書郎。省，悉景翻。帝下其章，下，遐稼翻。第五倫亦同終議。牟融、鮑昱皆以爲：「孝子無改父之道，引論語孔子之言。征伐匈奴，屯戍西域，先帝所建，不宜回異。」終復上疏曰：「秦築長城，功役繁興；胡亥不革，卒亡四海。事見秦紀。復，扶又翻。卒，子恤翻。故孝元棄珠厓之郡，事見二十八卷元帝初元二年。光武絕西域之國，事見四十三卷光武建武二十二年。不以介鱗易我衣裳。賢曰：介鱗，喻遠夷，其人與魚鱉無異也。衣裳，謂中國也。揚雄法言曰：珠厓之絕，捐之之力也；否則介鱗易我衣裳。魯文公毀泉臺，春秋譏之曰：『先祖爲之而已毀之，不如勿居而已，』以其無妨害於民也；襄公作三軍，昭公舍之，君子大其復古，以爲不舍則有害於民也。舍，讀曰捨。今伊吾之役，樓蘭之屯兵竇固等取伊吾，見上卷永平十六年。樓蘭，卽鄯善，此兵蓋謂班超所將吏士也。久而未還，非天意也。」帝從之。

2 丙寅，詔：「二千石勉勸農桑；罪非殊死，須秋按驗。有司明慎選舉，進柔良，退貪猾，順時令，理冤獄。」是時承永平故事，吏政尚嚴切，尚書決事，率近於重。近，其靳翻。尚書沛國陳寵以帝新卽位，宜改前世苛俗，乃上疏曰：「臣聞先王之政，賞不僭，刑不濫；與其不得已，寧僭無濫。左傳蔡大夫聲子之言。往者斷獄嚴明，斷，丁亂翻；下同。所以威懲姦慝；姦慝既平，必宜濟之以寬。陛下卽位，率由此義，數詔羣僚，弘崇晏晏，賢曰：晏晏，溫和也。尚書考靈耀曰：堯聰明文塞晏晏。數，所角翻。而有司未悉奉承，猶尚深刻；斷獄者急於篣格酷烈之痛，賢曰：篣，卽榜也，古字通用。聲類曰：笞也。說文曰：格，擊也。執憲者煩於詆欺放濫之文，或因公行私，逞縱威福。夫爲政猶張琴瑟，大絃急者小絃絕。賢曰：新序：臧孫，魯大夫，行猛政。子貢非之曰：夫政猶張琴瑟也，大絃急則小絃絕矣，故曰：罰得則姦邪止，賞得則下歡悅。陛下宜隆先王之道，蕩滌煩苛之法，輕薄箠楚以濟羣生，箠，止橤翻。全廣至德以奉天心！」帝深納寵言，每事務於寬厚。

3 酒泉太守段彭等兵會柳中，擊車師，攻交河城，賢曰：前書，車師前王居交河城，河水分流繞城下，故號交河，去長安八千一百里，故城在今西州交河縣。斬首三千八百級，獲生口三千餘人。北匈奴驚走，車師復降。復，扶又翻。會關寵已歿，謁者王蒙等欲引兵還；耿恭軍吏范羌，時在軍中，先是，恭遣羌至敦煌迎兵士寒服，因隨王蒙軍出塞。固請迎恭。諸將不敢前，乃分兵二千人與羌，從山北迎恭，遇大雪丈餘，軍僅能至。城中夜聞兵馬聲，以爲虜來，大驚。羌遙呼曰：呼，火故翻。「我范羌也，漢遣軍迎校尉耳。」校，戶教翻。城中皆稱萬歲。開門，共相持涕泣。明日，遂相隨俱歸。虜兵追之，且戰且行。吏士素飢困，發疏勒時，尚有二十六人，隨路死沒，三月至玉門，賢曰：玉門，關名，屬敦煌郡，在今沙州。臣賢按：酒泉郡又有玉門縣，據東觀記，曰至敦煌，明卽玉門關也。唯餘十三人，衣屨穿決，形容枯槁。中郎將鄭衆爲恭以下洗沐，易衣冠，衆先以軍司馬與馬廖擊車師，至敦煌，拜爲中郎將。爲，于僞翻。上疏奏：「恭以單兵守孤城，當匈奴數萬之衆，連月踰年，心力困盡，鑿山爲井，煑弩爲糧，前後殺傷醜虜數百千計，卒全忠勇，卒，子恤翻。不爲大漢恥，宜蒙顯爵，以厲將帥。」將，卽亮翻。帥，所類翻。恭至雒陽，拜騎都尉。詔悉罷戊、己校尉及都護官，二官明帝永平十七年置。徵還班超。

超將發還，疏勒舉國憂恐；其都尉黎弇曰：「漢使棄我，使，疏吏翻；下同。我必復爲龜茲所滅耳，誠不忍見漢使去。」因以刀自剄。前書，疏勒國官有疏勒侯，擊胡侯，輔國侯，都尉。復，扶又翻；下同。龜茲，音丘慈。超還至于窴，王侯以下皆號泣，窴，徒賢翻。號，戶刀翻。曰：「依漢使如父母，誠不可去！」使，疏吏翻。互抱超馬腳不得行。超亦欲遂其本志，乃更還疏勒。疏勒兩城已降龜茲，而與尉頭連兵。前書，尉頭國居尉頭谷，去長安八千六百五十里，南與疏勒接。超捕斬反者，擊破尉頭，殺六百餘人，疏勒復安。

4 甲寅，山陽、東平地震。

5 東平王蒼上便宜三事。上，時掌翻。帝報書曰：「間吏民奏事亦有此言；但明智淺短，或謂儻是，復慮爲非，不知所定。得王深策，恢然意解；恢然，猶廓然也。思惟嘉謀，以次奉行。特賜王錢五百萬。」後帝欲爲原陵、顯節陵起縣邑，爲，于僞翻。蒼上疏諫曰：「竊見光武皇帝躬履儉約之行，深覩始終之分，行，下孟翻。分，扶問翻。勤勤懇懇，以葬制爲言；事見四十四卷光武建武二十六年。孝明皇帝大孝無違，承奉遵行；事見上卷明帝永平十四年。謙德之美，於斯爲盛。臣愚以園邑之興，始自強秦。秦始皇葬于驪山，徙三萬家，起驪邑；西漢因之，諸陵皆起陵邑，至元帝乃止。古者丘隴且不欲其著明，賢曰：禮記曰：古者墓而不墳，故言不欲其著明。豈況築郭邑、建都郛哉！穀梁傳曰：人之所聚曰都。杜預註左傳曰：郛，郭也。上違先帝聖心，下造無益之功，虛費國用，動搖百姓，非所以致和氣、祈豐年也。陛下履有虞之至性，虞舜孝於親，故以爲言。追祖禰之深思，臣蒼誠傷二帝純德之美不暢於無窮也！」帝乃止。自是朝廷每有疑政，輒驛使諮問，使，疏吏翻。蒼悉心以對，皆見納用。

6 秋，八月，庚寅，有星孛于天市。晉天文志：參十星，一曰天市；又危三星，亦爲天市。又天市垣二十二星在房、心東北。史記曰：房爲天駟；東北十二星曰旗，中四星曰天市。孛，蒲內翻。

7 初，益州西部都尉廣漢鄭純，爲政清潔，化行夷貊，君長感慕，皆奉珍內附；貊，莫百翻。長，知兩翻。明帝爲之置永昌郡，明帝永平十年，置益州西部都尉，居嶲唐，領不韋、嶲唐、比蘇、楪榆、邪龍、雲南六縣。十二年，哀牢內屬，置哀牢、博南二縣，合爲永昌郡。爲，于僞翻。以純爲太守。純在官十年而卒。守，式又翻。卒，子恤翻。後人不能撫循夷人，九月，哀牢王類牢殺守令反，攻博南。

8阜陵王延數懷怨望，數，所角翻。有告延與子男魴造逆謀者；魴，音房。上不忍誅，冬十一月，貶延爲阜陵侯，食一縣，不得與吏民通。延徙王阜陵事見上卷明帝永平十六年。

9北匈奴皋林溫禺犢王將衆還居涿邪山，南單于與邊郡及烏桓共擊破之。皋林溫禺犢王本居涿邪山，永平十六年，祭肜等北伐，將衆遁去，今復還。是歲，南部次【章：甲十六行本「次」作「大」；乙十一行本同；孔本同；熊校同。】饑，詔稟給之。

二年（丁丑、七七）

1春，三月，甲辰，罷伊吾盧屯兵，匈奴復遣兵守其地。伊吾盧置屯兵事見上卷永平十六年。復，扶又翻。

2永昌、越巂、益州三郡兵及昆明夷鹵承等擊哀牢王類牢於博南，大破，斬之。巂，音髓。

3夏，四月，戊子，詔還坐楚、淮陽事徙者四百餘家。楚獄見上卷明帝永平十四年。淮陽獄，卽阜陵王延徙封時也。

4上欲封爵諸舅，太后不聽。會大旱，言事者以爲不封外戚之故，有司請依舊典。賢曰：漢制，外戚以恩澤封侯，故曰舊典。太后詔曰：「凡言事者，皆欲媚朕以要福耳。要，一遙翻。昔王氏五侯同日俱封，黄霧四塞，事見三十卷成帝建始元年。塞，悉則翻。不聞澍雨之應。澍，音注。夫外戚貴盛，鮮不傾覆；鮮，息淺翻。故先帝防愼舅氏，不令在樞機之位，又言『我子不當與先帝子等』，事見上卷永平十五年。今有司柰何欲以馬氏比陰氏乎！且陰衛尉，天下稱之，省中御者至門，出不及履，此蘧伯玉之敬也；衛尉，興也。省中，禁中也。御者，内人也。蘧伯玉，衛賢大夫。蘧，求於翻。新陽侯雖剛強，微失理，然有方略，據地談論，一朝無雙；新陽侯，就也。賢曰：新陽縣屬汝南郡，故城在今豫州眞陽縣西南。原鹿貞侯，勇猛誠信；原鹿侯，識也。原鹿縣，屬汝南郡。此三人者，天下選臣，豈可及哉！馬氏不及陰氏遠矣。吾不才，夙夜累息，息，氣一出入之頃；屛氣者累息乃一舒氣。常恐虧先后之法，有毛髮之罪吾不釋，言之不捨晝夜，而親屬犯之不止，治喪起墳，又不時覺，治，直之翻。是吾言之不立而耳目之塞也。塞，悉則翻。

吾爲天下母，而身服大練，賢曰：大練，大帛也。杜預註左傳曰：大帛，厚繒也。食不求甘，左右但著帛布，無香薰之飾者，欲身率下也。著，側略翻。以爲外親見之，當傷心自敕；但笑言『太后素好儉』。好，呼到翻。前過濯龍續漢志：濯龍，園名，近北宮。門上，見外家問起居者，車如流水，馬如游龍，倉頭衣綠褠，領袖正白，賢曰：褠，臂衣。今之臂韝，以縛左右手，於事便也。余據字書，臂韝之韝從革，此褠從衣，釋單衣也，皆音古侯翻。領袖正白，言其新潔無垢汚也。衣，於旣翻。顧視御者，不及遠矣。故不加譴怒，但絕歲用而已，冀以默愧其心；猶懈怠無憂國忘家之慮。懈，古隘翻。知臣莫若君，況親屬乎！吾豈可上負先帝之旨，下虧先人之德，重襲西京敗亡之禍哉！」賢曰：西京外戚，呂祿、呂產，竇嬰，上官桀、安父子，霍禹等皆被誅。重，直龍翻。固不許。

帝省詔悲嘆，復重請曰：省，悉景翻。復，扶又翻。重，直用翻。「漢興，舅氏之封侯，猶皇子之爲王也。太后誠存謙虛，柰何令臣獨不加恩三舅乎！且衞尉年尊，兩校尉有大病，衞尉，太后兄廖；兩校尉，兄防、兄光也。校，戶教翻。如令不諱，使臣長抱刻骨之恨。宜及吉時，不可稽留。」漢封爵羣臣皆涓吉。太后報曰：「吾反覆念之，思令兩善，兩善，謂國家無濫恩，而外戚亦以安全也。豈徒欲獲謙讓之名而使帝受不外施之嫌哉！以恩澤封爵外家爲外施也。施，式智翻。昔竇太后欲封王皇后之兄，丞相條侯言：『高祖約，無軍功不侯。』事見十六卷景帝中三年。今馬氏無功於國，豈得與陰、郭中興之后等邪！常觀富貴之家，祿位重疊，猶再實之木，其根必傷。文子曰：再實之木根必傷，掘藏之家後必殃。重，直龍翻。且人所以願封侯者，欲上奉祭祀，下求溫飽耳；今祭祀則受太官之賜，衣食則蒙御府餘資，自西都以來，皇后家祀其父母，太官供具。御府令，掌中衣服及補澣之屬；飲食則太官主之。此言衣食皆資於御府，槪言之也。斯豈不可足，而必當得一縣乎！吾計之孰矣，古字孰熟通。勿有疑也！

夫至孝之行，安親爲上。揚子曰：孝莫大於寧親，寧親莫大於四表之驩心。行，下孟翻。今數遭變異，數，所角翻。穀價數倍，憂惶晝夜，不安坐臥，而欲先營外家之封，違慈母之拳拳乎！賢曰：拳拳，猶勤勤也，音權。吾素剛急，有匈中氣，不可不順也。匈中氣，今所謂上氣之疾。匈，與胸同。子之未冠，由於父母，已冠成人，則行子之志。冠，古玩翻。念帝，人君也；吾以未踰三年之故，自吾家族，故得專之。若陰陽調和，邊境清靜，然後行子之志；吾但當含飴弄孫，方言曰：飴，餳也，宋、衞之間通語。不能復關政矣。」關，豫政也。復，扶又翻。上乃止。

太后嘗詔三輔：諸馬婚親有屬託郡縣、干亂吏治者，以法聞。繩之以法而奏聞也。屬，之欲翻。治，直吏翻。太夫人葬起墳微高，太夫人，太后母也。漢列侯墳高四丈，關內侯以下至庶人有差。太后以爲言，兄衞尉廖等卽時減削。其外親有謙素義行者，行，下孟翻。輒假借溫言，賞以財位；如有纖介，則先見嚴恪之色，見，賢遍翻。然後加譴。其美車服、不遵法度者，便絕屬籍，遣歸田里。絕外戚之屬籍也。廣平、鉅鹿、樂成王，車騎朴素，無金銀之飾，廣平王羨，鉅鹿王恭，樂成王黨，皆明帝子。帝以白太后，卽賜錢各五百萬。於是內外從化，被服如一；被，皮義翻。諸家惶恐，倍於永平時。置織室，蠶於濯龍中，續漢志：濯龍監，屬鉤盾令。本註曰：濯龍，亦園名，近北宮。數往觀視，以爲娛樂。數，所角翻。樂，音洛。常與帝旦夕言道政事及教授小王論語經書，小王，諸王年尚幼，未就國者。述敍平生，雍和終日。

馬廖慮美業難終，上疏勸成德政曰：「昔元帝罷服官，事見二十八卷初元五年。成帝御浣衣，言服浣濯之衣也。哀帝去樂府，事見三十三卷綏和二年。去，羌呂翻。然而侈費不息，至於衰亂者，百姓從行不從言也。書曰：違上所命，從厥攸好。行，下孟翻。夫改政移風，必有其本。傳曰：『吳王好劍客，百姓多創瘢，傳，直戀翻。創，初良翻。瘢，蒲官翻，痕也。好劍客，蓋指吳王闔閭也。

楚王好細腰，宮中多餓死。』墨子曰：楚靈王好細腰，而國多餓人。長安語曰：賢曰：當時諺語。『城中好高結，四方高一尺；結，讀曰髻。城中好廣眉，四方且半額；城中好大袖，四方全匹帛。』斯言如戲，有切事實。前下制度未幾，後稍不行；未幾，言未幾時也。幾，居豈翻。雖或吏不奉法，良由慢起京師。今陛下素簡所安，發自聖性，賢曰：言儉素簡約，后之所安。誠令斯事一竟，竟，猶終也。則四海誦德，聲薰天地，賢曰：薰，猶蒸也，言芳聲薰天地也。神明可通，況於行令乎！」太后深納之。

5 初，安夷縣吏略妻卑湳種羌人婦，安夷縣屬金城郡。杜預曰：不以道取曰略。湳，乃感翻。種，章勇翻；下同。吏爲其夫所殺，安夷長宗延追之出塞。長，知兩翻。種人恐見誅，遂共殺延而與勒姐、吾良二種相結爲寇。勒姐羌居勒姐溪，因以爲種名。於是燒當羌豪滇吾之子迷吾率諸種俱反，姐，子也翻，又音紫。滇，音顛。敗金城太守郝崇。敗，補邁翻。郝，呼各翻；姓譜：殷帝乙有子期，封太原郝鄉，後因氏焉。詔以武威太守北地傅育爲護羌校尉，自安夷徙居臨羌。臨羌縣，屬金城郡。杜佑曰：臨羌在今西平郡。水經註：湟水東合安夷川水，又東逕安夷縣，故城在漢西平亭東七十里。湟水又東合勒姐溪水。迷吾又與封養種豪布橋等五萬餘人共寇隴西、漢陽。本天水郡，明帝永平十七年，改名漢陽。秋，八月，遣行車騎將軍馬防、長水校尉耿恭將北軍五校兵武帝置北軍八校，中壘、屯騎、越騎、長水、胡騎、射聲、步兵、虎賁也；中興，省中壘、胡騎、虎賁，惟越騎、屯騎、步兵、長水、射聲五校。屯騎、越騎、步兵、射聲各領士七百人，長水領烏桓胡騎七百三十六人，皆宿衞兵也。及諸郡射士三萬人擊之。馬防傳云：積射士。第五倫上疏曰：「臣愚以爲貴戚可封侯以富之，不當任以職事。何者？繩以法則傷恩，私以親則違憲。伏聞馬防今當西征，臣以太后恩仁，陛下至孝，恐卒有纖介，難爲意愛。」賢曰：恐卒然有小過，愛而不罰，則廢法也。卒，讀曰猝。帝不從。

馬防等軍到冀，布橋等圍南部都尉於臨洮，前書，隴西南部都尉治臨洮。賢曰：卽今岷、洮二州地。防進擊，破之，斬首虜四千餘人，遂解臨洮圍；其衆皆降，唯布橋等二萬餘人屯望曲谷不下。酈道元註水經云：望曲在臨洮西南，去龍桑城二百里。

6 十二月，戊寅，有星孛于紫宮。晉天文志：中宮，北極五星，鉤陳六星，皆在紫宮中。紫宮垣十五星，其西蕃七，東蕃八。孛，蒲內翻。

7 帝納竇勳女爲貴人，有寵。爲後諸竇竊權張本。貴人母，卽東海恭王女沘陽公主也。沘，音比。

8 第五倫上疏曰：「光武承王莽之餘，頗以嚴猛爲政，後代因之，遂成風化；郡國所舉，類多辦職俗吏，殊未有寬博之選以應上求者也。陳留令劉豫，冠軍令駟協，陳留縣，屬陳留郡。冠軍縣，屬南陽郡。冠，古玩翻。並以刻薄之姿，務爲嚴苦，吏民愁怨，莫不疾之。而今之議者反以爲能，違天心，失經義；非徒應坐豫、協，亦宜譴舉者。務進仁賢以任時政，不過數人，則風俗自化矣。臣嘗讀書記，知秦以酷急亡國，又目見王莽亦以苛法自滅，故勤勤懇懇，實在於此。又聞諸王、主、貴戚，驕奢踰制，京師尚然，何以示遠！故曰：『其身不正，雖令不行。』論語孔子之言。以身教者從，以言教者訟。」上善之。倫雖天性峭直，賢曰：峭，峻也，音七笑翻。然常疾俗吏苛刻，論議每依寬厚云。

三年（戊寅、七八）

1 春，正月，己酉，宗祀明堂，登靈臺，赦天下。

2 馬防擊布橋，大破之，考異曰：帝紀，防破羌在四月。蓋春破而京師四月始聞也。今從防傳。布橋將種人萬餘降，詔徵防還。留耿恭擊諸未服者，斬首虜千餘人，勒姐、燒何等十三種數萬人，皆詣恭降。姐，音紫，又子也翻。種，章勇翻。恭嘗以言事忤馬防，初，恭出隴西，上言薦竇固鎮撫涼部，由是大忤於防。忤，五故翻。監營謁者承旨，奏恭不憂軍事，坐徵下獄，免官。監，古銜翻。下，遐稼翻。

3 三月，癸巳，立貴人竇氏爲皇后。

4 初，顯宗之世，治虖沱、石臼河，從都慮至羊腸倉，賢曰：石臼河，在今定州唐縣東北。酈道元註水經云：汾陽故城積粟所在，謂之羊腸倉，在晉陽西北；石隥縈紆，若羊腸焉，故以爲名。今嵐州界羊腸坂是也。唐嵐州宜芳縣，本漢汾陽縣，隋置嵐城縣，唐更名宜芳。杜佑曰：宜芳縣有古秀容城，漢羊腸倉。余考水經註云：按司馬彪郡國志，常山南行唐縣有石臼谷，蓋欲乘呼沱之水，轉山東之漕，自都慮至羊腸倉，憑汾水以漕太原。又考郡國志，常山蒲吾縣註引古今註曰：永平十年，作常山呼沱河蒲吾渠通漕船。又考班固地理志，太原郡上艾縣註曰：綿曼水東至蒲吾入呼沱水。又蒲吾縣註曰：大白渠水首受綿曼水，東南至下曲陽入斯洨。則知此漕自大白渠入綿曼水，自綿曼水轉入汾水以達羊腸倉也。慮，音閭。杜佑曰：石臼河，在定州唐昌縣。唐昌，漢苦陘縣也。欲令通漕。太原吏民苦役，連年無成，死者不可勝算。勝，音升。帝以郎中鄧訓爲謁者，監領其事。訓考量隱括，賢曰：隱審量括之也。孫卿子曰：鉤木必待隱括蒸揉，然後直也。監，古銜翻。量，音良。知其難成，具以上言。上，時掌翻。夏，四月，己巳，詔罷其役，更用驢輦，更，工衡翻。歲省費億萬計，全活徒士數千人。訓，禹之子也。

5 閏月，西域假司馬班超率疏勒、康居、于窴、拘彌兵一萬人攻姑墨石城，破之，前書，姑墨國治南城，去長安八千一百五十里。斬首七百級。

6 冬，十二月，丁酉，以馬防爲車騎將軍。

7 武陵漊中蠻反。賢曰：漊，水名，源出今澧州崇義縣西北。余據溫公類篇：漊，郎侯翻。

8 是歲，有司奏遣廣平王羨、鉅鹿王恭、樂成王黨俱就國；上性篤愛，不忍與諸王乖離，遂皆留京師。

四年（己卯、七九）

1 春，二月，庚寅，太尉牟融薨。

2 夏，四月，戊子，立皇子慶爲太子。

3 己丑，徙鉅鹿王恭爲江陵王，汝南王暢爲梁王，常山王昞爲淮陽王。

4 辛卯，封皇子伉爲千乘王，全爲平春王。平春縣，屬江夏郡。伉，音抗。乘，繩證翻。

5 有司連據舊典，請封諸舅；帝以天下豐稔，方垂無事，癸卯，遂封衛尉廖爲順陽侯，順陽侯國，屬南陽郡。賢曰：故城在今鄧州穰縣西。車騎將軍防爲潁陽侯，潁陽縣，屬潁川郡。執金吾光爲許侯。許縣，屬潁川郡。太后聞之曰：「吾少壯時，但慕竹帛，志不顧命。賢曰：言慕古人書名竹帛，不顧命之長短。少，詩沼翻。今雖已老，猶戒之在得，論語：孔子曰：及其老也，戒之在得。故日夜惕厲，惕，懼也；厲，危也。思自降損，冀乘此道，不負先帝。所以化導兄弟，共同斯志，欲令瞑目之日，無所復恨，何意老志復不從哉！瞑，莫定翻。復，扶又翻。萬年之日長恨矣！」廖等並辭讓，願就關內侯，考異曰：皇后紀稱「廖等並辭讓，願就關內侯，太后聞之云云；廖等不得已受封爵」。按太后之辭，皆不欲封廖等之意，而史家文勢，反似太后欲令廖等受封。今輒移廖等辭讓於太后語下，使文勢有序，讀者易解。帝不許。廖等不得已受封爵而上書辭位，帝許之。五月，丙辰，防、廖、光皆以特進就第。

6 甲戌，以司徒鮑昱爲太尉，南陽太守桓虞爲司徒。

7 六月，癸丑，皇太后馬氏崩。帝既爲太后所養，專以馬氏爲外家，故賈貴人不登極位，賈氏親族無受寵榮者。及太后崩，但加貴人王赤綬，漢制：貴人綠綬，三采綠、紫、紺，長二丈一尺，二百四十首；諸侯赤綬，四采赤、黃、縹、紺，長二丈一尺，三百首。安車一駟，永巷宮人二百，賢曰：永巷宮人，宮婢也。御府雜帛二萬匹，大司農黃金千斤，錢二千萬而已。

8 秋，七月，壬戌，葬明德皇后。賢曰：謚法：中和純淑曰德。

9 校書郎楊終建言：「宣帝博徵羣儒，論定五經於石渠閣。事見二十七卷甘露三年。方今天下少事，少，詩沼翻。學者得成其業，而章句之徒，破壞大體。壞，音怪。宜如石渠故事，永爲後世則。」帝從之。冬，十一月，壬戌，詔太常：句斷。「將、大夫、博士、郎官及諸儒會白虎觀，議五經同異。」將，卽亮翻。將，三署及虎賁、羽林中郎將也。大夫，光祿、太中、中散、諫議大夫也。博士，五經博士也。郎官，五署郎及尚書郎、蘭臺、東觀校書郎也。白虎觀在北宮。觀，古玩翻。使五官中郎將魏應承制問，侍中淳于恭奏，帝親稱制臨決，作白虎議奏，名儒丁鴻、樓望、成封、桓郁、班固、賈逵及廣平王羨皆與焉。固，超之兄也。與，讀曰預。

五年（庚辰、八〇）

1 春，二月，庚辰朔，日有食之；詔舉直言極諫。

2 荆、豫諸郡兵討漊中蠻，破之。漊，郎侯翻。

3 夏，五月，辛亥，詔曰：「朕思遲直士，側席異聞，賢曰：遲，猶希望也，音持二翻。側席，謂不正坐，所以待賢良也。其先至者，各已發憤吐懣，懣，莫困翻，又莫旱翻。略聞子大夫之志矣。皆欲置於左右，顧問省納。句斷。省，悉景翻。建武詔書又曰：『堯試臣以職，不直以言語筆札。』今外官多曠，並可以補任。」

4 戊辰，太傅趙憙薨。

5 班超欲遂平西域，上疏請兵曰：「臣竊見先帝欲開西域，故北擊匈奴，西使外國，使，疏吏翻。鄯善、于窴卽時向化，鄯，上扇翻。今拘彌、莎車、疏勒、月氏、烏孫、康居復願歸附，復，扶又翻。欲共幷力，破滅龜茲，平通漢道。若得龜茲，則西域未服者百分之一耳。前世議者皆曰：『取三十六國，號爲斷匈奴右臂。』賢曰：前書曰：漢遣公主爲烏孫夫人，結爲昆弟，則是斷匈奴右臂也。哀帝時，劉歆上議曰：武帝立五屬國，起朔方，伐朝鮮，起玄菟、樂浪以斷匈奴左臂也；西伐大宛，結烏孫，裂匈奴之右臂也。南面，以西爲右。斷，丁管翻。今西域諸國，自日之所入，莫不向化，西域傳曰：自條支國乘水西行，可百餘日，近日所入也。大小欣欣，貢奉不絕，唯延【章：甲十六行本「延」作「焉」；乙十一行本同；孔本同；張校同。】耆、龜茲獨未服從。臣前與官屬三十六人奉使絕域，備遭艱戹，自孤守疏勒，於今五載，使，疏吏翻。載，子亥翻。胡夷情數，臣頗識之，問其城郭小大，皆言倚漢與依天等。謂城郭之國，若小若大，其言皆然。以是效之，賢曰：效猶驗也。則葱領可通，古領、嶺字通。龜茲可伐。今宜拜龜茲侍子白霸爲其國王，以步騎數百送之，與諸國連兵，歲月之間，龜茲可禽。以夷狄攻夷狄，計之善者也！臣見莎車、疏勒田地肥廣，草牧饒衍，不比敦煌、鄯善間也，敦，徒門翻。兵可不費中國而糧食自足。且姑墨、溫宿二王，特爲龜茲所置，前書，溫宿國治溫宿城，去長安八千三百五十里。既非其種，種，章勇翻。更相厭苦，其勢必有降者；若二國來降，則龜茲自破。更，工衡翻。降，戶江翻；下同。願下臣章，參考行事，誠有萬分，死復何恨！下，遐稼翻。復，扶又翻。臣超區區特蒙神靈，竊冀未便僵仆，目見西域平定，陛下舉萬年之觴，言西域平定，廷臣畢賀，天子爲之舉觴也。薦勳祖廟，布大喜於天下。」賢曰：薦，進也。勳，功也。左氏傳曰：反行飲至，舍爵策勳也。余謂超蓋言平西域，告成功於祖廟也。書奏，帝知其功可成，議欲給兵。平陵徐幹上疏，願奮身佐超，帝以幹爲假司馬，將弛刑及義從千人就超。弛，刑徒也。義從，自奮願從行者。或曰，義從胡也。從，才用翻。

先是莎車以爲漢兵不出，先，悉薦翻。遂降於龜茲，而疏勒都尉番辰亦叛。賢曰：番，音潘。會徐幹適至，超遂與幹擊番辰，大破之，斬首千餘級。欲進攻龜茲，以烏孫兵強，宜因其力，乃上言：「烏孫大國，控弦十萬，故武帝妻以公主，事見二十一卷元封六年。妻，七細翻。至孝宣帝卒得其用，事見二十四卷本始三年。卒，子恤翻。今可遣使招慰，與共合力。」帝納之。

六年（辛巳、八一）

1 春，二月，辛卯，琅邪孝王京薨。

2夏，六月，丙辰，太尉鮑昱薨。

3辛未晦，日有食之。

4秋，七月，癸巳，以大司農鄧彪爲太尉。

5武都太守廉范遷蜀郡太守。成都民物豐盛，邑宇逼側，舊制，禁民夜作以防火災，而更相隱蔽，燒者日屬。更，工衡翻。屬，之欲翻；聯也，聯日有火也。范乃毁削先令，但嚴使儲水而已。百姓以爲便，歌之曰：「廉叔度，來何暮！廉范，字叔度。不禁火，民安作。賢曰：作，協韻則護翻。昔無襦，今五絝。」襦，汝朱翻，短衣也。絝，五故翻，脛衣也。

6帝以沛王等將入朝，遣謁者賜貂裘，說文曰：貂鼠大而黄黑，出胡丁零國。及太官食物、珍果，又使大鴻臚竇固持節郊迎。臚，陵如翻。帝親自循行邸第，行，下孟翻。豫設帷牀，其錢帛、器物無不充備。

七年（壬午、八二）

春，正月，沛王輔、濟南王康、東平王蒼、中山王焉、東海王政、琅邪王宇來朝。政，東海王彊子。宇，琅邪王京子。濟，子禮翻。詔沛、濟南、東平、中山王贊拜不名；賢曰：謂讚者不唱其名。余謂四王，帝諸父也，故異其禮。升殿乃拜，上親答之，所以寵光榮顯，加於前古。每入宫，輒以輦迎，至省閤乃下，省閤，入禁中閤門也。上爲之興席改容，爲，于僞翻；下同。皇后親拜於内；皆鞠躬辭謝不自安。鞠，曲也。鞠躬，曲身也。三月，大鴻臚奏遣諸王歸國，帝特留東平王蒼於京師。

2 初，明德太后爲帝納扶風宋楊二女爲貴人，大貴人生太子慶；梁松弟竦有二女，亦爲貴人，小貴人生皇子肇。竇皇后無子，養肇爲子。宋貴人有寵於馬太后，太后崩，竇皇后寵盛，與母沘陽公主謀陷宋氏，沘，音比。外令兄弟求其纖過，內使御者偵伺得失。賢曰：偵，候也；音丑政翻。廣雅曰：偵，問也。伺，相吏翻。宋貴人病，思生兔，兔，獸名。口有缺，尻有九孔，舐毫而孕，生子從口出。霜前獵取而食之，其味甚美。令家求之，因誣言欲爲厭勝之術，厭，一葉翻，又於琰翻。由是太子出居承祿觀。續漢志：中藏府有承祿署。夏六月，甲寅，詔曰：「皇太子有失惑無常之性，不可以奉宗廟。大義滅親，春秋左氏傳之言。況降退乎！今廢慶爲清河王。皇子肇，保育皇后，承訓懷衽，衽，衣襟，亦臥席也。今以肇爲皇太子。」遂出宋貴人姊妹置丙舍，丙舍，宮中之室，以甲乙丙爲次也。續漢志：南宮有丙署。使小黃門蔡倫案之。二貴人皆飲藥自殺，父議郎楊免歸本郡。慶時雖幼，亦知避嫌畏禍，言不敢及宋氏；帝更憐之，敕皇后令衣服與太子齊等。太子亦親愛慶，入則共室，出則同輿。

3 己未，徙廣平王羨爲西平王。西平縣，屬汝南郡。賢曰：西平故柏子國，在今豫州吳房縣西北。

4 秋，八月，飲酎畢，酎，直又翻。有司復奏遣東平王蒼歸國，復，扶又翻。帝乃許之，手詔賜蒼曰：「骨肉天性，誠不以遠近爲親疏；然數見顏色，數，所角翻。情重昔時。念王久勞，思得還休，欲署大鴻臚奏，不忍下筆，顧授小黃門；賢曰：大鴻臚奏主歸國，小黃門受詔者。臚，陵如翻。中心戀戀，惻然不能言。」於是車駕祖送，祖道供張以送之。流涕而訣；復賜乘輿服御、珍寶、輿馬，錢布以億萬計。復，扶又翻。乘，繩證翻。

5九月，甲戌，帝幸偃師，偃師縣，屬河南郡。東涉卷津，卷縣，屬河南郡，其北卽河津。卷，丘權翻。至河內，下詔曰：「車駕行秋稼，觀收穫，行，下孟翻。因涉郡界，皆精騎輕行，無他輜重。重，直用翻。不得輒脩道橋，遠離城郭，離，力智翻。遣吏逢迎，刺探起居，賢曰：刺探，謂候伺也。刺，七亦翻。探，音湯勘翻。出入前後，以爲煩擾。動務省約，但患不能脫粟瓢飲耳。」賢曰：晏子相齊，食脫粟之飯。孔子曰：顏回一瓢飲。己酉，進幸鄴；辛卯，還宮。

6冬，十月，癸丑，帝行幸長安，封蕭何末孫熊爲酇侯。進幸槐里、岐山；槐里縣，屬扶風。杜佑曰：槐里，周曰犬丘，秦曰廢丘，漢改曰槐里。岐山，在扶風美陽縣。又幸長平，御池陽宮，東至高陵；十二月丁亥，還宮。

7東平獻王蒼疾病，考異曰：范書作「憲」，今從袁紀。馳遣名醫、小黃門侍疾，使者冠蓋不絕於道。又置驛馬，千里傳問起居。傳，直戀翻。

八年（癸未、八三）

1春，正月，壬辰，王薨。詔告中傅「封上王自建武以來章奏，並集覽焉」。遣大鴻臚持節監喪，上，時掌翻。監，古銜翻。令四姓小侯、諸國王、主悉會葬。

2夏，六月，北匈奴三木樓訾大人稽留斯等率三萬餘人款五原塞降。稽留斯等部落，蓋居三木樓山。訾，子斯翻。

3冬，十二月，甲午，上行幸陳留、梁國、淮陽、潁陽；戊申，還宮。

4太子肇之立也，梁氏私相慶；諸竇聞而惡之。惡，烏露翻。皇后欲專名外家，忌梁貴人姊妹，數譖之於帝，數，所角翻。漸致疏嫌。是歲，竇氏作飛書，陷梁竦以惡逆，賢曰：飛書，若今匿名書也。竦遂死獄中，家屬徙九眞，貴人姊妹以憂死。辭語連及梁松妻舞陰公主，坐徙新城。新城縣屬河南郡。賢曰：今洛州伊闕縣。

5順陽侯馬廖，謹篤自守，而性寬緩，不能教勒子弟，皆驕奢不謹。校書郎楊終與廖書，戒之曰：「君位地尊重，海內所望。黃門郎年幼，血氣方盛，賢曰：廖弟防及光俱爲黃門郎。既無長君退讓之風，孝文竇皇后兄長君，退讓不敢以富貴驕人。長，知兩翻。而要結輕狡無行之客，要，一遙翻。行，下孟翻。縱而莫誨，視成任性，覽【張：「覽」作「鑒」。】念前往，可爲寒心！」廖不能從。防、光兄弟資產巨億，大起第觀，觀，古玩翻。彌亙街路，食客常數百人。防又多牧馬畜，賦斂羌、胡。帝不喜之，數加譴敕，斂，力贍翻。喜，許記翻。數，所角翻。所以禁遏甚備。由是權勢稍損，賓客亦衰。

廖子豫爲步兵校尉，投書怨誹。於是有司幷奏防、光兄弟奢侈踰僭，濁亂聖化，悉免就國。臨上路，上，時掌翻。詔曰：「舅氏一門俱就國封，四時陵廟無助祭先后者，朕甚傷之。其令許侯思諐田廬，許侯，光也。賢曰：留之於京，守田廬而思愆過也。諐，與愆同。有司勿復請，復，扶又翻。以慰朕渭陽之情。」秦康公送舅晉文公于渭陽，念母之不見也。其詩曰：我見舅氏，如母存焉。光比防稍爲謹密，故帝特留之，後復位特進。豫隨廖歸國，考擊物故。謂死於考掠也。後復有詔還廖京師。復，扶又翻。

諸馬既得罪，竇氏益貴盛。皇后兄憲爲侍中、虎賁中郎將，弟篤爲黃門侍郎，並侍宮省，賞賜累積；喜交通賓客。喜，許記翻。司空第五倫上疏曰：「臣伏見虎賁中郎將竇憲，椒房之親，典司禁兵，出入省闥，年盛志美，卑讓樂善，此誠其好士交結之方。樂，音洛。好，呼到翻。然諸出入貴戚者，類多瑕釁禁錮之人，尤少守約安貧之節；士大夫無志之徒，更相販賣，少，詩沼翻。更，工衡翻。雲集其門，蓋驕佚所從生也。三輔論議者至云，『以貴戚廢錮，當復以貴戚浣濯之，復，扶又翻。猶解酲當以酒也。』病酒曰酲。詖險趣勢之徒，誠不可親近。趣，七喻翻。近，其靳翻。臣愚願陛下、中宮嚴敕憲等閉門自守，無妄交通士大夫，防其未萌，慮於無形，令憲永保福祿，君臣交歡，無纖介之隙，此臣之所至願也！」

憲恃宮掖聲勢，自王、主及陰、馬諸家，莫不畏憚。憲以賤直請奪沁水公主園田，沁水公主，明帝女。沁水縣，屬河内郡。師古曰：沁，音千浸翻。主逼畏不敢計。計，猶今言計較也。後帝出過園，過，工禾翻；下同。指以問憲，憲陰喝不得對。賢曰：陰喝，猶噎塞也。陰，音於禁翻。喝，音一介翻。余謂喝，訶也；許葛翻。陰，密也，潛也；當帝問之時，密訶左右不得對也。觀帝以趙高指鹿爲馬責憲，則陰喝之義可知矣。後發覺，帝大怒，召憲切責曰：「深思前過奪主田園時，何用愈趙高指鹿爲馬！事見八卷秦二世三年。賢曰：愈，差也。久念使人驚怖。怖，普布翻。昔永平中，常令陰黨、陰博、鄧疊三人更相糾察，賢曰：以陰、鄧皆外戚，恐其踰侈，故使更相糾察也。博，陰興之子。更，工衡翻。故諸豪戚莫敢犯法者。今貴主尚見枉奪，何況小民哉！國家棄憲，如孤雛、腐鼠耳！」賢曰：鳥子生而啄曰雛。憲大懼，皇后爲毁服深謝，良久乃得解，毁服，猶降服也。爲，于僞翻。使以田還主。雖不繩其罪，然亦不授以重任。

臣光曰：人臣之罪，莫大於欺罔，是以明君疾之。孝章謂竇憲何異指鹿爲馬，善矣；然卒不能罪憲，卒，子恤翻。則姦臣安所懲哉！夫人主之於臣下，患在不知其姦，苟或知之而復赦之，復，扶又翻。則不若不知之爲愈也。何以言之？彼或爲姦而上不之知，猶有所畏；既知而不能討，彼知其不足畏也，則放縱而無所顧矣！是故知善而不能用，知惡而不能去，去，羌呂翻。人主之深戒也。温公此論，用齊桓公、管仲論郭公所以亡國之意。爲竇憲擅權張本。

6下邳周紆爲雒陽令，紆，邕具翻。下車，先問大姓主名；吏數閭里豪強以對數。數，所具翻。【章：甲十六行本無「數」字；乙十一行本同；孔本同。】紆厲聲怒曰：「本問貴戚若馬、竇等輩，豈能知此賣菜傭乎！」於是部吏望風旨，爭以激切爲事，貴戚跼蹐，跼，音局。蹐，資昔翻。毛氏曰：跼，曲也；蹐，累足也。京師肅清。竇篤夜至止姦亭，亭長霍延拔劍擬篤，肆詈恣口。篤以表聞，詔召司隸校尉、河南尹詣尚書譴問；遣劍戟士收紆，送廷尉詔獄，劍戟士，左右都候掌之。數日，貰出之。賢曰：貰，赦也；市夜翻。余謂以貰之爲是，則收之爲非。

7帝拜班超爲將兵長史，大將軍置長史、司馬；其不置將軍而長史特將者爲將兵長史。以徐幹爲軍司馬，別遣衞候李邑護送烏孫使者。邑到于窴，值龜茲攻疏勒，恐懼不敢前，因上書陳西域之功不可成，又盛毀超：「擁愛妻，抱愛子，安樂外國，無內顧心。」樂，音洛。超聞之歎曰：「身非曾參而有三至之讒，事見三卷周赧王七年。參，疏簪翻。恐見疑於當時矣！」遂去其妻。去，羌呂翻。帝知超忠，乃切責邑曰：「縱超擁愛妻，抱愛子，思歸之士千餘人，何能盡與超同心乎！」令邑詣超受節度，詔：「若邑任在外者，便留與從事。」任，音壬。超卽遣邑將烏孫侍子還京師。徐幹謂超曰：「邑前親毀君，欲敗西域，敗，補邁翻。今何不緣詔書留之，更遣他吏送侍子乎？」超曰：「是何言之陋也！以邑毀超，故今遣之。內省不疚，何卹人言！賢曰：疚，病也；恤，憂也。論語，孔子曰：內省不疚，夫何憂何懼！左氏傳曰：詩云：禮義不愆，何䘏人之言！詩，謂逸詩也。省，悉景翻。快意留之，非忠臣也。」

8帝以侍中會稽鄭弘爲大司農。會，工外翻。舊交趾七郡貢獻轉運，皆從東冶汎海而至，交趾州部南海、蒼梧、鬱林、合浦、交趾、九眞、日南七郡。賢曰：東冶縣，屬會稽郡。太康地理志云：漢武帝名爲東冶，後改爲東候官，今泉州閩縣是。風波艱阻，沈溺相係。沈，持林翻。溺，奴歷翻。弘奏開零陵、桂陽嶠道，自是夷通，遂爲常路。賢曰：嶠，嶺也。夷，平也。余據武帝遣路博德伐南越，出桂陽，下湟水，則舊有是路，弘特開之使夷通。在職二年，所省息以億萬計。遭天下旱，邊方有警，民食不足，而帑藏殷積。說文曰：帑，金帛所藏之府。帑，他朗翻。藏，祖浪翻。弘又奏宜省貢獻，減徭費以利飢民；帝從之。

元和元年（甲申、八四）是年八月，方改元。

1春，閏正月，辛丑，濟陰悼王長薨。濟，子禮翻。

2夏，四月，己卯，分東平國，封獻王子尚爲任城王。任城國，在雒陽東千一百里。任，音壬。

3六月，辛酉，沛獻王輔薨。

4陳事者多言「郡國貢舉，率非功次，故守職益懈，懈，古隘翻。而吏事寖疏，疏，與疎同。咎在州郡。」有詔下公卿朝臣議。大鴻臚韋彪上議曰：「夫國以簡賢爲務，賢以孝行爲首，行，下孟翻；下同。是以求忠臣必於孝子之門。賢曰：孝經緯之文也。夫人才行少能相兼，少，詩沼翻。是以孟公綽優於趙、魏老，不可以爲滕、薛大夫。論語孔子之言也。公綽，魯大夫，趙、魏，晉卿之邑也。家臣稱老。公綽性寡欲，趙、魏老優閒無事。滕、薛小國，大夫職繁，故不可爲也。忠孝之人，持心近厚；鍛鍊之吏，持心近薄。蒼頡篇曰：鍛，椎也。鍛鍊，猶成熟，言深文之吏，入人之罪，猶工治陶鑄鍛鍊，使之成熟也。近，其靳翻。士宜以才行爲先，不可純以閥閲。史記曰：明其等曰閥。積功曰閲。行，下孟翻。然其要歸，在於選二千石。二千石賢，則貢舉皆得其人矣。」彪又上疏曰：「天下樞要，在於尚書，賢曰：百官志曰：尚書，主知公卿、二千石吏官上書外國夷狄事，故曰樞要。尚書之選，豈可不重！而間者多從郎官超升此位，雖曉習文法，長於應對，然察察小慧，類無大能。宜鑒嗇夫捷急之對，深思絳侯木訥之功也。」嗇夫事見十四卷文帝三年。帝皆納之。彪，賢之玄孫也。韋賢相元帝。

秋，七月，丁未，詔曰：「律云：『掠者唯得榜、笞、立』；蒼頡篇曰：掠，問也。廣雅曰：榜，擊也，音彭。説文曰：笞，擊也。立，謂立而考訊之。掠，音亮。榜，音彭。又令丙，箠長短有數。賢曰：令丙爲篇之次也，前書音義曰：令有先後，有令甲、令乙、令丙。又景帝定箠令，箠長五尺，本大一寸；其竹也末薄半寸，其平去節。故云長短有數。箠，止蘂翻。自往者大獄以來，掠考多酷，鉆鑽之屬，慘苦無極。大獄，謂楚王英等獄也。鉆，其廉翻。説文曰：鉆，鍛也。國語曰：中刑用鑽鑿，皆謂慘酷其肌膚也。念其痛毒，怵然動心！怵，敕律翻，悚懼也。宜及秋冬治獄，明爲其禁。」治，直之翻。

6 八月，甲子，太尉鄧彪罷，以大司農鄭弘爲太尉。

7 癸酉，詔改元。改元元和。丁酉，車駕南巡。詔：「所經道上州【章：甲十六行本「州」作「郡」；乙十一行本同；孔本同；張校同。】縣，毋得設儲跱。賢曰：儲，積也；跱，具也；言不得豫有蓄備。跱，丈里翻。命司空自將徒支拄橋梁。司空掌水土，故使之。拄，竹柱翻。有遣使奉迎，探知起居，探，湯勘翻。二千石當坐。」

8 九月，辛丑，幸章陵；十月，己未，進幸江陵；還，幸宛。召前臨淮太守宛人朱暉，拜尚書僕射。宛，於元翻。暉在臨淮，有善政，民歌之曰：「強直自遂，南陽朱季，吏畏其威，民懷其惠。」時坐法免，家居，東觀記曰：坐考長史，囚死獄中，州奏免官。故上召而用之。十一月，己丑，車駕還宮。尚書張林上言：「縣官經用不足，宜自煮鹽，及復脩武帝均輸之法。」煮鹽、均輸，皆始於武帝。賢曰：武帝作均輸法，謂州郡所出租賦幷雇運之直，官總取之，市其土地所出之物，官自轉輸於京，謂之均輸。朱暉固執以爲不可，曰：「均輸之法，與賈販無異，賈，音古。鹽利歸官，則下民窮怨，誠非明主所宜行。」帝因發怒切責諸尚書，暉等皆自繫獄。三日，詔敕出之，曰：「國家樂聞駁義，【章：甲十六行本「義」作「議」；乙十一行本同。】樂，音洛。駁，北角翻。黃髮無愆；黃髮，老稱，謂朱暉也。詔書過耳，何故自繫！」暉因稱病篤，不肯復署議。復，扶又翻；下同。尚書令以下惶怖，謂暉曰：「今臨得譴讓，謂譴讓已臨乎其前也。怖，普布翻。柰何稱病，其禍不細！」暉曰：「行年八十，蒙恩得在機密，當以死報。若心知不可，而順旨雷同，負臣子之義！今耳目無所聞見，伏待死命。」遂閉口不復言。諸尚書不知所爲，乃共劾奏暉。劾，戶概翻，又戶得翻。帝意解，寢其事。後數日，詔使直事郎問暉起居，賢曰：直事郎，謂署郎當次直者。太醫視疾，太官賜食，暉乃起謝；上既加禮，乃起謝；所謂強直自遂也。復賜錢十萬，布百匹，衣十領。

9 魯國孔僖、涿郡崔駰駰，音因。同遊太學，相與論「孝武皇帝，始爲天子，崇信聖道，五六年間，號勝文、景；及後恣己，忘其前善。」鄰房生梁郁上書，告「駰、僖誹謗先帝，刺譏當世」，事下有司。駰詣吏受訊。受訊，謂受鞫問也。下，遐稼翻。僖以書自訟曰：「凡言誹謗者，謂實無此事而虛加誣之也。至如孝武皇帝，政之美惡，顯在漢史，坦如日月，是爲直說書傳實事，傳，柱戀翻。非虛謗也。夫帝者，爲善爲惡，天下莫不知，斯皆有以致之，故不可以誅於人也。誅，責也。且陛下即位以來，政教未過賢曰：言政教未有過失也。而德澤有加，天下所具也，謂天下之人所具知也。【章：孔本「具」下正有「知」字。】臣等獨何譏刺哉！假使所非實是，則固應悛改，悛，丑緣翻。儻其不當，當，丁浪翻。亦宜含容，又何罪焉！陛下不推原大數，深自爲計，徒肆私忌以快其意，臣等受戮，死即死耳；顧天下之人，必回視易慮，以此事闚陛下心，自今以後，苟見不可之事，終莫復言者矣。復，扶又翻；下同。齊桓公親揚其先君之惡以唱管仲，國語曰：魯莊公束縛管仲以與齊桓公，公親迎於郊而與之坐，問曰：「昔吾先君築臺以爲高位，田狩畢弋，不聽國政，卑聖侮士而唯女是崇，九妃六嬪，陳妾數百，食必粱肉，衣必文繡，戎士凍餒，是以國家不日引，不月長，恐宗廟不掃除，社稷不血食，敢問爲此若何？」管子對以致霸之術。然後羣臣得盡其心。今陛下乃欲爲十世之武帝遠諱實事，此言十世，不以赤劉之九爲數，直以武、昭、宣、元、成、哀、平、光、明及帝爲數。爲，于僞翻。豈不與桓公異哉！臣恐有司卒然見構，卒，讀曰猝。銜恨蒙枉，不得自敍，使後世論者擅以陛下有所比方，寧可復使子孫追掩之乎！謹詣闕伏待重誅。」書奏，帝立詔勿問，拜僖蘭臺令史。百官志：蘭臺令史，六百石，掌奏及印工文書。

10 十二月，壬子，詔：「前以妖惡禁錮三屬者，一皆蠲除之，賢曰：三屬，卽三族也，謂父族、母族及妻族。左傳曰：以重幣錮之。杜預曰：禁錮勿令仕也。妖，於驕翻。但不得在宿衛而已。」

11 廬江毛義，東平鄭均，皆以行義稱於鄉里。行，下孟翻。南陽張奉慕義名，往候之，坐定而府檄適至，以義守安陽令，賢曰：檄，召書也。東觀記曰：義爲安陽尉，府檄至。令，守令也。安陽縣，屬汝南郡。賢曰：安陽故城，在今豫州新息縣西南。義捧檄而入，喜動顏色；奉心賤之，辭去。後義母死，徵辟皆不至，奉乃歎曰：「賢者固不可測。往日之喜，乃爲親屈也。」爲，于僞翻。均兄爲縣吏，頗受禮遺，遺，于貴翻。均諫不聽，乃脫身爲傭，歲餘得錢帛，歸以與兄曰：「物盡可復得；復，扶又翻；下同。爲吏坐臧，終身捐棄。」臧，與藏同。兄感其言，遂爲廉潔。均仕爲尚書，免歸。帝下詔褒寵義、均，賜穀各千斛，常以八月長吏問起居，加賜羊酒。考異曰：義傳云「建初中」，今從均傳。

12武威太守孟雲上言：「北匈奴復願與吏民合市；」詔許之。北匈奴大且渠伊莫訾王等且，子閭翻。訾，子斯翻。驅牛馬萬餘頭來與漢交易，南單于遣輕騎出上郡鈔之，鈔，楚交翻。大獲而還。

13帝復遣假司馬和恭等姓譜：和本自羲和之後，一云卞和之後。將兵八百人詣班超。超因發疏勒、于窴兵擊莎車。莎車以賂誘疏勒王忠，莎，素何翻。忠遂反，從之，西保烏卽城。超乃更立其府丞成大爲疏勒王，更，工衡翻。悉發其不反者以攻忠，使人說康居王執忠以歸其國，超立忠爲疏勒王，見上卷明帝永平十七年。說，輸芮翻。烏卽城遂降。降，戶江翻。

資治通鑑卷第四十七

翰林學士兼侍讀學士朝散大夫右諫議大夫知制誥判尚書都省兼提
舉萬壽觀公事上護軍河内郡開國侯食邑一千三百戶賜紫金魚袋臣 司馬光 奉敕編集
後　學　天　台 胡三省 音 註

漢紀三十九 起旃蒙作噩（乙酉），盡重光單閼（辛卯），凡七年。

肅宗孝章皇帝下

元和二年（乙酉、八五）

1 春，正月，乙酉，詔曰：「令云：『民有産子者，復勿算三歲。』復，方目翻；復其夫勿輸算也。今諸懷妊者，賢曰：妊，孕也；音壬。賜胎養穀人三斛，復其夫勿算一歲。著以爲令！」又詔三公曰：【章：甲十六行本「曰」下有「夫俗吏矯飾外貌，似是而非，朕甚饜之，甚苦之！」十八字；乙十一行本同；孔本同；張校同，「饜」作「厭」。】「安靜之吏，悃愊無華，說文曰：悃愊，至誠也。悃，音苦本翻。愊，音孚逼翻。日計不足，月計有餘。莊子有是言，此謂以日計功，若不足者，然久而計之，則民安其生，家給人足，固有餘矣。如襄城令劉方，襄城縣，屬潁川郡。吏民同聲謂之不煩，雖未有他異，斯亦殆近之矣！近，其靳翻。夫以苛爲察，以刻爲明，以輕爲德，以重爲威，四者或興，則下有怨心。吾詔書數下，冠蓋接道，冠蓋接道，謂奉詔出使者相接於道也。數，所角翻。而吏不加治，民或失職，其咎安在？勉思舊令，稱朕意焉！」舊令，謂故府之籍所疏載者。稱，尺證翻。

2北匈奴大人車利涿兵等車，昌遮翻。亡來入塞，凡七十三輩。時北虜衰耗，黨衆離畔，南部攻其前，丁零寇其後，鮮卑擊其左，西域侵其右，不復自立，復，扶又翻。乃遠引而去。

3南單于長死，單于汗之子宣立，爲伊屠於閭鞮單于。屠，直於翻。鞮，丁奚翻。

4太初曆施行百餘年，曆稍後天。謂七曜之行，在曆家所推步躔次之前，晦朔弦望不合也。上命治曆編訢、李梵等綜校其狀，治，直之翻。訢，音欣。梵，扶中翻。作四分曆；考異曰：按王莽初已廢太初，用三統曆。今云太初曆失天益遠，蓋光武中興，廢莽曆，復用太初也。續漢志又云：「自太初元年始用三統曆。」按三統曆劉歆所造，云太初元年始用，誤也。二月，甲寅，始施行之。

5帝之爲太子也，受尚書於東郡太守汝南張酺。續漢志：東郡，去雒陽八百餘里。酺，薄乎翻。丙辰，帝東巡，幸東郡，引酺及門生幷郡縣掾史並會庭中。東郡庭也。掾，俞絹翻。帝先備弟子之儀，使酺講尚書一篇，然後脩君臣之禮；賞賜殊特，莫不沾洽。行過任城，幸鄭均舍，賜尚書祿以終其身，時人號爲「白衣尚書」。先是，均事帝爲尚書，數納忠言，帝敬重之，謝病歸任城，今祿以尚書。任，音壬。

6 乙丑，帝耕於定陶。辛未，幸泰山，柴告岱宗；書舜典：至于岱宗，柴。孔安國註曰：泰山爲四岳所宗。燔柴祭天，告至。進幸奉高。壬申，宗祀五帝于汶上明堂；汶上明堂，武帝所作，在奉高縣西南四里。汶，音問。丙子，赦天下。【章：甲十六行本「下」下有「戊寅」二字；乙十一行本同；孔本同；張校同；退齋校同。】進幸濟南。濟南國，在雒陽東千八百里。賢曰：濟南故城，在淄州長山縣西北。濟，子禮翻。三月，己丑，幸魯；庚寅，祠孔子於闕里，續漢志：魯縣古曲阜有闕里，孔子所居。及七十二弟子，自顏回以下七十餘人。作六代之樂，黄帝曰雲門，堯曰咸池，舜曰大韶，禹曰大夏，湯曰大護，周曰大武。大會孔氏男子二十以上者六十二人。帝謂孔僖曰：「今日之會，寧於卿宗有光榮乎？」對曰：「臣聞明王聖主，莫不尊師貴道。今陛下親屈萬乘，辱臨敝里，此乃崇禮先師，增煇聖德；先師，謂孔子。至於光榮，非所敢承！」帝大笑曰：「非聖者子孫焉有斯言乎！」焉，於虔翻。拜僖郎中。

7 壬辰，帝幸東平，追念獻王，謂其諸子曰：「思其人，至其鄉；其處在，其人亡。」因泣下沾襟。遂幸獻王陵，賢曰：陵在今鄆州峗山南。峗，音魚委翻。祠以太牢，親拜祠坐，坐，徂臥翻。哭泣盡哀。獻王之歸國也，事見四十二卷明帝永平四年。驃騎府吏丁牧、周栩以獻王愛賢下士，不忍去之，遂爲王家大夫數十年，事祖及孫。獻王及子懷王忠及今王敞。栩，況羽翻。下，遐稼翻。帝聞之，皆引見，見，賢遍翻。既愍其淹滯，且欲揚獻王德美，卽皆擢爲議郎。乙未，幸東阿，北登太行山，至天井關。行，戶剛翻。夏，四月，乙卯，還宮。庚申，假于祖禰。虞書：一歲巡四岳，歸格于藝祖。孔安國註曰：巡狩四岳，然後歸，告至文祖之廟。賢曰：假，至也，音格。禰，父廟。

8 五月，徙江陵王恭爲六安王。恭封六安王，以廬江郡爲國，在雒陽東一千七百里。

9 秋，七月，庚子，詔曰：「春秋重三正，愼三微。賢曰：三正，謂天、地、人之正。所以有三者，由有三微之月，王者所當奉而成之。禮記曰：正朔三而改，文質再而復。三微者，三正之始；萬物皆微，物色不同，故王者取法焉。十一月時，陽氣始施於黃泉之下，色皆赤；赤者陽氣，故周爲天正，色尚赤。十二月，萬物始牙而色白；白者陰氣，故殷爲地正，色尚白。十三月，萬物莩甲而出，其色皆黑，人得加功展業；故夏爲人正，色尚黑。尚書大傳曰：夏以十三月爲正，平旦爲朔；殷以十二月爲正，雞鳴爲朔；周以十一月爲正，夜半爲朔。必以三微之月爲正者，當爾之時，物皆尙微，王者受命，當扶微理弱，奉承之義也。其定律無以十一月、十二月報囚，止用冬初十月而已。」

10 冬，南單于遣兵與北虜溫禺犢王戰於涿邪山，斬獲而還。武威太守孟雲上言：「北虜以前既和親，而南部復往抄掠，復，扶又翻。北單于謂漢欺之，謀欲犯塞，謂宜還南所掠生口以慰安其意。」詔百官議於朝堂。朝，直遙翻。太尉鄭弘、司空第五倫以爲不可許，司徒桓虞及太僕袁安以爲當與之。弘因大言激厲虞曰：「諸言當還生口者，皆爲不忠！」虞廷叱之，倫及大鴻臚韋彪皆作色變容。臚，陵如翻。司隸校尉舉奏弘等，弘等皆上印綬謝。詔報曰：「久議沈滯，沈，持林翻。各有所志，蓋事以議從，策由衆定，誾誾衎衎，得禮之容，賢曰：誾誾，忠正貌。衎衎，和樂貌。誾，魚巾翻。衎，音侃，又苦旦翻。寢嘿抑心，更非朝廷之福。寢，息也。君何尤而深謝！其各冠履！」帝乃下詔曰：「江海所以【章：甲十六行本「以」下有「能」字；乙十一行本同。】長百川者，以其下之也。老子曰：江海所以爲百谷王者，以其善下也。長，知兩翻。下，遐稼翻。少加屈下，尙何足病！況今與匈奴君臣分定，少，詩沼翻。分，扶問翻。辭順約明，貢獻累至，豈宜違信，自受其曲！其敕度遼及領中郎將龐奮倍雇南部所得生口以還北虜；領中郎將，領護匈奴中郎將也。賢曰：雇，賞報也。其南部斬首獲生，計功受賞，如常科。」

三年（丙戌、八六）

1春，正月，丙申，帝北巡；辛丑，耕于懷；二月，乙丑，敕侍御史、司空曰：「方春所過，毋得有所伐殺；車可以引避，引避之，騑馬可輟解，輟解之。」侍御史，掌舉劾；司空，掌土功。車駕行幸，則侍御史掌舉劾道路之不如法，司空帥工徒治道路，修橋梁，故皆敕之。賢曰：夾轅爲服馬，服馬外爲騑馬。孔穎達曰：車有一轅，而四馬駕之，中央兩馬夾轅者名服馬，兩邊名騑馬，亦曰驂馬。騑，音非。戊辰，進幸中山，出長城；賢曰：史記，蒙恬爲秦築長城，西自臨洮，東至海。余謂此非秦長城，蓋趙所築長城也。癸酉，還，幸元氏；三月，己卯，進幸趙；趙國，在雒陽北一千一百里。辛卯，還宮。

2太尉鄭弘數陳侍中竇憲權勢太盛，數，所角翻。言甚苦切，憲疾之。會弘奏憲黨尙書張林、雒陽令楊光在官貪殘。書奏，吏與光故舊，因以告之，光報憲。憲奏弘大臣，漏泄密事，帝詰讓弘。詰，去吉翻。夏，四月，丙寅，收弘印綬。弘自詣廷尉，詔敕出之，因乞骸骨歸，未許。病篤，上書陳謝曰：「竇憲姦惡，貫天達地，海內疑惑，賢愚疾惡，惡，烏路翻。謂『憲何術以迷主上！近日王氏之禍，昞然可見。』謂王氏以戚屬而成篡國之禍。昞，音炳。陛下處天子之尊，處，昌呂翻。保萬世之祚，而信讒佞之臣，不計存亡之機；臣雖命在晷刻，死不忘忠，願陛下誅四凶之罪，以厭人鬼憤結之望！」厭，一豔翻；滿也。考異曰：袁紀云：「弘爲尚書僕射，烏孫王遣子入侍，上問弘：『當答其使否？』弘對曰：『烏孫前爲大單于所攻，陛下使小單于往救之，尚未賞；今如答之，小單于不當怨乎！』上以弘議問侍中竇憲，對曰：『禮存往來。弘章句諸生，不達國體。』上遂答烏孫。小單于忿恚，攻金城郡，殺太守任昌。上謂弘曰：『朕前不從君議，果如此。』弘對曰：『竇憲，姦臣也，有少正卯之行，未被兩觀之誅，陛下前何爲用其議！』」按肅宗時無小單于寇金城事，今不取。帝省章，遣醫視弘病，比至，已薨。省，悉景翻。比，必寐翻。

3以大司農宋由爲太尉。

4司空第五倫以老病乞身；委身以事君，則身非我有，故於其老而乞退也，謂之乞身，猶言乞骸骨也。五月，丙子，賜策罷，以二千石俸終其身。倫奉公盡節，言事無所依違。若依若違，兩可不決之論也。性質愨，少文采，少，詩沼翻。在位以貞白稱。或問倫曰：「公有私乎？」對曰：「昔人有與吾千里馬者，吾雖不受，每三公有所選舉，心不能忘，亦【章：甲十六行本「亦」上有「而」字；乙十一行本同；孔本同；張校同。】終不用也。若是者，豈可謂無私乎！」

以太僕袁安爲司空。

5 秋，八月，乙丑，帝幸安邑，觀鹽池。安邑縣，屬河東郡；鹽池在縣西南。楊佺期洛陽記曰：河東鹽池長七十里，廣七里，水氣紫色。許慎曰：河東鹽池袤五十一里，廣七里，周百一十六里。酈道元曰：安邑鹽池，上承鹽水，水出東南薄山，西北流逕巫咸山北，又逕安邑故城南，又西流，注于鹽池。水出石鹽，自然卽成，朝取夕復，終無減損。唯山暴雨，澍甘澤，潢潦奔逸，則鹽池用耗；故公私共堨水逕，防其淫濫，故謂之鹽水，亦爲堨水也。池西又有一池，謂之女鹽澤，東西二十五里，南北二十里，在猗氏故城南。土人鄉俗引水裂沃麻，分灌川野，畦水耗竭，土自成鹽，卽所謂鹹鹺也，而味苦。賢曰：在今蒲州虞鄉縣西。九月，還宮。

6 燒當羌迷吾復與弟號吾及諸種反。復，扶又翻。種，章勇翻。號吾先輕入，寇隴西界，督烽掾李章追之，督烽掾，郡掾之督烽燧者。生得號吾，將詣郡。號吾曰：「獨殺我，無損於羌；誠得生歸，必悉罷兵，不復犯塞。」隴西太守張紆放遣之，羌卽爲解散，爲，于僞翻。各歸故地。迷吾退居河北歸義城。河北，逢留大河之北也。歸義城，本漢所築，以招來諸羌之歸義者。

7 疏勒王忠從康居王借兵，還據損中，忠叛見上卷元年。賢曰：損中，未詳；東觀記作「頓中」，續漢書及華嶠書並作「損中」，本或作「楨」，未知孰是。余按西域傳，靈帝建寧三年，涼州刺史孟佗，遣兵討疏勒，攻楨中城。「楨中」是也。遣使詐降於班超；超知其姦而僞許之。忠從輕騎詣超，超斬之，因擊破其衆，南道遂通。

8 楚許太后薨。楚王英之徙也，許太后留楚宮。詔改葬楚王英，追爵謚曰楚厲侯。謚法：殺戮無辜曰厲。

9 帝以潁川郭躬爲廷尉。決獄斷刑，斷，丁亂翻。多依矜恕，條諸重文可從輕者四十一，奏之，事皆施行。

10 博士魯國曹褒上疏，以爲「宜定文制，著成漢禮」。太常巢堪巢姓，有巢氏之後，春秋有巢牛臣。以爲「一世大典，非褒所定，言非褒所能定。不可許」。帝知諸儒拘攣，攣，呂員翻。難與圖始，賢曰：拘攣，猶拘束也。朝廷禮憲，宜以時立，乃拜褒侍中。玄武司馬班固以爲「宜廣集諸儒，共議得失」。百官志：玄武司馬，主南宮玄武門，秩比千石。帝曰：「諺言：『作舍道邊，三年不成。』會禮之家，名爲聚訟，會禮，言會而議禮。賢曰：聚訟，言相爭不定也。互生疑異，筆不得下。昔堯作大章，一夔足矣。」堯作樂曰大章。記曰：大章，章之也。賢曰：夔，堯樂官。呂氏春秋曰：魯哀公問於孔子曰：樂正，夔一足矣。皇侃曰：章，明也。民樂堯德大明，故名樂曰大章。

章和元年（丁亥、八七）是年七月改元。

1 春，正月，帝召褒，受【章：甲十六行本「受」作「授」；乙十一行本同。】以叔孫通漢儀十二篇，通制漢儀，見十卷高帝六年、七年，其書與律令同藏於理官。曰：「此制散略，多不合經，今宜依禮條正，使可施行。」

2 護羌校尉傅育欲伐燒當羌，爲其新降，爲，于僞翻。不欲出兵，乃募人鬭諸羌、胡；募人間搆諸羌，使之自鬬也。羌、胡不肯，遂復叛出塞，復，扶又翻。更依迷吾。育請發諸郡兵數萬人共擊羌。未及會，三月，育獨進軍。迷吾聞之，徙廬落去。廬，穹廬；落，居也。育遣精騎三千窮追之，夜，至三兜谷，三兜谷，在建威南。不設備，迷吾襲擊，大破之，殺育及吏士八百八十人。及諸郡兵到，羌遂引去。詔以隴西太守張紆爲校尉，將萬人屯臨羌。紆，邕俱翻。

3夏，六月，戊辰，司徒桓虞免。癸卯，以司空袁安爲司徒，光祿勳任隗爲司空。隗，光之子也。任，音壬。隗，五罪翻。

4齊王晃及弟利侯剛，班志，利縣，屬齊郡。晃，齊武王縯之曾孫，殤王石之子。與母太姬更相誣告。更，工衡翻。秋，七月，癸卯，詔貶晃爵爲蕪湖侯，賢曰：蕪湖，縣名，屬丹陽郡，其故城在今宣州當塗縣東南。削剛戶三千，收太姬璽綬。璽，斯氏翻。綬，音受。

5壬子，淮陽頃王昞薨。昞，明帝子。

6鮮卑入左地，匈奴左地也。擊北匈奴，大破之，斬優留單于而還。還，從宣翻，又如字。

7羌豪迷吾復與諸種寇金城塞，復，扶又翻。種，章勇翻；下同。張紆遣從事河內司馬防，百官志：使匈奴中郎將，置從事二人；護羌校尉蓋亦置二人也。與戰於木乘谷；迷吾兵敗走，因譯使欲降，紆納之。迷吾將人衆詣臨羌，紆設兵大會，譯，通夷言，使之將命，因謂之譯使。設兵，陳兵也。使，疏吏翻。降，戶江翻。施毒酒中，伏兵殺其酋豪八百餘人，酋，慈由翻。斬迷吾頭以祭傅育冢，復放兵擊其餘衆，斬獲數千人。迷吾子迷唐，與諸種解仇，結婚交質，質，音致。據大、小榆谷以叛，水經：河水逕西海郡南，又東逕允川而歷大榆谷、小榆谷北。二榆土地肥美，羌所依阻也。種衆熾盛，張紆不能制。

8壬戌，詔以瑞物仍集，改元章和。章，明也，明和氣之致祥也。是時，京師四方屢有嘉瑞，前後數百千，言事者咸以爲美。而太尉掾平陵何敞獨惡之，惡，烏路翻。杜佑曰：漢武帝割槐里置茂陵邑，昭帝又割置平陵邑。謂宋由、袁安曰：「夫瑞應依德而至，災異緣政而生。今異鳥翔於殿屋，怪草生於庭際，不可不察！」由、安懼不敢答。

9八月，癸酉，帝南巡。戊子，幸梁；乙未晦，幸沛。梁、沛二國。

10日有食之。

11九月，庚子，帝幸彭城。辛亥，幸壽春；壽春縣屬九江郡。復封阜陵侯延爲阜陵王。延貶事見上卷建初元年。己未，幸汝陰。汝陰縣，屬汝南郡。賢曰：今潁州縣。冬，十月，丙子，還宮。

12北匈奴大亂，屈蘭儲等五十八部、口二十八萬詣雲中、五原、朔方、北地降。

13曹褒依準舊典，雜以五經、讖記之文，撰次天子至於庶人冠、婚、吉、凶終始制度，撰次制度，備其終始也。讖，楚譖翻。撰，雛免翻。冠，古玩翻。凡百五十篇，奏之。帝以衆論難一，故但納之，不復令有司平奏。平奏者，平其可行與否而奏之。復，扶又翻。

14是歲，班超發于窴諸國兵共二萬五千人擊莎車，元和元年，超擊莎車未克故也。窴，徒賢翻。莎，素禾翻。龜茲王發溫宿、姑墨、尉頭兵合五萬人救之。龜茲，音丘慈。超召將校及于窴王議曰：將，卽亮翻。校，戶教翻。「今兵少不敵，其計莫若各散去；于窴從是而東，長史亦於此西歸，班超時爲將兵長史，蓋西歸疏勒也。可須夜鼓聲而發。」須，待也。夜鼓聲，鼓鼜之聲也。周禮：軍旅夜鼓鼜。註云：鼜，夜戒守鼓也。司馬法曰：昏鼓四通爲大鼜，夜半三通爲晨戒，旦明五通爲發昫，所謂三鼜也。此則待夜半鼓聲也。鼜，千歷翻。昫，休具翻，劉休武翻。陰緩所得生口。使生口得歸，言將散去也。龜茲王聞之，大喜，自以萬騎於西界遮超，溫宿王將八千騎於東界徼于窴。徼，一遙翻。超知二虜已出，密召諸部勒兵，【章：甲十六行本「兵」下有「雞鳴」二字；乙十一行本同；孔本同；張校同。】馳赴莎車營。胡大驚亂，奔走，追斬五千餘級；莎車遂降，降，戶江翻。龜茲等因各退散。自是威震西域。

二年（戊子、八八）

1春，正月，濟南王康、阜陵王延、中山王焉來朝。上性寬仁，篤於親親，故叔父濟南、中山二王，每數入朝，濟，子禮翻。數，所角翻。朝，直遙翻。特加恩寵，及諸昆弟並留京師，不遣就國。漢制，諸藩王朝會之禮畢，各就國，不得留京師。又賞賜羣臣，過於制度，倉帑爲虛。帑，他朗翻。爲，于僞翻。何敞奏記宋由曰：「比年水旱，民不收穫；涼州緣邊，家被凶害；賢曰：時西羌犯邊爲害也。比，毗至翻。被，皮義翻。中州內郡，公私屈竭；此實損膳節用之時。國恩覆載，言恩同天地也。覆，敷救翻。賞賚過度，但聞臘賜，自郎官以上，公卿、王侯以下，至於空竭帑藏，藏，徂浪翻。損耗國資。尋公家之用，皆百姓之力。明君賜賚，宜有品制；忠臣受賞，亦應有度。賢曰：漢官儀：臘，賜大將軍、三公錢各二十萬，牛肉二百斤，粳米二百斛；特進侯十五萬，卿十萬，校尉五萬，尚書三萬，侍中、將、大夫各二萬，千石、六百石各七千，虎賁、羽林郎二人共三千，以爲祀門戶直。是以夏禹玄圭，書禹貢曰：禹錫玄圭。周公束帛。賢曰：尚書曰：召公出取幣，入錫周公。今明公位尊任重，責深負大，上當匡正綱紀，下當濟安元元，豈但空空無違而已哉！空，當作悾。悾悾，謹慤貌。宜先正己以率羣下，還所得賜，因陳得失，奏王侯就國，除苑囿之禁，節省浮費，賑卹窮孤，則恩澤下暢，黎庶悅豫矣。」由不能用。考異曰：敞傳，此事在肅宗崩後，云「竇氏專政，外戚奢侈，賞賜過制，敞奏記云云。」袁紀在元和三年。按敞記云：「明公視事，出入再朞」，又言臘賜，知在此時。

尚書南陽宋意上疏曰：「陛下至孝烝烝，烝，進也。烝烝，進進也。恩愛隆深，禮寵諸王，同之家人，車入殿門，漢制，太子諸王至司馬門，皆下車，故謂止車門。卽席不拜，臣於君前拜而後就席。分甘損膳，賞賜優渥。損御膳以分甘也。康、焉幸以支庶，享食大國，陛下恩寵踰制，禮敬過度。春秋之義，諸父、昆弟，無所不臣，君君臣臣，不以親厭殺，天地之大經也，春秋尊王，故以爲春秋之義。所以尊尊卑卑，強幹弱枝者也。陛下德業隆盛，當爲萬世典法，不宜以私恩損上下之序，失君臣之正。又西平王羡等六王，皆妻子成家，謂有妻有子，自成一家也。官屬備具，謂王國官已具也。當早就蕃國，爲子孫基阯；而室第相望，久磐京邑，賢曰：磐謂磐桓不去。驕奢僭擬，寵祿隆過。宜割情不忍，以義斷恩，賢曰：禮記曰：門内之政恩掩義，門外之政義斷恩。斷，丁亂翻。發遣康、焉，各歸蕃國，令羡等速就便時，以塞衆望。」賢曰：行日取便利之時也。塞，悉則翻。帝未及遣。

2 壬辰，帝崩于章德前殿，年三十一。遺詔：「無起寢廟，一如先帝法制。」

范曄論曰：魏文帝稱明帝察察，章帝長者。章帝素知人，厭明帝苛切，事從寬厚；奉承明德太后，盡心孝道；平徭簡賦，而民賴其慶；又體之以忠恕，文之以禮樂。謂之長者，不亦宜乎！

3 太子卽位，年十歲，尊皇后曰皇太后。

4 三月，【章：甲十六行本「月」下有「丁酉」二字；乙十一行本同；孔本同。】用遺詔徙西平王羡爲陳王，六安王恭爲彭城王。改淮陽爲陳國，楚郡爲彭城國，西平併汝南郡，六安復爲廬江郡。

5 癸卯，葬孝章皇帝于敬陵。敬陵，在雒陽城東南三十九里。

6 南單于宣死，單于長之弟屯屠何立，爲休蘭尸逐侯鞮單于。鞮，丁兮翻。

7 太后臨朝，蔡邕獨斷曰：少帝卽位，太后卽代攝政，臨前殿，朝羣臣，太后東面，少帝西面。羣臣上書奏事，皆爲兩通，一詣太后，一詣少帝。竇憲以侍中内幹機密，賢曰：幹，主也，或曰：幹，古管字也。出宣誥命；弟篤爲虎賁中郎將，篤弟景、瓌並爲中常侍，兄弟皆在親要之地。憲客崔駰駰，音因。以書戒憲曰：「傳曰：『生而富者驕，生而貴者慠。』傳，直戀翻。慠，五到翻。生富貴而能不驕慠者，未之有也。今寵祿初隆，百僚觀行，行，下孟翻。豈可不『庶幾夙夜，以永終譽』乎！詩周頌振鷺之辭，言庶幾於夙夜匪懈，以終保令名於有永也。昔馮野王以外戚居位，稱爲賢臣；馮野王妹爲元帝昭儀，於九卿中，野王行能第一。近陰衛尉克己復禮，終受多福。陰衛尉，興也，謂讓侯爵，又讓大司馬也。外戚所以獲譏於時，垂愆於後者，蓋在滿而不挹，位有餘而仁不足也。漢興以後，迄于哀、平，外家二十，保族全身，四人而已。外家二十者，呂氏、張氏、薄氏、竇氏、王氏、陳氏、衛氏、李氏、趙氏、上官氏、史氏、許氏、霍氏、卬成王氏、元后王氏、趙氏、傅氏、丁氏、馮氏、衛氏也。唯文帝薄太后、竇后、景帝王后、卬成王后四人，保族全家。武帝夫人李氏雖追配武帝，昌邑王立未幾而廢，非外家，當以史皇孫王夫人足二十之數。書曰：『鑒于有殷。』書召誥曰：我不可不鑒于有夏，亦不可不鑒于有殷。可不慎哉！」

8庚戌，皇太后詔：「以故太尉鄧彪爲太傅，賜爵關內侯，錄尚書事，百官總己以聽。」竇憲以彪有義讓，先帝所敬，彪父邯，封鄳鄉侯，父卒，彪讓國於弟鳳；顯宗高其節。而仁厚委隨，賢曰：委隨，猶順從也。故尊崇之。其所施爲，輒外令彪奏，內白太后，事無不從。王莽用孔光之故智也。彪在位，修身而已，不能有所匡正。憲性果急，睚眦【章：甲十六行本「眦」作「眥」；乙十一行本同。】

之怨，莫不報復。賢曰：睚，音語懈翻。眦〔眥〕，音仕懈翻。廣雅曰：睚，裂也。或謂：裂眦〔眥〕，瞋目貌也。永平時，謁者韓紆考劾憲父勳獄，勳下獄死，事見四十五卷明帝永平五年。劾，戶概翻，又戶得翻。憲遂令客斬紆子，以首祭勳冢。

9 癸亥，陳王羨、彭城王恭、樂成王黨、下邳王衍、梁王暢始就國。

10 夏，四月，戊寅，以遺詔罷郡國鹽鐵之禁，縱民煮鑄。自武帝以來，鹽鐵有禁；光武中興，收而未罷；今縱民得煮鹽、鑄鐵。

11 五月，京師旱。

12 北匈奴饑亂，降南部者歲數千人。降，戶江翻；下同。秋，七月，南單于上言：「宜及北虜分爭，出兵討伐，破北成南，共【章：甲十六行本「共」作「并」；乙十一行本同；孔本同。】爲一國，考異曰：袁紀：「章和元年十月，南單于上書，求出兵破北成南。宋意諫，不聽，師未出而帝寢疾。」范書南匈奴傳，事並在此年七月。按單于書云：「孝章皇帝聖思遠慮。」則范書是也。今從之。令漢家長無北念。謂北部既滅，南部保塞，則漢家無復北顧以爲念也。臣等生長漢地，長，知兩翻。開口仰食，仰，魚向翻。歲時賞賜，動輒億萬，雖垂拱安枕，慙無報效之義，願發國中及諸郡【章：甲十六行本「郡」作「部」；乙十一行本同；張校同。】故胡新降精兵，故胡，南部舊衆也。新降，新從北部來降者。分道並出，期十二月同會虜地。臣兵衆單少，不足以防內外，少，詩沼翻。願遣執金吾耿秉、度遼將軍鄧鴻及西河、雲中、五原、朔方、上郡太守守，式又翻。并力而北，冀因聖帝威神，一舉平定。臣國成敗，要在今年，已敕諸部嚴兵馬，唯裁哀省察！」省，悉景翻。太后以示耿秉。以南單于書示之也。秉上言：「昔武帝單極天下，單，與殫同。欲臣虜匈奴，未遇天時，事遂無成。謂不能使匈奴臣服也。今幸遭天授，北虜分爭，以夷伐夷，謂以南部伐北部也。國家之利，宜可聽許。」秉因自陳受恩，分當出命效用。分，扶問翻。太后議欲從之。尚書宋意上書曰：「夫戎狄簡賤禮義，無有上下，強者爲雄，弱即屈服。自漢興以來，征伐數矣，數，所角翻。其所克獲，曾不補害。光武皇帝躬服金革之難，深昭天地之明，因其來降，羈縻畜養，畜，許六翻。邊民得生，勞役休息，於茲四十餘年矣。建武二十四年受南單于降，至是四十一年。今鮮卑奉順，斬獲萬數，謂破殺優留單于也。中國坐享大功而百姓不知其勞，漢興功烈，於斯爲盛。所以然者，夷虜相攻，無損漢兵者也。臣察鮮卑侵伐匈奴，正【嚴：「正」改「止」。】是利其抄掠；及歸功聖朝，實由貪得重賞。洞見鮮卑之情。抄，楚交翻。今若聽南虜還都北庭，則不得不禁制鮮卑；鮮卑外失暴掠之願，內無功勞之賞，豺狼貪婪，婪，盧含翻。方言：殺人而取其財曰婪。必爲邊患。今北虜西遁，請求和親，宜因其歸附，以爲外扞，巍巍之業，無以過此。若引兵費賦，以順南虜，則坐失上略，去安即危矣。誠不可許。」

會齊殤王子都鄉侯暢來弔國憂，齊殤王石，齊武王縯之孫，哀王章之子。考異曰：袁紀作「郁鄉侯暢」，今從范書。太后數召見之，范書曰：暢素行邪僻，因鄧疊母元自通長樂宮，得幸太后。數，所角翻。竇憲懼暢分宮省之權，遣客刺殺暢於屯衞之中，何敞傳曰：刺殺暢於城門屯衞之中。刺，七亦翻。而歸罪於暢弟利侯剛，乃使侍御史與青州刺史雜考剛等。青州刺史部齊國。暢見殺於京師，而令青州刺史考竟，欲移獄以絕蹤也。尚書潁川韓稜以爲「賊在京師，不宜捨近問遠，恐爲姦臣所笑」。太后怒，以切責稜，稜固執其議。何敞說宋由曰：說，輸芮翻。「暢宗室肺府，府，與腑同。茅土藩臣，來弔大憂，上書須報，賢曰：須，待也。親在武衞，致此殘酷。奉憲之吏，莫適討捕，賢曰：適，音的；謂無指的討捕也。蹤跡不顯，主名不立。敞備數股肱，職典賊曹，賢曰：股肱，謂手臂也，公府有賊曹，主知盜賊。余按字書，股，髀幹；肱，臂幹；股肱，言手足之要；以爲手臂，誤矣。欲親至發所，以糾其變。發所，賊發之所。糾，督察也。而二府執事以爲【章：甲十六行本「爲」下有「故事」二字；乙十一行本同；孔本同；張校同；退齋校同。】三公不與賊盜，賢曰：敞在太尉府。二府：謂司徒、司空。邴吉爲丞相不案事，遂以爲故事。與，讀曰預。公縱姦慝，莫以爲咎。敞請獨奏案之。」由乃許焉。二府聞敞行，皆遣主者隨之。賢曰：主者，謂主知賊盜之曹也。於是推舉，具得事實。太后怒，閉憲於內宮。憲懼誅，因自求擊匈奴以贖死。

冬，十月，乙亥，以憲爲車騎將軍，伐北匈奴，以執金吾耿秉爲副；發北軍五校、黎陽、雍營、緣邊十二郡騎士及羌、胡兵出塞。北軍五校，屯騎、越騎、步兵、長水、射聲五校尉所掌宿衞兵也。

黎陽營，註見前。扶風校尉部在雍縣，以涼州近羌，數犯三輔，將兵衛護園陵，故俗稱雍營。緣邊十二郡，上郡、西河、五原、雲中、定襄、鴈門、朔方、代郡、上谷、漁陽、安定、北地也。校，戶教翻。雍，於用翻。

13 公卿舉故張掖太守鄧訓代張紆爲護羌校尉。迷唐率兵萬騎來至塞下，未敢攻訓，先欲脅小月氏胡。匈奴破月氏，月氏西徙；其餘衆保南山不得去者，號小月氏。氏，音支。訓擁衛小月氏胡，令不得戰。議者咸以羌、胡相攻，縣官之利，不宜禁護。訓曰：「張紆失信，衆羌大動，涼州吏民，命縣絲髮。縣，讀曰懸。原諸胡所以難得意者，皆恩信不厚耳。今因其追急，以德懷之，庶能有用。」遂令開城及所居園門，護羌校尉所居寺舍後園之門也。悉驅羣胡妻子內之，嚴兵守衛。羌掠無所得，又不敢逼諸胡，因卽解去。由是湟中諸胡皆言：「漢家常欲鬭我曹；賢曰：湟中，月氏胡所居，今鄯州湟水縣也。今鄧使君待我以恩信，開門內我妻子，乃是得父母也！」咸歡喜叩頭曰：「唯使君所命！」訓遂撫養教諭，大小莫不感悅。於是賞賂諸羌種，使相招誘，誘，音酉。迷唐叔父號吾將其種人八百戶來降。種，章勇翻。訓因發湟中秦、胡、羌兵四千人出塞，秦威服四夷，故夷人率謂中國人爲秦人。掩擊迷唐於寫谷，破之，賢曰：東觀記曰：「寫」作「鴈」。迷唐乃去大、小榆，大、小榆谷。杜佑曰：大、小榆谷在漢榆中縣，今在蘭州五泉縣界。按水經：大、小榆谷在漢金城郡塞外。河水過大、小榆谷北又東過河關縣北，又東過允吾縣北，又東過榆中縣北。榆中縣，與大、小榆相去甚遠，杜佑說非。居頗巖谷，衆悉離散。

孝和皇帝上

諱肇，肅宗第四子也。竇后養以爲子，廢長立之。諡法：不剛不柔曰和。伏侯古今註曰：「肇」之字曰「始」，音兆。賢曰：按許慎說文：肇，音大可翻；上諱也。但伏侯、許慎並漢時人，而帝諱音不同，蓋應別有所據。

永元元年（己丑、八九）

1 春，迷唐欲復歸故地；鄧訓發湟中六千人，令長史任尚將之，將，卽亮翻。縫革爲船，置於箄上以渡河，賢曰：箄，木筏也；音步佳翻。掩擊迷唐，大破之，斬首前後一千八百餘級，獲生口二千人，馬牛羊三萬餘頭，一種殆盡。賢曰：一種，謂迷唐也。種，章勇翻。考異曰：西羌傳：「永元元年，張紆坐徵，以訓代爲校尉。」鄧訓傳：「章和二年，紆誘誅羌，羌謀報怨，公卿舉訓代紆，擊破之。其春，迷唐復欲歸訓，又破之。」按訓傳，下云「永元二年」，則其春者，永元元年春也。今從訓傳。迷唐收其餘衆西徙千餘里，諸附落小種皆畔之。附落，羌部落之附迷唐者。燒當豪帥東號，稽顙歸死，歸死，自歸而請死也。帥，所類翻。餘皆款塞納質。質，音致。於是訓綏接歸附，威信大行，遂罷屯兵，各令歸郡，以羌反，發諸郡兵屯於塞上，今羌已破，罷令各歸其郡。唯置弛刑徒二千餘人，分以屯田、脩理塢壁而已。

2 竇憲將征匈奴，三公、九卿詣朝堂上書諫，以爲：「匈奴不犯邊塞，而無故勞師遠涉，損費國用，徼功萬里，徼，一遙翻。非社稷之計。」書連上，輒寢，上，時掌翻；下同。宋由懼，遂不敢復署議，復，扶又翻。而諸卿稍自引止；唯袁安、任隗守正不移，至免冠朝堂固爭，前後且十上，衆皆爲之危懼，爲，于僞翻；下同。安、隗正色自若。侍御史魯恭上疏曰：「國家新遭大憂，陛下方在諒闇，闇，音陰。百姓闕然，三時不聞警蹕之音，賢曰：三時，夏、秋、冬也。天子出警入蹕。沈約曰：漢制曰：出稱警，入稱蹕，而今則并稱之。史臣以爲警者，警戒也；蹕者，止行也。今從乘輿而出者，並警戒以備非常也；從外而入，與乘輿相干者，蹕而止之也。和帝章和二年二月卽位，明年春議擊匈奴，帝在諒闇不出，故三時不聞警蹕之音。莫不懷思皇皇，若有求而不得。禮記，顔丁善居喪，始死，皇皇如有求而不得。此言百姓思慕之意。今乃以盛春之月興發軍役，擾動天下以事戎夷，誠非所以垂恩中國，改元正時，由內及外也。萬民者，天之所生；天愛其所生，猶父母愛其子，一物有不得其所，則天氣爲之舛錯，況於人乎！故愛民者必有天報。夫戎狄者，四方之異氣，與鳥獸無別；別，彼列翻。若雜居中國，則錯亂天氣，汙辱善人，汙，烏故翻。是以聖王之制，羈縻不絕而已。字書曰：羈，馬絡頭也。蒼頡篇曰：縻，牛韁也。今匈奴爲鮮卑所破，遠藏於史侯河西，去塞數千里，而欲乘其虛耗，利其微弱，是非義之所出也。今始徵發，而大司農調度不足，調，徒弔翻。賢曰：度，音大各翻。余據今人多讀如本字。上下相迫，民間之急，亦已甚矣。羣僚百姓咸曰不可，陛下【章：甲十六行本「下」下有「獨」字；乙十一行本同；孔本同。】柰何以一人之計，棄萬人之命，不卹其言乎！上觀天心，下察人志，足以知事之得失。臣恐中國不爲中國，豈徒匈奴而已哉！」尚書令韓稜、騎都尉朱暉、議郎京兆樂恢，皆上疏諫，太后不聽。

又詔使者爲憲弟篤、景並起邸第，勞役百姓。爲，于僞翻；下同。侍御史何敞上疏曰：「臣聞匈奴之爲桀逆久矣，平城之圍，事見十一卷高帝七年。慢書之恥，事見十二卷惠帝三年。此二辱者，臣子所爲捐軀而必死，高祖、呂后忍怒含忿，舍而不誅。舍，讀曰捨。今匈奴無逆節之罪，漢朝無可慙之恥，朝，直遥翻；下同。而盛春東作，賢曰：歲起於東，人始就耕，故曰東作。興動大役，元元怨恨，咸懷不悅。又猥爲衛尉篤、奉車都尉景繕脩館第，彌街絶里。篤、景親近貴臣，當爲百僚表儀。今衆軍在道，朝廷焦脣，百姓愁苦，縣官無用，無財用也。而遽起大第，崇飾玩好，好，呼到翻。非所以垂令德、示無窮也。宜且罷工匠，專憂北邊，恤民之困。」書奏，不省。省，悉景翻。

竇憲嘗使門生齎書詣尚書僕射郅壽，有所請託，壽卽送詔獄，前後上書，陳憲驕恣，引王莽以誡國家；又因朝會，刺譏憲等以伐匈奴、起第宅事，厲音正色，辭旨甚切。憲怒，陷壽以買公田、誹謗，下吏，當誅，下，遐稼翻。何敞上疏曰：「壽機密近臣，匡救爲職，若懷默不言，其罪當誅。今壽違衆正議以安宗廟，豈其私邪！臣所以觸死瞽言，論語曰：侍於君子有三愆，未見顏色而言謂之瞽。非爲壽也。忠臣盡節，以死爲歸；臣雖不知壽，度其甘心安之。度，徒洛翻。誠不欲聖朝行誹謗之誅，以傷晏晏之化，鄭玄註尚書考靈曜曰：寬容覆載，謂之晏晏。杜塞忠直，塞，悉則翻。垂譏無窮。臣敞謬與機密，與，讀曰預。言所不宜，罪名明白，當塡牢獄，先壽僵仆，先，悉薦翻。萬死有餘。」書奏，壽得減死論，徙合浦，未行，自殺。壽，惲之子也。郅惲事光武。惲，於粉翻。

夏六月，竇憲、耿秉出朔方雞鹿塞，賢曰：今在朔方窳渾縣北。闞駰十三州志曰：窳渾縣有大道，西北出雞鹿塞。窳，音羊主翻。南單于出滿夷谷，賢曰：滿夷谷，闕。余按南單于庭在西河美稷，滿夷谷當在美稷縣西北。後鄧鴻討逢侯，兵至美稷，逢侯乘冰度隘，向滿夷谷，可以知矣。度遼將軍鄧鴻出稒陽塞，賢曰：稒陽縣，屬九原郡，故城在今勝州銀城縣界。稒，音固。皆會涿邪山。憲分遣副校尉閻盤、司馬耿夔、耿譚將南匈奴精騎萬餘，與北單于戰于稽洛山，余按唐太宗以斛薩部地置稽落州，蓋因山以名之。大破之，單于遁走；追擊諸部，遂臨私渠北鞮海，鞮，丁奚翻。斬名王已下萬三千級，獲生口甚衆，雜畜百餘萬頭，諸裨小王率衆降者，前後八十一部二十餘萬人。憲、秉出塞三千餘里，登燕然山，唐太宗又以多濫葛部地置燕然州。又按北史，燕然山在菀園水北。燕，於賢翻。命中護軍班固刻石勒功，西都有護軍都尉，今始有中護軍。紀漢威德而還。還，從宣翻，又如字；下同。遣軍司馬吳氾、梁諷奉金帛遺北單于，遺，于季翻。時虜中乖亂，氾、諷及北單于於西海上，宣國威信，以詔致賜，單于稽首拜受。稽，音啓。諷因說令脩呼韓邪故事，謂臣服於漢爲北藩。說，輸芮翻。單于喜悅，卽將其衆與諷俱還；到私渠海，聞漢軍已入塞，乃遣弟右溫禺鞮王奉貢入侍，隨諷詣闕。憲以單于不自身到，奏還其侍弟。

3 秋，七月，乙未，會稽山崩。會，工外翻。

4 九月，庚申，以竇憲爲大將軍，中郎將劉尙爲車騎將軍，封憲武陽侯，郡國志，東郡有東武陽縣，泰山郡有南武陽侯國。憲其封南武陽歟！食邑二萬戶；憲固辭封爵，詔許之。舊，大將軍位在三公下，至是，詔憲位次太傅下、三公上；長史、司馬秩中二千石。太傅位上公，則憲亦班於上公矣。大將軍長史、司馬秩千石；今秩中二千石，則亦比九卿矣。封耿秉爲美陽侯。美陽縣，屬扶風。

竇氏兄弟驕縱，而執金吾景尤甚，奴客緹騎強奪人財貨，篡取罪人，妻略婦女；賢曰：漢官儀，執金吾，緹騎二百人。說文曰：緹，丹黃色也。言奴客及緹騎並爲縱橫也。緹，杜兮翻，又他禮翻。商賈閉塞，賈，音古。塞，悉則翻。如避寇讎；又擅發緣邊諸郡突騎有才力者。有司莫敢舉奏，袁安劾景「擅發邊民，【章：甲十六行本「民」作「兵」；乙十一行本同；張校同。】驚惑吏民；二千石不待符信，符信，謂虎符以爲信也。劾，戶概翻，又戶得翻；下同。而輒承景檄，當伏顯誅。」又奏「司隸校尉河南尹阿附貴戚，不舉劾，請免官案罪。」並寢不報。駙馬都尉瓌，獨好經書，節約自脩。瓌，古回翻。好，呼到翻。

尙書何敞上封事曰：「昔鄭武姜之幸叔段，賢曰：鄭武姜愛少子叔段。鄭莊公立，武姜請以京封共叔段，謂之京城太叔。後武姜引以襲鄭，莊公伐之，出奔共。衞莊公之寵州吁，賢曰：衞莊公寵庶子州吁，州吁好兵，公弗禁；石碏諫，不聽。及桓公立，州吁乃弑桓公而篡。愛而不教，終至凶戾。由是觀之，愛子若此，猶飢而食之以毒，食，讀曰飤。適所以害之也。伏見大將軍憲，始遭大憂，公卿比奏，賢曰：比，頻也；音毗至翻。欲令典幹國事；憲深執謙退，固辭盛位，懇懇勤勤，言之深至，天下聞之，莫不說喜。今踰年未幾，說，讀曰悅。幾，居豈翻。入【章：甲十六行本「入」作「大」；乙十一行本同；孔本同；張校同。】禮未終，卒然中改，禮，事君，方喪三年。時遭國憂纔踰年，故曰入禮未終，卒，讀曰猝。兄弟專朝，朝，直遙翻。憲秉三軍之重，篤、景總宮衞之權，而虐用百姓，奢侈僭偪，誅戮無罪，肆心自快。今者論議詾詾，詾，許容翻，又許勇翻。咸謂叔段、州吁復生於漢。復，扶又翻。臣觀公卿懷持兩端，不肯極言者，以爲憲等若有匪懈之志，則已受吉甫褒申伯之功；賢曰：申伯，周宣王元舅，有令德，故尹吉甫作詩以美之。如憲等陷於罪辜，則自取陳平、周勃順呂后之權，事見高后紀。終不以憲等吉凶爲憂也！此言曲盡當時廷臣之情，嗚呼，豈特當時哉！臣敞區區誠欲計策兩安，絕其緜緜，塞其涓涓，周金人銘曰：涓涓不壅，終爲江河；緜緜不絕，或成網羅。塞，悉則翻。涓，圭淵翻。上不欲令皇太后損文母之號，陛下有誓泉之譏，詩曰：思齊太任，文王之母。左傳武姜啓叔段襲鄭，莊公寘姜氏於城潁而誓之曰：不及黃泉，無相見也。下使憲等得長保其福祐也。駙馬都尉瓌，比請退身，願抑家權，願抑其家，不與之以權。比，毗至翻。可與參謀，聽順其意，漢之外戚，傅喜、竇瓌、鄧康咸能履盛滿而思謙挹，然終不能全其家門十分之一，蓋一杯水不能救車薪之火也。誠宗廟至計，竇氏之福！」時濟南王康尊貴驕甚，康，光武少子。憲乃白出敞爲濟南太傅。康有違失，敞輒諫爭，爭，側迸翻。康雖不能從，然素敬重敞，無所嫌牾焉。牾，五故翻，逆也。

5冬，十月，庚子，阜陵質王延薨。謚法：名實不爽曰質。

6是歲，郡國九大水。

二年（庚寅、九〇）

1春，正月，丁丑，赦天下。

2二月，壬午，日有食之。

3夏，五月，丙辰，封皇弟壽爲濟北王，開爲河間王，淑爲城陽王；濟北、河間、城陽，皆漢舊國也。光武省濟北幷泰山，省河間幷信都，省城陽幷琅邪。今復泰山爲濟北國，在雒陽東千一百五十里；分樂成、涿郡、勃海爲河間國，在雒陽北二千五百里；分琅邪爲城陽國。濟，子禮翻。紹封故淮南頃王子側爲常山王。章和元年，淮陽頃王昞薨，未及立嗣，而國有大喪，今乃紹封。

4竇憲遣副校尉閻礱將二千餘騎掩擊北匈奴之守伊吾者，復取其地。礱，盧紅翻。復，扶又翻。考異曰：西域傳作「閻槃」，今從帝紀。余謂副校尉閻槃，即前戰于稽落山，恐當作「盤」。【章：乙十一行本正作「盤」。】西域傳：章帝建初元年，罷伊吾屯田，北匈奴遣兵守其地，今復擊取之。車師震慴，前、後王各遣子入侍。慴，之涉翻。

5 月氏求尚公主，班超拒還其使，氏，音支。使，疏吏翻。由是怨恨，遣其副王謝將兵七萬攻超。超衆少，皆大恐；超譬軍士曰：譬，喻也。少，詩沼翻。「月氏兵雖多，然數千里踰葱嶺來，非有運輸，何足憂邪！言糧盡自當降也。但當收穀堅守，彼飢窮自降，不過數十日決矣！」謂勝負決也。降，戶江翻。謝遂前攻超，不下，又鈔掠無所得。超度其糧將盡，鈔，楚交翻。度，大各翻。必從龜茲求食，乃遣兵數百於東界要之。要，一遙翻。謝果遣騎齎金銀珠玉以賂龜茲，超伏兵遮擊，盡殺之，持其使首以示謝。謝大驚，卽遣使請罪，願得生歸，超縱遣之。月氏由是大震，歲奉貢獻。

6 初，北海哀王無後，章帝元和三年，北海哀王基薨，無後。肅宗以齊武王首創大業而後嗣廢絕，心常愍之，遺詔令復齊、北海二國。丁卯，封蕪湖侯無忌爲齊王，無忌，齊王晃子；章和元年，晃貶。北海敬王庶子威爲北海王。北海敬王睦也。

7 六月，辛卯，中山簡王焉薨。謚法：一德不懈曰簡。焉，東海恭王之母弟，而竇太后，恭王之甥也；竇太后母沘陽公主，東海恭王彊女也。故加賻錢一億，賻，音附。大爲脩冢塋，爲，于僞翻。平夷吏民冢墓以千數，作者萬餘人，凡徵發搖動六州十八郡。

8 詔封竇憲爲冠軍侯，篤爲郾侯，瓌爲夏陽侯；冠軍縣，屬南陽郡。郾縣，屬潁川郡。夏陽縣，屬馮翊郡。冠，古玩翻。夏，戶雅翻。憲獨不受封。

9 秋七月，乙卯，竇憲出屯涼州，涼州部隴西、漢陽、武都、金城、安定、北地、武威、張掖、敦煌、酒泉等郡。以侍中鄧疊行征西將軍事爲副。

10 北單于以漢還其侍弟，九月，復遣使款塞稱臣，欲入朝見。復，扶又翻；下同。朝，直遙翻。見，賢遍翻。冬十月，竇憲遣班固、梁諷迎之。會南單于復上書求滅北庭，於是遣左谷蠡王師子等將左右部八千騎出雞鹿塞，谷，音鹿。蠡，盧奚翻。中郎將耿譚遣從事將護之，耿譚爲使匈奴中郎將。將，領也；護，監也。襲擊北單于。夜至，圍之，北單于被創，被，皮義翻。創，初良翻。僅而得免，獲閼氏及男女五人，氏，音支；下同。斬首八千級，生虜數千口。班固至私渠海而還。是時，南部黨衆益盛，領戶三萬四千，勝兵五萬。勝，音升。

三年（辛卯、九一）

1 春，正月，甲子，帝用曹褒新禮，加元服；禮儀志：正月甲子若丙子爲吉日，可加元服，儀從冠禮，乘輿初緇布進賢，次爵弁，次武弁，次通天，以據，皆於高祖廟如禮謁。賢曰：元，首也；謂加冠於首。擢褒監羽林左騎。百官志：羽林左監，秩六百石，主羽林左騎，屬光祿勳。褒監，古銜翻。

2 竇憲以北匈奴微弱，欲遂滅之，二月，遣左校尉耿夔、司馬任尚出居延塞，圍北單于於金微山，賢曰：居延縣，屬張掖郡；居延澤在東北。武帝使路博德築遮虜障於居延北。余按唐太宗以僕固部置金微都督府。大破之，獲其母閼氏，【張：「氏」下脫「斬」字。】名王已下五千餘級，北單于逃走，不知所在。出塞五千餘里而還，自漢出師所未嘗至也。封夔爲粟邑侯。賢曰：粟邑，縣名，屬左馮翊，故城在今同州白水縣西北。

3竇憲既立大功，威名益盛，以耿夔、任尚等爲爪牙，鄧疊、郭璜爲心腹，班固、傅毅之徒典文章，刺史、守、令，多出其門，賦【章：甲十六行本「賦」上有「競」字；乙十一行本同；孔本同；張校同。】斂吏民，共爲賂遺。斂，力贍翻。遺，于季翻。司徒袁安、司空任隗舉奏諸二千石并所連及，貶秩免官【章：甲十六行本「官」下有「者」字；乙十一行本同；孔本同。】四十餘人，竇氏大恨；但安、隗素行高，亦未有以害之。行，下孟翻。尚書僕射樂恢，刺舉無所回避，憲等疾之。恢上書曰：「陛下富於春秋，賢曰：春秋，謂年也；言年少，春秋尚多，故稱富。纂承大業，諸舅不宜幹正王室，以示天下之私。方今之宜，上以義自割，下以謙自引，四舅可長保爵土之榮，四舅，謂憲、篤、景、瓌。皇太后永無慙負宗廟之憂，誠策之上者也。」書奏，不省。省，悉景翻。恢稱疾乞骸骨，歸長陵；恢，京兆長陵人。憲風厲州郡，迫脅恢飲藥死。於是朝臣震慴，慴，之涉翻。望風承旨，無敢違者。袁安以天子幼弱，外戚擅權，每朝會進見，見，賢遍翻。及與公卿言國家事，未嘗不喑嗚流涕；范書作「噫嗚」。賢曰：噫，音醫，又一戒翻；嗚，一故翻；歎傷之貌也。自天子及大臣，皆恃賴之。

4冬，十月，癸未，上行幸長安，詔求蕭、曹近親宜爲嗣者，紹其封邑。

5 詔竇憲與車駕會長安。憲至，尚書以下議欲拜之，伏稱萬歲，尚書韓稜正色曰：「夫上交不諂，下交不瀆；易下繫之辭。禮無人臣稱萬歲之制！」議者皆慙而止。尚書左丞王龍私奏記，上牛酒於憲，百官志：尚書左丞、右丞各一人，掌錄文書期會；左丞主吏民章報及騶伯史，右丞假署印綬及紙筆墨諸財用庫藏，秩皆四百石。蔡質漢儀曰：總典臺中綱紀，無所不統。上，時掌翻。稜舉奏龍，論爲城旦。

6 龜茲、姑墨、溫宿諸國皆降。降，戶江翻。十二月，復置西域都護、騎都尉、戊己校尉官。章帝建初元年，罷西域都護及戊己校尉官，今復置。復，扶又翻。以班超爲都護，徐幹爲長史。拜龜茲侍子白霸爲龜茲王，遣司馬姚光送之。超與光共脅龜茲，廢其王尤利多而立白霸，使光將尤利多還詣京師。將，如字。超居龜茲它乾城，徐幹屯疏勒，惟焉耆、危須、尉犂以前沒都護，事見四十五卷明帝永平十八年。猶懷二心，爲班超誅焉耆、尉犂王張本。其餘悉定。言其餘諸國皆臣服於漢也。

7 初，【章：甲十六行本「初」上有「庚辰，上至自長安」七字；乙十一行本同；孔本同；張校同；退齋校同。】北單于既亡，其弟右谷蠡王於除鞬自立爲單于，鞬，九言翻。將衆數千人止蒲類海，遣使款塞。竇憲請遣使立於除鞬爲單于，置中郎將領護，如南單于故事。事下公卿議，下，遐稼翻；下同。宋由等以爲可許；袁安、任隗奏以爲：「光武招懷南虜，非謂可永安內地，正以權時之算，可得扞禦北狄故也。今朔漢已定，宜令南單于反其北庭，并領降衆，降，戶江翻；下同。無緣更立於除鞬以增國費。」事奏，未以時定。言其議雖已奏上，而上意從否未定也。安懼憲計遂行，乃獨上封事曰：「南單于屯先父舉衆歸德，屯，即屯屠何。自蒙恩以來四十餘年，三帝積累以遺陛下，遺，于季翻。陛下深宜追述先志，成就其業。況屯首創大謀，空盡北虜，輟而弗圖，更立新降；以一朝之計，違三世之規，失信於所養，建立於無功。所養，謂南單于；無功，謂於除鞬。論語曰：『言忠信，行篤敬，雖蠻貊行焉。』孔子答子張之言。行，下孟翻。貊，莫北翻。今若失信於一屯，則百蠻不敢復保誓矣。誓，謂漢與夷人信誓之言。復，扶又翻。又，烏桓、鮮卑新殺北單于，謂章和元年，斬優留單于。凡人之情，咸畏仇讎，今立其弟，則二虜懷怨。且漢故事，供給南單于，費直歲一億九十餘萬，西域歲七千四百八十萬；今北庭彌遠，其費過倍，是乃空盡天下而非建策之要也。」詔下其議，安又與憲更相難折。難，乃旦翻。折，之舌翻。憲險急負勢，言辭驕訐，賢曰：訐，謂發人之惡，音居謁翻。至詆毀安，稱光武誅韓歆、戴涉故事，韓歆死見四十三卷建武十五年。戴涉死見同卷二十年。安終不移；然上竟從憲策。考異曰：袁安傳云：「憲請立左鹿蠡王阿佟爲北單于，安以爲不可，憲竟立右鹿蠡王於除鞬。」據此，則阿佟與於除鞬是二人。袁紀作「阿脩」，南匈奴傳止有右谷蠡王於除鞬，無阿佟名。今從之。袁紀又云：「宋由、丁鴻、尹睦以爲阿脩誅君之子，又與烏丸、鮮卑爲父兄之讎，不可立。南單于先帝所置，今首破北虜，新建大功，宜令并領降衆。」與范書不同。又云「卒從安議」，蓋誤。今從袁安傳。

資治通鑑卷第四十八

翰林學士兼侍讀學士朝散大夫右諫議大夫知制誥判尚書都省兼提舉萬壽觀公事上護軍河内郡開國侯食邑一千三百戶賜紫金魚袋臣 司馬光 奉敕編集
後學天台 胡三省 音註

漢紀四十起玄黓執徐（壬辰），盡旃蒙大荒落（乙巳），凡十四年。

孝和皇帝下

永元四年（壬辰、九二）

1春，正月，遣大將軍左校尉耿夔授於除鞬印綬，校，戶教翻。鞬，九言翻。使中郎將任尚持節衛護屯伊吾，如南單于故事。任，音壬。

初，廬江周榮辟袁安府，安舉奏竇景事見上卷元年。及爭立北單于事，見上卷上年。皆榮所具草，竇氏客太尉掾徐齮深惡之，掾，俞絹翻。齮，魚倚翻。惡，烏路翻。脅榮曰：「子爲袁公腹心之謀，排奏竇氏，竇氏悍士、刺客滿城中，謹備之矣！」悍，下罕翻，又侯旰翻。榮曰：「榮，江淮孤生，得備宰士，賢曰：榮辟司徒府，故稱宰士。縱爲竇氏所害，誠所甘心！」因敕妻子：敕，戒也。

「若卒遇飛禍，卒，讀曰猝。賢曰：飛禍，言倉卒而死也。余謂飛禍者，言刺客竊發，不可得而備，若鳥之飛集也。無得殯斂，斂，力贍翻。冀以區區腐身覺悟朝廷。」

2 三月，癸丑，司徒袁安薨。

3 閏月，丁丑，以太常丁鴻爲司徒。

4 夏，四月，丙辰，竇憲還至京師。還，從宣翻，又如字。

5 六月，戊戌朔，日有食之。丁鴻上疏曰：「昔諸呂擅權，統嗣幾移；事見高后紀。幾，居希翻。哀、平之末，廟不血食。事見王莽紀。鴻引此事以指言外戚之禍。故雖有周公之親而無其德，不得行其勢也。賢曰：言親賢兼重，方可執政。今大將軍雖欲敕身自約，不敢僭差；然而天下遠近，皆惶怖承旨。怖，普布翻。刺史、二千石初除，謁辭、求通待報，初除而謁，之官則辭。求通者，求通名也；待報者，得謁與不得謁，得辭與不得辭，皆待報也。雖奉符璽，受臺敕，符璽所以爲信，初除者詣尚書臺受敕。璽，斯氏翻。不敢便去，久者至數十日，背王室，背，蒲妹翻。向私門，此乃上威損，下權盛也。人道悖於下，效驗見於天，雖有隱謀，神照其情，垂象見戒，以告人君。悖，蒲内翻。見，賢遍翻。禁微則易，易，以豉翻。救末則難；人莫不忽於微細以致其大，恩不忍誨，義不忍割，去事之後，未然之明鏡也。言禍伏於隱微，人多忽之，及發見之後，昭昭而不可掩，是爲未然之明鏡。夫天不可以不剛，不剛則三光不明；王不可以不強，不強則宰牧從横。從，子用翻，又子容翻。横，戶孟翻，又如字。宜因大變，改政匡失，以塞天意！」塞，悉則翻。

6 丙辰，郡國十三地震。

7 旱，蝗。

8 竇氏父子兄弟並爲卿、校，卿，九卿；校，諸校尉。校，戶教翻。充滿朝廷，穰侯鄧疊、疊弟步兵校尉磊及母元、憲女壻射聲校尉郭舉、舉父長樂少府璜共相交結；賢曰：太后居長樂宮，故有少府，秩二千石。樂，音洛。元、舉並出入禁中，舉得幸太后，遂共圖爲殺害，謀弒逆也。帝陰知其謀。是時，憲兄弟專權，帝與內外臣僚莫由親接，所與居者閹宦而已。閹宦，周禮謂之奄。鄭玄註曰：奄，精氣蔽藏者；今謂之宦人。閹，衣廉翻，又衣檢翻。帝以朝臣上下莫不附憲，獨中常侍鉤盾令鄭衆，謹敏有心幾，百官志：鉤盾令，秩六百石，宦者爲之，典諸近池苑囿遊觀之處，屬少府。幾，事也；心幾，謂心事也，今人謂人胸中有城府者爲有心事。朝，直遙翻。盾，食尹翻。幾，居希翻。不事豪黨，遂與衆定議誅憲，以憲在外，謂出屯涼州時也。慮其爲亂，忍而未發；會憲與鄧疊皆還京師。還，從宣翻，又如字。時清河王慶，恩遇尤渥，渥，厚漬也。常入省宿止；省，禁中也。帝將發其謀，欲得外戚傳，賢曰：前書外戚傳。傳，直戀翻。懼左右，不敢使，令慶私從千乘王求，千乘王伉，帝長兄也。乘，繩證翻。夜，獨內之；又令慶傳語鄭衆，求索故事。賢曰：謂文帝誅薄昭，武帝誅竇嬰故事。索，山客翻。庚申，帝幸北宮，詔執金吾、五校尉勒兵屯衞南、北宮，執金吾掌宮外戒司非常，北軍五校尉主五營士，故令勒兵屯衞。閉城門，收捕郭璜、郭舉、鄧疊、鄧磊，皆下獄死。下，遐稼翻。遣謁者僕射收憲大將軍印綬，更封爲冠軍侯，憲先已封冠軍侯，不受，今復封，以侯就國。更，居孟翻。與篤、景、瓌皆就國。瓌，古回翻。帝以太后故，不欲名誅憲，言不欲正名誅之。爲選嚴能相督察之。爲，于僞翻。憲、篤、景到國，皆迫令自殺。

初，河南尹張酺，數以正法繩治竇景，酺，薄乎翻。酺先爲魏郡太守，郡人鄭據奏竇景罪，景遣掾夏猛私謝酺，使罪據子；酺收猛繫獄。及入爲河南尹，景家人擊傷市卒，吏捕得之；景怒，遣緹騎侯海毆傷市丞。酺部吏楊章窮究，正海罪，徙朔方。數，所角翻。治，直之翻。及竇氏敗，酺上疏曰：「方憲等寵貴，羣臣阿附唯恐不及，皆言憲受顧命之託，懷伊、呂之忠，至乃復比鄧夫人於文母，賢曰：按鄧夫人，即穰侯鄧疊母元。張酺論憲兼及其黨，稱鄧夫人，猶如前書霍光妻稱霍顯，祁大伯母號祁夫人之類。復，扶又翻。今嚴威既行，皆言當死，不【章：甲十六行本「不」下有「復」字；張校同。】顧其前後，考折厥衷。折，之舌翻。衷，竹仲翻。臣伏見夏陽侯瓌每存忠善，前與臣言，常有盡節之心，檢敕賓客，未嘗犯法。臣聞王政骨肉之刑，有三宥之義，禮記：公族有罪，獄成，有司讞于公曰：「某之罪在大辟。」公曰：「宥之。」有司又曰：「在大辟。」公又曰：「宥之。」有司又曰：「在辟。」公又曰：「宥之。」及三宥不對，走出，致刑于甸人。公又使人追之曰：「必宥之。」有司對曰：「無及也。」反命於公，公素服，如其倫之喪。過厚不過薄。今議者欲爲瓌選嚴能相，爲，于僞翻。相，息亮翻，侯國相也。恐其迫切，必不完免，宜裁加貸宥，以崇厚德。」

帝感其言，由是瓌獨得全。竇氏宗族賓客以憲爲官者，皆免歸故郡。

初，班固奴嘗醉罵洛陽令种兢，姓譜：种本仲氏，避難改焉。兢因逮考竇氏賓客，收捕固，死獄中。固嘗著漢書，尚未就，詔固女弟曹壽妻昭踵而成之。昭，即曹大家也。

華嶠論曰：固之序事，不激詭，不抑抗，賢曰：激，揚也。詭，毀也。抑，退也。抗，進也。余謂激詭抑抗，皆指史家作意以爲文之病。華，戶化翻。贍而不穢，詳而有體，使讀之者亹亹而不厭，爾雅曰：亹亹，猶勉勉也；音無匪翻。信哉其能成名也！固譏司馬遷是非頗謬於聖人，賢曰：言遷所是非與聖人乖謬，即崇黃、老而薄六經，輕仁義而賤守節是也。然其論議，常排死節，謂言襲勝竟夭天年之類。否正直，謂言王陵、汲黯之戇之類。而不敍殺身成仁之爲美，謂不立忠義傳。則輕仁義，賤守節甚矣！

9 初，竇憲納妻，天下郡國皆有禮慶。漢中郡亦當遣吏，漢中郡，在洛陽西千九百九十里。戶曹李郃郡有戶曹，主民戶、祠祀、農桑。郃，曷閤翻。諫曰：「竇將軍椒房之親，不修德禮而專權驕恣，危亡之禍，可翹足而待；翹，舉也。願明府一心王室，勿與交通。」太守固遣之，郃不能止，請求自行，許之。郃遂所在遲留以觀其變，行至扶風潘岳關中記曰：三輔舊治長安城中，長吏各居其縣治民。東都之後，扶風出治槐里，馮翊出治高陵。而憲就國。凡交通者皆坐免官，漢中太守獨不與焉。與，讀曰預。

帝賜清河王慶奴婢、輿馬、錢帛、珍寶，充牣其第。慶或時不安，帝朝夕問訊，進膳藥，所以垂意甚備。慶亦小心恭孝，自以廢黜，尤畏事慎法，故能保其寵祿焉。

10 帝除袁安子賞爲郎，任隗子屯爲步兵校尉，以安、隗守正不附竇氏也。任，音壬。隗，五罪翻。鄭衆遷大長秋。百官志：大長秋，秩二千石，承秦將行；景帝更爲大長秋，或用士人，中興常用宦者。職掌奉宣中宮命，凡給賜宗親及宗親當謁見者關通之，中宮出則從。張晏曰：皇后卿。師古曰：秋者，收成之時，長者，恒久之義，故以爲皇后官名。帝策勳班賞，衆每辭多受少，帝由是賢之，常與之議論政事，宦官用權自此始矣。

11 秋，七月，己丑，太尉宋由以竇氏黨策免，自殺。

12 八月，辛亥，司空任隗薨。

13 癸丑，以大司農尹睦爲太尉。太傅鄧彪以老病上還樞機職，上，時掌翻。尚書，樞機之職。鄧彪錄尚書。詔許焉，以睦代彪錄尚書事。

14 冬，十月，【章：甲十六行本「月」下有「己亥」二字；乙十一行本同；孔本同；退齋校同。】以宗正劉方爲司空。

15 武陵、零陵、澧中蠻叛。

16 護羌校尉鄧訓卒，吏、民、羌、胡旦夕臨者日數千人。臨，力鴆翻，哭也。羌、胡或以刀自割，又刺殺其犬馬牛羊，刺，七逆翻，又七四翻。曰：「鄧使君已死，我曹亦俱死耳！」前烏桓吏士皆奔走道路，賢曰：訓前任烏桓校尉時吏士也。至空城郭；吏執，不聽，以狀白校尉徐傿，傿，蓋爲烏桓校尉。傿，於建翻。傿歎息曰：「此爲義也！」乃釋之。遂家家爲訓立祠，爲，于僞翻；下同。每有疾病，輒請禱求福。

蜀郡太守聶尚代訓爲護羌校尉，欲以恩懷諸羌，乃遣譯使招呼迷唐，使還居大、小榆谷。迷唐去大、小榆谷，事見上卷章和二年。鄧訓驅逐迷唐，而聶尚招呼之，欲以反鄧訓之政也。聶，缺〔昵〕輒翻。使，疏吏翻。迷唐既還，遣祖母卑缺詣尚，卑缺，蓋迷吾之母。尚自送至塞下，爲設祖道，令譯田汜等五人護送至廬落。迷唐遂反，與諸種共生屠裂汜等，以血盟詛，種，章勇翻。汜，詳里翻。詛，莊助翻。復寇金城塞。復，扶又翻。尚坐免。

五年（癸巳、九三）

1 春，正月，乙亥，宗祀明堂，登靈臺，赦天下。

2 戊子，千乘貞王伉薨。諡法：臣諡，直道不撓曰貞；事君無猜曰貞；淸白守節曰貞；固節幹事曰貞。伉，音抗。

3 辛卯，封皇弟萬歲爲廣宗王。廣宗縣，屬鉅鹿郡。賢曰：今貝州宗城縣。隋煬帝諱廣，故改爲宗城。

4 甲寅，太傅鄧彪薨。

5 戊午，隴西地震。

6 夏，四月，壬子，紹封阜陵殤王兄魴爲阜陵王。諡法：未家短折曰殤。阜陵殤王沖，質王延之子，元年嗣封，三年薨，無嗣，今以魴紹封。魴，符方翻。

7 九月，辛酉，廣宗殤王萬歲薨，無子，國除。

8 初，竇憲既立於除鞬爲北單于，欲輔歸北庭，事見上卷三年。鞬，居言翻。會憲誅而止。於除鞬自畔還北，詔遣將兵長史王輔以千餘騎與任尚共追討，斬之，破滅其衆。

9 耿夔之破北匈奴也，事見上卷三年。鮮卑因此轉徙據其地。拓拔氏自北荒南徙，蓋此時也。匈奴餘種留者尚有十餘萬落，種，章勇翻。皆自號鮮卑；鮮卑由此漸盛。

10 冬，十月，辛未，太尉尹睦薨。

11 十一月，乙丑，太僕張酺爲太尉。酺與尚書張敏等奏「射聲校尉曹褒，擅制漢禮，破亂聖術，宜加刑誅」。書凡五奏。帝知酺守學不通，言守其家學也。雖寢其奏，而漢禮遂不行。褒制禮事，見上卷章帝章和元年。

12 是歲，武陵郡兵破叛蠻，降之。降，戶江翻。

13 梁王暢與從官卞忌祠祭求福，姓譜：卞本自有周曹叔振鐸之後，曹之支子封於卞，遂以建族。余按魯有卞莊子，楚有卞和。忌等諂媚云：「神言王當爲天子。」暢與相應答，爲有司所奏，請徵詣詔獄。帝不許，但削成武、單父二縣。成武、單父二縣，本屬山陽，後屬濟陰，章帝以益梁國。賢曰：成武，今曹州縣；單父，今宋州縣。單，音善。暢慙懼，上疏深自刻責曰：「臣天性狂愚，不知防禁，自陷死罪，分伏顯誅。陛下聖德，枉法曲平，賢曰：曲平，曲法申恩，平處其罪。橫赦貸臣，爲臣受汙。橫，胡孟翻。汙，惡也，天下以赦暢爲納汙，是爲暢受汙。爲，于僞翻。臣知大貸不可再得，自誓束身約妻子，不敢復出入失繩墨，不敢復有所橫費，橫，戶孟翻。復，扶又翻。租入有餘，乞裁食睢陽、穀熟、虞、蒙、寧陵五縣，還餘所食四縣。四縣，下邑、尉氏、薄、鄢也。睢，音雖。臣暢小妻三十七人，凡非正室者，皆小妻也。其無子者，願還本家，自選擇謹敕奴婢二百人，其餘所受虎賁、官騎及諸工技、鼓吹、倉頭、奴婢，兵弩、廏馬，皆上還本署。虎賁士，屬虎賁中郎將。官騎，騶騎也。漢官儀曰：騶騎，王家名官騎，與廏馬皆屬太僕。工技，屬尚方。鼓吹，屬黃門。倉頭、奴婢，屬永巷、御府、奚官等令。兵弩，屬考工令。各有本署也。賁，音奔。技，渠綺翻。吹，昌瑞翻。上，時掌翻。臣暢以骨肉近親，亂聖化，汙清流，汙，烏故翻。既得生活，誠無心面目以凶惡復居大宮，食大國，張官屬，藏雜物，賢曰：古者師行，二五爲什，食器之類必共之，故曰什物、食具。今人通謂生生之具爲什物。復，扶又翻。願陛下加恩開許。」上優詔不聽。

14 護羌校尉貫友貫，姓也，漢初有趙相貫高。遣譯使構離諸羌，誘以財貨，由是解散。使，疏吏翻。誘，音酉。乃遣兵出塞，攻迷唐於大、小榆谷，獲首虜八百餘人，收麥數萬斛，遂夾逢留大河築城塢，此大河即黃河。河水至此有逢留之名，在二榆谷北。作大航，造河橋，欲度兵擊迷唐。酈道元水經註曰：於河狹作橋。航，戶剛翻。迷唐率部落遠徙，依賜支河曲。西羌傳：賜支者，禹貢所謂析支者也。羌居河關之西南，濱於賜支，至於河首，緜地千里。司馬彪曰：西羌自析支以西濱河首，在右居也。河水屈而東北流，逕於析支之地，是爲河曲矣。應劭曰：禹貢析支屬雍州，在河關之西，東去河關千餘里，羌人所居，謂之河曲羌。

15 單于屯屠何死，單于宣弟安國立。安國初爲左賢王，無稱譽；及爲單于，單于適之子右谷蠡王師子以次轉爲左賢王。谷，音鹿。蠡，盧奚翻。師子素勇黠多知，黠，下八翻。知，古智字通。前單于宣及屯屠何皆愛其氣決，數遣將兵出塞，數，所角翻；下同。掩擊北庭，還，受賞賜，天子亦加殊異。由是國中盡敬師子而不附安國，安國欲殺之；諸新降胡，初在塞外數爲師子所驅掠，在塞外，謂先屬北部時。降，戶剛翻。多怨之。安國【章：甲十六行本「國」下有「因是」二字；乙十一行本同；孔本同；張校同。】委計降者，與同謀議。師子覺其謀，乃別居五原界，每龍庭會議，匈奴龍庭，本在塞外，是時南單于居塞內，亦謂所居爲龍庭。師子輒稱病不往。度遼將軍皇甫稜知之，亦擁護不遣，單于懷憤益甚。

六年（甲午、九四）

1 春，正月，皇甫稜免，以執金吾朱徽行度遼將軍。時單于與中郎將杜崇不相平，乃上書告崇；崇諷西河太守令斷單于章，中郎將，使匈奴中郎將也。斷，音短。單于居西河美稷，故諷令太守斷其章，使不上聞。單于無由自聞。崇因與朱徽上言：「南單于安國，疏遠故胡，親近新降，遠，于願翻。近，其靳翻。降，戶江翻。欲殺左賢王師子及左臺且渠劉利等；又，右部降者，謀共迫脅安國起兵背畔，且，子余翻。背，蒲妹翻。請西河、上郡、安定爲之儆備。」帝下公卿議，下，遐稼翻。皆以爲：「蠻夷反覆，雖難測知，然大兵聚會，必未敢動搖。今宜遣有方略使者之單于庭，之，往也。使，疏吏翻。與杜崇、朱徽及西河太守并力，觀其動靜。如無他變，可令崇等就安國會其左右大臣，責其部衆橫暴爲邊害者，共平罪誅。相與平處其罪，當誅者則誅之。橫，戶孟翻。若不從命，令爲權時方略，事畢之後，裁行賞賜，賢曰：裁量賜物，不多與也。亦足以威示百蠻。」【章：甲十六行本「蠻」下有「帝從之」三字；乙十一行本同；張校同。】於是徽、崇遂發兵造其庭。造，七到翻。安國夜聞漢軍至，大驚，棄帳而去，帳，單于所居，即謂之穹廬，又謂之廬帳。因舉兵欲誅師子。師子先知，乃悉將廬落入曼柏城；曼柏縣，屬五原郡。安國追到城下，門閉，不得入。朱徽遣吏譬【章：甲十六行本「譬」上有「曉」字；乙十一行本同；退齋校同。】和之，安國不聽；城既不下，乃引兵屯五原。崇、徽因發諸郡騎追赴之急，衆皆大恐，安國舅骨都侯喜爲等慮并被誅，乃格殺安國，被，皮義翻。考異曰：帝紀在去年，誤。今從南匈奴傳。立師子爲亭獨尸逐侯鞮單于。鞮，丁奚翻。

2 己卯，司徒丁鴻薨。

3 二月，丁未，以司空劉方爲司徒，太常張奮爲司空。

4 夏，五月，城陽懷王淑薨，無子，國除。

5 秋，七月，京師旱。

6 西域都護班超發龜茲、鄯善等八國兵合七萬餘人龜茲，音丘慈。鄯，上扇翻。討焉耆，到其城下，誘焉耆王廣、尉犂王汎等於陳睦故城，斬之，傳首京師；誘，音酉。考異曰：袁紀「汎」作「沈」，今從超傳。因縱兵鈔掠，鈔，楚交翻。斬首五千餘級，獲生口萬五千人，更立焉耆左侯元孟爲焉耆王。焉耆國有左右將、左右侯。更，工衡翻。超留焉耆半歲，慰撫之。於是西域五十餘國悉納質內屬，至于海濱，西海之濱也，所謂條支、大秦、蒙奇、兜勒諸國也。質，音致。四萬里外，皆重譯貢獻。重，直龍翻。班超所以成西域之功者，以匈奴衰困，力不能及西域也。

7 南單于師子立，降胡五六百人夜襲師子，降，戶江翻。安集掾王恬將衛護士與戰，破之。使匈奴中郎將置掾，隨事爲員，安集掾，以安集匈奴爲稱也。光武在河北，亦置安集掾，以天下未定，使之安集斯民也。建武二十六年，使匈奴中郎將置安集掾史，將弛刑五十人，持兵弩隨單于所處，參辭訟，察動靜。掾，俞絹翻。於是降胡遂相驚動，十五部二十餘萬人皆反，脅立前單于屯屠何子薁鞮日逐王逢侯爲單于，「鞮」，當作「鞬」。賢曰：前「鞮」、「鞬」兩字通，今不改亦可。薁，於六翻。鞬，九言翻。遂殺略吏民，燔燒郵亭、廬帳，將車重向朔方，欲度幕北。郵，音尤。重，直用翻。九月，癸丑，以光祿勳鄧鴻行車騎將軍事，與越騎校尉馮柱、行度遼將軍朱徽將左右羽林、北軍五校士及郡國迹射、緣邊兵，賢曰：漢有迹射士，言尋迹而射也。烏桓校尉任尚將烏桓、鮮卑，合四萬人討之。時南單于及中郎將杜崇屯牧師城，漢邊郡有牧師菀以養馬，此牧師菀城也，當在西河郡美稷縣界。逢侯將萬餘騎攻圍之。冬，十一月，鄧鴻等至美稷，逢侯乃解圍去，向滿夷谷。南單于遣子將萬騎及杜崇所領四千騎，與鄧鴻等追擊逢侯於大城塞，大城縣故屬西河郡，郡國志屬朔方郡。斬首四千餘級。任尚率鮮卑、烏桓要擊逢侯於滿夷谷，要，一遙翻。復大破之，復，扶又翻；下同。前後凡斬萬七千餘級。逢侯遂率衆出塞，漢兵不能追而還。還，從宣翻，又如字。

8 以大司農陳寵爲廷尉。寵性仁矜，數議疑獄，數，所角翻。每附經典，務從寬恕，刻敝之風，於此少衰。少，詩沼翻。

9 帝以尚書令江夏黃香爲東郡太守，香辭以：「典郡從政，才非所宜，乞留備宂官，宂，而隴翻，散也。賜以督責小職，任之宮臺煩事。」宮，謂宮中；臺，謂尚書臺也。尚書出納王命，故云宮臺煩事。帝乃復留香爲尚書令，增秩二千石，按百官志，尚書令秩千石，今特增秩二千石，以香在尚書日久，又辭不拜郡，故復留爲尚書令而祿以郡守祿。甚見親重。香亦祗勤物務，憂公如家。

七年（乙未、九五）

1 春，正月，鄧鴻等軍還，馮柱將虎牙營留屯五原；鴻坐逗留失利，下獄死。後帝知朱徽、杜崇失胡和，又禁其上書，以致胡反，皆徵，下獄死。下，遐稼翻。

2 夏，四月，辛亥朔，日有食之。

3 秋，七月，乙巳，易陽地裂。余按地理志及郡國志，易陽縣屬趙國。應劭曰：易水出涿郡故安；師古及賢皆曰縣在易水之陽，此皆承應劭之誤也。易水在燕南界，漢屬河間郡界，此時趙國僅有唐邢、洺二州之地，安得有屬縣遠在易水之陽邪！五代史志：洺州臨洺縣，舊曰易陽，後齊廢，入襄國縣；後周改爲易陽縣，別置襄國縣；隋開皇六年，改易陽縣爲邯鄲縣，十年，改邯鄲縣爲臨洺而別置邯鄲縣。由是觀之，漢易陽縣當在邯鄲、襄國二縣之間。

4 九月，癸卯，京師地震。

5 樂成王黨坐賊殺人，削東光、鄡二縣。東光縣，本屬勃海郡；鄡縣，本屬鉅鹿郡，章帝以益樂成國。鄡，音羌堯翻。舊禁宮人出嫁，不得適諸國。有故掖庭技人哀置嫁男子章初，黨召入宮與通；初欲上書告之，黨賂哀置姊昭殺初。

八年（丙申、九六）

1 春，二月，立貴人陰氏爲皇后。后，識之曾孫也。

2 夏，四月，【章：甲十六行本「月」下有「癸亥」二字；乙十一行本同；退齋校同。】樂成靖王黨薨。子哀王崇立，尋死，無子，國除。

3 五月，河內、陳留蝗。

4 南匈奴右溫禺犢王烏居戰畔出塞。賢曰：溫禺犢王名烏居戰。秋，七月，度遼將軍龐奮、越騎校尉馮柱追擊破之，徙其餘衆及諸降胡二萬餘人於安定、北地。安定郡，在雒陽西千七百里。北地郡，在雒陽西千一百里。

5 車師後部王涿鞮反，擊前王尉畢大，獲其妻子。「尉畢大」，西域傳作「尉卑大」。時戊己校尉索頵欲廢後部王涿鞮，涿鞮忿前王尉卑大賣己，因反，擊尉卑大。鞮，丁奚翻。

6 九月，京師蝗。

7 冬，十月，乙丑，北海王威以非敬王子，又坐誹謗，自殺。

8 十二月，辛亥，陳敬王羨薨。

9 丁巳，南宮宣室殿火。

10 護羌校尉貫友卒，以漢陽太守史充代之。充至，遂發湟中羌、胡出塞擊迷唐。迷唐迎敗充兵，敗，補邁翻。殺數百人。充坐徵，以代郡太守吳祉代之。

九年（丁酉、九七）

1 春，三月，庚辰，隴西地震。

2 癸巳，濟南安王康薨。謚法：好和不爭曰安；寬裕和平曰安。濟，子禮翻。

3 西域長史王林擊車師後王，斬之。後王涿鞮。

4 夏，四月，丁卯，封樂成王黨子巡爲樂成王。

5 五月，封皇后父屯騎校尉陰綱爲吳房侯，郡國志：吳房縣，屬汝南郡，有棠谿亭。左傳，房國，楚靈王所滅，又，楚昭王封吳王夫概於棠谿。地道記有吳城。吳房蓋合吳城、房國以名縣也。以特進就第。

6 六月，旱，蝗。

7 秋，八月，鮮卑寇肥如，遼東太守祭參坐沮敗，下獄死。賢曰：肥如縣，屬遼西郡。前書音義曰：肥子奔燕，封於此，今平州也。按祭彤傳：參守遼東，鮮卑入郡界，參坐沮敗，下獄死。蓋寇遼西之肥如，遂入遼東郡界也。沮，在呂翻。

8 閏月，辛巳，皇太后竇氏崩。初，梁貴人既死，事見四十六卷章帝建初八年。宮省事祕，莫有知帝爲梁氏出者。舞陰公主子梁扈遣從兄禪奏記三府，扈，梁松子也。帝母梁貴人，少失母，爲伯母舞陰公主所養。從，才用翻。賢曰：禪，古禪字。以爲「漢家舊典，崇貴母氏，而梁貴人親育聖躬，不蒙尊號，求得申議。」賢曰：求申理而議之也。太尉張酺言狀，帝感慟良久，曰：毛晃曰：良，頗也；良久，頗久也。或曰：良久，少久也。一曰：良，略也，聲輕，故轉略爲良。慟，徒弄翻，大哭也，哀過也。「於君意若何？」酺請追上尊號，存錄諸舅。錄，采也，收拾也。帝從之。會貴人姊南陽樊調妻嫕嫕，音於計翻。考異曰：袁紀「嫕」皆作「㥶」，今從皇后紀、梁竦傳。上書自訟曰：「妾父竦冤死牢獄，骸骨不掩；母氏年踰七十，及弟棠等遠在絕域，不知死生。願乞收竦朽骨，使母、弟得歸本郡。」帝引見嫕，乃知貴人枉歿之狀。三公上奏，「請依光武黜呂太后故事，事見四十五卷光武中元元年。按此事乃光武之失，而可引之爲故典乎！貶竇太后尊號，不宜合葬先帝，」百官亦多上言者。帝手詔曰：「竇氏雖不遵法度，而太后常自減損。朕奉事十年，自嗣位至是十年。深惟大義：惟，思也。禮，臣子無貶尊上之文，恩不忍離，義不忍虧。按前世，上官太后亦無降黜，謂上官桀父子誅，不累及上官后也。事見二十二卷昭帝元鳳元年。其勿復議！」復，扶又翻。丙申，葬章德皇后。

9 燒唐【章：甲十六行本「唐」作「當」；乙十一行本同；熊校同。】羌迷唐率衆八千人寇隴西，脅塞內諸種羌合步騎三萬人擊破隴西兵，殺大夏長。大夏縣，屬隴西郡。宋白曰：今大夏縣屬河州。夏，戶雅翻。種，章勇翻。長，知兩翻。詔遣行征西將軍劉尚、越騎校尉趙世副之，以趙世副劉尚也。考異曰：西羌傳作「趙代」，今從帝紀。余謂唐太宗諱世民，賢註范史，偶檢點及此，遂改「世」爲「代」耳。將漢兵、羌、胡共三萬人討之。尚屯狄道，世屯枹罕；狄道、枹罕二縣，皆屬隴西郡。宋白曰：狄道縣，屬蘭州；枹罕縣，河州治所。枹，音膚。尚遣司馬寇盱監諸郡兵，四面並會。監，古銜翻。迷唐懼，棄老弱，奔入臨洮南。奔入臨洮南山也。尚等追至高山，大破之，斬虜千餘人。迷唐引去，漢兵死傷亦多，不能復追，復，扶又翻。乃還。

10 九月，庚申，司徒劉方策免，自殺。

11 甲子，追尊梁貴人爲皇太后，謚曰恭懷，追復喪制。冬，十月，乙酉，改葬梁太后及其姊大貴人于西陵。西陵，蓋以其地在敬陵之西，故稱西陵，猶薄太后陵在霸陵南，因謂之南陵也。賢曰：初，后葬有闕，故改葬。擢樊調爲羽林左監。追封謚皇太后父竦爲褒親愍侯，謚法：在國逢難曰愍。遣使迎其喪，葬於恭懷皇后陵旁。徵還竦妻子；封子棠爲樂平侯，樂平，侯國，屬東郡，故清縣也，章帝更名。棠弟雍爲乘氏侯，乘氏，侯國，屬濟陰郡，春秋之乘丘也。乘，繩證翻。雍弟翟爲單父侯，單父，音善甫。位皆特進，賞賜以巨萬計，寵遇光於當世，梁氏自此盛矣。

清河王慶始敢求上母宋貴人冢，宋貴人冢，在雒陽城北樊濯聚。上，時掌翻。帝許之，詔太官四時給祭具。慶垂涕曰：「生雖不獲供養，供，俱用翻。養，羊尚翻。終得奉祭祀，私願足矣！」欲求作祠堂，恐有自同恭懷梁后之嫌，遂不敢言，常泣向左右，以爲沒齒之恨。齒，年也。後上言：「外祖母王年老，乞詣雒陽療疾，」於是詔宋氏悉歸京師，宋氏歸故郡，事見四十六卷章帝建初七年。除慶舅衍、俊、蓋、暹等皆爲郎。

12 十一月，癸卯，以光祿勳河南呂蓋爲司徒。

13 十二月，丙寅，司空張奮罷。壬申，以太僕韓稜爲司空。

14 西域都護定遠侯班超遣掾甘英使大秦、條支，東觀記曰：以漢中郡南鄭縣之西鄉千戶封超爲定遠侯。賢曰：定遠故城，在今洋州西鄉縣南。西域傳曰：自皮山西南經烏秅，涉懸度，歷罽賓，六十餘日，行至烏弋山離國，復西南，馬行百餘日，至條支。條支臨西海，海水曲環其南及東北三面，路絕，唯西北隅通陸道。大秦國，西漢之犂靬也，在西海西，其人民長大平正，有類中國，故謂之大秦，今拂菻國是也。掾，俞絹翻。使，疏吏翻。窮西海，皆前世所不至，莫不備其風土，傳其珍怪焉。及安息西界，自條支轉北而東，馬行六十餘日，至安息。臨大海，欲渡，船人謂英曰：「海水廣大，往來者逢善風，善風，謂順風也。三月乃得渡，若遇遲風，亦有二歲者；故入海，人皆齎三歲糧，海中善使人思土戀慕，數有死亡者。」數，所角翻。英乃止。

十年（戊戌、九八）

1 夏，五月，京師大水。

2 秋，七月，己巳，司空韓稜薨。八月，丙子，以太常太山巢堪爲司空。

3 冬，十月，五州雨水。

4 行征西將軍劉尚、越騎校尉趙世坐畏懦徵，下獄，免。謁者王信領尚營屯枹罕，謁者耿譚領世營屯白石。白石縣，本屬金城郡，時屬隴西郡。水經註：白石川水南逕白石城西而注灕水，水又逕白石縣故城南。闞駰曰：白石縣，在狄道縣西北二百八十五里。賢曰：白石山在今蘭州；或曰：河州鳳林縣，本漢白石縣，張駿改爲永固，唐爲烏州，後廢州置安昌縣，後又更名鳳林。杜佑曰：直道縣有白石山。譚乃設購賞，諸種頗來內附。迷唐恐，乃請降；信、譚遂受降罷兵。十二月，迷唐等帥種人詣闕貢獻。帥，讀曰率。種，章勇翻。

5 戊寅，梁節王暢薨。

6 初，居巢侯劉般薨，居巢縣，屬廬江郡。般，建初三年薨。子愷當嗣，稱父遺意，讓其弟憲，遁逃久之，有司奏絕愷國。肅宗美其義，特優假之，愷猶不出。積十餘歲，有司復奏之，復，扶又翻。侍中賈逵上書曰：「孔子稱『能以禮讓爲國乎何有』。見論語。有司不原樂善之心，樂，音洛。而繩以循常之法，懼非長克讓之風，成含弘之化也。」長，知兩翻。帝納之，下詔曰：「王法崇善，成人之美，其聽憲嗣爵；遭事之宜，後不得以爲比。」乃徵愷，拜爲郎。

7 南單于師子死，單于長之子檀立，爲萬氏尸逐鞮單于。

十一年（己亥、九九）

1 夏，四月，丙寅，赦天下。

2 帝因朝會，召見諸儒，朝，直遙翻。見，賢遍翻。使中大夫魯丕與侍中賈逵、尚書令黃香等相難數事，難，乃旦翻。以經疑相難也；下同。帝善丕說，罷朝，特賜衣冠。丕因上疏曰：「臣聞說經者，傳先師之言，非從己出，不得相讓；相讓則道不明，若規矩權衡之不可枉也。賢曰：規，圓也。矩，方也。權，秤錘。衡，秤衡也。難者必明其據，說者務立其義，漢儒專門名家，各守師說，故發難者必明其師之說以爲據；答難者亦必務立大義以申其師之說。浮華無用之言，不陳於前，故精思不勞而道術愈章。章，明也。思，相吏翻。法異者各令自說師法，博觀其義，無令芻蕘以言得罪，自比於芻蕘，謙也。蕘，如招翻。幽遠獨有遺失也。」

十二年（庚子、一〇〇）

1 夏，四月，戊辰，秭歸山崩。賢曰：秭歸縣，屬南郡，古之夔國，今歸州也。袁山松曰：屈原此縣人，既被流放，忽然蹔歸，其姊亦來，因名其地爲秭歸。秭，亦姊也，音蔣兕翻。

2 秋，七月，辛亥朔，日有食之。

3 九月，戊午，太尉張酺免。丙寅，以大司農張禹爲太尉。

4 燒當羌豪迷唐既入朝，其餘種人不滿二千，飢窘不立，不能自立也。種，章勇翻；下同。入居金城。帝令迷唐將其種人還大、小榆谷；迷唐以漢作河橋，即五年貫友所作之橋。兵來無常，故地不可復居，復，扶又翻；下同。辭以種人飢餓，不肯遠出。護羌校尉吳祉等多賜迷唐金帛，令糴穀市畜，畜，許又翻。促使出塞，種人更懷猜驚。是歲，迷唐復叛，脅將湟中諸胡寇鈔而去，鈔，楚交翻。王信、耿譚、吳祉皆坐徵。

十三年（辛丑、一〇一）

1 秋，八月，己亥，北宮盛饌門閣火。盛饌門閣，御廚門閣也。晉書天文志曰：紫宮垣西南角外二星，內二星曰內廚，主六宮之內飲食，后妃、夫人與太子宴飲。東北維外六星，曰天廚，主盛饌。皇居則象於天極，故北宮有盛饌門閣。

2 迷唐復還賜支河曲，將兵向塞。護羌校尉周鮪與金城太守侯霸金城郡在洛陽西二千八百里。鮪，于軌翻。及諸郡兵、屬國羌、胡合三萬人【章：甲十六行本「人」下有「出塞」二字；乙十一行本同；孔本同；張校同；退齋校同。】至允川。水經註曰：允川去賜支河曲數十里，在大、小榆谷之西。侯霸擊破迷唐，種人瓦解，降者六千餘口，種，章勇翻。降，戶江翻。分徙漢陽、安定、隴西。迷唐遂弱，遠踰賜支河首，依發羌居。發羌，羌之別種，或曰：唐之吐蕃卽其後也。久之，病死，其子來降，戶不滿數十。

3 荊州雨水。

4 冬，十一月，丙辰，詔曰：「幽、并、涼州戶口率少，幽州部涿郡、廣陽、代郡、上谷、漁陽、右北平、遼西、遼東、玄菟、樂浪等郡。并州部上黨、太原、上郡、西河、五原、雲中、定襄、鴈門、朔方等郡。幽州大郡，戶猶十萬餘，唯玄菟戶一千五百二十四。并州大郡三萬餘，小郡不滿二千。涼州大郡不滿三萬，敦煌七百四十八而已。少，詩沼翻。邊役衆劇，束脩良吏進仕路狹。束脩，謂束髮自脩者也。撫接夷狄，以人爲本，其令緣邊郡口十萬以上，歲舉孝廉一人，不滿十萬，二歲舉一人，五萬以下，三歲舉一人。」

5 鮮卑寇右北平，右北平郡，在雒陽北二千三百里。遂入漁陽，漁陽太守擊破之。

6 戊辰，司徒呂蓋以老病致仕。

7 巫蠻許聖以郡收稅不均，怨恨，遂反；賢曰：巫縣，屬南郡，故城在今夔州巫山縣。辛卯，寇南郡。

十四年（壬寅、一〇二）

1 春，安定降羌燒何種反，燒當與燒何各是一種。種，章勇翻；下同。郡兵擊滅之。時西海及大、小榆谷左右無復羌寇，水經：河水自東河曲逕西海郡南，又東逕允川而歷大、小榆谷北。復，扶又翻。隃麋相曹鳳上言：隃麋，侯國，屬右扶風。隃，音踰。麋，音眉。賢曰：隃麋故城，在今隴州汧陽縣東南。「自建武以來，西羌犯法者，常從燒當種起，所以然者，以其居大、小榆谷，土地肥美，有西海魚鹽之利，西海有允谷鹽池。阻大河以爲固。又，近塞諸種，易以爲非，易，以豉翻。難以攻伐，故能強大，常雄諸種，恃其拳勇，詩云：無拳無勇。毛萇註云：拳，力也。招誘羌、胡。今者衰困，黨援壞沮，誘，音酉。沮，在呂翻。亡逃棲竄，遠依發羌。臣愚以爲宜及此時建復西海郡縣，建，立也。立策復置郡縣也。置西海郡見三十六卷平帝元始四年。規固二榆，規，圖也，謀也。廣設屯田，隔塞羌、胡交關之路，塞，悉則翻。遏絕狂狡窺欲之源。又殖穀富邊，省委輸之役，委，於僞翻。輸，春遇翻。國家可以無西方之憂。」上從之，繕脩故西海郡，徙金城西部都尉以戍之，孟康曰：金城西部都尉府在金城縣。拜鳳爲金城西部都尉，屯龍耆。賢曰：龍耆，即龍支也，今鄯州縣。宋白曰：鄯州龍支縣，本漢允吾縣地，取縣西龍支堆爲名。後增廣屯田，列屯夾河，合三十四部。其功垂立，會永初中，諸羌叛，乃罷。

2 三月，戊辰，臨辟雍饗射，赦天下。

3夏，四月，遣使者督荆州兵萬餘人，分道討巫蠻許聖等，大破之。聖等乞降，悉徙置江夏。晉、宋之荆州蠻，分居沔中西陽者，卽巫蠻之餘種也。降，戶江翻。

4陰皇后多妒忌，寵遇浸衰，數懷恚恨。數，所角翻。恚，衣避翻。后外祖母鄧朱，出入宮掖，有言后與朱共挾巫蠱道者；賢曰：巫師爲蠱，故曰巫蠱。左傳註曰：蠱，惑也。帝使中常侍張愼與尚書陳褒案之，劾以大逆無道，劾，戶槪翻，又戶得翻。朱二子奉、毅，后弟輔皆考死獄中。六月，辛卯，后坐廢，遷于桐宮，以憂死。父特進綱自殺，后弟軼、敞及朱家屬徙日南比景。日南郡，秦象郡也，武帝更名，在雒陽南萬三千四百里；比景縣屬焉。如淳曰：日中於頭上，景在己下，故名之。師古曰：日南，言其在日之南，所謂「開北戶以向日」者。軼，音逸。

5秋，七月，壬子，常山殤王側薨，無子，立其兄防子侯章爲常山王。房子縣屬常山國。

6三州大水。

7班超久在絶域，超始出西域，見四十五卷明帝永平十六年。年老思土，上書乞歸曰：「臣不敢望到酒泉郡，但願生入玉門關。酒泉郡，在雒陽西四千七百里。賢曰：玉門關，屬敦煌郡，今沙州也，去長安三千六百里，關在敦煌縣西北。酒泉郡，今肅州也，去長安二千八百五十里。謹遣子勇隨安息獻物入塞，及臣生在，令勇目見中土。」朝廷久之未報，超妹曹大家超妹昭，嫁扶風曹壽，博學高才，有節行法度。帝數召入宮，令皇后諸貴人師事焉，號曰大家。家，今人相傳讀曰姑。又據皇后紀，沖帝母虞貴人，梁冀秉政，抑而不加爵號，但稱大家而已。則大家者，宮中相尊之稱也。上書曰：「蠻夷之性，悖逆侮老；悖，蒲內翻，又蒲沒翻。而超旦暮入地，久不見代，恐開姦宄之原，生逆亂之心。而卿大夫咸懷一切，莫肯遠慮，如有卒暴，卒，讀曰猝；下同。超之氣力不能從心，便爲上損國家累世之功，下棄忠臣竭力之用，誠可痛也！故超萬里歸誠，自陳苦急，延頸踰望，賢曰：踰，遙也，高祖踰謂黥布曰：何苦而反？余按前書，當作「隃」，讀曰遙，傳寫誤作「踰」。三年於今，未蒙省錄。省，悉景翻。妾竊聞古者十五受兵，六十還之，賢曰：周禮鄉大夫職曰：國中七尺以及六十有五，皆征之。征，謂賦稅從征役也。韓詩外傳曰：二十行役，六十免役；與周禮國中同，卽知一與周禮七尺同。禮，國中六十免役，野卽六十有五，晚於國中五年。國中七尺從役，野六尺，卽是野又早於國中五年。七尺，謂二十；六尺，卽十五也。此言十五受兵，據野外爲言；六十還之，據國中爲說也。亦有休息，不任職也。任，音壬。故妾敢觸死爲超求哀，匄超餘年，爲，于僞翻。賢曰：匄，乞也。一得生還，復見闕庭，使國家無勞遠之慮，西域無倉卒之憂，超得長蒙文王葬骨之恩，新序曰：周文王作靈臺，掘地得死人之骨，王曰：「更葬之！」吏曰：「此無主矣。」文王曰：「有天下者，天下之主也，有一國者，一國之主也；寡人固其主，又安求之主！」遂更葬之。天下皆曰：「文王賢矣，澤及朽骨，而況於人乎！」子方哀老之惠。」賢曰：田子方，魏文侯之師也，見君之老馬棄之，曰：「少盡其力，老而棄之，非仁也。」於是收而養之。帝感其言，乃徵超還。八月，超至雒陽，拜爲射聲校尉；九月，卒。考異曰：本傳稱超十二年上疏，十四年至雒陽。而妹昭上書曰：「延頸踰望，三年於今。」註引東觀記曰：「安息遣使獻大雀、師子，超遣子勇隨入塞。」按帝紀：「十三年，安息國入貢」，袁紀載超書亦在十三年。今并置其書於此。袁紀又云「超到數月薨」，今從本傳。

超之被徵，被，皮義翻。以戊己校尉任尚代爲都護。尚謂超曰：「君侯在外國三十餘年，而小人猥承君後，任重慮淺，宜有以誨之！」超曰：「年老失智。君數當大位，數，所角翻。豈班超所能及哉！必不得已，願進愚言：塞外吏士，本非孝子順孫，皆以罪過徙補邊屯；而蠻夷懷鳥獸之心，難養易敗。易，以豉翻。今君性嚴急，水清無大魚，察政不得下和，家語：孔子曰：水至清則無魚，人至察則無徒。宜蕩佚簡易，易，以豉翻。寬小過，總大綱而已。」超去，尚私謂所親曰：「我以班君當有奇策，今所言，平平耳。」尚後竟失邊和，如超所言。爲任尚徵還、漢失西域張本。

8初，太傅鄧禹嘗謂人曰：「吾將百萬之衆，未嘗妄殺一人，後世必有興者。」其子護羌校尉訓，有女曰綏，性孝友，好書傳，好，呼到翻。傳，柱戀翻。常晝修婦業，暮誦經典，家人號曰「諸生」。叔父陔曰：「嘗聞活千人者子孫有封。兄訓爲謁者，使修石臼河，歲活數千人，陔，柯開翻。石臼河事見四十六卷章帝建初三年。天道可信，家必蒙福。」綏後選入宮爲貴人，恭肅小心，動有法度，承事陰后，接撫同列，常克己以下之，謂克去有己之私，不欲上人也。下，遐稼翻。雖宮人隸役，皆加恩借，既有以恩之，又假借以辭色。帝深嘉焉。嘗有疾，帝特令其母、兄弟入親醫藥，不限以日數，貴人辭曰：「宮禁至重，而使外舍久在內省，外舍，猶言外家；內省，猶言內禁也。上令陛下有私幸之譏，私幸，謂私於所幸者。下使賤妾獲不知足之謗，上下交損，謂交有所損。誠不願也！」帝曰：「人皆以數入爲榮，數，所角翻；下同。貴人反以爲憂邪！」每有讌會，諸姬競自修飾，貴人獨尚質素，其衣有與陰后同色者，卽時解易，若並時進見，見，賢遍翻；下同。則不敢正坐離立，賢曰：離，並也。禮記曰：離坐離立。行則僂身自卑，僂，力主翻，俯也。帝每有所問，常逡巡後對，不敢先后言。先，悉薦翻。陰后短小，舉指【章：甲十六行本「指」作「止」；乙十一行本同。】時失儀，左右掩口而笑，貴人獨愴然不樂，爲之隱諱，若己之失。樂，音洛。爲，于僞翻。帝知貴人勞心曲體，歎曰：「修德之勞，乃如是乎！」後陰后寵衰，貴人每當御見，御，進也。見，賢遍翻。輒辭以疾。時帝數失皇子，貴人憂繼嗣不廣，數選進才人以博帝意。西漢宮中爵號，有美人、良人；若才人，蓋東都所置也。博，廣也。陰后見貴人德稱日盛，稱，尺證翻。深疾之；疾，與嫉同，妬也。帝嘗寢病，危甚，陰后密言：「我得意，不令鄧氏復有遺類！」復，扶又翻。貴人聞之，流涕言曰：「我竭誠盡心以事皇后，竟不爲所祐。今我當從死，從，才用翻。上以報帝之恩，中以解宗族之禍，下不令陰氏有人豕之譏。」人豕，卽人彘，事見十二卷惠帝元年。卽欲飲藥。宮人趙玉者固禁止之，因詐言「屬有使來，屬，之欲翻，會也。使，疏吏翻。上疾已愈」，貴人乃止。明日，上果瘳。瘳，丑留翻。及陰后之廢，貴人請救，不能得；帝欲以貴人爲皇后，貴人愈稱疾篤，深自閉絕。冬，十月，辛卯，詔立貴人鄧氏爲皇后；后辭讓，不得已，然後卽位。郡國貢獻，悉令禁絕，漢郡國貢獻，進御之外，別上皇后宮。歲時但供紙墨而已。毛晃曰：楮籍不知所始，後漢蔡倫以魚網、木皮爲紙，俗以爲紙始於倫，非也。按前書外戚傳已有赫蹏紙矣。墨，膠煤以爲之。帝每欲官爵鄧氏，后輒哀請謙讓，故兄騭終帝世不過虎賁中郎將。騭，職日翻。賢曰：東觀記「騭」作「陟」。

9 丁酉，司空巢堪罷。

10 十一月，癸卯，以大司農沛國徐防爲司空。防上疏，以爲：「漢立博士十有四家，漢官儀曰：光武中興，恢弘稽古，易有施、孟、梁丘賀、京房，書有歐陽和伯、夏侯勝、建，詩有申公、轅固、韓嬰，春秋有嚴彭祖、顏安樂，禮有戴德、戴聖，凡十四博士。設甲乙之科，前書，博士弟子，歲課甲科四十人爲郎中，乙科二十人爲太子舍人，丙科四十人爲文學掌故。以勉勸學者。伏見太學試博士弟子，皆以意說，不修家法，賢曰：諸經爲業，各自名家。私相容隱，開生姦路。每有策試，策，編簡也。策試，卽射策也。漢書音義曰：作簡策難問，列置案上，在試者意投射，取而答之，謂之射策。輒興諍訟，諍，讀與爭同。論議紛錯，互相是非。孔子稱『述而不作』，見論語。賢曰：祖述先聖之言，不自制作。又曰『吾猶及史之闕文』。亦見論語。賢曰：古者史官於書有所不知，則闕以待能者。孔子言吾少時猶及見古史官之闕文，今則無之，疾時多穿鑿也。今不依章句，妄生穿鑿，以遵師爲非義，意說爲得理，意說者，創意而爲之說。輕侮道術，浸以成俗，誠非詔書實選本意。改薄從忠，三代常道；賢曰：太史公曰：夏之政忠，忠之敝小人以野，故殷人承之以敬；敬之敝小人以鬼，故周人承之以文；文之敝小人以僿，故救僿莫若以忠。三王之道若循環，周而復始。僿，音西志翻。史記「僿」作「薄」。專精務本，儒學所先。先，悉薦翻。臣以爲博士及甲乙策試，宜從其家章句，開五十難以試之，難，乃旦翻。解釋多者爲上第，引文明者爲高說。若不依先師，義有相伐，賢曰：伐，謂相攻伐也。皆正以爲非。」上從之。

11 是歲，初封大長秋鄭衆爲鄛鄉侯。賞誅竇憲功也，宦官封侯自此始。賢曰：說文曰：南陽郡棘陽縣有鄛鄉。鄛，音上交翻。

十五年（癸卯、一〇三）

1 夏，四月，甲子晦，日有食之。時帝遵肅宗故事，兄弟皆留京師，有司以日食陰盛，奏遣諸王就國。詔曰：「甲子之異，責由一人。諸王幼稺，早離顧復，詩小雅蓼莪之篇曰：父兮生我，母兮鞠我，顧我復我，出入腹我。鄭氏箋曰：顧，旋視也；復，反覆也。離，力智翻。弱冠相育，冠，古玩翻。常有蓼莪、凱風之哀。詩小雅曰：蓼蓼者莪，匪莪伊蒿，哀哀父母，生我劬勞。又國風曰：凱風自南，吹彼棘心。棘心夭夭，母氏劬勞。蓼，力竹翻。選懦之恩，知非國典，且復宿留。」賢曰：選懦，慈戀不決之意也。懦，音人兗翻。復，扶又翻。宿，音秀。留，音溜。

2 秋，九月，壬午，車駕南巡，清河、濟北、河間三王並從。濟，子禮翻。從，才用翻。

3 四州雨水。

4 冬，十月，戊申，帝幸章陵；戊午，進幸雲夢。賢曰：雲夢，今安州縣也，即在雲夢澤中。時太尉張禹留守，守，手又翻。聞車駕當幸江陵，以爲不宜冒險遠遊，驛馬上諫。上，時掌翻。詔報曰：「祠謁既訖，謂幸章陵，祠謁四親陵廟。當南禮大江；會得君奏，臨漢回輿而旋。」十一月，甲申，還宮。

5 嶺南舊貢生龍眼、荔枝，十里一置，五里一候，賢曰：交州記曰：龍眼，樹高五六丈，似荔支而小。廣州記曰：子似荔支而圓，七月熟。荔支，樹高五六丈，大如桂樹，實如雞子，甘而多汁，似安石榴；有甜醋者，至日禺中，翕然俱赤，即可食。一置，謂驛也。候，卽堠也，立之道旁。荔，立計翻。晝夜傳送。傳，直戀翻。臨武長汝南唐羌賢曰：臨武縣，屬桂陽郡，今郴州縣。嶺南入獻，道經臨武。長，知兩翻。上書曰：「臣聞上不以滋味爲德，下不以貢膳爲功。伏見交趾七郡交趾州部南海、蒼梧、鬱林、合浦、交趾、九眞、日南七郡。獻生龍眼等，鳥驚風發；言其疾也。南州土地炎熱，惡蟲猛獸，不絕於路，至於觸犯死亡之害。死者不可復生，來者猶可救也。復，扶又翻；下同。此二物升殿，未必延年益壽。」帝下詔曰：「遠國珍羞，本以薦奉宗廟，宗廟之薦，各以其土之所有而致之，貴遠物也。苟有傷害，豈愛民之本，其敕太官勿復受獻！」

6 是歲，初令郡國以日北至按薄刑。時有司奏以爲夏至則微陰起，靡草死，可以決小事，遂令以日北至按薄刑。賢曰：禮記月令曰：孟夏之月，靡草死，麥秋至，斷薄刑，決小罪。按五月一陰爻生，可以言微陰。今月令云孟夏，乃是純陽之月。此言夏至者，與月令不同。余按安帝永初元年，魯恭言自永元十五年，按薄刑改用孟夏，則夏至乃謂夏之初至。范史以日北至書之，其誤後人甚矣。

十六年（甲辰、一〇四）

1 秋，七月，旱。

2 辛酉，司徒魯恭免。

3 庚午，以光祿勳張酺爲司徒；八月，己酉，酺薨。冬，十月，辛卯，以司空徐防爲司徒，大鴻臚陳寵爲司空。臚，陵如翻。

4 十一月，己丑，帝行幸緱氏，登百岯山。緱氏縣，屬河南尹。賢曰：卽柏岯山也，在洛州緱氏縣南。爾雅云：山一成曰岯。緱，工侯翻。岯，平眉翻。

5 北匈奴遣使稱臣貢獻，願和親，脩呼韓邪故約。帝以其舊禮不備，未許；而厚加賞賜，不答其使。

元興元年（乙巳、一〇五）

1 春，高句驪王宮入遼東塞，寇略六縣。句驪至宮浸強，數犯邊。句，如字，又音駒。驪，力知翻。

2 夏，四月，庚午，赦天下，改元。

3 秋，九月，遼東太守耿夔擊高句驪，破之。

4冬，十二月，辛未，帝崩于章德前殿。年二十七。初，帝失皇子，前後十數，後生者輒隱祕養於民間，羣臣無知者。及帝崩，鄧皇后乃收皇子於民間。長子勝，有痼疾；痼，音固。痼疾，堅久之疾也。長，知兩翻。少子隆，生始百餘日，少，詩照翻。迎立以爲皇太子，是夜，卽皇帝位。廢長立幼，卒以不終，爲羣臣疑勝疾非痼、周章有異謀張本。尊皇后曰皇太后，太后臨朝。朝，直遙翻。是時新遭大憂，法禁未設，宮中亡大珠一篋；篋，詰協翻，竹笥也。太后念欲考問，必有不辜，考問則下之獄，辭所連及，必有無辜而被逮者。乃親閱宮人，觀察顏色，卽時首服。首，式救翻。又，和帝幸人吉成御者共枉吉成以巫蠱事，下掖庭考訊，辭證明白。幸人，常見幸於和帝者也。御者，卽侍者。辭，謂告者之辭。證，謂證佐也。下，遐稼翻。太后以吉成先帝左右，待之有恩，平日尙無惡言，今反若此，不合人情；謂婦人之情，有寵則上僭而生譖愬。吉成在先帝之時，后待之以恩，尙未嘗挾寵而有惡言加於后，今帝已晏駕，太后臨朝，不應反爲巫蠱。更自呼見實覈，果御者所爲，實覈者，審考其實也。莫不歎服以爲聖明。

5北匈奴重遣使詣敦煌貢獻，重，直用翻。敦，音屯。辭以國貧未能備禮，願請大使，當遣子入侍。賢曰：天子降大使至其國，卽遣子隨大使入侍。太后亦不答其使，加賜而已。

6雒陽令廣漢王渙，居身平正，能以明察發擿姦伏，擿，他狄翻。外行猛政，內懷慈仁。凡所平斷，斷，丁亂翻。人莫不悅服，京師以爲有神，是歲卒官，卒于官也。卒，子恤翻。百姓市【張：

「市」作「市」。】道，莫不咨嗟流涕。渙喪西歸，道經弘農，民庶皆設槃案於路，以祭渙也，槃以盛祭物，案以陳槃，今野人之祭猶然。吏問其故，咸言：「平常持米到雒，爲吏卒所鈔，賢曰：鈔，掠也。余謂此言鈔者，非至如盜賊之鈔掠，特不以道而侵取之，故曰鈔；音楚交翻。恆亡其半，恆，戶登翻。自王君在事，在事，謂在官當事也。不見侵枉，故來報恩。」雒陽民爲立祠、作詩，每祭，輒弦歌而薦之。以所作詩被之弦歌也。爲，于僞翻。太后詔曰：「夫忠良之吏，國家之所以爲治也，治，直之翻。求之甚勤，得之至寡，今以渙子石爲郎中，以勸勞勤。」

王崇武標點容肇祖聶崇岐覆校

資治通鑑卷第四十九

翰林學士兼侍讀學士朝散大夫右諫議大夫知制誥判尚書都省兼提舉萬壽觀公事上護軍河内郡開國侯食邑一千三百戶賜紫金魚袋臣　司馬光　奉敕編集

後　學　天　台　胡三省　音　註

漢紀四十一 起柔兆敦牂（丙午），盡旃蒙單閼（乙卯），凡十年。

孝殤皇帝 諱隆，和帝少子也。謚法：短折不成曰殤。伏侯古今註曰：「隆」之字曰「盛」。

延平元年（丙午、一〇六）

1 春，正月，辛卯，以太尉張禹爲太傅，司徒徐防爲太尉，參録尚書事。太后以帝在襁褓，襁，居兩翻。褓，音保。欲令重臣居禁內。乃詔禹舍宮中，五日一歸府；每朝見，特贊，與三公絕席。特贊者，每朝見，贊拜者先獨贊禹名，既乃贊太尉名以下，禹不與三公同贊也。絕席者，朝位獨在百僚上，不與三公聯席也。朝，直遥翻。見，賢遍翻。

2 封皇兄勝爲平原王。

3 癸卯，以光禄勳梁鮪爲司徒。鮪，于軌翻。

4 三月，甲申，葬孝和皇帝于愼陵，賢曰：愼陵，在雒陽東南三十里。廟曰穆宗。

5 丙戌，清河王慶、濟北王壽、河閒王開、常山王章始就國；濟，子禮翻。太后特加慶以殊禮。殊，異也，其禮異於諸王也。慶子祜，年十三，太后以帝幼弱，遠慮不虞，留祜與嫡母耿姬居清河邸。爲帝崩立祜張本。耿姬，況之曾孫也；耿況以上谷從光武。祜母，犍爲左姬也。犍，居言翻。

6 夏，四月，鮮卑寇漁陽，漁陽太守張顯率數百人出塞追之。兵馬掾嚴授諫曰：「前道險阻，賊勢難量，掾，俞絹翻。量，音良。宜且結營，先令輕騎偵視之。」顯意甚鋭，怒，欲斬之，遂進兵。遇虜伏發，士卒悉走，唯授力戰，身被十創，手殺數人而死。緣邊郡曹有兵馬掾，掌兵馬。偵，丑鄭翻。創，初良翻。主簿衞福、功曹徐咸皆自投赴顯，俱沒於陳。陳，讀曰陣。

7 丙寅，以虎賁中郎將鄧騭爲車騎將軍、儀同三司。三司，三公也。晉職官志曰：儀同三司之名始此。騭，職日翻。騭弟黃門侍郎悝爲虎賁中郎將，弘、閶皆侍中。悝，苦回翻。閶，齒良翻。

8 司空陳寵薨。

9 五月，辛卯，赦天下。

10 壬辰，河東垣山崩。賢曰：垣縣，今絳州縣也。

11 六月，丁未，以太常尹勤爲司空。

12郡國三十七雨水。

13己未，太后詔減太官、導官、尚方、內署諸服御、珍膳、靡麗難成之物，賢曰：太官令，周官也，秩千石，典天子御膳。導官，掌擇御米。導，擇也。尚方，掌作御刀劍諸器物；內署，掌內府衣物：令秩皆六百石。自非供陵廟，稻粱米不得導擇，朝夕一肉飯而已。舊太官、湯官經用歲且二萬萬，自是裁數千萬。百官志：湯官丞，主酒，屬太官令。及郡國所貢，皆減其過半；悉斥賣上林鷹犬；東都亦有上林苑，在雒陽西。斥，開也，棄也。離宮、別館儲峙米糒、薪炭，悉令省之。峙，丈里翻。糒，音備。

14丁卯，詔免遣掖庭宮人及宗室沒入者皆爲庶民。

15秋，七月，庚寅，敕司隸校尉、部刺史曰：司隸校尉及諸州部刺史也。「閒者郡國或有水災，妨害秋稼，朝廷惟咎，憂惶悼懼。惟，思也。咎，過也。而郡國欲獲豐穰虛飾之譽，遂覆蔽災害，覆，敷又翻。多張墾田，不揣流亡，揣，音初委翻。競增戶口，掩匿盜賊，令姦惡無懲，隱蔽盜賊，不以上聞，弗加誅討，使姦惡無所懲艾。署用非次，選舉乖宜，貪苛慘毒，延及平民。賢曰：平民，謂善人也。刺史垂頭塞耳，阿私下比，塞，悉則翻。比，毗至翻。不畏于天，不愧于人。詩小雅何人斯之辭。假貸之恩，不可數恃，數，所角翻。自今以後，將糾其罰。二千石長吏其各實覈所傷害，爲除田租芻藁。」長，知兩翻。爲，于僞翻。

16八月，辛卯，帝崩。年二歲。癸丑，殯于崇德前殿。賢曰：雒陽南宮有崇德殿。太后與兄車騎將軍騭、虎賁中郎將悝等定策禁中，悝，苦回翻。其夜，使騭持節以王青蓋車迎清河王子祜，賢曰：續漢志曰：皇太子、皇子，皆安車，朱班輪、青蓋、金華蚤。皇子爲王，錫以乘之，故曰王青蓋車。皇孫則綠車。齋于殿中。皇太后御崇德殿，百官皆吉服陪位，賢曰：不可以凶事臨朝，改吉服也。引拜祜爲長安侯。賢曰：不卽立爲天子而封侯者，不欲從微卽登皇位。余謂先封侯者，用立孝宣帝故事也。乃下詔，以祜爲孝和皇帝嗣，又作策命。有司讀策畢，太尉奉上璽綬，卽皇帝位，上，時掌翻。璽，斯氏翻。綬，音受。太后猶臨朝。公羊傳曰：猶者，可止之辭。

17 詔告司隸校尉、河南尹、南陽太守曰：「每覽前代，外戚賓客濁亂奉公，言其挾勢恣橫，奉公之吏爲所濁亂也。爲民患苦，咎在執法怠懈，不輒行其罰故也。懈，古隘翻。今車騎將軍騭等雖懷敬順之志，而宗門廣大，姻戚不少，賓客姦猾，多干禁憲，賢曰：干，犯也。其明加檢敕，勿相容護。」自是親屬犯罪，無所假貸。

18 九月，六州大水。

19 丙寅，葬孝殤皇帝于康陵。賢曰：康陵，在慎陵塋中庚地。以連遭大水，【章：甲十六行本「水」作「憂」；乙十一行本同；孔本同；退齋校同。】百姓苦役，方中祕藏賢曰：方中，陵中也；冢藏之中，故言祕也。孔穎達曰：凡天子之葬，掘地爲方壙，漢書謂之方中。方中之內，先累椁於其方中，南面爲羨道，以蜃車載柩至壙，說而載以龍輴，從羨道而入，至方中，乃屬紼於棺之繶，從上而下棺，入於椁之中。方上，謂覆坑方石上。及諸工作事，減約十分居一。十分居一者，減其九分也。

20 乙亥，殞石于陳留。陳留郡，在雒陽東五百三十里。

21 詔以北地梁慬爲西域副校尉。慬，音勤。校，戶教翻。慬行至河西，會西域諸國反，攻都護任尚於疏勒；尚上書求救，詔慬將河西四郡羌、胡五千騎馳赴之。慬未至而尚已得解，詔徵尚還，以騎都尉段禧爲都護，西域長史趙博爲騎都尉。禧、博守它乾城，班超爲都護，居龜茲它乾城。城小，梁慬以爲不可固，乃譎說龜茲王白霸，譎，古穴翻。說，輸芮翻。龜茲，音丘慈。欲入共保其城；白霸許之，吏民固諫，白霸不聽。慬既入，遣將急迎段禧、趙博，合軍八九千人。龜茲吏民並叛其王，而與溫宿、姑墨數萬兵反，共圍城，慬等出戰，大破之。連兵數月，胡衆敗走，乘勝追擊，凡斬首萬餘級，獲生口數千人，龜茲乃定。梁慬非不健鬬，然終不能定西域者，徒勇而無策略也。

22 冬，十月，四州大水，雨雹。雨，于具翻。

23 清河孝王慶病篤，上書求葬樊濯宋貴人冢旁。欲從其母也。十二月，甲子，王薨。

24 乙酉，罷魚龍曼延戲。武帝元封三年，作魚龍曼延戲，今罷之。曼，音萬。延，衍面翻。

25 尚書郎南陽樊準以儒風寖衰，上疏曰：「臣聞人君不可以不學。光武皇帝受命中興，東西誅戰，不遑啓處，處，昌呂翻。然猶投戈講藝，藝，六藝也。息馬論道。孝明皇帝庶政萬機，無不簡心，朱子曰：簡，閱也。而垂情古典，游意經藝，每饗射禮畢，正坐自講，諸儒並聽，四方欣欣。又多徵名儒，布在廊廟，每讌會則論難衎衎，賢曰：衎衎，和樂貌也。難，乃旦翻。衎，苦旱翻，又苦汗翻。共求政化，期門、羽林介胄之士，悉通孝經，期門，卽虎賁士。化自聖躬，流及蠻荒，是以議者每稱盛時，咸言永平。今學者益少，少，詩沼翻。遠方尤甚，博士倚席不講，賢曰：禮記曰：凡侍坐於大司成者，遠間三席。又曰：若非飲食之客，則布席，席間函丈。註云：謂講問客也。倚席，言不施講坐也。儒者競論浮麗，忘謇謇之忠，習諓諓之辭。賢曰：諓諓，諂言也，音踐。前書曰：昔秦穆公說諓諓之言。臣愚以爲宜下明詔，博求幽隱，寵進儒雅，以俟聖上講習之期。」時安帝始年十三，故請求儒雅以俟講習。太后深納其言，詔：「公、卿、中二千石各舉隱士、大儒，務取高行，以勸後進，行，下孟翻。妙簡博士，妙，精也。簡，擇也。必得其人。」

孝安皇帝上

諱祜，肅宗孫也，父曰清河孝王慶。諡法：寬容和平曰安。伏侯古今註曰：「祜」之字曰「福」。

永初元年（丁未、一〇七）

1 春，正月，癸酉朔，赦天下。

2 蜀郡徼外羌內屬。徼，吉弔翻；下同。

3 二月，丁卯，分清河國封帝弟常保爲廣川王。廣川縣，屬信都國。賢曰：故城在今冀州棗強縣東北。

4 庚午，司徒梁鮪薨。

5 三月，癸酉，日有食之。

6 己卯，永昌徼外僬僥種夷陸類等舉種內附。永昌郡，在雒陽西七千二百六十里。僬僥國，人長不過三尺。徼，吉弔翻。僬，茲消翻。僥，倪幺翻。種，章勇翻。

7 甲申，葬清河孝王於廣丘，廣丘在清河厝縣，後更名甘陵。司空、宗正護喪事，儀比東海恭王。恭王葬見四十五卷明帝永平元年。考異曰：帝紀書「車騎將軍護葬」，今從傳。

8 自和帝之喪，鄧騭兄弟常居禁中。騭不欲久在內，連求還第，太后許之。夏，四月，封太傅張禹、太尉徐防、司空尹勤、車騎將軍鄧騭、城門校尉鄧悝、虎賁中郎將鄧弘、黃門郎鄧閶皆爲列侯，禹，安鄉侯；防，龍鄉侯；騭，上蔡侯；悝，葉侯；弘，西平侯；閶，西華侯。閶，音昌。考異曰：袁紀前作「閶」，後作「閬」，蓋誤。食邑各萬戶，騭以定策功增三千戶；騭及諸弟辭讓不獲，遂逃避使者，間關詣闕，賢曰：間關，猶崎嶇也。上疏自陳，至于五六，乃許之。

9 五月，甲戌，以長樂衞尉魯恭爲司徒。樂，音洛。恭上言：「舊制立秋乃行薄刑，自永元十五年以來，改用孟夏。事見上卷。而刺史、太守因以盛夏徵召農民，拘對考驗，連滯無已；

連，謂獄辭相連及也。滯，謂留滯不決也。上逆時氣，下傷農業。按月令『孟夏斷薄刑』者，謂其輕罪已正，謂已結正也。斷，丁亂翻；下同。不欲令久繫，故時斷之也。臣愚以爲今孟夏之制，可從此令；其決獄案考，皆以立秋爲斷。」又奏：「孝章皇帝欲助三正之微，定律著令，斷獄皆以冬至之前。事見四十七卷章帝元和二年。小吏不與國同心者，率【章：甲十六行本「率」下有「入」字；乙十一行本同；孔本同。】十一月得死罪賊，不問曲直，便即格殺，雖有疑罪，不復讞正。復，扶又翻。讞，魚列翻，又魚戰翻，又魚蹇翻，議獄也。可令大辟之科，辟，毗亦翻。盡冬月乃斷。」朝廷皆從之。

10丁丑，詔封北海王睦孫壽光侯普爲北海王。和帝永元八年，北海王威自殺，今復紹封。壽光縣，本屬北海，後屬樂安國。

11九真徼外、夜郎蠻夷，舉土內屬。

12西域都護段禧等雖保龜茲，而道路隔塞，塞，悉則翻。檄書不通。公卿議者以爲「西域阻遠，數有背叛，數，所角翻。背，蒲妹翻。吏士屯田，其費無已。」六月，壬戌，罷西域都護，和帝永元三年，復置西域都護，今罷。遣騎都尉王弘發關中兵迎禧及梁慬、趙博、伊吾盧、柳中屯田吏士而還。

13初，燒當羌豪東號之子麻奴隨父來降，東號降見四十七卷和帝永元元年。降，戶江翻。居于安定。時諸降羌布在郡縣，皆爲吏民豪右所傜役，傜，使也。積以愁怨。及王弘西迎段禧，發金城、隴西、漢陽羌數百千騎與俱，郡縣迫促發遣。羣羌懼遠屯不還，行到酒泉，頗有散叛，諸郡各發兵邀遮，或覆其廬落；於是勒姐、當煎大豪東岸等愈驚，遂同時奔潰。姐，音紫且翻，又音紫。麻奴兄弟因此與種人俱西出塞，【章：甲十六行本「塞」下有「先零別種」四字；乙十一行本同；孔本同；張校同；退齋校同。】滇零與鍾羌諸種大爲寇掠，斷隴道。零，音憐。續漢書曰：鍾羌九千餘戶，在隴西臨洮谷。隴道，隴坻之道也。種，章勇翻。斷，丁管翻。時羌歸附既久，無復器甲，或持竹竿木枝以代戈矛，或負板案以爲楯，楯，食尹翻。或執銅鏡以象兵，銅鏡暎日，人遙望之以爲兵也。郡縣畏懦不能制。丁卯，赦除諸羌相連結謀叛逆者罪。

14 秋，九月，庚午，太尉徐防以災異、寇賊策免。三公以災異免，自防始。辛未，司空尹勤以水雨漂流策免。

仲長統昌言曰：仲，姓也。商湯左相仲虺，周有仲山甫，舜十六相有仲堪、仲熊，周八士有仲突、仲忽。光武皇帝慍數世之失權，忿強臣之竊命，賢曰：昌，當也。慍，猶恨也。數世，謂元、成、哀、平。強臣，謂王莽。矯枉過直，政不任下，雖置三公，事歸臺閣。賢曰：臺閣，謂尚書。余謂三公失職，非至光武時始然也，自武帝游宴後庭，用宦者處樞機，至於宣帝，專任恭、顯，而丞相、御史取充位。事歸臺閣，其所由來者漸矣。自此以來，三公之職，備員而已；然政有不治，猶加譴責。而權移外戚之家，寵被近習之豎，被，皮義翻。親其黨類，用其私人，內充京師，外布州【章：甲十六行本「州」作「列」；乙十一行本同；孔本同。】郡，顛倒賢愚，貿易選舉，貿，音茂。疲駑守境，駑，音奴。駑駘，馬之下乘，以諭不才之吏。貪殘牧民，撓擾百姓，撓，音火高翻。忿怒四夷，招致乖叛，亂離斯瘼，用詩語。賢曰：瘼，病也。怨氣並作，陰陽失和，三光虧缺，怪異數至，數，所角翻。蟲螟食稼，水旱爲災。此皆戚宦之臣所致然也，反以策讓三公，至於死、免，乃足爲叫呼蒼天，號咷泣血者矣！放聲而哭曰號咷。號，戶刀翻。咷，徒刀翻。又，中世之選三公也，務於清慤謹慎，循常習故者，是乃婦女之檢柙，賢曰：檢柙，猶規矩也。揚子曰：蠢迪檢押。註云：檢押，猶隱括也。毛晃曰：檢押，檢束也，輔也，俗作「檢柙」，非。鄉曲之常人耳，惡足以居斯位邪！惡，音烏；下同。勢既如彼，選又如此，而欲望三公勳立於國家，績加於生民，不亦遠乎！昔文帝之於鄧通，可謂至愛，而猶展申徒嘉之志。事見十四卷文帝後二年。夫見任如此，則何患於左右小臣哉！至如近世，外戚、宦豎，請託不行，意氣不滿，立能陷人於不測之禍，惡可得彈正者哉！曩者任之重而責之輕，今者任之輕而責之重。光武奪三公之重，至今而加甚；不假后黨以權，數世而不行；蓋親疏之勢異也！賢曰：言光武奪三公重任，今奪更甚。光武不假后黨威權，數代遂不遵行，此爲三公疏，后黨親故也。今人主誠專委三公，分任責成，而在位病民，病民，謂百姓受其害也。舉用失賢，百姓不安，爭訟不息，天地多變，人物多妖，妖，於驕翻。然後可以分此罪矣！

15 壬午詔太僕、少府減黄門鼓吹以補羽林士；漢官儀曰：黄門鼓吹，百四十五人。羽林左監主羽林八百人，右監主九百人。杜佑曰：漢代有黄門鼓吹，享宴食舉樂十三曲，與魏代鼓吹、長簫伎錄，並云絲竹合作，執節者歌。又建初錄云：務成、黄爵、玄雲、遠期，皆騎吹曲，非鼓吹曲。此則列於殿庭者爲鼓吹，今之從行者爲騎吹，二曲異也。孫權觀魏武軍作鼓吹而還，應是此鼓吹。魏、晉代給鼓吹甚輕，牙門督將五校，悉有鼓吹，齊、梁至陳則重矣。今代短簫鐃歌，亦謂之鼓吹。蔡邕曰：鼓吹，軍樂也，黄帝岐伯所作，以揚威武，勸士諷敵也。雍門周說孟嘗君鼓吹于不測之淵。說者云，鼓自一物，吹自竽籟之屬，非簫鼓合奏，别爲一樂之名也。然則短簫鐃歌，此時未名鼓吹矣。宋白曰：鼓吹，據崔豹古今註，張騫使西域得摩訶兜勒一曲，李延年增之，分爲二十八曲。梁置清商鼓吹令二人，唐又有掆鼓、金鉦、大鼓、長鳴歌、簫、笳、笛，合爲鼓吹十二。按大享會，則設於縣外。廐馬非乘輿常所御者，皆減半食；賢曰：乘輿，所乘車輿也，不敢斥言尊者，故稱乘輿。見蔡邕獨斷。乘，繩證翻。諸所造作，非供宗廟園陵之用，皆且止。

16 庚寅，以太傅張禹爲太尉，太常周章爲司空。

大長秋鄭衆、中常侍蔡倫等皆秉勢豫政，周章數進直言，數，所角翻。太后不能用。初，太后以平原王勝有痼疾，而貪殤帝孩抱，養爲己子，故立焉。及殤帝崩，羣臣以勝疾非痼，意咸歸之；太后以前不立勝，恐後爲怨，乃迎帝而立之。周章以衆心不附，密謀閉宮門，誅鄧騭兄弟及鄭衆、蔡倫，劫尚書，廢太后於南宮，封帝爲遠國王而立平原王。事覺，冬，十一月，丁亥，章自殺。

17 戊子，敕司隸校尉、冀、并二州刺史，「民訛言相驚，棄捐舊居，老弱相攜，窮困道路。其各敕所部長吏躬親曉喻：長，知兩翻。若欲歸本郡，在所爲封長檄；不欲，勿強。」爲，于僞翻。賢曰：封，謂印封之也。長檄，猶今長牒也。欲歸者，皆給以長牒爲驗。強，音其兩翻。

18 十二月，乙卯，以潁川太守張敏爲司空。

19 詔車騎將軍鄧騭、征西校尉任尚將五營及諸郡兵五萬人，五營，北軍五校營也。屯漢陽以備羌。考異曰：帝紀在六月。今從西羌傳。

20 是歲，郡國十八地震，四十一大水，二十八大風，雨雹。

21 鮮卑大人燕荔陽詣闕朝賀。太后賜燕荔陽王印綬、赤車、參駕，赤車者，帷裳衡軛皆赤。參駕者，駕三馬。燕，於賢翻。荔，力計翻。令止烏桓校尉所居甯城下，甯城，屬上谷郡。通胡市，因築南、北兩部質館。賢曰：築館以受降質。質，音致；下同。鮮卑邑落百二十部各遣入質。

二年（戊申、一〇八）

1 春，正月，鄧騭至漢陽；諸郡兵未至，鍾羌數千人擊敗騭軍于冀西，冀縣之西也。敗，補邁翻。殺千餘人。梁慬還，至敦煌，自西域還也。敦，徒門翻。逆詔慬留爲諸軍援。逆，迎也。慬至張掖，張掖郡，在雒陽西四千二百里。應劭曰：張掖者，言爲國張臂掖也。破諸羌萬餘人，其能脫者十二三；進至姑臧，羌大豪三百餘人詣慬降，並慰譬，遣還故地。

2御史中丞樊準以郡國連年水旱，民多飢困，上疏：「請令太官、尚方、考功、上林池籞諸官，實減無事之物；賢曰：前書百官表：少府，掌山海、池澤之稅，屬官有太官、考工、尚方，上林中十池監。太官掌御膳飲食，考工主作器械，尚方主作刀劍。實減，謂實覆其數減之也。功，當作工。籞，偶許翻。五府調省中都官吏、京師作者。賢曰：五府，謂太傅、太尉、司徒、司空、大將軍也。調，徵發也。省，減也。中都官吏，在京師之官吏也。作，謂營作者也。余按是時不拜大將軍，獨鄧騭爲車騎將軍耳。調，徒弔翻。又，被災之郡，百姓凋殘，恐非賑給所能勝贍，被，皮義翻。勝，音升。雖有其名，終無其實。可依征和元年故事，賢曰：武帝征和元年詔曰：「當今務在禁苛暴，止擅賦，力本農桑，毋乏武備而已。」余據此乃征和四年詔也。征和元年，當有遣使慰安故事。遣使持節慰安，尤困乏者徙置荆、揚孰郡。孰，古熟字通。今雖有西屯之役，宜先東州之急。」西屯，謂討羌之師。東州，謂雒陽以東冀、兖諸州被水旱也。先，悉薦翻。太后從之，悉以公田賦與貧民，賦，布也。卽擢準與議郎呂倉並守光祿大夫。二月，乙丑，遣準使冀州、倉使兖州稟貸，流民咸得蘇息。稟，給也。貸，施也。死而更生曰蘇。氣絶而復續曰息。

3夏，旱。五月，丙寅，皇太后幸雒陽寺賢曰：寺，官舍也。風俗通曰：寺，嗣也，理事之吏，嗣續於其中。及若盧獄前漢有若盧獄，屬少府。漢舊儀曰：主鞠將相大臣，東都初省，和帝永元九年復置。錄囚徒。雒陽有囚，實不殺人而被考自誣，羸困輿見，輿，箯輿也。獄囚被掠委困者，以箯輿處之。師古曰：編竹木以爲輿，形如今之食輿。見，賢遍翻。箯，音編。畏吏不敢言，將去，舉頭若欲自訴。太后察視覺之，卽呼還問狀，具得枉實。得其見枉之實也。卽時收雒陽令下獄抵罪。下，遐稼翻。行未還宮，澍雨大降。澍，音注，又殊遇翻，時雨也。

4 六月，京師及郡國四十大水，大風，雨雹。東觀記曰：雹大如芋魁、雞子，風拔樹發屋。雨，于具翻。

5 秋，七月，太白入北斗。晉書天文志：北斗七星，在太微北，七政之樞機，陰陽之元本也，故運乎中央而臨制四方，所以建四時而均五行也。天文志曰：太白入斗中，爲貴相凶。

6 閏月，【章：甲十六行本「月」下有「辛丑」二字；乙十一行本同；退齋校同。】廣川王常保薨，無子，國除。

7 癸未，蜀郡徼外羌舉土內屬。東觀記曰：徼外羌薄申等八種舉衆降。徼，吉弔翻。

8 冬，鄧騭使任尚及從事中郎河內司馬鈞率諸郡兵與滇零等數萬人戰于平襄，平襄縣，屬漢陽郡。賢曰：故襄戎邑。零，音憐。尚軍大敗，死者八千餘人，羌衆遂大盛，朝廷不能制。湟中諸縣，粟石萬錢，百姓死亡不可勝數，而轉運難劇。劇，甚也。勝，音升。故左校令河南龐參將作大匠屬官有左、右校令各一人，秩六百石；左校令掌左工徒，右校令掌右工徒。校，戶教翻。龐，皮江翻。先坐法輸作若盧，使其子俊上書曰：「方今西州流民擾動，而徵發不絕，水潦不休，地力不復，賢曰：言其耗損，不復於舊。重之以大軍，重，直用翻。疲之以遠戍，農功消於轉運，資財竭於徵發，田疇不得墾闢，禾稼不得收入，搏手困窮，賢曰：兩手相搏，言無計也。無望來秋，百姓力屈，不復堪命。復，扶又翻。臣愚以爲萬里運糧，遠就羌戎，不若總兵養衆，以待其疲。車騎將軍騭宜且振旅，傳曰：三年而治兵，入而振旅。書曰：班師振旅。振，整也，整衆而還也。留征西校尉任尚，使督涼州士民轉居三輔，參建棄涼州之議，發於此書。休傜役以助其時，止煩賦以益其財，令男得耕種，女得織紝，賢曰：紝，音如深翻。杜預註左傳云：織紝，織繒布也。字釋云：紝，機縷也，又如沁翻。然後畜精鋭，乘懈沮，出其不意，攻其不備，則邊民之仇報，奔北之恥雪矣。」懈，古隘翻。沮，在呂翻。書奏，會樊準上疏薦參，太后卽擢參於徒中，召拜謁者，使西督三輔諸軍屯。十一月，辛酉，詔鄧騭還師，留任尚屯漢陽爲諸軍節度。遣使迎拜騭爲大將軍。旣至，使大鴻臚親迎，中常侍郊勞，臚，陵如翻。勞，力到翻。王、主以下候望於道，寵靈顯赫，光震都鄙。王、主，諸王及諸公主也。鄧騭西征，無功而還，當引罪求自貶以謝天下，據勢持權，冒受榮寵，於心安乎！君子是以知其不終也。

9 滇零自稱天子，於北地招集武都參狼、羌居武都者爲參狼種。參，所簪翻。上郡、西河諸雜種羌斷隴道，寇鈔三輔，斷，丁管翻。鈔，楚交翻。南入益州，殺漢中太守董炳。梁慬受詔當屯金城，聞羌寇三輔，卽引兵赴擊，轉戰武功、美陽間，武功、美陽二縣，屬扶風。連破走之，羌稍退散。

10 十二月，廣漢塞外參狼羌降。此與武都參狼同種，而分居廣漢塞外者也。

11 是歲，郡國十二地震。

三年（己酉、一〇九）

1 春，正月，庚子，皇帝加元服，赦天下。

2 遣騎都尉任仁督諸郡屯兵救三輔。仁戰數不利，數，所角翻。當煎、勒姐羌攻沒破羌縣，破羌縣，屬金城縣（郡）。鍾羌攻沒臨洮縣，執隴西南部都尉。臨洮縣，隴西南部都尉治所。洮，土刀翻。

3 三月，京師大饑，民相食。壬辰，公卿詣闕謝；詔「務思變復，以助不逮」。變，改也；改過以復於善也。

4 壬寅，司徒魯恭罷。恭再在公位，和帝永元十二年，恭代呂蓋爲司徒；永初元年，復代梁鮪爲司徒。選辟高第至列卿、郡守者數十人，此謂恭府掾屬之高第也。守，手又翻。而門下耆生耆，老也。或不蒙薦舉，至有怨望者。恭聞之，曰：「學之不講，是吾憂也，論語載孔子之言。諸生不有鄉舉者乎！」賢曰：言人患學之不習耳，若能究習，自有鄉里之舉，豈要待三公之辟乎！終無所言，亦不借之議論。學者受業，必窮核問難，難，乃旦翻。道成，然後謝遣之。學者曰：「魯公謝與議論，不可虛得。」

5 夏，四月，丙寅，以大鴻臚九江夏勤爲司徒。

6 三公以國用未足，奏令吏民入錢穀得爲關內侯、虎賁、羽林郎、五官、大夫、官府吏、緹騎、營士各有差。五官，亦郎也。大夫，光祿、太中、中散、諫議大夫也。官府吏，給事諸官府者。賢曰：續漢志曰：執金吾，緹騎二百人。緹，赤黃色。營士，謂五校營士也。緹，丁禮翻，又丁奚翻。

7 甲申，清河愍王虎威薨，無子。五月，丙申，封樂安王寵子延平爲清河王，奉孝王後。

8 六月，漁陽烏桓與右北平胡千餘寇代郡、上谷。考異曰：紀有涿郡，傳無之。今從傳。

9 漢人韓琮隨匈奴南單于入朝，漢人與匈奴錯居，韓琮因事南單于。琮，徂宗翻。既還，說南單于云：說，式芮翻。「關東水潦，人民飢餓死盡，可擊也。」單于信其言，遂反。

10 秋，七月，海賊張伯路等寇濱海九郡，殺二千石、令、長；長，知兩翻。遣侍御史巴郡龐雄督州郡兵擊之，伯路等乞降，尋復屯聚。復，扶又翻。

11 九月，鴈門烏桓率衆王無何允與鮮卑大人丘倫等及南匈奴骨都【章：甲十六行本「都」下有「侯」字；乙十一行本同；孔本同；張校同；退齋校同。】合七千騎寇五原，與太守戰于高渠谷，賢曰：東觀記：戰九原高梁谷。「渠」、「梁」相類，必有誤。漢兵大敗。

12 南單于圍中郎將耿种於美稷。使匈奴中郎將也。种，音沖。冬，十一月，以大司農陳國何熙行車騎將軍事，中郎將龐雄爲副，將五營及邊郡兵二萬餘人，又詔遼東太守耿夔率鮮卑及諸郡【章：甲十六行本「郡」下有「兵」字；乙十一行本同；孔本同；張校同；退齋校同。】共擊之。以梁慬行度遼將軍事。雄、夔擊南匈奴薁鞬日逐王，破之。薁，於六翻。鞬，居言翻。

13 十二月，辛酉，郡國九地震。

14 乙亥，有星孛于天苑。晉書天文志：天苑十六星在昴、畢南，天子之苑囿，養獸之所也。孛，蒲內翻。

15 是歲，京師及郡國四十一雨水，幷、涼二州大飢，人相食。

16 太后以陰陽不和，軍旅數興，數，所角翻。詔歲終饗遣衞士勿設戲作樂，西都之制，歲盡，衞卒交代，上臨饗罷遣之。續漢志曰：饗遣故衞士儀：百官會，位定，謁者持節引故衞士入自端門，衞司馬執幡鉦護行。行定，侍御史持節慰勞，以詔恩問所疾苦，受其章奏所欲言。畢，饗賜作樂，觀以角抵。樂闋，罷遣，勸以農桑。減逐疫侲子之半。賢曰：侲子，逐疫之人也，音振。薛綜註西京賦云：侲之言善也，善，童幼子也。續漢書曰：大儺，選中黃門子弟年十歲以上、十二以下百二十人爲侲子，皆赤幘皁製，執大鞉。

四年（庚戌、一一〇）

1 春，正月，元會，徹樂，不陳充庭車。賢曰：每大朝會，必陳乘輿法物車輦於庭，以年饑，故不陳。

2 鄧騭在位，頗能推進賢士，薦何熙、李郃等列於朝廷，郃，曷閤翻。又辟弘農楊震、巴郡陳禪等置之幕府，天下稱之。震孤貧好學，明歐陽尚書，通達博覽，諸儒爲之語曰：「關西孔子楊伯起。」楊震，字伯起，居弘農，在函谷關之西。教授二十餘年，不答州郡禮命，禮，謂延聘之禮。命，謂辟置之命。衆人謂之晚暮，謂歲月已老而出仕遲也。而震志愈篤。騭聞而辟之，時震年已五十餘，累遷荊州刺史、東萊太守。郡國志：東萊郡，在雒陽東三千一百二十八里。當之郡，道經昌邑，昌邑縣，屬山陽郡。賢曰：昌邑故城在今兗州金鄉縣西北。故所舉荆州茂才王密爲昌邑令，夜懷金十斤以遺震。遺，于季翻；下同。震曰：「故人知君，君不知故人，何也？」密曰：「暮夜無知者。」震曰：「天知，地知，我知，子知，何謂無知者！」密愧而出。後轉涿郡太守。郡國志：涿郡，在雒陽東北千八百里。性公廉，子孫常蔬食、步行；食不魚肉，行不車騎也。故舊或欲令爲開産業，爲，于僞翻。震不肯，曰：「使後世稱爲清白吏子孫，以此遺之，不亦厚乎！」

3 張伯路復攻郡縣，殺守令。復，扶又翻；下同。黨衆浸盛；詔遣御史中丞王宗持節發幽、冀諸郡兵，合數萬人，徵宛陵令扶風法雄爲青州刺史，宛陵縣，屬河南尹。法，姓也。齊襄王法章之後，秦滅齊，子孫不敢稱田姓，故以法爲氏。與宗并力討之。

4 南單于圍耿种數月，梁慬、耿夔擊斬其別將於屬國故城，班志：西河美稷縣，屬國都尉治，故城蓋在美稷縣界。將，卽亮翻；下同。單于自將迎戰，慬等復破之，單于遂引還虎澤。班志，西河郡穀羅縣，虎澤在西北。師古避唐諱，以「虎」爲「武」。

5 丙午，詔減百官及州郡縣奉各有差。奉，讀曰俸。

6 二月，南匈奴寇常山。

7 滇零遣兵寇褒中，褒中縣，屬漢中郡，古褒國也。賢曰：今梁州褒城縣。漢中太守鄭勤移屯褒中。任尙軍久出無功，民廢農桑，乃詔尙將吏民，【章：甲十六行本「民」作「兵」；乙十一行本同。】還屯長安，罷遣南陽、潁川、汝南吏士。

乙丑，初置京兆虎牙都尉於長安，扶風都尉於雍，如西京三輔都尉故事。賢曰：漢官儀：京兆虎牙、扶風都尉，以涼州近羌，數犯三輔，將兵衞護園陵。扶風都尉居雍，故俗人稱雍營。西京三輔，京兆有京輔都尉，馮翊有左輔都尉，扶風有右輔都尉。

謁者龐參說鄧騭，說，輸芮翻。「徙邊郡不能自存者入居三輔」，騭然之，欲棄涼州，并力北邊。乃會公卿集議，騭曰：「譬若衣敗壞，一以相補，猶有所完，壞，音怪。若不如此，將兩無所保。」【章：甲十六行本「保」下有「公卿皆以爲然」六字；乙十一行本同；孔本同；張校同；退齋校同。】郎中陳國虞詡言於太尉張禹曰：「若大將軍之策，不可者三：先帝開拓土宇，劬勞後定，而今憚小費，舉而棄之，此不可一也。涼州既棄，卽以三輔爲塞，隴西、安定、北地，皆涼州所部。涼州既棄，則三輔爲極邊。則園陵單外，此不可二也。喭曰：『關西出將，關東出相。』賢曰：說文：喭，傳言也。前書，秦、漢以來，山西出將，山東出相。秦時，郿白起，頻陽王翦；漢興，義渠公孫賀、傅介子，成紀李廣、李蔡，上邽趙充國，狄道辛武賢，皆名將也。丞相則蕭、曹、魏、邴、韋、平、孔、翟之類也。烈士武臣，多出涼州，土風壯猛，便習兵事。今羌、胡所以不敢入據三輔爲心腹之害者，以涼州在後故也。涼州士民所以推鋒執銳，蒙矢石於行陳，行，戶剛翻。陳，讀曰陣。父死於前，子戰於後，無反顧之心者，爲臣屬於漢故也。爲，于僞翻。今推而捐之，推，通回翻。割而棄之，民庶安土重遷，必引領而怨曰：『中國棄我於夷狄！』雖赴義從善之人，不能無恨。如卒然起謀，卒，讀曰猝。因天下之饑敝，乘海內之虛弱，豪雄相聚，量材立帥，量，音良。帥，所類翻。驅氐、羌以爲前鋒，席卷而東，雖賁、育爲卒，太公爲將，賁，音奔。將，卽亮翻。猶恐不足當禦；如此，則函谷以西，園陵舊京非復漢有，復，扶又翻。此不可三也。是後北宮伯玉、王國、閻忠、馬騰、韓遂之變，卒如詡言。賢曰：席卷，言無餘也。前書曰：雲徹席卷，後無餘災也。余謂席卷者，言其勢便易也。議者喻以補衣猶有所完，詡恐其疽食侵淫而無限極也！」賢曰：疽，癰瘡也。余謂食者，言其侵食肌肉也。考異曰：龐參虞詡傳皆云，「四年，羌轉盛，故有棄涼州之畫，又干說鄧騭，」則是騭未以喪罷以前明矣。而虞詡傳中言「詡辟太尉李脩府爲郎中，說李脩，」脩以五年正月方自光祿勳拜太尉。按袁紀，「四年春匈奴寇常山」下載「騭欲棄涼州，詡說太尉張禹」，又其言語小異於范書，此近得實，今從之。禹曰：「吾意不及此，微子之言，幾敗國事！」微，無也。幾，居希翻。詡因說禹：「收羅涼土豪桀，說，輸芮翻。引其牧守子弟於朝，守，式又翻。朝，直遙翻。令諸府各辟數人，外以勸厲答其功勤，內以拘致防其邪計。」禹善其言，更集四府，皆從詡議。於是辟西州豪桀爲掾屬，拜牧守、長吏子弟爲郎，以安慰之。掾，俞絹翻。長，知兩翻；下同。

鄧騭由是惡詡，欲以吏法中傷之。惡，烏路翻。中，竹仲翻。會朝歌賊甯季等數千人攻殺長吏，屯聚連年，州郡不能禁，乃以詡爲朝歌長。朝歌縣，屬河內郡。賢曰：朝歌故城，在今衞州衞縣西。故舊皆弔之，謂其將得罪也。詡笑曰：「事不避難，臣之職也。不遇槃根錯節，無以別利器，以斤斧自喻也。別，彼列翻。此乃吾立功之秋也！」始到，謁河內太守馬稜。稜曰：「君儒者，當謀謨廟堂，乃在朝歌，甚爲君憂之！」爲，于僞翻。詡曰：「此賊犬羊相聚，以求溫飽耳，願明府不以爲憂！」稜曰：「何以言之？」詡曰：「朝歌者，韓、魏之郊，賢曰：韓界上黨，魏界河內，相接太行，故云郊也。背太行，背，蒲妹翻。行，戶剛翻。臨黃河，去敖倉不過百里，而青、冀之民流亡萬數，賊不知開倉招衆，劫庫兵，守成皋，斷天下右臂，賢曰：右臂，喻要便也。余謂右臂之說祖張儀，見三卷周赧王四年。斷，丁管翻。此不足憂也。今其衆新盛，難與爭鋒；兵不厭權，願寬假轡策，勿令有所拘閡而已。」詡欲用度外之人以制羣盜，恐郡守循常襲故，以文法繩之，故先以此言於稜。賢曰：閡，與礙同。及到官，設三科以募求壯士，自掾史以下各舉所知，百官志：縣有廷掾，猶郡之五官掾也，監鄉部，春夏爲勸農掾，秋冬爲制度掾。史則有獄史、佐史、斗食、令史、掾史、幹小史。其攻劫者爲上，傷人偷盜者次之，不事家業者爲下，收得百餘人。詡爲饗會，悉貰其罪，此三等人皆惡少年負宿罪者也，悉貰之，使入賊爲間。爲，于僞翻。貰，始制翻。使入賊中誘令劫掠，乃伏兵以待之，遂殺賊數百人。誘賊出劫掠而伏兵殺之。誘，音酉。又潛遣貧人能縫者傭作賊衣，以采線縫其裾，有出市里者，吏輒禽之。賊由是駭散，咸稱神明，縣境皆平。

8 三月，何熙軍到五原曼柏，暴疾，不能進；遣龐雄與梁慬、耿种將步騎萬六千人攻虎澤，連營稍前。單于見諸軍並進，大恐怖，怖，普布翻。顧讓韓琮曰：「汝言漢人死盡，今是何等人也！」賢曰：顧，反也。讓，責也。反顧責韓琮也。乃遣使乞降，許之。單于脫帽徒跣，對龐雄等拜陳，道死罪。自陳謝罪，言當死也。於是赦之，遇待如初，乃還所鈔漢民男女鈔，楚交翻。及羌所略轉賣入匈奴中者合萬餘人。會熙卒，卽拜梁慬爲度遼將軍。龐雄還，爲大鴻臚。

9 先零羌復寇褒中，復，扶又翻；下同。鄭勤欲擊之，主簿段崇諫，以爲「虜乘勝，鋒不可當，宜堅守待之。」勤不從，出戰，大敗，死者三千餘人，段崇及門下史王宗、原展周原伯之後有原莊公。又晉卿先軫邑於原，子孫以爲氏。又孔子弟子有原憲。以身扞刃，與勤俱死。郡門下有掾有史。徙【張：「徙」上脫「於是」二字。】金城郡居襄武。襄武縣，屬隴西郡。賢曰：今渭州縣。

10 戊子，杜陵園火。宣帝陵園也。

11 癸巳，郡國九地震。

12 夏，四月，六州蝗。東觀記曰：司隸、豫、兗、徐、青、冀六州。

13 丁丑，赦天下。

14 王宗、法雄與張伯路連戰，破走之。會赦到，赦書到也。賊以軍未解甲，不敢歸降。降，戶江翻。王宗召刺史太守共議，刺史，青州刺史；太守，青州所部諸郡太守。皆以爲當遂擊之，法雄曰：「不然。兵凶器，戰危事，賢曰：史記范蠡之辭。勇不可恃，勝不可必。賊若乘船浮海，深入遠島，島，都老翻。水中有山曰島。攻之未易也。易，以豉翻。及有赦令，可且罷兵以慰誘其心，勢必解散，然後圖之，可不戰而定也。」宗善其言，即罷兵。賊聞，大喜，乃還所略人；而東萊郡兵獨未解甲，賊復驚恐，遁走遼東，止海島上。果如法雄之言。

15 秋，七月，乙酉，三郡大水。

16 騎都尉任仁與羌戰累敗，而兵士放縱，檻車徵詣廷尉，死。護羌校尉段禧卒，復以前校尉侯霸代之，移居張掖。永初二年，侯霸以衆羌反叛免。護羌校尉時居狄道。按水經註，羌水出湟中西南山下，逕護羌城東，故護羌校尉治，又東逕臨羌城西。護羌校尉蓋治金城郡臨羌縣界也。然宣帝置護羌校尉，本治金城令居，東都定河、隴之後，護羌校尉治安夷縣，既而自安夷徙臨羌。侯霸先居隴西狄道，以羌叛而臨羌不可居也；今移居張掖，以隴西殘破，復渡河而西。

17 九月，甲申，益州郡地震。賢曰：益州郡故城，在今昆州晉寧縣。

18 皇太后母新野君病，續漢志曰：婦人封君，儀比公主，油鞬軿車，帶綬，以采組爲緄帶，各如其綬色，黃金辟邪加其首爲帶。太后幸其第，連日宿止；三公上表固爭，乃還宮。冬，十月，甲戌，新野君薨，使司空護喪事，儀比東海恭王。恭王，事見四十四卷明帝永平元年。鄧騭等乞身行服，太后欲不許，以問曹大家，大家上疏曰：「妾聞謙讓之風，德莫大焉。今四舅深執忠孝，引身自退，賢曰：四舅，謂騭、悝、弘、閶也。而以方垂未靜，拒而不許，如後有毫毛加於今日，誠恐推讓之名不可再得。」賢曰：謂有纖微之過，則推讓之美失也。太后乃許之。及服除，詔騭復還輔朝政，朝，直遙翻。更授前封，帝卽阼之初，封騭、悝、弘、閶，皆辭不受。騭等叩頭固讓，乃止。於是並奉朝請，位次三公下，特進、侯上，賢曰：在特進及侯之上。請，才性翻，又如字。其有大議，乃詣朝堂，與公卿參謀。

19太后詔陰后家屬皆歸故郡，陰后家南徙事見上卷和帝永元十四年。歸故郡，歸南陽也。還其資財五百餘萬。

五年（辛亥、一一一）

1春，正月，庚辰朔，日有食之。

2丙戌，郡國十地震。

3己丑，太尉張禹免。甲申，以光祿勳潁川李脩爲太尉。

4先零羌寇河東，至河內，零，音憐。百姓相驚，多南奔渡河，使北軍中候朱寵將五營士屯孟津，北軍中候，掌監屯騎、越騎、步兵、長水、射聲五營。續漢志曰：舊有中壘校尉，領北軍營壘之事；中興，省中壘，但置中候以監五營。洪氏隸釋曰：按祝睦後碑書爲「北軍軍中候」，則知此亦省文耳。詔魏郡、趙國、常山、中山繕作塢候六百一十六所。郡國四，皆屬冀州。懼羌自河東、河內北入冀州界，故作塢候以備之。羌旣轉盛，而緣邊二千石、令、長多內郡人，並無守戰意，皆爭上徙郡縣以避寇難。長，知兩翻。上，時掌翻。三月，詔隴西徙襄武，隴西郡，本治狄道。考異曰：上云「金城徙襄武」，此又云「隴西徙襄武」，紀傳皆然。或者二郡皆寄治於襄武歟！安定徙美陽，北地徙池陽，上郡治【章：甲十六行本「治」作「徙」；乙十一行本同。】衙。賢曰：安定郡，今涇州也。美陽故城，在今武功縣北。北地郡，今寧州。池陽縣故城，在今涇陽縣北。上郡，今綏州也。衙縣故城，在今同州白水縣東北。左傳秦、晉戰于彭衙，即此也。余按郡國志，美陽縣，屬扶風；池陽、衙二縣，屬馮翊。衙，音牙。百姓戀土，不樂去舊，樂，音洛。遂乃刈其禾稼，發徹室屋，夷營壁，破積聚。積，子賜翻。聚，慈喻翻。時連旱蝗饑荒，而驅蹵劫掠，流離分散，隨道死亡，或棄捐老弱，或爲人僕妾，喪其太半。蹵，與蹙同。喪，息浪翻。復以任尚爲侍御史，擊羌於上黨羊頭山，破之；賢曰：羊頭山，在上黨郡穀遠縣。復，扶又翻；下同。乃罷孟津屯。

5 夫餘王寇樂浪。夫餘爲寇始此。夫，音扶。樂浪，音洛琅。高句驪王宮與濊貊寇玄菟。句，如字，又音駒。驪，力知翻。濊，音穢。貊，莫百翻。菟，同都翻。

6 夏，閏四月，丁酉，赦涼州、河西四郡。

7 海賊張伯路復寇東萊，青州刺史法雄擊破之；賊逃還遼東，遼東人李久等共斬之，張伯路永初三年作亂，至是始平。於是州界清靜。

8 秋，九月，漢陽人杜琦及弟季貢、同郡王信等與羌通謀，聚衆據上邽城。冬，十二月，漢陽太守趙博遣客杜習刺殺琦；刺，七亦翻。封習討姦侯。杜季貢、王信等將其衆據樗泉營。

9 是歲，九州蝗，郡國八雨水。

六年（壬子、一一二）

1 春，正月，甲寅，詔曰：「凡供薦新味，多非其節，或鬱養強孰，謂爲土室蓄火，使土氣蒸鬱而養之，強使成熟也。前書召信臣傳曰：太官園種冬生葱韭菜茹，覆以屋廡，晝夜然蘊火，待溫氣乃生。強，其兩翻。或穿掘萌芽，味無所至而夭折生長，夭，於兆翻；短折曰夭。長，知兩翻。豈所以順時育物乎！傳曰：『非其時不食。』賢曰：論語曰：不時不食。言非其時物，則不食之。前書，召信臣曰：不時之物，有傷於人，不宜以奉供養。自今當奉祠陵廟及給御者，皆須時乃上。」時熟乃上進也。上，時掌翻。凡所省二十三種。種，章勇翻。

2 三月，十州蝗。

3 夏，四月，乙丑，司空張敏罷。己卯，以太常劉愷爲司空。

4 詔建武元功二十八將皆紹封。

5 五月，旱。

6 丙寅，詔令中二千石下至黃綬，一切復秩。董巴輿服志：中二千石，青綬；四百石、三百石、二百石，黃綬。四年，減百官奉，今復之。

7 六月，壬辰，豫章員谿原山崩。豫章郡，在雒陽南二千七百里，屬揚州。

8 辛巳，赦天下。

9侍御史唐喜討漢陽賊王信，破斬之。杜季貢亡，從滇零。是歲，滇零死，子零昌立，年尚少，同種狼莫爲其計策，滇，音顛。零，音憐。少，詩照翻。種，章勇翻。以季貢爲將軍，別居丁奚城。按東觀記，丁奚城在北地郡靈州縣。

七年（癸丑、一一三）

1春，二月，丙午，郡國十八地震。

2夏，四月，乙未，平原懷王勝薨，無子；太后立樂安夷王寵子得爲平原王。

3丙申晦，日有食之。

4秋，護羌校尉侯霸、騎都尉馬賢擊先零別部牢羌於安定，零，音憐。獲首虜千人。

5蝗。

元初元年（甲寅、一一四）

1春，正月，甲子，改元。

2二月，乙卯，日南地坼，長百餘里。東觀記曰：坼長百八十二里，廣五十六里。長，直亮翻。

3三月，癸亥，日有食之。考異曰：帝紀，「二月己卯，日南地坼。三月癸酉，日食。」本志及袁紀皆云「三月己卯，日南地坼。」按長曆，是年二月壬辰朔，無己卯；三月壬戌朔，癸酉十二日，不應日食。二月當是乙卯，三月當是癸亥。

4 詔遣兵屯河内通谷衝要三十六【章：甲十六行本「六」作「三」；乙十一行本同；孔本同。】所，皆作塢壁，設鳴鼓，以備羌寇。自太行北至恆山，限隔幷、冀，其間多有谷道以相通，今於衝要之地作塢壁以備羌寇。

5 夏，四月，丁酉，赦天下。

6 京師及郡國五旱，蝗。

7 五月，先零羌寇雍城。右扶風雍縣城也。雍，於用翻。

8 蜀【章：甲十六行本「蜀」上有「秋七月」三字；乙十一行本同；孔本同；張校同；退齋校同。】郡夷寇蠶陵，殺縣令。蠶陵縣，屬蜀郡。賢曰：蠶陵故城在今翼州翼水縣西，有蠶陵山，因以名焉。

9 九月，乙丑，太尉李脩罷。

10 羌豪號多與諸種鈔掠武都、漢中，巴郡板楯蠻救之，按范書，板楯蠻夷者，秦昭襄王時射殺白虎有功，昭王復夷人頃田不租，十妻不算，傷人者論，殺人者得以倓錢贖死。高祖爲漢王，發夷人以定三秦，復其渠帥七姓不輸租賦，餘戶乃歲入賨錢，口四十。世號爲板楯蠻夷。閬中有渝水，其人多居水左右，天性勁勇，數陷陳，喜歌舞，高祖爲制巴渝舞。蠻蓋挾板楯而戰，因以爲名。楯，食尹翻。倓，徒濫翻。賨，藏宗翻。漢中五官掾程信率郡兵與蠻共擊破之。百官志：郡有五官掾，署功曹及諸曹事。掾，俞絹翻。號多走還，斷隴道，與零昌合，斷，丁管翻。零，音憐。侯霸、馬賢與戰於枹罕，破之。枹罕縣，屬隴西郡，唐之河州。枹，音膚。

11 辛未，以大司農山陽司馬苞爲太尉。

12 冬，十月，戊子朔，日有食之。

13 涼州刺史皮楊姓譜：皮，樊仲皮之後；又鄭有上卿子皮，出於罕氏。擊羌於狄道，大敗，死者八百餘人。考異曰：紀作「皮陽」，今從西羌傳。余按隴西郡舊治狄道，去年徙襄武，則其地已棄而不有矣。

14 是歲，郡國十五地震。

二年（乙卯、一一五）

1 春，護羌校尉龐參以恩信招誘諸羌，號多等帥衆降；帥，讀曰率。降，戶江翻。參遣詣闕，賜號多侯印，遣之。參始還治令居，自張掖徙還令居也。通河西道。

2 零昌分兵寇益州，遣中郎將尹就討之。

3 夏，四月，丙午，立貴人滎陽閻氏爲皇后。閻后之母，鄧弘之妻之同產也，故得立。后性妬忌，後宮李氏生皇子保，后鴆殺李氏。爲后廢保張本。保後立，是爲順帝。

4 五月，京師旱，河南及郡國十九蝗。河南，卽京師也。

5 六月，丙戌，太尉司馬苞薨。

6 秋，七月，辛巳，以太僕泰山馬英爲太尉。

7 八月，遼東鮮卑圍無慮；無慮縣，屬遼東郡。應劭曰：慮，音閭。師古曰：卽所謂醫無閭。按郡國志：

無慮縣，時屬遼東屬國。九月，又攻夫犂營，殺縣令。賢曰：夫犂縣，屬遼東屬國，故城在今營州東南。余按兩漢志，遼東郡及遼東屬國皆無夫犂縣，今言殺縣令，則嘗爲縣矣，未知賢所據者何書也。

8 壬午晦，日有食之。

9 尹就擊羌黨呂叔都等，蜀人陳省、羅横應募刺殺叔都，刺，七亦翻。皆封侯，賜錢。

10 詔屯騎校尉班雄屯三輔。雄，超之子也。以左馮翊司馬鈞行征西將軍，督關中諸郡兵八千餘人。龐參將羌、胡兵七千餘人，與鈞分道並擊零昌。參兵至勇士東，賢曰：勇士縣屬天水郡。余按，天水時已改爲漢陽郡。爲杜季貢所敗，引退。敗，補邁翻。鈞等獨進，攻拔丁奚城，杜季貢率衆僞逃。鈞令右扶風仲光等收羌禾稼，考異曰：袁紀作「右扶風太守种暠」。今從范書。光等違鈞節度，散兵深入，羌乃設伏要擊之，要，一遥翻。鈞在城中，怒而不救。冬十月，乙未，光等兵敗，並沒，死者三千餘人，鈞乃遁還。龐參既失期，稱病引還。皆坐徵，下獄，下，遐稼翻。鈞自殺。時度遼將軍梁慬亦坐事抵罪。校書郎中扶風馬融融以郎中校蘭臺書，故稱校書郎中。上書稱參、慬智能，宜宥過責效。詔赦參等，考異曰：慬傳曰：「慬爲度遼將軍。明年，安定、北地、上郡皆被羌寇，不能自立，詔慬發邊兵迎三郡吏民，徙扶風界。慬卽遣南單于兄子優孤塗奴將兵迎之。既還，慬以塗奴接其家屬有勞，輒授以羌侯印綬，坐專擅，徵下獄抵罪。明年，校書郎馬融上書訟慬與參。」按慬爲度遼將軍在永初四年，徙三郡民在五年，參下獄在今年，不得云明年融訟之也。疑傳誤。以馬賢代參領護羌校尉，復以任尚爲中郎將，代班雄屯三輔。考異曰：帝紀，「冬十月，遣任尚屯三輔。」按西羌傳，司馬鈞龐參抵罪後，尚乃代雄屯三輔耳。復，扶又翻。

懷令虞詡說尚曰：說，輸芮翻。「兵法：弱不攻強，走不逐飛，自然之勢也。今虜皆馬騎，日行數百里，來如風雨，去如絕弦，以步追之，勢不相及，所以雖屯兵二十餘萬，曠日而無功也。爲使君計，莫如罷諸郡兵，各令出錢數千，二十人共市一馬，以萬騎之衆，逐數千之虜，追尾掩截，賢曰：尾，猶尋也。余謂尾者，隨其後而擊之也。掩，襲也。截，邀也。其道自窮。言虜之路自窮，不能捷出而寇掠也。便民利事，大功立矣！」尚卽上言，用其計，遣輕騎擊杜季貢於丁奚城破之。

太后聞虞詡有將帥之略，以爲武都太守。考異曰：詡傳曰：「羌寇武都，太后以詡有將帥之略，遷武都太守。」又曰：「賊敗散，南入益州。」本紀，「元初元年，羌寇武都漢中。」據此，似詡以元初元年爲武都太守也。然按西羌傳，「龐參抵罪後，任尚屯三輔，時詡猶爲懷令，說尚用騎兵。」袁紀亦云懷令虞詡說尚，如范書所言。又云：「上問『何從發此計？』尚表之，受於懷令虞詡，由是知名，遷武都太守。」以此驗之，當在龐參抵罪後也。羌衆數千遮詡於陳倉崤谷，此崤谷當在陳倉縣界，卽今之大散關，非弘農澠池縣之崤山也。詡卽停軍不進，而宣言「上書請兵，須到當發。」羌聞之，乃分鈔傍縣。鈔，楚交翻。詡因其兵散，日夜進道，兼行百餘里，令吏士各作兩竈，日增倍之，羌不敢逼。或問曰：「孫臏減竈而君增之；減竈事見二卷周顯王二十八年。臏，頻忍翻。兵法日行不過三十里，以戒不虞，前書吉行五十里，師行三十里。而今日且二百里：何也？」詡曰：「虜衆多，吾兵少，徐行則易爲所及，易，以豉翻。速進則彼所不測。虜見吾竈日增，必謂郡兵來迎，衆多行速，必憚追我。孫臏見弱，見，賢遍翻。吾今示強，勢有不同故也。」既到郡，兵不滿三千，而羌衆萬餘，攻圍赤亭數十日。賢曰：赤亭故城，在今渭州襄武縣東南，有赤亭水。余按唐渭州，漢隴西郡地；漢武都，唐階、成州地。此自是武都之赤亭，非渭州之赤亭也。又按郡國志，武都下辨縣有赤亭，卽此。詡乃令軍中，强弩勿發，而潛發小弩；羌以爲矢力弱，不能至，并兵急攻。詡於是使二十强弩共射一人，發無不中，射，而亦翻。中，竹仲翻。羌大震，退。詡因出城奮擊，多所傷殺。明日，悉陳其兵衆，令從東郭門出，北郭門入，貿易衣服，回轉數周；羌不知其數，更相恐動。貿，音茂。更，工衡翻。詡計賊當退，乃潛遣五百餘人於淺水設伏，候其走路；詡知賊退，遇水必踏淺而渡，因於其處設伏以待之。虜果大奔，因掩擊，大破之，斬獲甚衆，賊由是敗散。詡乃占相地勢，相，息亮翻。築營壁百八十所，招還流亡，假賑貧民，開通水運。詡按行川谷，自沮至下辨數十里，燒石翦木，開漕船道。詡始到郡，穀石千，鹽石八千，見戶萬三千；見存之戶也。見，賢遍翻。視事三年，米石八十，鹽石四百，民增至四萬餘戶，人足家給，一郡遂安。

11 十一月，庚申，郡國十地震。

12 十二月，武陵澧中蠻反，澧中，今澧州地。澧，音禮。州郡討平之。

13 己酉，司徒夏勤罷。夏，戶雅翻。

14 庚戌，以司空劉愷爲司徒，光祿勳袁敞爲司空。敞，安之子也。

15 前虎賁中郎將鄧弘卒。弘自遭母喪去官，奉朝請，故曰前。弘性儉素，治歐陽尚書，漢千乘歐陽生傳伏生尚書，由是尚書有歐陽氏學。治，立之翻。授帝禁中。有司奏贈弘驃騎將軍，位特進，封西平侯。西平縣，屬汝南郡。太后追弘雅意，不加贈位、衣服，但賜錢千萬，布萬匹；兄騭等復辭不受。復，扶又翻；下同。詔封弘子廣德爲西平侯。將葬，有司復奏發五營輕車騎士，禮儀如霍光故事。賢曰：霍光薨，宣帝遣太中大夫、侍御史持節護喪事，中二千石修莫府冢，上賜玉、衣、梓宮、便房、黃腸題湊，轀輬車、黃屋左纛，輕車、材官、五校士以送葬也。太后皆不聽，但白蓋雙騎，門生輓送。賢曰：白蓋，車也。輓，音晩。騎，奇寄翻。後以帝師之重，分西平之都鄉，封廣德弟甫德爲都鄉侯。

王崇武標點容肇祖聶崇岐覆校

資治通鑑卷第五十

翰林學士兼侍讀學士朝散大夫右諫議大夫知制誥判尚書都省兼提舉萬壽觀公事上護軍河內郡開國侯食邑一千三百戶賜紫金魚袋臣　司馬光　奉敕編集
後　學　天　台　胡三省　音　註

漢紀四十二

起柔兆執徐（丙辰），盡閼逢困敦（甲子），凡九年。

孝安皇帝中

元初三年（丙辰、一一六）

1 春，正月，蒼梧、鬱林、合浦蠻夷反；三郡皆屬交州。二月，遣侍御史任逴督州郡兵討之。任，音壬。賢曰：逴，音丁角翻，又音卓。

2 郡國十地震。

3 三月，辛亥，日有食之。

4 夏，四月，京師旱。

5 五月，武陵蠻反，州郡討破之。

6 癸酉，度遼將軍鄧遵率南單于擊零昌於靈州，范書匈奴傳曰：自置度遼將軍以來，皆權行其事，獨遵以皇太后從弟爲眞將軍，此後更無行將軍者。志云：度遼將軍，銀印青綬，秩二千石。靈州縣，屬北地郡。賢曰：在今慶州馬嶺縣西北。零，音憐。斬首八百餘級。

7 越巂徼外夷舉種内屬。巂，音髓。徼，吉弔翻。種，章勇翻。

8 六月，中郎將任尚任，音壬。遣兵擊破先零羌於丁奚城。零，音憐。

9 秋，七月，武陵蠻復反，復，扶又翻。州郡討平之。

10 九月，築馮翊北界候塢五百所以備羌。馮翊北界，接安定北地。

11 冬，十一月，蒼梧、鬱林、合浦蠻夷降。降，戶江翻。

12 舊制：公卿、二千石、刺史不得行三年喪，司徒劉愷以爲「非所以師表百姓，宣美風俗。」丙戌，初聽大臣行三年喪。賢曰：文帝遺詔以日易月，於後大臣，遂以爲常；至此，復遵古制也。

13 癸卯，郡國九地震。

14 十二月，丁巳，任尚遣兵擊零昌於北地，殺其妻子，燒其廬舍，【章：甲十六行本「舍」作「落」；乙十一行本同；孔本同；張校同。】斬首七百餘級。羌勢自此衰矣。

四年（丁巳、一一七）

1 春，二月，乙巳朔，日有食之。

2 乙卯，赦天下。

3 壬戌，武庫災。

4 任尚遣當闐種羌榆鬼等刺殺杜季貢，闐，徒賢翻。種，章勇翻。刺，七亦翻；下同。封榆鬼爲破羌侯。

5 司空袁敞，廉勁不阿權貴，失鄧氏旨。尚書郎張俊有私書與敞子俊，怨家封上之。怨，於元翻。上，時掌翻。夏，四月，戊申，敞坐策免，自殺；俊等下獄當死。下，遐稼翻。俊上書自訟；臨刑，太后詔以減死論。

6 己巳，遼西鮮卑連休等入寇，考異曰：范書鮮卑傳上作「連休」，下作「休連」，今從上文。遼西郡，在雒陽東北三千三百里。賢曰：遼西郡故城，在今平州東陽樂城是。郡兵與烏桓大人於秩居等共擊，大破之，斬首千三百級。

7 六月，戊辰，三郡雨雹。雨，于具翻。

8 尹就坐不能定益州，徵抵罪；以益州刺史張喬領其軍屯，招誘叛羌，稍稍降散。誘，音酉。降，戶江翻。

9 秋，七月，京師及郡國十雨水。

10 九月，護羌校尉任尚復募效功種羌號封刺殺零昌；復，扶又翻。封號封爲羌王。

11 冬，十一月，己卯，彭城靖王恭薨。

12 越巂夷以郡縣賦斂煩數，巂，音髓。斂，力贍翻。數，所角翻。十二月，大牛種封離等反，殺遂久令。遂久縣，屬越巂郡。賢曰。遂久故縣，在今靡州界。考異曰：西南夷傳云「五年叛」，今從帝紀。

13 甲子，任尚與騎都尉馬賢共擊先零羌狼莫，追至北地，相持六十餘日，戰於富平河上，大破之，范書帝紀作「富平上河」，西羌傳作「河上」。賢曰：富平縣，屬北地郡，故城在今靈州回樂縣西南。余按水經，河水東北逕安定郡眴卷縣故城西。註曰：地理志，河水別出爲河溝，東至富平北入河，河水於此有上河之名。前漢馮參爲上河典農都尉。則上河爲是。宋白曰：唐靈州，卽漢富平縣之地。杜佑曰：漢富平，今靈州迴樂縣。應劭曰：眴，音旬日之旬。卷，音箘簬之箘。斬首五千級，狼莫逃去。於是西河虔人種羌萬人詣鄧遵降，隴右平。狼莫者，零昌之謀主，零昌既死而狼莫敗逃，虔人羌失援而降，故隴右平。降，戶江翻。

14 是歲，郡國十三地震。

五年（戊午、一一八）

1 春，三月，京師及郡國五旱。

2 夏，六月，高句驪與濊貊寇玄菟。句，如字，又音駒。驪，力知翻。濊，音穢。貊，莫百翻。菟，同都翻。

3 永昌、益州、蜀郡夷皆叛應封離，衆至十餘萬，破壞二十餘縣，壞，音怪。殺長吏，焚掠百姓，骸骨委積，千里無人。

4 秋，八月，丙申朔，日有食之。

5 代郡鮮卑入寇，殺長吏；考異曰：獨行傳云：「元初中，鮮卑數百餘騎寇漁陽，太守張顯率吏士追出塞，遥望虜營煙火，急趣之。兵馬掾嚴授慮有伏兵，苦諫止，不聽。顯蹴令進，授不獲已前戰，伏兵發，授身被十創，沒於陳。顯拔刃追散兵，不能制，虜射中顯，主簿衞福、功曹徐咸遽趣之，顯遂墮馬，福以身擁蔽，虜幷殺之。朝廷愍授等節，詔書褒歎，厚加賞賜。」按元初凡六年，鮮卑不曾犯漁陽，殺長吏；惟是入代郡曾殺長吏。今疑漁陽本是代郡，史之誤也。余按張顯事，通鑑已書於上卷殤帝延平元年，從范書帝紀也。發緣邊甲卒、黎陽營兵屯上谷以備之。冬，十月，鮮卑寇上谷，攻居庸關，郡國志：居庸縣，屬上谷郡。新唐志：幽州昌平縣西北三十五里，有納款關，卽居庸故關。復發緣邊諸郡黎陽營兵、積射士步騎二萬人復，扶又翻。屯列衝要。

6 鄧遵募上郡全無種羌雕何刺殺狼莫；刺，七亦翻。封雕何爲羌侯。自羌叛十餘年間，永初元年羌叛，至是年凡十二年。軍旅之費，凡用二百四十餘億，府帑空竭，邊民及內郡死者不可勝數，帑，他朗翻。勝，音升。幷、涼二州遂至虛耗。及零昌、狼莫死，零，音憐。諸羌瓦解，三輔、益州無復寇警。詔封鄧遵爲武陽侯，邑三千戶。東郡有東武陽，泰山郡有南武陽，鄧騭傳又作「舞陽」。遵以太后從弟，故爵封優大。任尚與遵爭功，又坐詐增首級、受賕枉法贓千萬已上，十二月，檻車徵尚，棄市，沒入財物。鄧騭子侍中鳳嘗受尚馬，騭髡妻及鳳以謝罪。騭，職日翻。

7 是歲，郡國十四地震。

8 太后弟悝、閶皆卒，封悝子廣宗爲葉侯，閶子忠爲西華侯。葉縣，屬南陽郡；西華縣，屬汝南郡。悝，苦回翻。閶，音昌。葉，式涉翻。

六年（己未、一一九）

1 春，二月，乙巳，京師及郡國四十二地震。

2 夏，四月，沛國、勃海大風，雨雹。雨，于具翻。

3 五月，京師旱。

4 六月，丙戌，平原哀王得薨，無子。

5 秋，七月，鮮卑寇馬城塞，殺長吏。馬城縣，屬代郡。賢曰：搜神記：昔秦人築城於武周塞以備胡，將成而崩者數矣。有馬馳走周旋反覆，父老異之，因依以築城，城乃不崩，遂以名焉。其故城，則今之朔州也。余按續漢志，搜神記所云乃鴈門郡之馬邑，此乃代郡之馬城，賢誤。度遼將軍鄧遵及中郎將馬續率南單于追擊，大破之。

6 九月，癸巳，陳懷王竦薨，無子，國除。竦，陳王羨之孫。

7 冬，十二月，戊午朔，日有食之，既。

8 郡國八地震。

9 是歲，太后徵和帝弟濟北王壽、河間王開子男女年五歲以上四十餘人，濟，子禮翻。及鄧氏近親子孫三十餘人，並爲開邸第，賢曰：蒼頡篇曰：邸，舍也。爲，于僞翻。教學經書，躬自監試。監，古銜翻。詔從兄河南尹豹、越騎校尉康等曰：「末世貴戚食祿之家，溫衣美飯，乘堅驅良，賢曰：堅，謂好車，良，謂善馬。余按此語出史記范蠡傳。從，才用翻。而面牆術學，不識臧否，尚書曰：弗學牆面。言正牆面而立，無所見也。否，音鄙。斯故禍敗之所從來也。」

10 豫章有芝草生，太守劉祇欲上之，上，時掌翻。以問郡人唐檀，檀曰：「方今外戚豪盛，君道微弱，斯豈嘉瑞乎！」祇乃止。

11 益州刺史張喬遣從事楊竦將兵至楪榆，楪榆縣，武帝開置，屬益州郡，有葉榆澤在縣東，因名；明帝分屬永昌郡。楪，與葉同。擊封離等，大破之，斬首三萬餘級，獲生口千五百人。封離等惶怖，斬其同謀渠帥，詣竦乞降。怖，普布翻。帥，所類翻。降，戶江翻；下同。竦厚加慰納，其餘三十六種皆來降附。種，章勇翻。竦因奏長吏姦猾，侵犯蠻夷者九十人，皆減死論。

12 初，西域諸國既絕於漢，事見上卷永初元年。北匈奴復以兵威役屬之，役使而臣屬之。復，扶又翻；下同。與共爲邊寇。敦煌太守曹宗患之，敦，徒門翻。乃上遣行長史索班將千餘人屯伊吾以招撫之。索姓出敦煌。又左傳，商人七族有索氏。上，時掌翻。索，昔各翻。上遣者，上奏而遣之也。行長史者，行長史事，未爲眞也。於是車師前王及鄯善王復來降。鄯，上扇翻。

13 初，疏勒王安國死，無子，國人立其舅子遺腹爲王；遺腹叔父臣磐在月氏，月氏納而立之。西域傳曰：「元初中，安國以舅臣磐有罪，徙於月氏，月氏王親愛之。遺腹既立，月氏遣兵送臣磐還疏勒。國人素敬愛臣磐，又畏憚月氏，卽共奪遺腹印綬，迎臣磐，立以爲王。」氏，音支。後莎車畔于窴，屬疏勒，自明帝永平四年，莎車屬于窴。疏勒遂強，與龜茲、于窴爲敵國焉。

永寧元年（庚申、一二〇）是年，夏，四月，改元。

1 春，三月，丁酉，濟北惠王壽薨。濟，子禮翻。

2 北匈奴率車師後王軍就共殺後部司馬及敦煌長史索班等，賢曰：司馬，卽屬戊己校尉所統也；和帝時置戊己校尉，鎮車師後部。考異曰：班勇傳：「元初六年，曹宗遣索班屯伊吾。後數月，北單于與車師後部共攻沒索班。」按本紀，「永寧元年，車師後王叛，殺部司馬。」車師傳亦曰：「永寧元年，後王軍就及母沙麻反畔，殺後部司馬及敦煌行事。」蓋班以去年末屯伊吾，今春見殺，或今春奏事方到也。遂擊走其前王，略有北道。鄯善逼急，求救於曹宗，鄯，上扇翻。宗因此請出兵五千人擊匈奴，以報索班之恥，因復取西域；公卿多以爲宜閉玉門關，絕西域。太后聞軍司馬班勇有父風，召詣朝堂問之。班固西都賦曰：左右廷中，朝堂百僚之位；朝堂蓋在殿庭左右。朝，直遙翻。勇上議曰：「昔孝武皇帝患匈奴強盛，於是開通西域，論者以爲奪匈奴府藏，上，時掌翻。藏，徂浪翻。斷其右臂。斷，丁管翻。光武中興，未遑外事，故匈奴負強，驅率諸國；及至永平，再攻敦煌，敦，徒門翻。河西諸郡，城門晝閉。孝明皇帝深惟廟策，惟，思也。賢曰：古者謀事必就祖，故言廟策也。余謂古者遣將必於廟，先定制勝之策，故謂之廟策。乃命虎臣出征西域，虎臣，謂其父超也。故匈奴遠遁，邊境得安；及至永元，莫不内屬。會間者羌亂，西域復絕，復，扶又翻。北虜遂遣責諸國，備其逋租，高其價直，嚴以期會，備，償也。西域屬漢之後，不復以馬畜、旃罽輸匈奴；及與漢絕，匈奴復遣使責其積年所逋。逋，欠也。鄯善、車師皆懷憤怨，思樂事漢，樂，音洛。其路無從；前所以時有叛者，皆由牧養失宜，還爲其害故也。今曹宗徒恥於前負，欲報雪匈奴，負，敗也。報雪，謂報伊吾之役，雪索班之恥也。而不尋出兵故事，未度當時之宜也。度，徒洛翻。夫要功荒外，萬無一成，要，一遙翻。荒外，謂在荒服之外。若兵連禍結，悔無所及。況今府藏未充，藏，徂浪翻。師無後繼，是示弱於遠夷，暴短於海内，臣愚以爲不可許也。舊敦煌郡有營兵三百人，今宜復之，復置護西域副校尉，居於敦煌，如永元故事，校，戶教翻。又宜遣西域長史將五百人屯樓蘭，樓蘭，卽鄯善。西當焉耆、龜茲徑路，南強鄯善、于窴心膽，北扞匈奴，東近敦煌，如此誠便。」龜茲，音丘慈。窴，徒賢翻。

尚書復問勇：「利害云何？」勇既上議，尚書復問，使悉陳其利害。復，扶又翻。勇對曰：「昔永平之末，始通西域，初遣中郎將居敦煌，謂鄭衆也。後置副校尉於車師，謂耿恭、關寵也。既爲胡虜節度，又禁漢人不得有所侵擾，故外夷歸心，匈奴畏威。今鄯善王尤還，漢人外孫，若匈奴得志，則尤還必死。賢曰：尤還，鄯善王名。此等雖同鳥獸，亦知避害，若出屯樓蘭，足以招附其心，愚以爲便。」此勇所謂利也。

長樂衛尉鐔顯、類篇：鐔，如心翻，姓也。賢曰：鐔，音徒南翻。唐韻又音尋。廷尉綦毋參、綦毋，姓也，左傳晉有綦毋張。司隸校尉崔據難曰：難，乃旦翻；下同。「朝廷前所以棄西域者，以其無益於中國而費難供也。今車師已屬匈奴，鄯善不可保信，一旦反覆，班將能保北虜不爲邊害乎？」賢曰：以勇爲軍司馬，故以將言之。將，音子亮翻。勇對曰：「今中國置州牧者，以禁郡縣姦猾盜賊也。若州牧能保盜賊不起者，臣亦願以要斬保匈奴之不爲邊害也。要，讀曰腰。今通西域則虜勢必弱，虜勢弱則爲患微矣；孰與歸其府藏，續其斷臂哉？今置校尉以扞撫西域，設長史以招懷諸國，若棄而不立，則西域望絕，望絕之後，屈就北虜，緣邊之郡將受困害，恐河西城門必須復有晝閉之儆矣！明帝永平中，北匈奴脅諸國共寇河西郡縣，城門晝閉。復，扶又翻；下同。今不廓開朝廷之德而拘屯戍之費，若此，北虜遂熾，豈安邊久長之策哉！」此勇所謂害也。熾，尺志翻。

太尉屬毛軫難曰：「今若置校尉，則西域駱驛遣使，求索無厭，索，山客翻。厭，於鹽翻。百官志：太尉掾屬二十四人；東、西曹掾比四百石，餘掾比三百石，屬比二百石。與之則費難供，不與則失其心，一旦爲匈奴所迫，當復求救，則爲役大矣。」勇對曰：「今設以西域歸匈奴，而使其恩德大漢，不爲鈔盜，則可矣。鈔，楚交翻。如其不然，則因西域租入之饒，兵馬之衆，以擾動緣邊，是爲富仇讎之財，增暴夷之勢也。置校尉者，宣威布德，以繫諸國內向之心而疑匈奴覬覦之情，覬，音冀。覦，音俞。而無費財耗國之慮也。且西域之人，無他求索，其來入者不過稟食而已；稟，筆錦翻，給也。食，讀曰飤。今若拒絕，勢歸北屬夷虜，言其事勢所歸，必至北屬匈奴。并力以寇并、涼，則中國之費不止十億。置之誠便。」

於是從勇議，復敦煌郡營兵三百人，置西域副校尉居敦煌，雖復羈縻西域，然亦未能出屯。謂未能如勇計出屯樓蘭西也。然使盡行勇之計，亦未必能羈制西域，何者？武帝通西域，未能盡臣屬西域也；及宣帝時，日逐降，呼韓邪內附，始盡得西域。明帝使班超通西域，未能盡臣屬西域也；及竇憲破北匈奴，超始盡得西域。今漢內困於諸羌，而北匈奴游魂蒲類，安能以五百人成功哉！其後匈奴果數與車師共入寇鈔，河西大被其害。數，所角翻。鈔，楚交翻。被，皮義翻。

3 沈氏羌寇張掖。賢曰：沈氏，羌號也。續漢書曰：羌在上郡西河者，號沈氏。

4 夏，四月，丙寅，立皇子保爲太子，改元，赦天下。

5 己巳，紹封陳敬王子崇爲陳王，濟北惠王子萇爲樂成王，濟，子禮翻。河間孝王子翼爲平原王。

6 六月，護羌校尉馬賢將萬人討沈氏羌於張掖，破之，斬首千八百級，獲生口千餘人，餘虜悉降。降，戶江翻。時當煎等【章：甲十六行本「等」作「種」；乙十一行本同；張校同。】大豪飢五等，以賢兵在張掖，乃乘虛寇金城，賢還軍【章：甲十六行本「軍」下有「追之」二字；乙十一行本同；孔本同；張校同；退齋校同。】出塞，斬首數千級而還。燒當、燒何種聞賢軍還，復寇張掖，殺長吏。馬賢於時爲健鬬。然觀其往來奔命，羌人輒議其後，賢不思所以制之之術，重以不恤軍事，宜其有射姑山之敗也。還，從宣翻，又如字。種，章勇翻。復，扶又翻。長，知兩翻。

7 秋，七月，乙酉朔，日有食之。

8 冬，十月，己巳，司空李郃免。郃，古合翻，又曷閤翻。癸酉，以衞尉廬江陳褒爲司空。

9 京師及郡國三十三大水。

10 十二月，永昌徼外撣國王雍曲調遣使者獻樂及幻人。西南夷傳：幻人能變化、吐火、自支解、易牛馬頭，自言我海西人，海西卽大秦也。今按大秦卽武帝時犂靬國，今謂之拂菻。撣，音檀。范書「雍曲調」作「雍由調」，徼，吉弔翻。

11 戊辰，司徒劉愷請致仕；許之，以千石祿歸養。

12 遼西鮮卑大人烏倫、其至鞬各以其衆詣度遼將軍鄧遵降。烏倫、其至鞬，二人也。鞬，居言翻。

13 癸酉，以太常楊震爲司徒。

14 是歲，郡國二十三地震。

15 太后從弟越騎校尉康，以太后久臨朝政，宗門盛滿，數上書太后，從，才用翻。上元初六年書從兄康，此書從弟；徵諸范史，當從「兄」字。數，所角翻。上，時掌翻。以爲宜崇公室，自損私權，言甚切至，太后不從。康謝病不朝，太后使內侍者問之；所使者乃康家先婢，先本康家婢，後入宮，在太后左右。自通「中大人」，時宮中耆宿皆稱中大人。康聞而詬之。賢曰：詬，罵也；音許遘翻，又古候翻。婢怨恚，恚，於避翻。還，白康詐疾而言不遜。太后大怒，免康官，遣歸國，康永初中紹封夷安侯。絕屬籍。

16初，當煎種饑五同種大豪盧忽、忍良等千餘戶種，章勇翻；下同。別留允街，而首施兩端。賢曰：首施，猶首鼠也。允，音鉛。

建光元年（辛酉、一二一）是年七月改元。考異曰：陳禪傳曰：「北匈奴入遼東，追拜禪遼東太守。胡憚其威強，退還數百里。禪不加兵，但遣吏卒往曉慰之。單于隨使還郡，禪於學行禮，爲說道義以感化之，單于懷服，遺以胡中珍貨而去。」當在此年矣。又按北單于，漢朝所不能臣，未嘗入朝天子，安肯見遼東太守！此事可疑，今不取。余按和帝以來，北匈奴益西徙，自代郡以東至遼東塞外之地，皆鮮卑、烏桓居之，北單于安能至遼東邪！不取，當也。

1春，護羌校尉馬賢召盧忽，斬之，因放兵擊其種人，獲首虜二千餘，忍良等皆亡出塞。

2幽州刺史巴郡馮煥、玄菟太守姚光、遼東太守蔡諷等將兵擊高句驪，高句麗王宮遣子遂成詐降而襲玄菟、遼東，殺傷二千餘人。菟，同都翻。句，如字，又音駒。麗，讀曰驪，力知翻。降，戶江翻。

3二月，皇太后寢疾，癸亥，赦天下。三月，癸巳，皇太后鄧氏崩。未及大斂，帝復申前命，斂，力贍翻。復，扶又翻；下同。封鄧騭爲上蔡侯，位特進。封騭事見上卷永初元年。

丙午，葬和熹皇后。范曄曰：漢世皇后無謚，皆因帝謚以爲稱，雖呂氏專政，上官臨制，亦無殊號。中興，明帝始建光烈之稱，其後並以德爲配，至於賢愚優劣，混同一貫，故馬、竇二后，俱稱德焉。其餘皇帝之庶母及蕃王承統，以追尊之重，特爲其號，恭懷、孝崇之比是也。初平中，蔡邕始追正和熹之謚，其安思、順烈以下，皆依而加焉。賢註云：蔡邕集謚議曰：漢世母后無謚，明帝始建光烈之稱，是後轉因帝號加之以德，上下優劣，混而爲一，違禮「大行受大名、小行受小名」之制。謚法：有功安民曰熹，帝后一體，禮亦宜同，大行皇太后宜爲和熹。

太后自臨朝以來，水旱十載，載，子亥翻。四夷外侵，盜賊內起，每聞民饑，或達旦不寐，躬自減徹謂減膳徹樂之類。以救災戹，故天下復平，歲還豐穰。和熹臨朝之政，可謂牝雞之晨，唯家之索矣。

上始親政事，尚書陳忠薦隱逸及直道之士潁川杜根、平原成翊世之徒，上皆納用之。忠，寵之子也。初，鄧太后臨朝，根爲郎中，與同時郎上書言：「帝年長，宜親政事。」長，知兩翻。太后大怒，皆令盛以縑囊，於殿上撲殺之，盛，時征翻。撲，普卜翻，蜀本弼角切。既而載出城外，根得蘇；太后使人檢視，根遂詐死，三日，目中生蛆，蛆，子余翻。凡蠅所集，其遺子之處生爲蛆。因得逃竄，爲宜城山中酒家保，積十五年。宜城縣，屬南郡。賢曰：宜城故城，在今襄州率道縣南，其地出美酒。廣雅云：保，使也，言爲人傭力保任而使也。成翊世以郡吏亦坐諫太后不歸政抵罪。帝皆徵詣公車，拜根侍御史，翊世尚書郎。爲諸鄧得罪張本。或問根曰：「往者遇禍，天下同義，天下之士以根直諫遇禍，同義之也。知故不少，少，詩沼翻。何至自苦如此？」根曰：「周旋民間，非絕跡之處，邂逅發露，邂逅，不期而會，謂出於意料之外也。禍及親知，故不爲也。」申屠蟠絶跡梁、碭，祖根之故智也。

4 戊申，追尊清河孝王曰孝德皇，皇妣左氏曰孝德后，祖妣宋貴人曰敬隱后。尊其所自出也。謚法：執義行善曰德；綏柔士民曰德；不顯尸國曰隱；見美堅長曰隱。初，長樂太僕蔡倫受竇后諷旨誣陷宋貴人，事見四十六卷章帝建初七年。樂，音洛。帝敕使自致廷尉，倫飲藥死。自致廷尉者，使其自詣獄。

5 夏，四月，高句麗復與鮮卑入寇遼東，蔡諷追擊於新昌，戰歿。新昌縣，屬遼東郡。功曹掾龍端、兵馬掾公孫酺以身扞諷，俱歿於陳。范書東夷傳作「功曹耿耗、兵馬掾龍端」。酺，音蒲。陳，讀曰陣。

6 丁巳，尊帝嫡母耿姬爲甘陵大貴人。郡國志：清河郡厝縣，帝改名甘陵。賢曰：甘陵，孝德皇之陵也，因以爲縣，在今貝州清河縣東。宋白曰：貝州清河縣，本周甘泉氏之地，秦、漢爲信城縣，後漢爲厝縣，桓帝改爲甘陵，故城在今縣西北。清河王慶陵，在今清河郡東南三十里故厝城。

7 甲子，樂成王萇坐驕淫不法，貶爲蕪湖侯。范書紀、傳皆作「臨湖侯」。賢曰：臨湖縣屬廬江郡。

8 己巳，令公卿下至郡國守相各舉有道之士一人。尚書陳忠以詔書既開諫爭，爭，讀曰諍。慮言事者必多激切，或致不能容，乃上疏豫通廣帝意曰：「臣聞仁君廣山藪之大，賢曰：左氏傳曰：川澤納汙，山藪藏疾，瑾瑜匿瑕，國君含垢，天之道也。納切直之謀，忠臣盡謇諤之節，不畏逆耳之害，易曰：王臣蹇蹇。晉王豹傳作「謇」。史記趙簡子曰：衆人之唯唯，不如周舍之諤諤。家語：孔子曰：忠言逆耳而利於行也。是以高祖舍周昌桀、紂之譬，周昌嘗燕入奏事，高祖方擁戚姬，昌還走，帝逐得，騎昌項，問曰：「我何如主？」昌仰曰：「陛下卽桀、紂之主！」上笑，自是心憚昌。舍，讀曰捨。孝文喜袁盎人豕之譏，事見十三卷文帝二年。武帝納東方朔宣室之正，事見十八卷武帝元光五年。元帝容薛廣德自刎之切。事見二十八卷元帝永光元年。刎，武粉翻。今明詔崇高宗之德，推宋景之誠，引咎克躬，諮訪羣吏。時詔公卿百僚各上封事。言事者見杜根、成翊世等新蒙表錄，顯列二臺，賢曰：謂根爲侍御史，翊世爲尚書郎也。余按漢制，尚書、御史皆曰臺。必承風響應，爭爲切直。若嘉謀異策，宜輒納用；如其管穴，妄有譏刺，賢曰：管穴，言小也。史記：扁鵲曰：若以管窺天，以隙視文。隙，卽穴也。雖苦口逆耳，不得事實，且優游寬容，以示聖朝無諱之美；若有道之士對問高者，宜垂省覽，省，悉景翻。特遷一等，以廣直言之路。」書御，御，進也。書御，書進而經覽也。有詔，拜有道高第士沛國施延爲侍中。有道高第，舉有道，對問爲上第也。姓譜：魯大夫施伯，出於魯惠公之子子尾字施父。

初，汝南薛包，少有至行，父娶後妻而憎包，分出之。包日夜號泣，不能去，少，詩照翻。行，下孟翻。號，戶刀翻。至被毆扑，以敲扑毆之也。扑，普卜翻。不得已，廬於舍外，旦入洒掃。洒，所賣翻；掃，素報翻；又並如字。父怒，又逐之，乃廬於里門，晨昏不廢。不廢定省之禮也。積歲餘，父母慙而還之。及父母亡，弟子求分財異居；包不能止，乃中分其財，奴婢引其老者，曰：

「吾少時所治，與我共事久，若不能使也。」若，汝也。田廬取其荒頓者，賢曰：頓，猶廢也。曰：「吾少時所治，輒意所戀也。」治，直之翻。器物取朽敗者，曰：「我素所服食，身口所安也。」弟子數破其產，輒復賑給。數，所角翻。復，扶又翻。帝聞其名，令公車特徵，特，獨也，獨徵之，當時無與並者。至，拜侍中。包以死自乞，有詔賜告歸，加禮如毛義。毛義事見四十六卷章帝元和元年。

9帝少號聰明，故鄧太后立之。及長，多不德，少，詩照翻。長，知兩翻。稍不可太后意；言意不以爲可也。帝乳母王聖知之。太后徵濟北、河間王子詣京師；濟，子禮翻。河間王子翼，美容儀，太后奇之，以爲平原懷王後，留京師。王聖見太后久不歸政，慮有廢置，常與中黃門李閏、江京候伺左右，共毀短太后於帝，帝每懷忿懼。伺，相吏翻。及太后崩，宮人先有受罰者懷怨恚，恚，於避翻。因誣告太后兄弟悝、弘、閶先從尚書鄧訪取廢帝故事，謀立平原王。帝聞，追怒，令有司奏悝等大逆無道，遂廢西平侯廣宗、葉侯廣德、西華侯忠、陽安侯珍、都鄉侯甫德皆爲庶人。忠，閶之子。珍，悝兄京之子。西華、陽安二縣，皆屬汝南郡。悝，苦回翻。閶，音昌。葉，式涉翻。鄧騭以不與謀，但免特進，遣就國；與，讀曰豫。宗族免官歸故郡，鄧氏，故南陽人。沒入騭等貲財田宅。徙鄧訪及家屬於遠郡，郡縣迫逼，廣宗及忠皆自殺。又徙封騭爲羅侯；羅縣，屬長沙郡。五月，庚辰，騭與子鳳並不食而死。騭從弟河南尹豹、度遼將軍舞陽侯遵、將作大匠暢皆自殺；從，才用翻。唯廣德兄弟以母與閻后同產，得留京師。復以耿夔爲度遼將軍，徵樂安侯鄧康爲太僕。按范書鄧禹傳：明帝分禹國爲三，封其三子，季子珍爲夷安侯。康以珍之子紹封，「樂安」當作「夷安」。郡國志，夷安、高密二縣，皆屬北海國。賢曰：夷安故城，今高密縣外城。丙申，貶平原王翼爲都鄉侯，遣歸河間。翼謝絕賓客，閉門自守，由是得免。

初，鄧后之立也，見四十八卷和帝永元十四年。太尉張禹、司徒徐防欲與司空陳寵共奏追封后父訓，寵以先世無奏請故事，爭之，連日不能奪；及訓追加封謚，禹、防復約寵俱遣子奏【章：甲十六行本「奏」作「奉」；乙十一行本同。】禮於虎賁中郎將騭，寵不從；故寵子忠不得志于鄧氏。騭等敗，忠爲尚書，數上疏陷成其惡。寵之所守是也，忠之所爲非也。復，扶又翻。數，所角翻。

大司農京兆朱寵痛騭無罪遇禍，乃肉袒輿櫬櫬，初覲翻。賢曰：櫬，親身棺。上疏曰：「伏惟和熹皇后聖善之德，爲漢文母。賢曰：詩凱風曰：母氏聖善。文母，文王之母太任也。寵言太后有聖善之德，比於文母也。兄弟忠孝，同心憂國，【章：甲十六行本「國」下有「宗廟有主」四字；乙十一行本同；張校同；退齋校同。】社稷【章：甲十六行本「社稷」作「王室」；乙十一行本同；退齋校同。】是賴；賢曰：殤帝崩，太后與騭定立安帝，故曰是賴。功成身退，讓國遜位，歷世貴戚，無與爲比，當享積善履謙之祐。賢曰：易曰：積善之家，必有餘慶。又曰：鬼神害盈而福謙。而橫爲宮人單辭所陷，兩造不備又無徵左者爲單辭。橫，戶孟翻。利口傾險，反亂國家，論語曰：惡利口之覆邦家者。罪無申證，獄不訊鞫，賢曰：申，明白也；訊，問也；鞫，窮也。遂令騭等罹此酷陷，【章：甲十六行本「陷」作「濫」；乙十一行本同。】一門七人，並不以命，賢曰：七人，謂騭、從弟豹，遵、暢，騭子鳳，鳳從弟廣宗、忠也。屍骸流離，冤魂不反，逆天感人，率土喪氣。喪，息浪翻。宜收還冢次，寵樹遺孤，奉承血祀，以謝亡靈。」賢曰：血祀，謂祭廟殺牲取血以降神也。寵知其言切，自致廷尉；陳忠復劾奏寵，詔免官歸田里。劾，戶概翻，又戶得翻。衆庶多爲騭稱枉者，復，扶又翻。爲，于僞翻。帝意頗悟，乃譴讓州郡，賢曰：以逼迫廣宗等故也。還葬騭等於北芒，賢曰：北芒山，在雒陽城北。諸從兄弟皆得歸京師。從，才用翻。

10 帝以耿貴人兄牟平侯寶監羽林左軍車騎；羽林分左右監，各主左右騎。寶監，古銜翻。封宋楊四子皆爲列侯，宋氏爲卿、校、侍中大夫、謁者、郎吏十餘人；校，戶教翻。閻皇后兄弟顯、景、耀，並爲卿、校，典禁兵。卿、校，九卿及諸校尉也。於是內寵始盛。

帝以江京嘗迎帝於邸，謂延平元年迎帝於清河邸也。以爲京功，封都鄉侯，封李閏爲雍鄉侯，閏、京並遷中常侍。京兼大長秋，與中常侍樊豐、黃門令劉安、鉤盾令陳達百官志：黃門令，主省中諸宦者，鉤盾令，典諸近地苑囿游觀之處，皆宦者爲之。盾，食尹翻。及王聖、聖女伯榮扇動內外，競爲侈虐；伯榮出入宮掖，傳通姦賂。司徒楊震上疏曰：「臣聞政以得賢爲本，治以去穢爲務；治，直吏翻。去，羌呂翻。是以唐、虞俊乂在官，四凶流放，見尚書。孔安國曰：俊乂，俊德能治之士。馬融曰：千人曰俊，百人曰乂。天下咸服，以致雍熙。雍，和也。熙，亦和也。方今九德未事，賢曰：尚書臯陶謨曰：亦行有九德，寬而栗，柔而立，愿而恭，亂而敬，擾而毅，直而溫，簡而廉，剛而塞，強而義。又曰：九德咸事，俊乂在官。孔安國曰：使九德之人皆用事。嬖倖充庭。謚法：賤而得愛曰嬖。阿母王聖，出自賤微，得遭千載，載，子亥翻。奉養聖躬，雖有推燥居溼之勤，孝經援神契曰：母之於子也，鞠養殷勤，推燥居濕，絕少分甘也。推，吐雷翻。前後賞惠，過報勞苦，而無厭之心不知紀極，外交屬託，厭，於鹽翻。屬，之欲翻。擾亂天下，損辱清朝，塵點日月。朝，直遙翻。夫女子、小人，近之喜，遠之怨，實爲難養。論語曰：唯女子與小人爲難養也，近之則不遜，遠之則怨。近，其靳翻。遠，于願翻。宜速出阿母，令居外舍，斷絕伯榮，莫使往來；斷，丁管翻。令恩德兩隆，上下俱美。」奏御，帝以示阿母等，內倖皆懷忿恚。恚，於避翻。

而伯榮驕淫尤甚，通於故朝陽侯劉護從兄瓌，瓌遂以爲妻，官至侍中，得襲護爵。賢曰：護，泗水王歙之從曾孫。朝陽縣，屬南郡，故城在今鄧州穰縣南，今謂之朝城。從，才用翻。瓌，古回翻。震上疏曰：「經制，父死子繼，兄亡弟及，以防篡也。賢曰：公羊傳曰：劉子、單子以王猛入于王城者何？西周也。其言入何？篡亂也。冬十月，王子猛卒。此未踰年之君，其稱王子猛卒何？不予當也。不予當者，不予當父死子繼，兄亡弟及也。伏見詔書，封故朝陽侯劉護再從兄瓌襲護爵爲侯；從，才用翻。護同產弟威，今猶見在。見，賢遍翻。臣聞天子專封，封有功；諸侯專爵，爵有德。今瓌無他功行，行，下孟翻。但以配阿母女，一時之間，既位侍中，又至封侯，不稽舊制，不合經義，行人喧譁，百姓不安。陛下宜鑒鏡既往，順帝之則。」尚書廣陵翟酺范書列傳：酺，廣漢雒人。「陵」，當作「漢」。

廣漢郡，屬益州。翟，直格翻。酺，音蒲。上疏曰：「昔竇、鄧之寵，傾動四方，兼官重紱，重，直龍翻。盈金積貨，至使議弄神器，賢曰：神器，謂天位也。老子曰：天下神器不可爲也。余謂威福人主之神器，此言弄威福耳。改更社稷，更，工衡翻。豈不以勢尊威廣以致斯患乎！及其破壞，頭顙墮地，願爲孤豚，豈可得哉！夫致貴無漸，失必暴；受爵非道，殃必疾。今外戚寵幸，功均造化，漢元以來未有等比。漢元，漢初也。比，頻寐翻。陛下誠仁恩周洽，以親九族，然祿去公室，政移私門，覆車重尋，寧無摧折！重，直龍翻。折，而設翻。此最安危之極戒，社稷之深計也。昔文帝愛百金於露臺，飾帷帳於皁囊，文帝集上書皁囊以爲殿帷。或有譏其儉者，上曰：『朕爲天下守財耳，爲，于僞翻。豈得妄用之哉！』今自初政以來，日月未久，費用賞賜，已不可算。斂天下之財，積無功之家，帑藏單盡，帑，他朗翻。藏，徂浪翻。單，與殫同。民物彫傷，卒有不虞，卒，讀曰猝。虞，度也；不虞，謂事變出於虞度之外者也。復當重賦，復，扶又翻。百姓怨叛既生，危亂可待也。願陛下勉求忠貞之臣，誅遠佞諂之黨，割情欲之歡，罷宴私之好，遠，于願翻。好，呼到翻。心存亡國所以失之，鑒觀興王所以得之，庶災害可息，豐年可招矣。」書奏，皆不省。省，悉景翻。

11 秋，七月，己卯，改元，赦天下。

12 壬寅，太尉馬英薨。考異曰：傳作「策罷」，誤。今從紀。

13 燒當羌忍良等，以麻奴兄弟本燒當世嫡，燒當豪帥東號，和帝永元元年降。其子麻奴，永初元年叛出塞。而校尉馬賢撫恤不至，常有怨心，遂相結，共脅將諸種寇湟中，攻金城諸縣。八月，賢將先零種擊之，戰於牧苑，不利。漢邊郡皆有牧苑以養馬，此牧苑在金城界。將，卽亮翻。零，音憐。種，章勇翻。麻奴等又敗武威、張掖郡兵於令居，敗，補邁翻。令，孟康音連，師古音零。因脅將先零、沈氏諸種四千餘戶緣山西走，寇武威。賢追到鸞鳥，鸞鳥縣，屬武威郡。鳥，音雀。賢曰：鸞鳥故城在今涼州昌松縣北。鸞，音藿，沽丸翻。劉昫曰：涼州神鳥縣，漢鸞鳥縣地，嘉麟縣則鸞鳥古城也。招引之，諸種降者數千，降，戶江翻。麻奴南還湟中。

14 甲子，以前司徒劉愷爲太尉。初，清河相叔孫光坐臧抵罪，遂增禁錮二世。臧，古贓字通。賢曰：二世，謂父子俱禁錮。至是，居延都尉范邠復犯臧罪，朝廷欲依光比；帝置居延屬國都尉，別領居延一城，屬涼州。復，扶又翻。賢曰：比，類也。以邠類光，亦錮及其子也。比，音庇。劉愷獨以【章：甲十六行本「以」下有「爲」字；乙十一行本同。】「春秋之義，善善及子孫，惡惡止其身，所以進人於善也。公羊傳曰：曹公孫會自鄸出奔宋，畔也。曷爲不言畔？爲公子喜時之後諱也；春秋爲賢者諱也。何賢乎？公子喜時讓國也。君子之善善也長，惡惡也短，惡惡止其身，善善及子孫。賢者子孫，故君子爲其諱也。如今使臧吏禁錮子孫，以輕從重，懼及善人，非先王詳刑之意也。」左傳曰：刑濫則懼及善人。鄭玄曰：詳，審察也。陳【章：甲十六行本「陳」上有「尚書」二字；乙十一行本同；退齋校同。】忠亦以爲然。有詔：「太尉議是。」

15鮮卑其至鞬寇居庸關。九月，雲中太守成嚴擊之，兵敗，居庸關在上谷界，蓋鮮卑先寇居庸關，遂入雲中界也。功曹楊穆以身扞嚴，與之俱歿；鮮卑於是圍烏桓校尉徐常於馬城。度遼將軍耿夔與幽州刺史龐參發廣陽、漁陽、涿郡甲卒救之，三郡皆屬幽州。鮮卑解去。

16戊子，帝幸衛尉馮石府，留飲十餘日，考異曰：袁紀曰：「十二月，丙申，乃還宮」，今從石傳。賞賜甚厚，拜其子世爲黄門侍郎，世弟二人皆爲郎中。石，陽邑侯魴之孫也，按范書，馮魴封陽邑鄉侯。魴，音房。父柱尚顯宗女獲嘉公主，石襲公主爵，爲獲嘉侯，獲嘉縣，屬河内郡，本汲之新中鄉也。武帝行幸過此，聞獲呂嘉，因以名縣。能取悦當世，故爲帝所寵。

17京師及郡國二十七雨水。范書帝紀作「二十九」。

18冬，十一月，己丑，郡國三十五地震。

19鮮卑寇玄菟。菟，同都翻。

20尚書令祋諷等奏，以爲「孝文【章：甲十六行本「文」下有「皇帝」二字；乙十一行本同；孔本同。】定約禮之制，光武皇帝絕告寧之典，祋，丁外翻，又丁活翻，姓也。約禮，謂以日易月也。前書音義曰：告寧，休謁之名；吉曰告，凶曰寧。貽則萬世，誠不可改，宜復斷大臣行三年喪。」斷，丁管翻；下同。尚書陳忠上疏曰：「高祖受命，蕭何創制，大臣有寧告之科，合於致憂之義。論語曰：人未有自致者也，必也親喪乎！建武之初，新承大亂，凡諸國政，多趣簡易，趣，七喻翻。易，以豉翻。大臣既不得告寧而羣司營祿念私，鮮循三年之喪鮮，息淺翻。以報顧復之恩者，詩蓼莪云：父母生兮〔我〕，顧我復我，欲報之德，昊天罔極。禮義之方，實爲彫損。陛下聽大臣終喪，聖功美業，靡以尚茲。孟子曰：『老吾老以及人之老，幼吾幼以及人之幼，天下可運於掌。』賢曰：言敬吾老亦敬人之老，愛吾幼亦愛人之幼，有敬愛之心，則天下歸順之也。運掌，言易也。范氏曰：老吾老，以老者之禮養吾之老，則謂事親也，使天下之老者皆得其養，故曰以及人之老。幼吾幼，以幼者之禮待吾之幼，謂愛其子也，使天下之幼者皆得其長，故曰以及人之幼。天下可運於掌，言其易也。臣願陛下登高北望，以甘陵之思揆度臣子之心，則海內咸得其所。」賢曰：甘陵，帝父母陵，陵在清河，故北望也。度，徒洛翻。時宦官不便之，竟寢忠奏。

庚子，復斷二千石以上行三年喪。元初三年，聽大臣行三年喪，今復斷之。斷，音短。

袁宏論曰：古之帝王所以篤化美俗，率民爲善，因其自然而不奪其情，民猶有不及者，而況毀禮止哀，滅其天性乎！

21 十二月，高句驪王宮率馬韓、濊貊數千騎圍玄菟，韓有三種，一曰馬韓，二曰辰韓，三曰弁辰。馬韓在西，有五十四國。句，如字，又音駒。驪，力知翻。濊，音穢。貊，莫百翻。夫餘王遣子尉仇台將二萬餘人與州郡并力討破之。夫，音扶。是歲，宮死，子遂成立。玄菟太守姚光上言，欲因其喪，發兵擊之，議者皆以爲可許。陳忠曰：「宮前桀黠，黠，下八翻。光不能討，死而擊之，非義也。宜遣使弔問，因責讓前罪，赦不加誅，取其後善。」帝從之。

延光元年（壬戌、一二二）

1春，三月，丙午，改元，赦天下。

2護羌校尉馬賢追擊麻奴，到湟中，破之，種衆散遁。種，章勇翻。

3夏，四月，京【章：甲十六行本「京」上有「癸未」二字；乙十一行本同；孔本同；退齋校同。】師、郡國四【章：甲十六行本「四」作「二」；乙十一行本同。】十一雨雹，雨，于具翻。河西雹大者如斗。

4幽州刺史馮煥、玄菟太守姚光數糾發姦惡，數，所角翻。怨者詐作璽書，譴責煥、光，賜以歐刀，賢曰：歐刀，刑人之刀也。歐，音一口翻。余謂古歐冶子善作劍，故謂劍爲歐刀；當音烏侯翻。又下遼東都尉龐奮，使速行刑。下，遐稼翻。奮卽斬光，收煥。考異曰：帝紀：「建光元年，四月，甲戌，龐奮承僞璽書殺姚光。」馮緄傳亦云「建光元年」。按帝紀，去年十二月，高驪圍玄菟，而高驪傳有姚光上言，蓋光實以延光元年被殺，紀、傳誤以「延」爲「建」。又今年四月無甲戌。煥欲自殺，其子緄疑詔文有異，緄，古本翻。止煥曰：「大人在州，志欲去惡，實無他故。必是凶人妄詐，規肆姦毒。願以事自上，去，羌呂翻。上，時掌翻。甘罪無晚。」煥從其言，上書自訟，果詐者所爲，徵奮，抵罪。

5癸巳，司空陳褒免。五月，庚戌，宗正彭城劉授爲司空。

6己巳，封河間孝王子德爲安平王，嗣樂成靖王後。自是樂成國改曰安平。去年樂成王萇以罪廢，今以德紹靖王後。謚法：柔德安衆曰靖；恭己鮮言曰靖；寬樂令終曰靖。

7 六月，郡國蝗。

8 秋，七月，癸卯，京師及郡國十三地震。

9 高句驪王遂成還漢生口，詣玄菟降，降，戶江翻；下同。其後濊貊率服，東垂少事。濊，音穢。少，詩沼翻。

10 虔人羌與上郡胡反，度遼將軍耿夔擊破之。

11 八月，陽陵園寢火。景帝陵園寢也。

12 九月，甲戌，郡國二十七地震。

13 鮮卑既累殺郡守，膽氣轉盛，控弦數萬騎，冬，十月，復寇鴈門、定襄；復，扶又翻。十一月，寇太原。

14 燒當羌麻奴飢困，將種衆詣漢陽太守耿种降。種，章勇翻。种，音沖。

15 是歲，京師及郡國二十七雨水。

16 帝數遣黃門常侍及中使伯榮往來甘陵，數，所角翻。使，疏吏翻。尚書僕射陳忠上疏曰：「今天心未得，隔并屢臻，賢曰：隔并，謂水旱不節也。尚書曰：一極備凶，一極無凶。并，音必姓翻。青、冀之域，淫雨漏河，賢曰：漏，溢也。余謂雨久不止，河隄爲之決漏也。徐、岱之濱，海水盆溢，禹貢：海岱及淮爲徐州。故曰徐、岱。盆，讀與湓同，音蒲悶翻。兗、豫蝗蝝滋生，賢曰：蝝，螽子也，音余專翻。余按蝝，蝗子也；董仲舒云然。左傳：宣十五年，冬，蝝生。劉歆曰：蚍蜉子。杜預曰：螽子以冬生，遇寒而死，故不成螽。爾雅曰：蝝、蝮、蜪，蝗也。陸璣草木疏云：螽，幽州人謂之舂箕，蝗類也。曰螽子者，猶蝗子也。荆、揚稻收儉薄，并、涼二州羌戎叛戾，加以百姓不足，府帑虛匱。帑，他朗翻。陛下以不得親奉孝德皇園廟，比遣中使致敬甘陵，比，毗至翻。朱軒駢馬，相望道路，賢曰：朱軒車，使者所乘也。駢，並也。可謂孝至矣。然臣竊聞使者所過，威權翕赫，震動郡縣，王、侯、二千石至爲伯榮獨拜車下，爲，于僞翻；下猥爲、誤爲同。發民修道，繕理亭傳，傳，株戀翻。多設儲偫，偫，大理翻，具也。徵役無度，老弱相隨，動有萬計，賂遺僕從，人數百匹，謂縑帛也。遺，于季翻。從，才用翻。頓踣呼嗟，踣，蒲墨翻；僵也，斃也。莫不叩心。河間託叔父之屬，清河有陵廟之尊，賢曰：河間王開，安帝叔也。清河王，延平也。陵廟所在，故曰尊。及剖符大臣，皆猥爲伯榮屈節車下，陛下不問，必以爲陛下欲其然也。伯榮之威，重於陛下，陛下之柄，在於臣妾，水災之發，必起於此。昔韓嫣託副車之乘，受馳視之使，江都誤爲一拜，而嫣受歐刀之誅。韓嫣有寵於武帝，常與帝共臥起。江都王入朝，從上獵上林中。天子車駕趩通，未行，先使嫣乘副車，從數十百騎馳視獸。江都王望見，以爲天子，辟從者伏謁道旁，嫣驅不見。既過，江都王怒，爲太后泣，請得歸國入宿衛，比韓嫣；太后由此銜嫣，遂誅嫣。嫣，音偃。臣願明主嚴天元之尊，正乾剛之位，賢曰：天元，猶乾元也。不宜復令女使干錯萬機。復，扶又翻。使，如字。重察左右，得無石顯漏泄之姦？石顯事見二十九卷元帝建昭二年。重，直用翻。尚書納言，得無趙昌譖崇之詐？趙昌事見三十四卷哀帝建平四年。公卿大臣，得無朱博阿傅之援？朱博事見三十四卷建平二年。外屬近戚，得無王鳳害商之謀？王鳳事見三十卷成帝河平四年。若國政一由帝命，王事每決於己，則下不得偪上，臣不得干君，常雨大水必當霽止，四方衆異不能爲害。」書奏，不省。省，悉景翻。

時三府任輕，機事專委尚書，而災眚變咎，輒切免三公，賢曰：切，責也。陳忠上疏曰：「漢興【章：乙十一行本「興」作「典」；孔本同。】舊事，丞相所請，靡有不聽。今之三公，雖當其名而無其實，選舉誅賞，一由尚書，尚書見任，重於三公，陵遲以來，其漸久矣。臣忠心常獨不安。近以地震，策免司空陳褒，今者災異，復欲切讓三公。復，扶又翻。昔孝成皇帝以妖星守心，移咎丞相，事見三十三卷綏和二年。卒不蒙上天之福，卒，子恤翻。徒乖宋景之誠；故知是非之分，較然有歸矣。分，扶問翻。又尚書決事，多違故典，罪法無例，詆欺爲先，文慘言醜，有乖章憲。宜責求其意，割而勿聽，上順國典，下防威福，置方員於規矩，審輕重於衡石，此言決事當依典法也。賢曰：衡，秤衡也，三十斤爲鈞，四鈞爲石。誠國家之典，萬世之法也！」

17 汝南太守山陽王龔，政崇寬和，好才愛士。以袁閬爲功曹，好，呼到翻。閬，音浪。引進郡人黃憲、陳蕃等；憲雖不屈，蕃遂就吏。就辟而爲吏也。閬不修異操而致名當時，蕃性氣高明，龔皆禮之，由是羣士莫不歸心。

憲世貧賤，父爲牛醫。潁川荀淑至愼陽，愼陽縣，屬汝南郡。憲，縣人也。賢曰：在愼水之南，因以名縣。應劭曰：愼水出東北入淮。師古曰：「愼」字本作「滇」，音眞，後誤爲「愼」耳，今猶有眞丘、眞陽縣，知音不改也。闞駰曰：永平五年，失印更刻，遂誤以「水」爲「心」。余按水北爲陽，賢既云縣在水南，而名愼陽，何也？遇憲於逆旅，逆，迎也，設館舍以迎客，故曰逆旅。賢曰：逆旅，客舍。時年十四；淑竦然異之，揖與語，移日不能去，移日，言日移晷也。謂憲曰：「子，吾之師表也。」既而前至袁閬所，未及勞問，勞，力到翻。逆曰：「子國有顏子，寧識之乎？」賢曰：顏子，顏回也。閬，汝南汝陽人。閬曰：「見吾叔度耶？」黃憲，字叔度。是時同郡戴良，才高倨傲，而見憲未嘗不正容，及歸，罔然若有失也。其母問曰：「汝復從牛醫兒來邪？」復，扶又翻；下同。對曰：「良不見叔度，自以爲無不及；既覩其人，則瞻之在前，忽然在後，論語，顏回慕孔子之言。固難得而測矣。」陳蕃及同郡周舉嘗相謂曰：「時月之間，不見黃生，則鄙吝之萌復存乎心矣。」自朔至晦爲一月；三月爲一時。賢曰：吝，貪也。余謂作事可卑賤者謂之鄙，作事可羞恨者謂之吝。太原郭泰，少遊汝南，少，詩照翻。先過袁閬，不宿而退；進，往從憲，累日方還。或以問泰，曰：「奉高之器，譬諸氿濫，雖清而易挹。賢曰：奉高，閬字也。爾雅：側出氿泉，正出濫泉。氿，音軌。濫，音檻。易，以豉翻。叔度汪汪若千頃陂，澄之不清，淆之不濁，不可量也。」賢曰：淆，混也。量，音良。憲初舉孝廉，又辟公府。友人勸其仕，憲亦不拒之，暫到京師，卽還，竟無所就，年四十八終。

范曄論曰：黃憲言論風旨，無所傳聞；然士君子見之者靡不服深遠，去玼【章：甲十六行本「玼」作「琲」；乙十一行本同。】吝，遠，于願翻。賢曰：玼，音此。說文曰：鮮色也。據此，文當爲「疵」，作「玼」者，古字通也。將以道周性全，無德而稱乎！賢曰：道周備，性全一，無德而稱，言其德大無能名焉。余曾祖穆侯賢曰：晉書曰：范汪，字玄平，安北將軍。汪生甯，甯生泰，泰生曄。以爲：「憲，隤然其處順，賢曰：易繫辭曰：夫坤，隤然示人簡矣。隤，柔順貌，音大回翻。處，昌呂翻。淵乎其似道，賢曰：老子曰：道沖而用之或不盈，淵乎似萬物之宗。言深而不可測也。淺深莫臻其分，分，扶問翻。清濁未議其方，賢曰：方，所也。若及門於孔氏，其殆庶乎！」賢曰：易繫辭曰：顏氏之子，其殆庶幾乎！殆，近也。

二年（癸亥、一二三）

1 春，正月，旄牛夷反，前漢旄牛縣，屬蜀郡，後漢省。華陽國志：旄牛縣在邛萊山表。益州刺史張喬擊破之。

2 夏，四月，戊子，爵乳母王聖爲野王君。

3 北匈奴連與車師入寇河西，議者欲復閉玉門、陽關以絕其患。賢曰：玉門、陽關，二關名也，在敦煌西界，皆在敦煌龍勒界。復，扶又翻；下同。敦煌太守張璫上書曰：敦，徒門翻。「臣在京師，亦以爲西域宜棄，今親踐其土地，乃知棄西域則河西不能自存。謹陳西域三策：北虜呼衍王常展轉蒲類、秦海之間，賢曰：大秦國在西海西，故曰秦海。余按蒲類海在唐庭州界。蓋此時北匈奴雖微弱，然東畏鮮卑，不敢還故地，但結連車師、鄯善以擾河西，故呼衍一部常爲河西患。若賢註以大秦海西之國爲秦海，則約言之耳。西海廣遠，甘英之不能越，北匈奴兵威所未嘗役屬；言展轉二海間，特當時上書者張言之耳。專制西域，共爲寇鈔。今以酒泉屬國吏士二千餘人集昆侖塞，賢曰：前書，敦煌郡廣至縣有昆侖障，宜禾都尉居也。廣至故城，在今瓜州常樂縣東。註又見四十五卷明帝永平十七年，與此稍異。先擊呼衍王，絕其根本，因發鄯善兵五千人脅車師後部，此上計也。若不能出兵，可置軍司馬，將士五百人，四郡供其犂牛、穀食，出據柳中，此中計也。四郡，武威、酒泉、張掖、敦煌。賢曰：柳中，今西州縣。余按西域傳：柳中在後部金蒲城之北，去交河城八十里。杜佑曰：唐平高昌，以田地城爲柳中縣。鄯，上扇翻。如又不能，則宜棄交河城，收鄯善等悉使入塞，此下計也。」朝廷下其議。鄯，上扇翻。下，遐稼翻。

陳忠上疏曰：「西域內附日久，區區東望扣關者數矣，此其不樂匈奴、慕漢之效也。數，所角翻。樂，音洛。今北虜已破車師，勢必南攻鄯善，棄而不救，則諸國從矣。言從北匈奴也。若然，則虜財賄益增，膽勢益殖，賢曰：殖，生也。威臨南羌，即湟中及南山諸羌。與之交通，如此，河西四郡危矣。河西既危，不可不救，則百倍之役興，不訾之費發矣。毛晃曰：訾之爲言量也，不訾，謂無量可比也。訾，子斯翻。議者但念西域絕遠，卹之煩費，不見孝武苦心勤勞之意也。方今敦煌孤危，遠來告急，復不輔助，內無以慰勞吏民，勞，力到翻。外無以威示百蠻，蹙國減土，非良計也。臣以爲敦煌宜置校尉，按舊增四郡屯兵，以西撫諸國。」帝納之，於是復以班勇爲西域長史，賢曰：西域都護之長史也。余按班超未爲都護，亦爲將兵長史。敦，徒門翻。復，扶又翻；下同。將兵五百人出屯柳中。

4 秋，七月，丹陽山崩。丹陽郡，屬揚州。

5 九月，郡國五雨水。

6 冬，十月，辛未，太尉劉愷罷；甲戌，以司徒楊震爲太尉，光祿勳東萊劉熹爲司徒。大鴻臚耿寶自候震，候，見也。薦中常侍李閏兄於震曰：「李常侍國家所重，欲令公辟其兄；寶唯傳上意耳。」賢曰：言非己本心，傳在上之意。震曰：「如朝廷欲令三府辟召，故宜有尚書敕。」寶大恨而去。執金吾閻顯亦薦所親於震，震又不從。司空劉授聞之，卽辟此二人；由是震益見怨。時詔遣使者大爲王聖脩第；中常侍樊豐及侍中周廣、謝惲等更相扇動，傾搖朝廷。爲，于僞翻。惲，於粉翻。更，工衡翻。震上疏曰：「臣伏念方今災害滋甚，百姓空虛，三邊震擾，三邊，東、西、北也。帑藏匱乏，帑，它朗翻。藏，徂浪翻。殆非社稷安寧之時。詔書爲阿母興起第舍，合兩爲一，連里竟街，賢曰：合兩坊而爲一宅；里，卽坊也。雕脩繕飾，窮極巧伎，伎，渠綺翻。攻山採石，轉相迫促，爲費巨億。周廣、謝惲兄弟，與國無肺府枝葉之屬，府，與腑同。依倚近倖姦佞之人，與之分威共權，屬託州郡，屬，之欲翻。傾動大臣，宰司辟召，承望旨意，招來海內貪汙之人，受其貨賂，至有臧錮棄世之徒，賢曰：有贓賄禁錮之人。余謂棄世者，見棄於世也。復得顯用；白黑渾淆，清濁同源，天下讙譁，爲朝結譏。渾，戶本翻。讙，許元翻。爲，于僞翻。朝，直遙翻。臣聞師言，上之所取，師言，衆言也。財盡則怨，力盡則叛，怨叛之人，不可復使，惟陛下度之！」復，扶又翻。度，徒洛翻。上不聽。

7 鮮卑其至鞬自將萬餘騎攻南匈奴於曼柏，薁鞬日逐王戰死，殺千餘人。鞬，居言翻。薁，於六翻。

8 十二月，戊辰，京師及郡國三地震。

9 陳忠薦汝南周燮、南陽馮良學行深純，行，下孟翻。隱居不仕，名重於世；帝以玄纁羔幣聘之；玄，黑色。纁，淺絳色。周官考工記曰：三入爲纁。爾雅：三染謂之纁。孔穎達曰：束帛，十端也。端則二丈。十端，六玄、四纁。五兩，三玄、二纁。纁是地色，玄是天色。賢曰：禮，卿執羔。董仲舒春秋繁露曰：凡贄，卿用羔，羔有角而不用，執之不鳴，殺之不嗥，類死義者；羔飲其母必跪，類知禮者：故以爲贄。纁，許云翻。燮宗族更勸之曰：「夫脩德立行，所以爲國，更，工衡翻。行，下孟翻。爲，于僞翻。君獨何爲守東岡之陂乎？」燮居汝南安城，有先人草廬，結于岡畔，下有陂田，常肆勤以自給。燮曰：「夫脩道者度其時而動，動而不時，焉得亨乎！」賢曰：亨，通也。書曰：慮善而動，動惟厥時。度，徒洛翻。焉，於虔翻。與良皆自載至近縣，稱病而還。

三年（甲子、一二四）

1春，正月，班勇至樓蘭，以鄯善歸附，特加三綬，「三綬」，疑當作「王綬」。綬，音受。而龜茲王白英猶自疑未下；龜茲，音丘慈。勇開以恩信，白英乃率姑墨、溫宿，自縛詣勇，因發其兵步騎萬餘人到車師前王庭，擊走匈奴伊蠡王於伊和谷，蠡，音黎。收得前部五千餘人，於是前部始復開通；復，扶又翻。還，屯田柳中。

2二月，丙子，車駕東巡。辛卯，幸泰山。三月，戊戌，幸魯；還，幸東平，至東郡，歷魏郡、河內而還。還，從宣翻，又如字。

3初，樊豐、周廣、謝惲等見楊震連諫不從，無所顧忌，遂詐作詔書，調發司農錢穀、大匠見徒材木，調，徒弔翻。見，賢遍翻。各起冢舍、園池、廬觀，役費無數。觀，古玩翻。震復上疏曰：「臣備台輔，不能調和陰陽，去年十二月四日，京師地動，其日戊辰；三者皆土，位在中宮，賢曰：戊干、辰支，皆土也；并地動，故言三者。考異曰：震傳作「十一月四日」。按下文「其日戊辰」，十一月丙申朔，戊辰乃十二月四日也。此中臣、近官持權用事之象也。臣伏惟陛下以邊境未寧，躬自菲薄，宮殿垣屋傾倚，枝拄而已。賢曰：倚，邪也。拄，音竹柱翻。而親近倖臣，未崇斷金，賢曰：易繫辭曰：二人同心，其利斷金。言邪佞之人，不與上同心。近，其靳翻。斷，丁亂翻，王肅丁管翻。驕溢踰法，多請徒士，盛脩第舍，賣弄威福，道路讙譁，地動之變，殆爲此發。讙，許元翻。爲，于僞翻；下同。又，冬無宿雪，春節未雨，百僚焦心，而繕脩不止，誠致旱之徵也。惟陛下奮乾剛之德，棄驕奢之臣，以承皇天之戒！」震前後所言轉切，帝既不平之，而樊豐等皆側目憤怨，以其名儒，未敢加害。會河間男子趙騰上書指陳得失，帝發怒，遂收考詔獄，結以罔上不道。結者，結定其罪。震上疏救之曰：「臣聞殷、周哲王，小人怨詈，則還自敬德。賢曰：尚書無逸之辭。還，反也。敬德加謹，以增脩其德也。今趙騰所坐，激訐謗語，爲罪與手刃犯法有差，乞爲虧除，全騰之命，虧，減也。訐，居謁翻。以誘芻蕘輿人之言。」賢曰：輿，衆也。詩曰：詢于芻蕘。左氏傳曰：聽輿人之謀也。誘，音酉。帝不聽，騰竟伏尸都市。及帝東巡，樊豐等因乘輿在外，競脩第宅，乘，繩證翻。太尉部掾高舒召大匠令史考校之，漢公府諸曹掾，各有分部。賢曰：史謂府史也。余按漢諸官府各有令史。得豐等所詐下詔書，具奏，須行還上之，須，待也。待車駕行還，上言其事。下，遐稼翻。上，時掌翻。豐等惶怖。怖，普布翻。會太史言星變逆行，遂共譖震云：「自趙騰死後，深用怨懟；賢曰：懟，怨怒也，音直類翻。且鄧氏故吏，有恚恨之心。」賢曰：震初鄧騭辟之，故曰故吏。恚，於避翻；下同。壬戌，車駕還京師，便時太學，賢曰：且於太學待吉時而後入也，故曰便時。前書，便時上林延壽門。杜佑曰：便時，取日時之便。夜，遣使者策收震太尉印綬；震於是柴門絕賓客。柴，塞其門也。豐等復惡之，復，扶又翻。惡，烏路翻；下同。令大鴻臚耿寶奏：「震大臣，不服罪，懷恚望。」有詔，遣歸本郡。震，弘農華陰人。震行至城西夕【章：甲十六行本「夕」作「几」；乙十一行本同；孔本同；熊校同。】陽亭，雒陽城西也。乃慷慨謂其諸子、門人曰：賢曰：慷慨，悲嘆。余謂慷慨，不得意而見於辭色也。「死者，士之常分。分，扶問翻。吾蒙恩居上司，疾姦臣狡猾而不能誅，惡嬖女傾亂而不能禁，嬖，卑義翻，又必計翻。何面目復見日月！復，扶又翻；下同。身死之日，以雜木爲棺，布單被，裁足蓋形，勿歸冢次，勿設祭祀！」因飲酖而卒。弘農太守移良風俗通曰：齊公子雍食邑於移，其後氏焉。承樊豐等旨，遣吏於陝縣留停震喪，露棺道側，謫震諸子代郵行書；說文曰：郵，境上行書舍也。廣雅曰：郵，驛也。此言使震諸子代驛吏傳行文書也。陝，失冉翻。道路皆爲隕涕。爲，于僞翻。太僕征羌侯來歷曰：征羌侯國，屬汝南郡。光武以歷曾祖歙有平羌、隴之功，改汝南當鄉縣爲征羌國以封之。賢曰：征羌故城，在今豫州郾城縣東南。「耿寶託元舅之親，榮寵過厚，不念報國恩，而傾側姦臣，傷害忠良，其天禍亦將至矣。」歷，歙之曾孫也。歙，許及翻。

4夏，四月，乙丑，車駕入宮。

5戊辰，以光祿勳馮石爲太尉。

6南單于檀死，弟拔立，爲烏稽侯尸逐鞮單于。鞮，丁奚翻。時鮮卑數寇邊，數，所角翻；下同。度遼將軍耿夔與溫禺犢王呼尤徽將新降者連年出塞擊之，還使屯列衝要。衝要者，當敵之衝，邊之要地也。賢曰：還令新降者屯列衝要。降，戶江翻。耿夔徵發煩劇，新降者皆怨恨，大人阿族等遂反，阿族者，新降一部之大人也。脅呼尤徽欲與俱去。呼尤徽曰：「我老矣，受漢家恩，寧死，不能相隨！」衆欲殺之，有救者，得免。阿族等遂將其衆亡去。中郎將馬翼與胡騎追擊，破之，斬獲殆盡。賢曰：殆，近也，欲死盡，所餘無幾。

7 日南徼外蠻夷內屬。徼，吉弔翻。

8 六月，鮮卑寇玄菟。

9 庚午，閬中山崩。閬中縣，屬巴郡。賢曰：臨閬中水，因以爲名，今隆州縣。宋白曰：閬水紆曲，經其三面，縣居其中，取以名之。

10 秋，七【章：甲十六行本「七」作「八」；乙十一行本同，張校同，云無註本亦作「七」。】月，辛巳，以大鴻臚耿寶爲大將軍。

11 王聖、江京、樊豐等譖太子乳母王男、廚監邴吉等，殺之，廚監，主飲食。家屬徙比景；太子思男、吉，數爲歎息。爲，于僞翻。京、豐懼有後害，乃與閻后妄造虛無，構讒太子及東宮官屬。帝怒，召公卿以下，議廢太子。耿寶等承旨，皆以爲當廢。太僕來歷與太常桓焉、廷尉犍爲張皓議曰：犍，居言翻。「經說，年未滿十五，過惡不在其身；且男、吉之謀，太子容有不知；宜選忠良保傅，輔以禮義。廢置事重，此誠聖恩所宜宿留！」賢曰：宿留，猶停留也；音秀溜。帝不從。焉，郁之子也。郁，桓榮之子。張皓退，復上書曰：「昔賊臣江充造構讒逆，傾覆戾園，孝武久乃覺寤，雖追前失，悔之何及。事見二十三卷武帝征和二年、三年。今皇太子方十歲，未習保傅之教，可遽責乎！」書奏，不省。省，悉景翻。九月，丁酉，廢皇太子保爲濟陰王，居於德陽殿西鍾下。漢官儀曰：崇玄門內德陽殿也。按帝紀：德陽殿在北宮掖庭中。蔡質漢儀曰：正月旦，天子幸德陽殿，臨軒，公、卿、將、大夫、百官各陪朝賀，蠻、貊、胡、羌朝貢畢見，屬郡計吏皆覲，宗室諸劉雜會。又曰：德陽殿，周旋容萬人，陛高二丈，皆文石作壇，激沼水於殿下，天子正旦、節會朝百僚於此。濟，子禮翻。來歷乃要結光祿勳祋諷、宗正劉瑋、將作大匠薛皓、侍中閭丘弘、閭丘，複姓；左傳齊有閭丘嬰。陳光、趙代、施延、太中大夫九江朱倀等十餘人，要，一遙翻。祋，丁外翻，又丁活翻。倀，丑羊翻。俱詣鴻都門證太子無過。帝與左右患之，左右，近習也。乃使中常侍奉詔脅羣臣曰：「父子一體，天性自然；孟子曰：父子之道，天性也。以義割恩，爲天下也。爲，于僞翻。歷、諷等不識大典，而與羣小共爲讙譁，外見忠直見，賢遍翻。而內希後福，飾邪違義，豈事君之禮！朝廷廣開言【章：甲十六行本「言」下有「事之」二字；乙十一行本同；孔本同；張校同。】路，故且一切假貸；若懷迷不反，當顯明刑書。」諫者莫不失色。薛皓先頓首曰：「固宜如明詔。」歷怫然，賢曰：字林：怫，鬱也，音扶勿翻。余謂怫然，憤鬱之見於色者。廷詰皓曰：「屬通諫何言，而今復背之？賢曰：屬，近也。通，猶共也。近者共諫，何乃相背也？屬，之欲翻。復，扶又翻。背，蒲妹翻。大臣乘朝車，處國事，固得輾轉若此乎！」賢曰：輾轉不定也。詩曰：輾轉反側。處，昌呂翻。輾，音展。乃各稍自引起。歷獨守闕，連日不肯去。帝大怒，尚書令陳忠與諸尚書遂共劾奏歷等，帝乃免歷兄弟官，削國租，削其征羌國租也。劾，戶概翻，又戶得翻。黜歷母武安公主不得會見。武安公主，顯宗女也。武安縣，屬魏郡。見，賢遍翻。

12 隴西郡始還狄道。永初五年，隴西徙襄武。

13 燒當羌豪麻奴死，弟犀苦立。

14 庚申晦，日有食之。

15 冬，十月，上行幸長安；十一月，乙丑，還雒陽。

16 是歲，京師及諸郡國二十三地震，三十六大水、雨雹。雨，于具翻。

王崇武標點容肇祖聶崇岐覆校

資治通鑑卷第五十一

翰林學士兼侍讀學士朝散大夫右諫議大夫知制誥判尚書都省兼提舉萬壽觀公事上護軍河內郡開國侯食邑一千三百戶賜紫金魚袋臣　司馬光　奉敕編集

後學天台　胡三省　音註

漢紀四十三

起旃蒙赤奮若（乙丑），盡昭陽作噩（癸酉），凡九年。

孝安皇帝下

延光四年（乙丑、一二五）

1 春，二月，乙亥，下邳惠王衍薨。

2 甲辰，車駕南巡。

3 三月，戊午朔，日有食之。

4 庚申，帝至宛，不豫。宛，於元翻。書金縢：王有疾，弗豫。孔安國註曰：不悅豫。乙丑，帝發自宛；丁卯，至葉，崩于乘輿。葉，式涉翻。乘，繩證翻。年三十二。皇后與閻顯兄弟、江京、樊豐等謀曰：「今晏駕道次，賢曰：晏，晚也。臣下不敢斥言帝崩，猶言晚駕而出。道次，猶言路次也。濟陰王在內，邂逅公卿立之，還爲大害。」邂，下解翻。逅，戶茂翻。乃僞云「帝疾甚」，徙御臥車，所在上食、問起居如故。上，時掌翻。驅馳行四日，庚午，還宮。自葉至雒陽六百餘里。辛未，遣司徒劉熹詣郊廟、社稷，告天請命；武王有疾，周公爲三壇同墠，因太王、王季、文王以請命于天；後世踵而行之。其夕，【章：甲十六行本「夕」下有「乃」字；孔本同。】發喪。尊皇后曰皇太后。太后臨朝。以顯爲車騎將軍、儀同三司。太后欲久專國政，貪立幼年，與顯等定策禁中，迎濟北惠王子北鄉侯懿爲嗣。賢曰：惠王，名壽，章帝子也。濟，子禮翻。考異曰：東觀記、續漢書作「北鄉侯犢」，今從袁紀、范書。濟陰王以廢黜，不得上殿親臨梓宮，臨，力鴆翻。悲號不食；號，戶刀翻。內外羣僚莫不哀之。

5 甲戌，濟南孝王香薨，無子，國絕。香，濟南安王康之孫。康，光武子也。

6 乙酉，北鄉侯卽皇帝位。

7 夏，四月，丁酉，太尉馮石爲太傅，司徒劉熹爲太尉，參錄尚書事；前司空李郃爲司徒。郃，古合翻，又曷閤翻。

8 閻顯忌大將軍耿寶位尊權重，威行前朝，朝，直遙翻。乃風有司奏「寶及其黨與風，讀曰諷。中常侍樊豐、虎賁中郎將謝惲、侍中周廣、野王君王聖、聖女永等更相阿黨，互作威福，皆大不道。」辛卯，豐、惲、廣皆下獄，死；更，工衡翻。下，遐稼翻。家屬徙比景。貶寶及弟子林慮侯承皆爲亭侯，牟平侯耿舒子襲，尚顯宗女隆慮公主。寶嗣，襲封，而弟子承紹公主封爲林慮侯。林慮，即隆慮也，避殤帝諱，改「隆」爲「林」。慮，音廬。遣就國；寶於道自殺。王聖母、子徙鴈門。於是以閻景爲衞尉，耀爲城門校尉，晏爲執金吾，兄弟並處權要，處，昌呂翻。威福自由。

9 己酉，葬孝安皇帝于恭陵，賢曰：恭陵，在今洛陽東北二十七里。廟曰恭宗。

10 九〔六〕月，乙巳，赦天下。

11 秋，七月，西域長史班勇發敦煌、張掖、酒泉六千騎及鄯善、疏勒、車師前部兵擊後部王軍就，大破之，敦，徒門翻。鄯，上扇翻。獲首虜八千餘人，生得軍就及匈奴持節使者，將至索班沒處斬之，傳首京師。索班事見上卷永寧元年。

12 冬，十月，丙午，越嶲山崩。嶲，音髓。

13 北鄉侯病篤，中常侍孫程謂濟陰王謁者長興渠曰：賢曰：興，姓；渠，名。余按百官志，王國謁者比四百石，其下有禮樂長、衞士長、醫工長、永巷長、祠祀長，而無謁者長。竊意長興，姓也。「王以嫡統，本無失德；先帝用讒，遂至廢黜。若北鄉侯不起，相與共斷江京、閻顯，事無不成者。」斷，丁亂翻。渠然之。又中黃門南陽王康，先爲太子府史，太子府史，掌東宮府藏。及長樂太官丞京兆王國等長樂太官丞，掌太后食膳。樂，音洛。並附同於程。附同者，既相黨附，又與之同謀。江京謂閻顯曰：「北鄉侯病不解，解，散也。言病纏於身而不散也。國嗣宜以時定，何不早徵諸王子，簡所置乎！」

簡，擇也。置，立也。顯以爲然。辛亥，北鄉侯薨；顯白太后，祕不發喪，更徵諸王子，閉宮門，屯兵自守。

十一月，乙卯，孫程、王康、王國與中黄門黄龍、彭愷、孟叔、李建、王成、張賢、史汎、馬國、王道、李元、楊佗、陳予、趙封、李剛、魏猛、苗光等聚謀於西鍾下，皆截單衣爲誓。丁巳，京師及郡國十六地震。是夜，程等共會崇德殿上，崇德殿在南宮。水經註：魏文帝於漢崇德殿故處起太極殿，蓋南宮正殿也。因入章臺門。時江京、劉安及李閏、陳達等俱坐省門下，省門，即禁門也。前書謂禁中爲省中。程與王康共就斬京、安、達。以李閏權勢積爲省内所服，欲引爲主，因舉刃脅閏曰：「今當立濟陰王，毋得搖動！」閏曰：「諾。」於是扶閏起，俱於西鍾下迎濟陰王卽皇帝位，時年十一。召尚書令、僕射以下從輦幸南宮，程等留守省門，遮扞内外。帝登雲臺，召公卿、百僚，使虎賁、羽林士屯南、北宮諸門。

閻顯時在禁中，憂迫不知所爲，顯蓋在北宮。小黄門樊登勸顯以太后詔召越騎校尉馮詩、虎賁中郎將閻崇將兵屯平朔門以禦程等。考異曰：宦者傳作「朔平門」。今從袁紀。余按百官志，朔平門，北宮北門也；恐當以宦者傳爲是。顯誘詩入省，謂曰：「濟陰王立，非皇太后意，璽綬在此。誘，音酉。璽，斯氏翻。綬，音受。此謂天子璽綬也。苟盡力效功，封侯可得。」太后使授之印曰：「能得濟陰王者，封萬戶侯；得李閏者，五千戶侯。」詩等皆許諾，辭以「卒被召，所將衆少。」卒，讀曰猝。顯使與登迎吏士於左掖門外，詩因格殺登，歸營屯守。顯弟衛尉景遽從省中還外府，外府，衛尉府也。收兵至盛德門。孫程傳召諸尚書使收景。傳召，傳詔召之也。尚書郭鎮時臥病，聞之，卽率直宿羽林出南止車門，逢景從吏士拔白刃呼曰：「無干兵！」鎮卽下車持節詔之，景曰：「何等詔！」因斫鎮，不中。呼，火故翻。中，竹仲翻。鎮引劍擊景墮車，左右以戟叉其胸，遂禽之，送廷尉獄，卽夜死。

戊午，遣使者入省，奪得璽綬，帝乃幸嘉德殿，按帝紀，嘉德殿在南宮。遣侍御史持節收閻顯及其弟城門校尉耀、執金吾晏，並下獄，誅；下，遐稼翻。家屬皆徙比景。遷太后於離宮。己未，開門，罷屯兵。壬戌，詔司隸校尉：「惟閻顯、江京近親，當伏辜誅，其餘務崇寬貸。」封孫程等皆爲列侯：程食邑萬戶，王康、王國食九千戶，黃龍食五千戶，彭愷、孟叔、李建食四千二百戶，王成、張賢、史汎、馬國、王道、李元、楊佗、陳予、趙封、李剛食四千戶，魏猛食二千戶，苗光食千戶：是爲十九侯，孫程爲浮陽侯，王康爲華容侯，王國爲酈侯，黃龍爲湘南侯，彭愷爲西平昌侯，孟宿爲中盧侯，李建爲復陽侯，王成爲廣宗侯，張賢爲祝阿侯，史汎爲臨沮侯，馬國爲廣平侯，王道爲范縣侯，李元爲褒信侯，楊佗爲山都侯，陳予爲下雋侯，趙封爲析縣侯，李剛爲枝江侯，魏猛爲夷陵侯，苗光爲東阿侯。加賜車馬、金銀、錢帛各有差；李閏以先不豫謀，故不封。擢孫程爲騎都尉。初，程等入章臺門，苗光獨不入。詔書錄功臣，令王康疏名，康詐疏光入章臺門。光未受符策，漢初封王侯皆剖符；至武帝封齊、燕、廣陵三王，始作策。心不自安，詣黃門令自告。黃門令，主省中諸宦者，故詣之自告。有司奏康、光欺詐主上；詔書勿問。以將作大匠來歷爲衛尉。祋諷、【章：甲十六行本「諷」下有「劉瑋」二字；乙十一行本同；孔本同；張校同；退齋校同。】閭丘弘等先卒，皆拜其子爲郎。朱倀、施延、陳光、趙代皆見拔用，後至公卿。以來歷等鴻都門之諫也，事見上卷上年。祋，丁外翻，又丁活翻。倀，丑羊翻。徵王男、邴吉家屬還京師，厚加賞賜。男、吉家徙事見上卷上年。帝之見廢也，監太子家小黃門籍建、傅高梵、監，古銜翻。賢曰：梵，音扶汎翻。余按來歷傳：傅，中傅也。梵，又房戎翻。長秋長趙熹、丞良賀、良，姓也。左傳：鄭良霄，穆公子子良之孫。藥長夏珍皆坐徙朔方；長秋長，蓋卽大長秋；丞一人，六百石；中宮藥長，四百石：皆皇后宮官。帝卽位，並擢爲中常侍。

初，閻顯辟崔駰之子瑗爲吏，駰，音因。瑗以北鄉侯立不以正，知顯將敗，欲說令廢立，而顯日沈醉，說，輸芮翻；下同。沈，持林翻。不能得見，乃謂長史陳禪曰：「中常侍江京等惑蠱先帝，廢黜正統，扶立疏孽。孔穎達曰：孽者，蘖也，樹木斬而復生謂之蘖。以嫡子比根幹，庶子比枝蘖，故孽子，枝庶也。中候曰：無易樹子。註云：樹子，適子。玉藻云：公子曰臣孽。註：孽，當爲枿。文王曰：本支百世。是適子比樹本，庶子比枝蘖也。少帝卽位，發病廟中，周勃之徵，於斯復見。賢曰：呂后立惠帝後宮子爲少帝，周勃廢之也。今欲與君共求見說將軍，說，式芮翻。白太后，收京等，廢少帝，引立濟陰王，必上當天心，下合人望，伊、霍之功不下席而立，則將軍兄弟傳祚於無窮；若拒違天意，久曠神器，則將以無罪幷辜元惡；元惡，大惡也。幷辜，謂與之同獲罪也。此所謂禍福之會，分功之時也。」史記：蔡澤說范睢曰：「君獨不見夫博者乎！或欲大投，或欲分功。今君相秦，坐制諸侯，使天下皆畏秦，此亦秦之分功之時也。」禪猶豫未敢從。會顯敗，瑗坐被斥；被，皮義翻。門生蘇祇欲上書言狀，瑗遽止之。時陳禪爲司隸校尉，召瑗謂曰：「弟聽祇上書，賢曰：弟，但也。司馬相如傳曰：弟俱如臨邛。弟，讀如第。禪請爲之證。」瑗曰：「此譬猶兒妾屏語耳，屏，必郢翻。於隱屏之處相與私語也。願使君勿復出口！」禪時爲司隸校尉，故稱之曰使君。司隸校尉部察三輔、三河、弘農，其職猶十三部使者。鮑永爲司隸校尉，光武曰：「奉使如此，何如？」復，扶又翻；下同。遂辭歸，不復應州郡命。

14己卯，以諸王禮葬北鄉侯。

15司空劉授以阿附惡逆，辟召非其人，策免。辟召非人事見上卷延光二年。十二月，甲申，以少府河南陶敦爲司空。

16楊震門生虞放、陳翼詣闕追訟震事；事見上卷上年。詔除震二子爲郎，贈錢百萬，以禮改葬於華陰潼亭，賢曰：墓在今潼關西大道之北，其碑尚存。華，戶化翻。遠近畢至。有大鳥高丈餘集震喪前；高，居號翻。郡以狀上。上，時掌翻。帝感震忠，【章：甲十六行本「忠」下有「直」字；乙十一行本同；孔本同；張校同。】詔復以中牢具祠之。中牢，即少牢，羊、豕具也。復，扶又翻；下同。

17議郎陳禪以爲：「閻太后與帝無母子恩，宜徙別館，絕朝見，」朝，直遙翻。見，賢遍翻。羣臣議者咸以爲宜。司徒掾汝南周舉謂李郃曰：「昔瞽瞍常欲殺舜，舜事之逾謹；瞽瞍使舜塗廩，而自下焚廩；使浚井，既入，從而揜之。其欲殺者屢矣，而舜事瞽瞍彌謹。書曰：祗載見瞽瞍，夔夔齋栗。掾，俞絹翻。郃，曷閤翻，又古合翻。鄭武姜謀殺莊公，莊公誓之黃泉，秦始皇怨母失行，行，下孟翻。久而隔絕，後感潁考叔、茅蕉【章：甲十六行本「蕉」作「焦」；乙十一行本同。】之言，復脩子道；書傳美之。鄭武姜愛少子共叔段，謀襲莊公，公寘姜氏於城潁而誓之曰：「不及黃泉，無相見也！」潁考叔以舍肉遺母感之，遂爲母子如初。秦始皇事見六卷九年。今諸閻新誅，太后幽在離宮，若悲愁生疾，一旦不虞，主上將何以令於天下！如從禪議，後世歸咎明公。宜密表朝廷，令奉太后，率羣臣朝覲如舊，以厭天心，以答人望！」厭，如字，滿也。郃即上疏陳之。

孝順皇帝上諱保，安帝之子也。諡法：慈和徧服曰順。伏侯古今註曰：「保」之字曰「守」。

永建元年（丙寅、一二六）

1春，正月，帝朝太后於東宮，太后意乃安。

2甲寅，赦天下。

3辛未，皇太后閻氏崩。

4辛巳，太傅馮石、太尉劉熹以阿黨權貴免。司徒李郃罷。

5 二月，甲申，葬安思皇后。賢曰：謚法：謀慮不愆曰思。

6 丙戌，以太常桓焉爲太傅；大鴻臚朱【章：甲十六行本「朱」上有「京兆」二字；乙十一行本同；孔本同；張校同；退齋校同。】寵爲太尉，參錄尚書事；長樂少府朱倀爲司徒。臚，陵如翻。樂，音洛。倀，丑羊翻。

7 封尚書郭鎮爲定潁侯。以禽閻景功也。定潁侯國，屬汝南郡。

8 隴西鍾羌反，校尉馬賢擊之，戰於臨洮，斬首千餘級，羌衆皆降；由是涼州復安。洮，土刀翻。降，戶江翻。復，扶又翻。

9 六月，己亥，封濟南簡王錯子顯爲濟南王。安帝延光四年，濟南國絕，今紹封。謚法：一德不懈曰簡；又臣謚：恭敬行善曰簡。

10 秋，七月，庚午，以衞尉來歷爲車騎將軍。

11 八月，鮮卑寇代郡，太守李超戰歿。

12 司隸校尉虞詡到官數月，奏馮石、劉熹，免之，又劾奏中常侍程璜、陳秉、孟生、李閏等，劾，戶概翻，又戶得翻。百官側目，號爲苛刻。三公劾奏：「詡盛夏多拘繫無辜，爲吏民患。」三公欲致詡罪，言盛夏當順天地長物之性，不當違法拘繫無辜。劾，戶概翻，又戶得翻。詡上書自訟考異曰：詡傳云：「帝省其章，乃爲免司空陶敦。」按袁紀，孫程就國在九月，而敦免在十月，蓋帝由此知敦不直，因事免之。不然，何三府共奏而獨免敦也！曰：「法禁者，俗之隄防；刑罰者，民之銜轡。今州曰任郡，郡曰任縣，更相委遠，更，工衡翻。遠，于願翻。百姓怨窮；以苟容爲賢，盡節爲愚。臣所發舉，臧罪非一。臧，古贓字通。三府恐爲臣所奏，遂加誣罪。臣將從史魚死，卽以尸諫耳！」韓詩外傳曰：衞大夫史魚病且死，謂其子曰：「我數言蘧伯玉之賢而不能進，彌子瑕不肖而不能退；爲人臣生不能進賢、退不肖，死不當治喪正堂，殯我於室足矣。」君問其故。子以父言聞。君乃立召蘧伯玉而貴之，斥彌子瑕而退之，徙殯於正堂，成禮而後去。帝省其章，乃不罪詡。省，悉景翻。

中常侍張防賣弄權勢，請託受取；詡案之，屢寢不報。詡不勝其憤，勝，音升。乃自繫廷尉，奏言：「昔孝安皇帝任用樊豐，交亂嫡統，幾亡社稷。事見上卷安帝延光三年。幾，居希翻。今者張防復弄威柄，復，扶又翻；下同。國家之禍將重至矣。重，直用翻。臣不忍與防同朝，謹自繫以聞，無令臣襲楊震之跡！」楊震事見上卷延光三年。書奏，防流涕訴帝，詡坐論輸左校；將作大匠有左校令，掌左工徒。輸左校者，免官爲徒，輸作左校也。校，戶教翻。防必欲害之，二日之中，傳考四獄。獄吏勸詡自引，自引，謂引分自裁也。傳，株戀翻。詡曰：「寧伏歐刀以示遠近！謂寧受刑而死於市也。喑嗚自殺，類篇曰：啼泣無聲謂之喑，歎傷謂之嗚。是非孰辨邪！」浮陽侯孫程、祝阿侯張賢相率乞見，浮陽侯國，屬勃海郡。見，賢遍翻。程曰：「陛下始與臣等造事之時，賢曰：謂帝被廢，程等謀立之時也。常疾姦臣，知其傾國。今者卽位而復自爲，何以非先帝乎！司隸校尉虞詡爲陛下盡忠，爲，于僞翻。而更被拘繫；常侍張防臧罪明正，反構忠良。今客星守羽林，史記天官書：虛、危南有衆星曰羽林。晉書天文志：羽林四十五星，在營室南。其占宮中有姦臣；宜急收防送獄，以塞天變。」塞，悉則翻。時防立在帝後，程叱防曰：「姦臣張防，何不下殿！」防不得已，趨就東箱。賢曰：埤蒼云：箱，序也，字或作「廂」。程曰：「陛下急收防，無令從阿母求請！」賢曰：阿母，宋娥也。帝問諸尚書，尚書賈朗素與防善，證詡之罪；帝疑焉，謂程曰：「且出，吾方思之！」於是詡子顗顗，魚豈翻。與門生百餘人，舉幡候中常侍高梵車，叩頭流血，訴言枉狀。梵入言之，梵，房戎翻，又房汎翻。防坐徙邊，賈朗等六人或死或黜；即日赦出詡。程復上書陳詡有大功，語甚切激。復，扶又翻。帝感悟，復徵拜議郎；數日，遷尚書僕射。

詡上疏薦議郎南陽左雄曰：「臣見方今公卿以下，類多拱默，拱默，言拱手而默無一言。以樹恩爲賢，盡節爲愚，至相戒曰：『白璧不可爲，容容多後福。』賢曰：容容，猶和同也。言不可爲白璧之清潔，常與衆人和同也。伏見議郎左雄，有王臣蹇蹇之節，易曰：王臣蹇蹇，匪躬之故。宜擢在喉舌之官，東都謂尚書爲喉舌之官，以其出納王命也。必有匡弼之益。」由是拜雄尚書。

13 浮陽侯孫程等懷表上殿爭功，帝怒；有司劾奏「程等干亂悖逆，劾，戶概翻，又戶得翻。悖，蒲沒翻，又蒲內翻。王國等皆與程黨，久留京都，益其驕恣。」帝乃免程等官，悉徙封遠縣；因遣十九侯就國，敕雒陽令促期發遣。

司徒掾周舉說朱倀曰：「朝廷在西鍾下時，非孫程等豈立！東都謂天子爲國家，又謂爲朝廷。說，輸芮翻。倀，丑羊翻。今忘其大德，錄其小過；如道路夭折，夭，於紹翻。帝有殺功臣之譏。及今未去，宜急表之！」倀曰：「今詔指方怒，吾獨表此，必致罪譴。」舉曰：「明公年過八十，位爲台輔，不於今時竭忠報國，惜身安寵，欲以何求！祿位雖全，必陷佞邪之譏；諫而獲罪，猶有忠貞之名。若舉言不足採，請從此辭！」倀乃表諫，帝果從之。

程徙封宜城侯；宜城縣，屬南郡，春秋之羅國也。考異曰：袁紀：「秋，七月，有司奏：『浮陽侯孫程、祝阿侯張賢爲司隸校尉虞詡訶叱左右，謗訕大臣，妄造不祥，干亂悖逆；王國等皆與程黨，久留京師，益其驕溢。』詔免程等，徙爲都梁侯。程怨恨，封還印綬；更封爲宜城侯。」范書孫程傳，亦云「坐訟虞詡，呵叱左右，就國。」按虞詡傳，「程言見用，上不以爲怒。」周舉傳云，「程坐爭功就國」，今從之。到國，怨恨恚懟，恚，於避翻。懟，直類翻。封還印綬、符策，亡歸京師，往來山中。詔書追求，復故爵土，賜車馬、衣物，遣還國。

14冬，十月，丁亥，司空陶敦免。

15朔方以西，障塞多壞，鮮卑因此數侵南匈奴；數，所角翻。單于憂恐，上書乞修復障塞。庚寅，詔：「黎陽營兵出屯中山北界；賢曰：黎陽先置營兵；以南單于求復障塞，恐入侵擾亂，置屯兵於中山北界。舊中山郡，今之定州是也。余謂移黎陽營屯中山北界，不過爲南部聲援耳。令緣邊郡增置步兵，列屯塞下，教習戰射。」

16 以廷尉張皓爲司空。

17 班勇更立車師後部故王子加特奴爲王。更，工衡翻；下同。勇又使別校誅斬東且彌王，校，戶教翻。且，子余翻。范書：東且彌國，去洛陽九千二百里。亦更立其種人爲王；種，章勇翻。於是車師六國悉平。西域傳：卑陸、蒲類、東且彌、移支、車師前、後王，是爲六國。

勇遂發諸國兵擊匈奴，呼衍王亡走，其衆二萬餘人皆降。生得單于從兄，勇使加特奴手斬之，以結車師、匈奴之隙。北單于自將萬餘騎入後部，至金且谷；且，子余翻。勇使假司馬曹俊救之，單于引去，俊追斬其貴人骨都侯。於是呼衍王遂徙居枯梧河上，是後車師無復虜跡。

二年（丁卯、一二七）

1 春，正月，中郎將張國以南單于兵擊鮮卑其至鞬，破之。鞬，居言翻。

2 二月，遼東鮮卑寇遼東玄菟；菟，同都翻。烏桓校尉耿曄發緣邊諸郡兵及烏桓出塞擊之，斬獲甚衆；鮮卑三萬人詣遼東降。降，戶江翻；下同。

3 三月，旱。

4 初，帝母李氏瘞在雒陽北，李氏死見上卷安帝元初二年。瘞，於計翻。帝初不知；至是，左右白之，帝乃發哀，親到瘞所，更以禮殯。殯用皇后禮。瘞，於計翻。六月，乙酉，追謚爲恭愍皇后，葬于恭陵之北。

5 西域城郭諸國皆服於漢，唯焉耆王元孟未降，元孟，和帝永元六年班超所立也。班勇奏請攻之。於是遣敦煌太守張朗將河西四郡兵三千人配勇，敦，徒門翻。因發諸國兵四萬餘人分爲兩道擊之，勇從南道，朗從北道，約期俱至焉耆。而朗先有罪，欲徼功自贖，徼，一遙翻。遂先期至爵離關，釋氏西域記：龜茲國北四十里山上有寺，名雀離大清淨。先，悉薦翻。遣司馬將兵前戰，獲首虜二千餘人，元孟懼誅，逆遣使乞降。張朗徑入焉耆，受降而還。朗得免誅，勇以後期徵，下獄，免。夏之政典曰，先時者殺無赦，不及時者殺無赦。張朗先期以徼功，法所必誅，則班勇非後期也。漢之用刑，不審厥衷，勇免之後，西域事去矣。下，遐稼翻。

6 秋，七月，甲戌朔，日有食之。

7 壬午，太尉朱寵、司徒朱倀免。庚子，以太常劉光爲太尉、錄尚書事，光祿勳汝南許敬爲司徒。光，矩之弟也。敬仕於和、安之間，當竇、鄧、閻氏之盛，無所屈橈；橈，奴教翻。三家既敗，士大夫多染汚者，汚，烏故翻。獨無謗言及於敬，當世以此貴之。

8 初，南陽樊英，少有學行，少，詩照翻。行，下孟翻。名著海內，隱於壺山之陽，賢曰：壺山，在今鄧州新城縣北，即張衡南都賦所云「天封、大狐」是也。州郡前後禮請，不應；公卿舉賢良、方正、有道，皆不行；安帝賜策書徵之，不赴。是歲，帝復以策書、玄纁，備禮徵英，復，扶又翻。英固辭疾篤。詔切責郡縣，駕載上道。英不得已，到京，稱疾不肯起；強輿入殿，強，其兩翻。猶不能屈。帝使出就太醫養疾，太醫令，屬少府，掌諸醫，有藥丞、方丞。月致羊酒。其後帝乃爲英設壇，爲，于僞翻。令公車令導，尚書奉引，引，與靷同，音羊晉翻。賜几、杖，待以師傅之禮，考異曰：英傳云：「四年，三月，乃設壇場見英。」黄瓊傳，李固勸書，已云「樊英設壇席。」及瓊至，上疏薦英，稱光祿大夫。」則是瓊至之時，英已嘗設壇見之，而爲光祿大夫矣。至三年旱，瓊復上疏。若四年方設壇場見英，則都與瓊傳異，知其必不在四年也。延問得失，拜五官中郎將。數月，英稱疾篤；詔以爲光祿大夫，賜告歸，令在所送穀，以歲時致牛酒。英辭位不受，有詔譬旨，勿聽。有詔書譬曉以上旨，不聽其辭位也。

英初被詔命，被，皮義翻；下同。衆皆以爲必不降志。南郡王逸素與英善，因與其書，多引古譬諭，勸使就聘。英順逸議而至；及後應對無奇謀深策，談者以爲失望。河南張楷與英俱徵，謂英曰：「天下有二道，出與處也。處，昌呂翻；下同。吾前以子之出，能輔是君也，濟斯民也。而子始以不訾之身，賢曰：訾，量也。言無量可比之，貴重之極也。訾，音資。怒萬乘之主，按英傳：英強輿入殿，猶不以禮屈。帝怒，謂英曰：「朕能生君，能殺君；能貴君，能賤君；能富君，能貧君；君何以慢朕命？」英曰：「臣受命於天，生盡其命，天也；死不得其命，亦天也。陛下焉能生臣，焉能殺臣！臣見暴君如見仇讎，立其朝猶不肯，可得而貴乎！雖在布衣之列，環堵之中，晏然自得，不易萬乘之尊，又可得而賤乎！陛下焉能貴臣，焉能賤臣！非禮之祿，雖萬鍾不受也，申其志，雖簞食不厭也，陛下焉能富臣，焉能貧臣乎！」帝不能屈而敬其名，使出就太醫養疾，月致羊酒。及其享受爵祿，又不聞匡救之術，進退無所據矣。」

臣光曰：古之君子，邦有道則仕，邦無道則隱。隱非君子之所欲也。人莫己知而道不得行，羣邪共處，處，昌呂翻。而害將及身，故深藏以避之。王者舉逸民，揚仄陋，論語曰：舉逸民，天下之民歸心焉。堯典曰：明明揚側陋。固爲其有益於國家，爲，于僞翻。非以徇世俗之耳目也。是故有道德足以尊主，智能足以庇民，被褐懷玉，深藏不市，聖人被褐懷玉；玉，至寶也，被褐而懷之，喻珍美不外見也。良賈深藏若虛；賈有善貨，深藏若無所有者，不得善價則不售。此皆以喻抱道懷才之士。被，皮義翻。則王者當盡禮而致之，屈己以【章：甲十六行本「以」下有「下之，虛心以」五字；乙十一行本同；孔本同；張校同。】訪之，克己以從之，然後能利澤施于四表，功烈格于上下。蓋取其道不取其人，務其實不務其名也。

其或禮備而不至，意勤而不起，則姑內自循省而不敢強致其人，省，悉景翻。強，其兩翻。曰：豈吾德之薄而不足慕乎？政之亂而不可輔乎？羣小在朝而不敢進乎？誠心不至而憂其言之不用乎？何賢者之不我從也？苟其德已厚矣，政已治矣，羣小遠矣，治，直吏翻。遠，于願翻。誠心至矣，彼將扣閽而自售，又安有勤求而不至者哉！荀子曰：「耀蟬者，務在明其火，振其木而已；火不明，雖振其木，無益也。楊倞曰：南方人照蟬，取而食之，禮記有蜩范是也。今人主有能明其德，則天下歸之，若蟬之歸明火也。」或者人主恥不能致，乃至誘之以高位，脅之以嚴刑。公孫述之待李業諸人政如此。誘，音酉。使彼誠君子邪，則位非所貪，刑非所畏，終不可得而致也；可致者，皆貪位畏刑之人也，烏足貴哉！

若乃孝弟著於家庭，行誼隆於鄉曲，弟，讀曰悌。行，下孟翻。利不苟取，仕不苟進，潔己安分，優游卒歲，分，扶問翻。卒，子恤翻。雖不足以尊主庇民，是亦清脩之吉士也；王者當褒優安養，俾遂其志。若孝昭之待韓福，昭帝元鳳元年三月，賜郡國所選有行義者涿郡韓福等五人帛，人五十匹，遣歸。詔曰：「朕閔勞以官職之事，其務修孝弟以教鄉里。」令郡縣常以正月賜羊酒；其有不幸者，賜衣一襲，祠以中牢。光武之遇周黨，事見四十一卷建武五年。以勵廉恥，美風俗，斯亦可矣，固不當如范升之詆毀，又不可如張楷之責望也。

至於飾僞以邀譽，釣奇以驚俗，不食君祿而爭屠沽之利，不受小官而規卿相之位，名與實反，心與迹違，斯乃華士、少正卯之流，韓非子曰：太公封於齊，東海上有任矞、華士昆弟二人，太公殺之。周公急傳而問曰：「二子皆賢人，殺之何也？」太公曰：「是昆弟立議曰：『不臣天子』，是望不得而臣也；『不友諸侯』，是望不得而友也；『耕而食之，掘而飲之，無求於人』，是望不得以賞罰勸禁也。且聖王所以使人，非爵賞則刑罰也；今四者不足以使之，則望誰爲君乎！是以誅之也。」荀子曰：孔子爲魯相，七日而誅少正卯。門人進問曰：「夫少正卯，魯之聞人也，夫子爲政而始誅之，得無失乎？」孔子曰：「其有惡者五，而盜竊不與焉：一曰心達而險，二曰行僻而堅，三曰言僞而辯，四曰記醜而博，五曰順非而澤。此五者，有一於人，則不得免於君子之誅，而少正卯兼有之。」其得免於聖王之誅幸矣，尚何聘召之有哉！

9 時又徵廣漢楊厚、江夏黃瓊。瓊，香之子也。厚既至，豫陳漢有三百五十年之戹以爲戒，賢曰：春秋命歷序曰：四百年之間，閉四門，聽外難，羣異並賊，官有孽臣，州有兵亂，五七弱暴漸之效也。宋均註云：五七，三百五十歲，當順帝漸微，四方多逆賊也。拜議郎。瓊將至，李固以書逆遺之曰：遺，于季翻。「君子謂伯夷隘，柳下惠不恭。不夷不惠，可否之間，孟子曰：伯夷隘，柳下惠不恭；隘與不恭，君子不由也。賢曰：論語，孔子曰：伯夷、叔齊不降其志，不辱其身。謂柳下惠、少連，降志辱身矣。我則異於是，無可無不可。鄭玄註云：不爲夷、齊之淸，不爲惠、連之屈，故曰異於是也。聖賢居身之所珍也。誠欲枕山棲谷，枕，之鴆翻。擬迹巢、由，斯則可矣；若當輔政濟民，今其時也。自生民以來，善政少而亂俗多，必待堯、舜之君，此爲士行其志終無時矣。嘗聞語曰：『嶢嶢者易缺，皦皦者易汙。』嶢嶢，山之高也。皦皦，玉石之白也。嶢，倪幺翻。易，以豉翻。盛名之下，其實難副。近魯陽樊君被徵初至，被，皮義翻。朝廷設壇席，猶待神明，雖無大異，而言行所守，亦無所缺；行，下孟翻。而毀謗布流，應時折減者，言其名譽折減也。折，食列翻。豈非觀聽望深，聲名太盛乎！言其聲名之盛，素動人之觀聽，故所望者深也。是故俗論皆言『處士純盜虛聲』。處，昌呂翻。願先生弘此遠謨，令衆人歎服，一雪此言耳！」瓊至，拜議郎，稍遷尚書僕射。瓊昔隨父在臺閣，瓊父香，和帝時爲尚書令。習見故事；及後居職，達練官曹，達，明也。練，習也。言明習尚書諸曹事也。爭議朝堂，莫能抗奪。莫能抗言以奪其議也。朝，直遙翻。數上疏言事，數，所角翻。上頗采用之。

李固，郃之子，郃，曷閤翻，又古合翻。少好學，少，詩照翻。好，呼到翻。常改易姓名，杖策驅驢，策，馬策也。負笈從師，不遠千里，笈，極曄翻，書箱也。不遠千里，不憚千里之遠也。遂究覽墳籍，爲世大儒。每到太學，密入公府，定省父母，記曰：凡爲人子，冬溫而夏凊，昏定而晨省。孔穎達曰：安定其牀衽也，省問其安否何如。省，悉景翻。不令同業諸生知其爲郃子也。

三年（戊辰、一二八）

1 春，正月，丙子，京師地震。

2 夏，六月，旱。

3 秋，七月，茂【章：甲十六行本「茂」上有「丁酉」二字；乙十一行本同；退齋校同。】陵園寢災。

4 九月，鮮卑寇漁陽。

5 冬，十二月，己亥，太傅桓焉免。

6 車騎將軍來歷罷。

7 南單于拔死，弟休利立，爲去特若尸逐就單于。

8 帝悉召孫程等還京師。

四年（己巳、一二九）

1 春，正月，丙寅，赦天下。

2丙子，帝加元服。

3夏，五月，壬辰，詔曰：「海內頗有災異，朝廷脩政，太官減膳，珍玩不御。御，進也。而桂陽太守文礱，郡國志：桂陽郡，在雒陽南三千九百里。礱，音力公翻。不惟竭忠宣暢本朝，言不思宣暢本朝遇災脩省之意也。朝，直遙翻。而遠獻大珠以求幸媚，今封以還之！」不罪礱而但封還其珠，非所以昭德塞違也。

4五州雨水。

5秋，八月，丁巳，太尉劉光、司空張皓免。

6尚書僕射虞詡上言：「安定、北地、上郡，山川險阨，沃野千里，土宜畜牧，水可溉漕。既可溉田，又可通漕也。畜，許六翻。頃遭元元之災，洪氏隸釋曰：東漢書鄧騭傳「元二之災」，註云：元二，卽元元也。古書字當再讀者，於上字之下爲小「二」字，當兩度言之。後人不曉，遂讀爲元二，或同之陽九，或附之百六，良由不悟，致斯乖舛。岐州石鼓銘，凡重言者皆爲「二」字，明驗也。趙氏云：楊孟文石門碑，漢威宗建和二年立，其文有曰：中遭元二，橋梁斷絕。若讀爲元元，則爲不成文理。疑當時自有此語，漢註未必然也。予按漢刻如北海相景君及李翊夫人碑之類，凡重文皆以小「二」字贅其下。此碑有烝烝、明明、蕩蕩、世世、勤勤，亦不再出上一字，然非若元二，遂書爲二大字也。又孔耽碑云：遭元二轗軻，人民相食。若作元元，則下文不應言人民。漢註之非明矣。王充論衡曰：今上嗣位，元二之間，嘉德布流；三年，零陵生芝草五本；四年，甘露降五縣。則論衡所云元二者，蓋謂卽位之元年、二年也。鄧君傳云：永初元年夏，涼部叛羌搖蕩西州，詔騭將羽林五校士擊之。冬，徵騭班師，迎拜爲大將軍。帝紀班師在二年十一月，傳有脫字也。又云：時遭元二之災，人士荒飢，盜賊羣起，四夷侵叛。騭崇節儉，罷力役，進賢士，故天下復安。則此傳所云元二者，亦謂元年、二年也。安帝紀書兩年之間，萬民飢流，羌、貊叛戾。又與傳同。此碑所云西戎虐殘，橋梁斷絕，正是鄧騭出師時，則史傳、碑碣皆與論衡合。建初者，章帝之始年。永初者，安帝之始年。乃知東漢之文所謂元二者如此。衆羌內潰，郡縣兵荒，二十餘年。夫棄沃壤之饒，捐自然之財，不可謂利；離河山之阻，離，力智翻。守無險之處，難以爲固。今三郡未復，園陵單外，賢曰：園陵，謂長安諸陵園也。單外，謂守固。余謂西漢諸陵園不皆在長安，單外，言無蔽障。而公卿選懦，容頭過身，賢曰：前書音義曰：選懦，柔怯也。懦，音而掾翻。張解設難，張解者，開張其說以爲解。設難者，鋪設其辭以發難。難，乃旦翻。但計所費，不圖其安。宜開聖聽，考行所長。」

九月，詔復安定、北地、上郡還舊土。安帝永初五年，三郡內徙。

7 癸酉，以大鴻臚龐參爲太尉、錄尚書事。臚，陵如翻。龐，皮江翻。太常王龔爲司空。

8 冬，十一月，庚辰，司徒許敬免。

9 鮮卑寇朔方。

10 十二月，乙卯，以宗正弘農劉崎爲司徒。崎，丘宜翻。

11 是歲，于寘王放前殺拘彌王興，自立其子爲拘彌王，拘彌王居寧彌城，去長史所居柳中城四千九百里。而遣使者貢獻，敦煌太守徐由上求討之。敦，徒門翻。上，時掌翻。帝赦于寘罪，令歸拘彌國；放前不肯。

五年（庚午、一三〇）

1夏，四月，京師旱。

2京師及郡國十二蝗。

3定遠侯班超之孫始尚帝姑陰城公主。公主，清河孝王之女。陰縣，屬南陽郡。宋白曰：陰城縣，在今穀城縣北；宋乾德二年置光化軍。主驕淫無道；始積忿怒，伏刃殺主。冬，十月，乙亥，始坐腰斬，同產皆棄市。

六年（辛未、一三一）

1春，二月，庚午，河間孝王開薨；子政嗣。政傲很不奉法，很，下墾翻。帝以侍御史吳郡沈景有強能，擢爲河間相。侍御史，秩六百石。擢爲王國相，秩二千石。相，息亮翻。景到國，謁王，王不正服，箕踞殿上；侍郎贊拜，景峙不爲禮，賢曰：峙，立也。問王所在。虎賁曰：「是非王邪！」賁，音奔。景曰：「王不正服，常人何別！今相謁王，豈謁無禮者邪！」王慚而更服，別，彼列翻。更，工衡翻。景然後拜；出，住宮門外，請王傅責之漢諸王國有太傅，至成帝時更曰傅。曰：「前發京師，陛見受詔，見，賢遍翻。以王不恭，相使檢督。諸君空受爵祿，曾無訓導之義！」因奏治其罪，治，直之翻。詔書讓政而詰責傅。景因捕諸姦人，奏案其罪，殺戮尤惡者數十人，出冤獄百餘人。政遂爲改節，悔過自脩。爲，于僞翻。

2帝以伊吾膏腴之地，傍近西域，匈奴資之以爲鈔暴；近，其靳翻。鈔，楚交翻。三月，辛亥，復令開設屯田，如永元時事，見四十七卷和帝永元二年。置伊吾司馬一人。

3初，安帝薄於藝文，博士不復講習，朋徒相視怠散，學舍穨敝，鞠爲園蔬，穨，徒回翻。賢曰：詩小雅曰：鞠爲茂草。註云：鞠，窮也。或牧兒、蕘豎薪刈其下。蕘豎，刈草者也。蕘，如招翻。將作大匠翟酺上疏請脩繕，誘進後學，帝從之。翟，直格翻。酺，薄乎翻。誘，音酉。秋，九月，繕起太學，凡所造構二百四十房，千八百五十室。

4護烏桓校尉耿曄遣兵擊鮮卑，破之。曄，與曅同。

5護羌校尉韓皓轉湟中屯田置兩河間，以逼羣羌。兩河，謂賜支河及逢留大河也。皓坐事徵，以張掖太守馬續代爲校尉。兩河間羌以屯田近之，近，其靳翻。恐必見圖，乃解仇詛盟，各自儆備；詛，莊助翻。續上移【章：甲十六行本「移」下有「屯」字；乙十一行本同；孔本同。】田還湟中，上，上奏也，音時掌翻。羌意乃安。

6帝欲立皇后，而貴人有寵者四人，莫知所建，議欲探籌，以神定選。書四人姓氏於籌，禱之於神而探之，得之爲入選。探，他南翻。尚書僕射南郡胡廣與尚書馮翊郭虔、史敞上疏諫曰：「竊見詔書，以立后事大，謙不自專，欲假之籌策，決疑靈神；篇籍所記，祖宗典故，未嘗有也。

恃神卜【章：甲十六行本「卜」作「任」；乙十一行本同；孔本同；張校同。】筮，既未必當賢；就值其人，猶非德選。夫岐嶷形於自然，賢曰：詩云：克岐克嶷。鄭註云：岐岐然意有所知，其貌嶷嶷然有所識別也。嶷，魚力翻。俔天必有異表，賢曰：俔，音苦見翻。說文曰：俔，譬諭也。詩云：文王嘉止，大邦有子，俔天之妹。文王聞太姒之賢則美之，言大邦有子女，譬天之有女弟，故求爲配焉。宜參良家，簡求有德，德同以年，年鈞以貌；稽之典經，斷之聖慮。」斷，丁亂翻。帝從之。

恭懷皇后弟子乘氏侯商之女，恭懷皇后，和帝母梁貴人也。乘氏縣，屬濟陰郡，春秋之乘丘也。乘，繩證翻。選入掖庭爲貴人，常特被引御，從容辭曰：「夫陽以博施爲德，被，皮義翻。從，千容翻。施，式智翻。陰以不專爲義。螽斯則百福所由興也。言后妃不妬忌，若螽斯，則子孫衆多而百福興矣。願陛下思雲雨之均澤，小妾得免於罪。」帝由是賢之。

陽嘉元年（壬申、一三二）

1 春，正月，乙巳，立貴人梁氏爲皇后。

2 京師旱。

3 三月，揚州六郡妖賊章河等寇四十九縣，殺傷長吏。揚州部九江、丹楊、廬江、會稽、吳、豫章等六郡。妖，於驕翻。長，知兩翻。

4 庚寅，赦天下，改元。

5 夏，四月，梁商加位特進；頃之，拜執金吾。

6 冬，耿曄遣烏桓戎末魔等鈔擊鮮卑，大獲而還。范書鮮卑傳作「戎末廆」。【章：乙十一行本正作「廆」；張校同。】賢曰：廆，音胡罪翻。鈔，楚交翻。鮮卑復寇遼東屬國，耿曄移屯遼東無慮城以拒之。復，扶又翻。郡國志：遼東屬國，故邯鄉西部都尉，安帝時以爲屬國都尉，領昌遼、賓徒、徒河、無慮、險瀆、房六城；在雒陽東北三千二百六十里。無慮，因毉無慮山以名縣。慮，音廬。

7 尚書令左雄上疏曰：「昔宣帝以爲吏數變易，則下不安業；久於其事，則民服教化；其有政治者，輒以璽書勉勵，增秩賜金，公卿缺則以次用之。是以吏稱其職，民安其業，漢世良吏，於茲爲盛。謂尹翁歸、韓延壽、朱邑、龔遂、黄霸之屬也。事並見宣帝紀。數，所角翻。治，直吏翻。稱，尺證翻。今典城百里，轉動無常，各懷一切，莫慮長久。謂殺害不辜爲威風，聚斂整辦爲賢能；斂，力贍翻。以治己安民爲劣弱，治，直之翻。奉法循理爲不治。髡鉗之戮，生於睚眦；師古曰：睚眦，舉目眦也，猶言顧瞻之頃也。睚，音厓。眦，音才賜翻。字書曰：睚，牛懈翻，怒視也。覆尸之禍，成於喜怒。視民如寇讎，稅之如豺虎。監司項背相望，賢曰：項背相望，謂前後相顧也。監，古銜翻。背，音輩。與同疾疢，言同有此病也。疢，丑刃翻。見非不舉，聞惡不察。觀政於亭傳，責成於朞月；言郡縣長吏，飾亭傳以夸過，使客監司亦以是觀政也。賢曰：朞，匝也，謂一歲。傳，株戀翻。言善不稱德，論功不據實。虛誕者獲譽，拘檢者離毀；賢曰：離，遭也。譽，音余。或因罪而引高，或色斯而求名，因有罪而先自棄官以爲高。州宰不覆，覆，審也。競共辟召，踴躍升騰，超等踰匹。論語曰：色斯舉矣。此言見上之人顏色不善，則舉而去之，以求見幾之名也。或考奏捕案，而亡不受罪，會赦行賂，復見洗滌，朱紫同色，清濁不分。故使姦猾枉濫，輕忽去就，拜除如流，缺動百數。鄉官、部吏，職賤祿薄，車馬衣服，一出於民，廉者取足，貪者充家；特選、橫調，曰特、曰橫，皆出於常賦之外者也。賢曰：調，徵也，徒釣翻。紛紛不絕，送迎煩費，損政傷民。和氣未洽，災眚不消，咎皆在此。臣愚以爲守相、長吏惠和有顯效者，可就增秩，勿移徙；非父母喪，不得去官。守，式又翻。相，息浪翻。長，知兩翻。其不從法禁，不式王命，賢曰：式，用也。錮之終身，雖會赦令，不得齒列。若被劾奏，亡不就法者，劾，戶概翻，又戶得翻。徙家邊郡，以懲其後。其鄉部親民之吏，皆用儒生清白任從政者，賢曰：任，堪也，音人林翻。寬其負算，賢曰：負，欠也。算，口錢也。儒生未有品秩，故寬之。增其秩祿；吏職滿歲，宰府州郡乃得辟舉。如此，威福之路塞，塞，悉則翻。虛僞之端絕，送迎之役損，賦歛之源息，循理之吏得成其化，率土之民各寧其所矣。」帝感其言，復申無故去官之禁，先已有此禁，今復申嚴之。復，扶又翻。又下有司考吏治眞僞，詳所施行；下，遐稼翻。治，直吏翻。而宦官不便，終不能行。

雄又上言：「孔子曰『四十不惑』，見論語。禮稱強仕。曲禮曰：四十曰強，而仕。請自今，孝廉年不滿四十，不得察舉，皆先詣公府，諸生試家法，賢曰：儒有一家之學，故稱家法也。文吏課箋奏，周成雜字曰：牋，表也。漢雜事曰：凡羣臣之書，通於天子者四品：一曰章，二曰奏，三曰表，四曰駮議。章者需頭，稱「稽首上以聞」，謝恩陳事，詣闕通者也。奏者亦需頭，其京師官但言「稽首言」，下言「稽首以聞」，其中有所請若罪法劾案，公府送御史臺，卿校送謁者臺也。表者不需頭，上言「臣某言」，下言「誠惶誠恐、頓首頓首、死罪死罪」，左方下附曰：「某官臣某甲、乙上。」副之端門，宮之正南門曰端門，尚書於此受天下章奏；令舉者先詣公府課試，以副本納之端門，尚書審覈之。練其虛實，以觀異能，以美風俗；有不承科令者，正其罪法。若有茂材異行，行，下孟翻。茂材，卽秀才。賈公彥曰：漢光武諱秀，改爲茂才。自可不拘年齒。」帝從之。

胡廣、郭虔、史敞上書駮之曰：「凡選舉因才，無拘定制。六奇之策，不出經學；鄭、阿之政，非必章奏；陳平六出奇計以佐高帝。子產相鄭，擇能而使之，內無國中之亂，外無諸侯之患。說苑曰：晏子化東阿三年，景公召而數之。晏子請改道易行。明年上計，景公迎而賀之。晏子對曰：「臣前之化東阿也，屬託不行，貨賂不至，君反以罪臣；今則反是，而更蒙賀。」景公下席而謝。駮，北角翻。甘、奇顯用，年乖強仕；終、賈揚聲，亦在弱冠。史記曰：秦欲與燕伐趙，以廣河間之地。甘羅年十二使於趙，趙王立割五城以廣河間；秦乃封羅爲上卿。說苑：子奇年十八，齊君使主東阿，東阿大化。前書：終軍年十八，自請願以長纓必羈南越王而致之闕下。武帝大悅，擢爲諫大夫。賈誼年十八，揚聲漢庭，文帝超遷之。前世以來，貢舉之制，莫或回革。今以一臣之言，剗戾舊章，便利未明，衆心不厭。回，轉也，反也。賢曰：剗，削也。戾，乖也。厭，滿也。剗，楚限翻。矯枉變常，政之所重，而不訪台司，不謀卿士；若事下之後，議者剗異，下，遐稼翻；下同。剗，與駁同。異之則朝失其便，同之則王言已行。言若附同雄言而與駁議者異，則朝政爲不重；若與駁議者同而以雄言爲非，則上已從雄言而行之矣。朝，直遙翻。臣愚以爲可宣下百官，參其同異，然後覽擇勝否，詳采厥衷。」衷，陟仲翻；下同。帝不從。

辛卯，初令「郡國舉孝廉，限年四十以上；諸生通章句，文吏能牋奏，乃得應選。其有茂才異行，若顏淵、子奇，不拘年齒。」

久之，廣陵所舉孝廉徐淑，年未四十；臺郎詰之，臺郎，尚書郎也。詰，去吉翻。對曰：「詔書曰：『有如顏回、子奇，不拘年齒。』是故本郡以臣充選。」郎不能屈。左雄詰之曰：「顏回聞一知十，孝廉聞一知幾邪？」幾，居豈翻。淑無以對；乃罷卻之。郡守坐免。

袁宏論曰：夫謀事作制，以經世訓物，必使可爲也。古者四十而仕，非謂彈冠之會必將是年也，師古曰：彈冠，言入仕也。以爲可仕之時在於強盛，故舉其大限以爲民衷。且顏淵、子奇，曠代一有，而欲以斯爲格，豈不偏乎！

然雄公直精明，能審覈眞僞，決志行之。頃之，胡廣出爲濟陰太守，濟，子禮翻。與諸郡守十餘人皆坐謬舉免黜；唯汝南陳蕃、潁川李膺、下邳陳球等三十餘人得拜郎中。自是牧、守畏慄，莫敢輕舉。迄于永嘉，察選清平，多得其人。

8閏月，庚子，恭陵百丈廡災。賢曰：廡，廊屋也。說文：堂下周屋曰廡。廡，音武。

9上聞北海郎顗精於陰陽之學，姓譜：魯懿公孫費伯城郎，因居之，子孫以爲氏。顗，魚豈翻。

二年（癸酉、一三三）

1春，正月，詔公車徵顗，問以災異。顗上章曰：「三公上應台階，下同元首，賢曰：春秋元命包曰：魁下六星，兩兩而比，曰三台。前書音義曰：泰階，三台也。又黃帝泰階六符經曰：泰階者，天之三階也。上階爲天子，中階爲諸侯、公卿、大夫，下階爲士、庶人。三階平則陰陽和、風雨時。尚書曰：君爲元首，臣作股肱。言三公上象天之台階，下與人君同體也。政失其道，則寒陰反節。今之在位，競託高虛，納累鍾之奉，奉，與俸同，音扶用翻。亡天下之憂。亡，古無字。棲遲偃仰，小雅北山之詩曰：或棲遲偃仰。毛公曰：棲遲，遊息也。偃仰，臥也。寢疾自逸，被策文，得賜錢，卽復起矣，何疾之易而愈之速！被，皮義翻。復，扶又翻。易，以豉翻。以此消伏災眚，興致升平，其可得乎！今選牧、守，委任三府；長吏不良，既咎州、郡，守，式又翻。長，知兩翻。州、郡有失，豈得不歸責舉者！而陛下崇之彌優，自下慢事愈甚，所謂『大網疏，小網數』。賢曰：謂緩於三公，切於州郡也。數，趨玉翻，密也。孟子曰：數罟不入汙池。三公非臣之仇，臣非狂夫之作，所以發憤忘食，懇懇不已者，誠念朝廷，欲致興平。臣書不擇言，死不敢恨！」因條便宜七事：「一，園陵火災，宜念百姓之勞，罷繕脩之役。二，立春以後陰寒失節，宜采納良臣，以助聖化。三，今年少陽之歲，少，詩照翻。春當旱，夏必有水，宜遵前典，惟節惟約。四，去年八月，熒惑出入軒轅，晉書天文志：軒轅十七星，黄帝之神，黄龍之體也，后妃之主女職也。宜簡出宫女，恣其姻嫁。五，去年閏十月，有白氣從西方天苑趨參左足，入玉井，續漢志曰：時客星氣白，廣二尺，長五丈，起天苑西南。晉書天文志曰：天苑十六星在昴、畢南，天子之苑囿，養獸之所也。參十星，白虎之體；其中三星，横列三將也，東北曰左肩，主左將；西北曰右肩，主右將；東南曰左足，主後將軍；西南曰右足，主偏將軍。玉井四星在參左足下，主水漿以給廚。參，所今翻。恐立秋以後，將有羌寇畔戾之患，宜豫告諸郡，嚴爲備禦。六，今月十四日乙卯，白虹貫日，顗曰：凡日氣色白而純者，名爲虹。貫日中者，侵太陽也。晉志曰：凡白虹者，百殃之本，衆亂所基。宜令中外官司，並須立秋然後考事。七，漢興以來三百三十九歲，於時三朞，賢曰：謂以三朞之法推之也。宜大蠲法令，有所變更。更，工衡翻。王者隨天，譬猶自春徂夏，改青服絳也。春服青，夏服絳，各隨時之色。自文帝省刑，適三百年，賢曰：自文帝十三年除肉刑，至順帝陽嘉二年，合三百年也。而輕微之禁，漸已殷積。王者之法，譬猶江、河，當使易避而難犯也。」

二月，顗復上書薦黄瓊、李固，以爲宜加擢用。又言：「自冬涉春，訖無嘉澤，數有西風，反逆時節，賢曰：春當東風也。復，扶又翻。數，所角翻。朝廷勞心，廣爲禱祈，薦祭山川，暴龍移市。董仲舒春秋繁露曰：春旱，以甲乙日爲蒼龍一，長八丈，居中央；爲小龍，各長四丈，皆東向；其間相去八尺。小童八人，皆齋三日，服青衣而舞之。夏以丙丁日爲赤龍，服赤衣。季夏以戊己日爲黄龍，服黄衣。秋以庚辛日爲白龍，服白衣；冬以壬癸日爲黑龍，服黑衣。龍長與舞童各依其行數，牲各依其方色；皆燔雄雞、煅豭豬尾於里北門及市中以祈焉。禮記：歲旱，魯穆公問於縣子。縣子曰：「爲之徙市可也。」臣聞皇天感物，不爲僞動；爲，于僞翻。災變應人，要在責己。若令雨可請降，水可攘止，則歲無隔并，太平可待。然而災害不息者，患不在此也！」書奏，特拜郎中；辭病不就。

2 三月，使匈奴中郎將趙稠遣從事將南匈奴兵出塞擊鮮卑，破之。

3 初，帝之立也，乳母宋娥與其謀，與，讀曰豫。帝封娥爲山陽君，又封執金吾梁商子冀爲襄邑侯。襄邑縣，屬陳留郡。尚書令左雄上封事曰：「高【章：甲十六行本「高」下有「皇」字；乙十一行本同；孔本同。】帝約，非劉氏不王，非有功不侯。孝安皇帝封江京、王聖等，遂致地震之異。事見上卷安帝建光元年。永建二年封陰謀之功，不見于史。又有日食之變。數術之士，咸歸咎於封爵。今青州饑虛，盜賊未息，誠不宜追錄小恩，虧失大典。」詔不聽。

雄復諫曰：「臣聞人君莫不好忠正而惡讒諛，然而歷世之患，莫不以忠正得罪，讒諛蒙倖者，蓋聽忠難，從諛易也。復，扶又翻。好，呼到翻。惡，烏路翻；下同。易，以豉翻。夫刑罪，人情之所甚惡，貴寵，人情之所甚欲，是以時俗爲忠者少而習諛者多；故令人主數聞其美，稀知其過，迷而不悟，以至於危亡。臣伏見詔書，顧念阿母舊德宿恩，欲特加顯賞。按尚書故事，漢故事，皆尚書主之。無乳母爵邑之制，唯先帝時阿母王聖爲野王君，聖造生讒賊廢立之禍，事見上卷安帝延光三年。生爲天下所咀嚼，咀，在呂翻。死爲海內所歡快。桀、紂貴爲天子，而庸僕羞與爲比者，以其無義也；夷、齊賤爲匹夫，而王侯爭與爲伍者，以其有德也。今阿母躬蹈儉約，以身率下，羣僚蒸庶，莫不向風；蒸，衆也。而與王聖並同爵號，懼違本操，失其常願。臣愚以爲凡人之心，理不相遠，遠，于願翻。其所不安，古今一也。百姓深懲王聖傾覆之禍，民萌之命危於累卵，萌，與氓同。常懼時世復有此類，復，扶又翻；下同。怵惕之念未離於心，怵惕，悚懼也；上尺律翻，下他歷翻。離，力智翻。恐懼之言未絕於口。乞如前議，歲以千萬給奉阿母，蓋雄先已有此議，今乞行之也。內足以盡恩愛之歡，外可不爲吏民所怪。梁冀之封，事非機急，宜過災戹之運，然後平議可否。」於是冀父商讓還冀封；書十餘上，上，時掌翻。帝乃從之。

夏，四月，己亥，京師地震。五月，庚子，詔羣公、卿士各直言厥咎，仍各舉敦樸士一人。左雄復上疏曰：「先帝封野王君，漢陽地震，安帝延光二年封王聖，是歲，京師及郡國三地震，漢陽蓋其一也。今封山陽君而京城復震，專政在陰，其災尤大。臣前後瞽言，封爵至重，王者可私人以財，不可以官，宜還阿母之封以塞災異。塞，悉則翻。今冀已高讓，山陽君亦宜崇其本節。」雄言切至，娥亦畏懼辭讓；而帝戀戀不能已，卒封之。卒，子恤翻。

是時，大司農劉據以職事被譴，召詣尚書，傳呼促步，促步，催使速行也。被，皮義翻。又加以捶撲。捶，止蕊翻。撲，普卜翻。雄上言：「九卿位亞三事，班在大臣，行有佩玉之節，禮記曰：公、侯佩山玄玉而朱組綬；大夫佩水蒼玉而緇組綬。詩曰：雜佩以贈之。毛氏註云：珩、璜、琚、瑀、衝牙之類。月令章句曰：佩上有雙珩，下有雙璜，琚、瑀以雜之，衝牙、蠙珠以納其間。玉藻曰：左徵、角，右宮、羽，進則揖之，退則揚之，然後玉瑲鳴也。至漢明帝乃爲大佩，衝牙、雙瑀、璜皆以白玉；乘輿落以白珠，公卿諸侯以采絲。孔穎達曰：凡佩玉必上繫於衡，下垂三道，穿以蠙珠，下端前後以懸於璜，中央下端懸以衝牙，動則衝牙前後觸璜而爲聲；所觸之玉，其形似牙，故曰衝牙。動則【章：甲十六行本無「則」字；乙十一行本同。】有庠序之儀。庠序之儀，謂濟濟蹌蹌。孝明皇帝始有撲罰，皆非古典。」帝納之，是後九卿無復捶撲者。撲，蒲卜翻，又弼角翻。捶，止蕊翻。

4 戊午，司空王龔免。六月，辛未，以太常魯國孔扶爲司空。

5 丁丑，雒陽宣德亭地坼，長八十五丈；按續漢志，宣德亭，近郊地，光武立郊兆於雒陽城南，亭蓋在平城門外。長，直亮翻。帝引公卿所舉敦樸之士，使之對策，及特問以當世之敝，爲政所宜。李固對曰：「前孝安皇帝變亂舊典，封爵阿母，因造妖孽，妖，於驕翻。孽，魚列翻。改亂嫡嗣，至令聖躬狼狽，親遇其艱。既拔自困殆，龍興卽位，天下喁喁，喁，魚容翻。師古曰：喁喁，衆口向上貌。屬望風政。屬，之欲翻。積敝之後，易致中興，易，以豉翻。誠當沛然，思惟善道，賢曰：沛然，寬廣之意。而論者猶云『方今之事，復同於前』；復，扶又翻。臣伏在草澤，痛心傷臆！實以漢興以來三百餘年，賢聖相繼十有八主，高、惠、文、景、武、昭、宣、元、成、哀、平、光、明、章、和、殤、安至帝，凡十八主。豈無阿乳之恩，豈忘貴爵之寵？然上畏天威，俯案經典，知義不可，故不封也。今宋阿母雖有大功、勤謹之德，但加賞賜，足以酬其勞苦；至於裂土開國，實乖舊典。聞阿母體性謙虛，必有遜讓，陛下宜許其辭國之高，使成萬安之福。夫妃、后之家所以少完全者，少，詩沼翻。豈天性當然？但以爵位尊顯，顓總權柄，天道惡盈，易曰：天道虧盈而益謙。惡，烏路翻。不知自損，故致顛仆。先帝寵遇閻氏，位號太疾，故其受禍曾不旋時，安帝建光元年，諸鄧得罪，閻氏始盛。延光四年，閻氏誅，蓋不能五稔也。老子曰：『其進銳者其退速也。』今梁氏戚爲椒房，禮所不臣，禮，不臣妻之父母。尊以高爵，尚可然也；而子弟羣從，榮顯兼加，從，才用翻。永平、建初故事，殆不如此。宜令步兵校尉冀及諸侍中還居黄門之官，使權去外戚，政歸國家，豈不休乎！休，美也。又，詔書所以禁侍中、尚書、中臣子弟不得爲吏、察孝廉者，以其秉威權，容請託故也。而中常侍在日月之側，聲勢振天下，子弟禄任，曾無限極，雖外託謙默，不干州郡，而諂僞之徒，望風進舉。謂州郡阿私宦官，進舉其子弟也。今可爲設常禁，爲，于僞翻；下同。同之中臣。此中臣，謂中朝臣也。昔館陶公主爲子求郎，明帝不許，賜錢千萬，事見四十五卷永平十八年。爲，于僞翻。所以輕厚賜，重薄位者，爲官人失才，害及百姓也。竊聞長水司馬武宣、百官志：北軍五營校尉各有司馬，秩千石。開陽城門候羊迪等，雒陽城十二門，每門候一人，秩六百石。開陽門位在巳。應劭漢官曰：開陽門始成，未有名，宿昔有一柱來樓上。琅邪開陽縣上言：縣南城門一柱飛去。光武皇帝使來識視，愴然，遂堅縛之，刻記其歲月，因以名焉。無他功德，初拜便眞，漢制，初拜官稱守，滿歲爲眞。續漢書曰：中都官千石、六百石，故事，先守一歲，然後補眞。此雖小失而漸壞舊章。壞，音怪。先聖法度，所宜堅守，故政教一跌，百年不復，跌，徒結翻。詩云：『上帝板板，下民卒癉』，刺周王變祖法度，故使下民將盡病也。凡伯，刺周厲王之詩。賢曰：板，反也。卒，盡也，音子恤翻。癉，病也。癉，音當但翻。今陛下之有尙書，猶天之有北斗也。斗爲天喉舌，尙書亦爲陛下喉舌。斗斟酌元氣，運乎四時；天文志曰：斗爲帝車，運乎中央，臨制四方；分陰陽，建四時，均五行，移節度，定諸紀，皆繫於斗。尙書出納王命，賦政四海，賢曰：賦，布也。權尊勢重，責之所歸，若不平心，災眚必至，誠宜審擇其人，以毗聖政。毗，輔也。今與陛下共天下者，外則公、卿、尙書，內則常侍、黃門，譬猶一門之內，一家之事，安則共其福慶，危則通其禍敗。此等議論，發之嬖倖盈朝之時，謂之曲而當可也。猶以直而不見容，嗚呼！刺史、二千石，外統職事，內受法則。夫表曲者景必邪，源清者流必潔，猶叩樹本，百枝皆動也。由此言之，本朝號令，豈可蹉跌！蹉，倉何翻。天下之紀綱，當今之急務也。夫人君之有政，猶水之有隄防；隄防完全，雖遭雨水霖潦，不能爲變；政教一立，蹔遭凶年，不足爲憂。蹔，與暫同。誠令隄防穿漏，萬夫同力，不能復救；政教一壞，賢智馳騖，不能復還；復，扶又翻。今隄防雖堅，漸有孔穴。諭嬖倖之門也。當此之時，不可以言漸矣，固特婉其辭耳。譬之一人之身，本朝者，心腹也，州、郡者，四支也，心腹痛則四支不舉。故臣之所憂，在腹心之疾，非四支之患也。苟堅隄防，務政教，先安心腹，整理本朝，雖有寇賊、水旱之變，不足介意也；誠令隄防壞漏，心腹有疾，雖無水旱之災，天下固可以憂矣。又宜罷退宦官，去其權重，裁置常侍二人，方直有德者省事左右；小黄門五人，才智閒雅者給事殿中。范曄曰：漢承秦制，置中常侍官，然亦引用士人以參其選，皆銀璫、左貂，給事殿省。及高后稱制，乃以張卿爲大謁者，出入臥內，受宣詔命。文帝時，有趙談、北宮伯子，頗見親倖。至於武帝，亦愛李延年。帝數宴後庭，或潛遊離館，故請奏機事，多以宦人主之。至元帝之世，史游爲黄門令，勤身納忠，有所補益。其後弘恭、石顯以佞險自進，卒有蕭、周之禍，損穢帝德焉。中興之初，宦官悉用閹人，不復雜調他士。至永平中，始置員數，中常侍四人，小黄門十人。和帝即祚幼弱，竇憲兄弟專總威權，所與居者閹宦而已；故鄭衆得專謀禁中，終除大憝，遂享分土之封，超登公卿之位，於是中官始盛矣。自明帝之後，迄于延平，委用漸大，其員稍增，中常侍至有十人，小黄門二十人，改以金璫、右貂，兼領卿署之職。鄧后以女主臨政，萬機殷遠，朝臣國議，無由參斷，不得不委用刑人，寄之國命；手握王爵，口銜天憲，非復掖庭永巷之職，閨牖房闥之任也。去，羌呂翻。省，悉景翻。如此，則論者厭塞，升平可致也！」塞，悉則翻。

扶風功曹馬融對曰：「今科條品制，四時禁令，所以承天順民者，備矣，悉矣，不可加矣。然而天猶有不平之效，民猶有咨嗟之怨者，百姓屢聞恩澤之聲而未見惠和之實也。古之足民者，非能家贍而人足之，量其財用，爲之制度。量，音良。故嫁娶之禮儉，則婚者以時矣；喪祭之禮約，則終者掩藏矣；不奪其時，則農夫利矣。夫妻子以累其心，累，力瑞翻。産業以重其志，舍此而爲非者，有必不多矣！」馬融之對，不詭於聖人，蓋有得於經學，故其辭氣和平而切於政體也。舍，讀曰捨。

太史令南陽張衡對曰：百官志：太史令，屬太常，秩六百石；掌天時、星曆。「自初舉孝廉，迄今二百歲矣，武帝元光元年，初舉孝廉，至是凡二百七年。皆先孝行；行有餘力，始學文法。辛卯詔書，以能章句、奏案爲限；去年冬十一月辛卯詔書也。孝行，下孟翻。雖有至孝，猶不應科，此棄本而取末。曾子長於孝，然實魯鈍，文學不若游、夏，政事不若冉、季。今欲使一人兼之，苟外有可觀，內必有闕，則違選舉孝廉之志矣。且郡國守相，剖符寧境，爲國大臣，一旦免黜十有餘人，謂濟陰太守胡廣等也。吏民罷於送迎之役，罷，讀曰疲。新故交際，公私放濫，或臨政爲百姓所便而以小過免之，是爲奪民父母使嗟號也。號，戶刀翻。易不遠復，論不憚改，易曰：不遠復，無祇悔。論語曰：過則勿憚改。朋友交接且不宿過，況於帝王，承天理物，以天下爲公者乎！中間以來，妖星見於上，古今註曰：是年四月壬寅，太白晝見；五月癸巳，又晝見。見，賢遍翻。震裂著於下，謂永建三年京師地震，今年宣德亭地裂也。天誡詳矣，可爲寒心！明者銷禍於未萌，今既見矣，爲，于僞翻。見，賢遍翻。脩政恐懼，則禍轉爲福矣。」

上覽衆對，以李固爲第一，卽時出阿母還舍，諸常侍悉叩頭謝罪，朝廷肅然。以固爲議郎；而阿母、宦者皆疾之，詐爲飛章以陷其罪。事從中下，從中下者，不經尚書。下，遐稼翻。大司農南郡黃尚等請之於梁商，僕射黃瓊復救明其事。復，扶又翻。久乃得釋，出爲洛令，「洛」，當作「雒」。雒縣屬廣漢郡。固棄官歸漢中。融博通經籍，美文辭；對奏，亦拜議郎。衡善屬文，屬，之欲翻。通貫六藝，雖才高於世，而無驕尚之情；驕者，以才驕人也。尚者，以才尚人也。善機巧，尤致思於天文、陰陽、曆算，致，極也。思，相吏翻。作渾天儀，著靈憲。蔡邕曰：言天體者三家：一曰周髀，二曰宣夜，三曰渾天。宣夜之學，絶無師法。周髀數術具存，考驗天狀，多所違失，故史官不用。唯渾天者，近得其情；今史官所用候臺銅儀，則其法也。立八尺圓體之度，而具天地之象，以正黃道，以察發斂，以行日月，以步五緯，精微深妙，萬世不易之道也。衡著靈憲曰：昔在先王，將步天路，用之靈軌，尋緒本元，先準之於渾體，是爲正儀立度，而皇極有逌建也，樞運有逌稽也。乃建乃稽，斯經天常。聖人無心，因茲以生心，故靈憲作興。王蕃曰：天地之體，狀如雞卵，天包地外，猶殼之裹黃也。周旋無端，其形渾渾然，故曰渾天。周天三百六十五度五百八十九分度之百四十五，半露地上，半在地下，其二端謂之南極、北極。北極出地三十六度，南極入地亦三十六度；兩極相去一百八十二度半強。繞北極，徑七十二度，常見不隱，謂之上規。繞南極，七十五度，常隱不見，謂之下規。赤道帶天之紘，去兩極各九十一度少強。黃道，日之所行也，半在赤道外，半在赤道內；與赤道東交於角五弱，西交於奎十四少強。其出赤道外極遠者，去赤道二十四度，斗二十一度是也。其入赤道內極遠者，亦二十四度，井二十五度是也。日南至，在斗二十一度，去極百一十五度少強是也。日最南，去極最遠，故景最長。黃道斗二十一度，出辰入申，故日亦出辰入申。日晝行地上百四十六度強，故日短；夜行地下二百一十九度少弱，故夜長。自南至之後，日去極稍近，故景稍短。日晝行地上度稍多，故日稍長；夜行地下度稍少，故夜稍短。日所在度稍北，故日稍北。以至於夏至，日在井二十五度，去極六十七度稍強是也。日最北去極最近，景最短。黃道井二十五度，出寅入戌，故日亦出寅入戌。日晝行地上二百一十九度少弱，故日長；夜行地下百四十六度強，故夜短。自夏至之後，日去極稍遠，故景稍長。日晝行地上度稍少，故日稍短；夜行地下度稍多，故夜稍長。日所在度稍南，故日出入稍南，以至於南至而復初焉。斗二十一，井二十五，南北相覺四十八度。春分日在奎十四稍強，秋分日在角五稍弱，此黃赤二道之交中也，去極俱九十一度少強，南北處斗二十一、井二十五之中，故景居二至短長之中。奎十四、角五，出卯入酉，故日亦出卯入酉。日晝行地上，夜行地下，俱百八十度半強，故日見之漏，晝五十刻，不見之漏五十刻，而晝夜同。夫天之晝夜以日出入爲分，人之晝夜以昏明爲限，日未出二刻半而明，日未入二刻半而昏，故損夜五刻以益晝，是以春、秋之漏，晝五十五刻。洛書甄耀度曰：周天三百六十五度四分度之一。一度爲千九百三十二里。性恬憺，憺，杜覽翻。不慕當世；所居之官輒積年不徙。

6 太尉龐參，在三公中最名忠直，數爲左右所毀。會所舉用忤帝旨，數，所角翻。忤，五故翻。司隸承風案之。時當會茂才、孝廉，參以被奏，稱疾不會。被，皮義翻。廣漢上計掾段恭因會上疏曰：漢郡國歲舉茂才、孝廉，與上計吏皆至京師。受計之日，公卿皆會于廷，茂、孝豫焉。「伏見道路行人、農夫、織婦皆曰：『太尉參竭忠盡節，徒以直道不能曲心，孤立羣邪之間，自處中傷之地。』處，昌呂翻。中，竹仲翻。夫以讒佞傷毀忠正，此天地之大禁，人臣【章：甲十六行本「臣」作「主」；乙十一行本同。】之至誡也！昔白起賜死，諸侯酌酒相賀；白起死事見五卷周赧王五十年。季子來歸，魯人喜其紓難。賢曰：紓，緩也。季子，魯公子季友也。閔公之時，國家多難，以季子忠賢，故請齊侯復之。公羊傳曰：季子來歸。其言季子何？賢也。其言來歸，喜之也。難，乃旦翻。夫國以賢治，君以忠安；治，直吏翻。今天下咸欣陛下有此忠賢，願卒寵任以安社稷。」卒，子恤翻。書奏，詔卽遣小黄門視參疾，太醫致羊酒。後參夫人疾前妻子，投於井而殺之；雒陽令祝良奏參罪。秋，七月，己未，參竟以災異免。

7 八月，己巳，以大鴻臚施延爲太尉。

8 鮮卑寇馬城，代郡太守擊之，不克。頃之，其至鞬【章：甲十六行本「鞬」作「韃」；乙十一行本同。】死。韃，居言翻。鮮卑由是抄盜差稀。抄，楚交翻。

容肇祖標點顧頡剛聶崇岐覆校

資治通鑑卷第五十二

翰林學士兼侍讀學士朝散大夫右諫議大夫知制誥判尚書都省兼提舉萬壽觀公事上護軍河內郡開國侯食邑一千三百戶賜紫金魚袋臣司馬光 奉敕編集

後學天台胡三省 音註

漢紀四十四 起閼逢閹茂（甲戌），盡旃蒙作噩（乙酉），凡十二年。

孝順皇帝下

陽嘉三年（甲戌、一三四）

1 夏，四月，車師後部司馬率後王加特奴【章：甲十六行本「奴」下有「等」字；乙十一行本同；孔本同。】掩擊北匈奴於閶吾陸谷，閶，音昌。大破之；獲單于母。

2 五月，戊戌，詔以春夏連旱，赦天下。上親自露坐德陽殿東廂請雨。按范書桓帝紀：德陽殿在北宮掖庭中。以尚書周舉才學優深，特加策問。舉對曰：「臣聞陰陽閉隔，則二氣否塞。否，皮鄙翻。塞，悉則翻。陛下廢文帝、光武之法，而循亡秦奢侈之欲，內積怨女，外有曠夫。自枯旱以來，彌歷年歲，未聞陛下改過之效，徒勞至尊暴露風塵，誠無益也，謂露坐無益。陛下但務其華，不尋其實，猶緣木希魚，卻行求前。賢曰：緣木求魚，孟子之文。韓詩外傳曰：夫明鏡所以照形，往古所以知今。惡知往古之所以危亡，無異卻行而求達於前人也。誠宜推信革政，崇道變惑，出後宮不御之女，除太官重膳之費。易傳曰：『陽感天不旋日。』易稽覽圖中孚傳曰：陽感天不旋日，諸侯不旋時，大夫不過朞。鄭玄註云：陽者，天子。爲善一日，天立應以善；爲惡一日，天立應以惡。一說，不旋時立應之。重，直龍翻。傳，直戀翻。惟陛下留神裁察！」帝復召舉面問得失，舉對以「宜慎官人，去貪汙，遠佞邪。」復，扶又翻。去，羌呂翻。遠，于願翻。帝曰：「官貪汙、佞邪者爲誰乎？」對曰：「臣從下州超備機密，舉自冀州刺史徵拜尚書。不足以別羣臣。然公卿大臣數有直言者，忠貞也；別，彼列翻。數，所角翻。阿諛苟容者，佞邪也。」

太史令張衡亦上疏言：「前年京師地震土裂，裂者，威分；震者，民擾也。竊懼聖思厭倦，制不專己，恩不忍割，與衆共威。威不可分，德不可共。願陛下思惟所以稽古率舊，勿使刑德八柄不由天子，周禮：王以八柄馭羣臣：一曰爵，以馭其貴；二曰祿，以馭其富；三曰予，以馭其幸；四曰置，以馭其行；五曰生，以馭其福；六曰奪，以馭其貧；七曰廢，以馭其罪；八曰誅，以馭其過。然後神望允塞，塞，悉則翻。災消不至矣！」

衡又以中興之後，儒者爭學圖緯，緯，七緯也。七緯者，易緯，稽覽圖、乾鑿度、坤靈圖、通卦驗、是類謀、辯終備也；書緯，璇璣鈐、考靈耀、刑德放、帝命驗、運期授也；詩緯，推度災、氾歷樞、含神霧也；禮緯，含文嘉、稽命徵、斗威儀也；樂緯，動聲儀、稽耀嘉、汁國徵也；孝經緯，援神契、鉤命決也；春秋緯，演孔圖、元命包、文耀鉤、運斗樞、感精符、合誠圖、考異郵、保乾圖、漢含孳、佑助期、握誠圖、潛潭巴、說題辭也。上疏言：「春秋元命包有公輸班與墨翟，事見戰國；又言別有益州，益州之置在於漢世。賢曰：前書：武帝始置益州。又劉向父子領校祕書，閱定九流，亦無讖錄。賢曰：成、哀時，劉向及子歆爲祕書，校定經傳、諸子等。九流，謂儒家、道家、陰陽家、法家、名家、墨家、縱橫家、雜家、農家，見藝文志；並無讖說。讖，楚譖翻。則知圖讖成於哀、平之際，皆虛僞之徒以要世取資，要，一遙翻。欺罔較然，莫之糾禁。且律曆、卦候、九宮、風角，黃帝命伶倫吹律，大撓作甲子，容成造曆，而律曆之學傳矣。京房分六十四卦，更直日用事，以風雨寒溫爲候。伏羲之時，龍馬負圖出於河，戴九履一，左三右七，二四爲肩，六八爲足，而五居中。伏羲觀河圖而畫八卦。陰陽家謂之九宮，一、六、八爲白，二黑，三綠，四碧，五黃，七赤，九紫，至今承用之。又易乾鑿度曰：太一取其數而行九宮。鄭玄註云：太一者，北辰神名也；下行八卦之宮，每四乃還於中央。中央者，地神之所居，故謂之九宮。天數大分以陽出，以陰入，陽起於子，陰起於午，是以太一下九宮從坎宮始。自此而從於坤宮，又自此而從於震宮，又自此而從於巽宮，所以從半矣，還息於中央之宮。既又自此而從於乾宮，又自此而從於兌宮，又自此而從於艮宮，又自此而從於離宮，行則周矣。上遊息於太一之星，而反於紫宮。行起從坎宮始，終於離宮也。此雖緯書之說，而九宮定位則一也。賢曰：風角，謂候四方四隅之風，以占吉凶。數有徵效，數，所角翻；下同。世莫肯學，而競稱不占之書，賢曰：謂競稱讖家也。譬猶畫工惡圖犬馬而好作鬼魅，誠以實事難形而虛僞不窮也！惡，烏路翻。好，呼到翻。魅，音媚。韓子曰：客有爲齊王畫者，問：「畫孰難？」對曰：「狗、馬最難。」「孰易？」曰：「鬼、魅最易。狗、馬，人所知也，故難；鬼、魅無形，故易也。」宜收藏圖讖，一禁絶之，則朱紫無所眩，典籍無瑕玷矣！」

3 秋，七月，鍾羌良封等復寇隴西、漢陽。復，扶又翻。詔拜前校尉馬賢爲謁者，鎮撫諸種。種，章勇翻。冬，十月，護羌校尉馬續遣兵擊良封，破之。

4 十一月，壬寅，司徒劉崎、司空孔扶免，用周舉之言也。崎，丘宜翻。乙巳，以大司農黄尚爲司徒，光禄勳河東王卓爲司空。

5 耿貴人數爲耿氏請，爲，于僞翻。帝乃紹封耿寶子箕爲牟平侯。耿寶貶死事見上卷安帝延光四年。

四年（乙亥、一三五）

1 春，北匈奴呼衍王侵車師後部。帝令敦煌太守發兵救之，不利。敦，徒門翻。

2 二月，丙子，初聽中官得以養子襲爵。曹操階之，遂移漢祚，其所由來者漸矣。初，帝之復位，宦官之力也，事見上卷延光四年。由是有寵，參與政事。與，讀曰預。御史張綱上書曰：「竊尋文、明二帝，德化尤盛，中官常侍，不過兩人，近倖賞賜，裁滿數金，惜費重民，故家給人足。而頃者以來，無功小人，皆有官爵，非愛民重器、承天順道者也。」書奏，不省。省，悉景翻。綱，皓之子也。張皓見五十卷安帝延光三年。

旱。[3]

[4]謁者馬賢擊鍾羌，大破之。

[5]夏，四月，甲子，太尉施延免。戊寅，以執金吾梁商爲大將軍，故太尉龐參爲太尉。龐，皮江翻。

商稱疾不起且一年；帝使太常桓焉奉策就第即拜，商乃詣闕受命。杜佑曰：後漢策拜諸王侯、三公之儀：百官會，位定，謁者引光祿勳前，謁者引當拜者前，伏殿下。光祿前一拜，舉手曰：「制詔，其以某爲某。」讀策書畢，拜者稱臣，再拜。尚書郎以璽印綬付侍御史，前面立受印璽綬，當受策者再拜頓首，三贊。謁者曰：「某王臣某新封，某公某初除，謝。」中謁者報，「謹謝。」贊者立曰：「皇帝爲公興。」重坐。受策者拜謝，起，就位。禮畢。自漢以來惟衞青以有功即軍中拜大將軍，未聞有就第即拜者也，況以此異數加之后父乎！商少通經傳，謙恭好士，少，詩沼翻。好，呼到翻；下同。辟漢陽巨覽、巨，姓；覽，名。上黨陳龜爲掾屬，掾，余絹翻。李固爲從事中郎，楊倫爲長史。

李固以商柔和自守，不能有所整裁，乃奏記於商曰：「數年以來，災怪屢見。見，賢遍翻。孔子曰：『智者見變思形，愚者覩怪諱名。』范書李固傳「形」作「刑」。此二語蓋亦本之緯書。天道無親，可爲祗畏。賢曰：祇，敬也。言天無親疏，惟善是與，可敬而畏也。誠令王綱一整，道行忠立，明公踵伯成之高，莊子曰：伯成子高，唐、虞時爲諸侯；至禹，去而耕於野。全不朽之譽，豈與此外戚凡輩耽榮好位者同日而論哉！」商不能用。

6 秋，閏八月，丁亥朔，日有食之。

7 冬，十月，烏桓寇雲中。度遼將軍耿曄追擊，不利。十一月，烏桓圍曄於蘭池城；續漢志：雲中郡沙南縣有蘭池城。發兵數千人救之，烏桓乃退。

8 十二月，丙【章：甲十六行本「丙」作「甲」；乙十一行本同；張校同。】寅，京師地震。

永和元年（丙子、一三六）

1 春，正月，己巳，改元，赦天下。

2 冬，十月，丁亥，承福殿火。

3 十一月，丙子，太尉龐參罷。

4 十二月，象林蠻夷反。象林縣，屬日南郡。晉、宋以下爲林邑國。

5 乙巳，以前司空王龔爲太尉。

龔疾宦官專權，上書極言其狀。諸黃門使客誣奏龔罪；上命龔亟自實。李固奏記於梁商曰：「王公以堅貞之操，橫爲讒佞所構，橫，戶孟翻。衆人聞知，莫不歎慄。夫三公尊重，無詣理訴冤之義，哀帝時，丞相王嘉召詣廷尉，主簿曰：「將相不對理陳冤，相踵以爲故事，君侯宜引決。」纖微感概，輒引分決，是以舊典不有大罪，不至重問。賢曰：大臣獄重，故曰重問。成帝時，丞相薛宣、御史大夫翟方進有罪，上使五二千石雜問。音義云：大臣獄重，故以二千石五人同問之。王公卒有他變，卒，讀曰猝。則朝廷獲害賢之名，羣臣無救護之節矣！語曰：『善人在患，飢不及餐。』言當速救之也。斯其時也！」商即言之於帝，事乃得釋。

6是歲，以執金吾梁冀爲河南尹。冀性嗜酒，逸遊自恣，居職多縱暴非法。父商所親客雒陽令呂放以告商，商以讓冀。冀遣人於道刺殺放，刺，七亦翻。而恐商知之，乃推疑放之怨仇，推，吐雷翻。惡自冀出，欲嫁之他人，故託其辭，疑放之怨仇爲之。請以放弟禹爲雒陽令，使捕之；賢曰：安慰放家，欲以滅口。余謂賢說非也。冀請於商，以放弟爲令，謂必急於捕賊，而陰使禹滅其兄之宗親賓客以快己忿耳。盡滅其宗、親、賓客百餘人。

7武陵太守上書，以蠻夷率服，言相率而來服。可比漢人，增其租賦。議者皆以爲可。尚書令虞詡曰：「自古聖王，不臣異俗。先帝舊典，貢賦多少，所由來久矣；漢興，令武陵諸蠻，大人歲輸布一匹，小口二丈，是謂之賨布。今猥增之，必有怨叛。計其所得，不償所費，必有後悔。」帝不從。澧中、漊中蠻各爭貢布非舊約，漊，郎侯翻。遂殺鄉吏，舉種反。種，章勇翻。

二年（丁丑、一三七）

1春，武陵蠻二萬人圍充城，八千人寇夷道。賢曰：充縣，屬武陵郡，故城在澧州崇義縣東北。充，音衝。夷道，屬南郡。

2 二月，廣漢屬國都尉擊破白馬羌。安帝改蜀郡北部都尉爲廣漢屬國都尉，別領陰平、甸氏、剛氏三道，屬益州。

3 帝遣武陵太守李進擊叛蠻，破平之。進乃簡選良吏，撫循蠻夷，郡境遂安。

4 三月，【章：甲十六行本「月」下有「乙卯」二字；乙十一行本同；張校同；退齋校同。】司空王卓薨。丁丑，以光祿勳郭虔爲司空。考異曰：袁書作「乾」，今從范書。

5 夏，四月，丙申，京師地震。

6 五月，癸丑，山陽君宋娥坐構姦誣罔，收印綬，歸里舍。黃龍、楊佗、孟叔、李建、張賢、史汎、王道、李元、李剛等九侯坐與宋娥更相賂遺，更，工衡翻。遺，于季翻。求高官增邑，並遣就國，減租四分之一。考異曰：孫程傳云：「龍等誣罔曹騰、孟賁」，按梁商傳，誣罔騰、賁者張逵等，非龍等也。

7 象林蠻區憐等區，烏侯翻；今廣中猶有此姓。姓譜云：今長沙有此姓，音豈俱翻。攻縣寺，殺長吏。交趾刺史樊演發交趾、九眞兵萬餘人救之；兵士憚遠役，秋，七月，二郡兵反，攻其府。府雖擊破反者，而蠻勢轉盛。

8 冬，十月，甲申，上行幸長安。扶風田弱薦同郡法眞博通內、外學，東都諸儒以七緯爲內學，六經爲外學。隱居不仕，宜就加袞職。賢曰：毛詩曰：袞職有闕。謂三公也。帝虛心欲致之，前後四徵，終不屈。友人郭正稱之曰：「法眞名可得聞，身難得而見。逃名而名我隨，避名而名我追，可謂百世之師者矣！」眞，雄之子也。法雄見四十九卷安帝永初四年。

9 丁卯，京師地震。

10 太尉王龔以中常侍張昉等專弄國權，欲奏誅之。宗親有以楊震行事諫之者，楊震事見五十卷安帝延光三年。龔乃止。

11 十二月，乙亥，上還自長安。

三年（戊寅、一三八）

1 春，二月，乙亥，京師及金城、隴西地震，二郡山崩。

2 夏，閏四月，己酉，京師地震。

3 五月，吳郡丞羊珍反，攻郡府；太守王衡破斬之。

4 侍御史賈昌與州郡并力討區憐，不尅，爲所攻圍；歲餘，兵穀不繼。帝召公卿百官及四府掾屬大將軍府掾屬二十九人，太尉府二十四人，司徒府三十一人，司空府二十九人。問以方略；皆議遣大將，發荆、揚、兗、豫四萬人赴之。李固駁曰：「若荆、揚無事，發之可也。今二州盜賊磐結不散，二州，謂荆、揚也。武陵、南郡蠻夷未輯，長沙、桂陽數被徵發，如復擾動，數，所角翻。被，皮義翻。復，扶又翻；下同。必更生患，其不可一也。又，兗、豫之人卒被徵發，卒，讀曰猝。遠赴萬里，無有還期，詔書迫促，必致叛亡，其不可二也。南州水土溫暑，加有瘴氣，瘴，之亮翻。度嶺而南，瘴氣甚重，炎熱蒸鬱之所生也，中之者輒死。致死亡者十必四五，其不可三也。遠涉萬里，士卒疲勞，比至嶺南，比，必寐翻，及也。不復堪鬬，其不可四也。軍行三十里爲程，而去日南九千餘里，三百日乃到，計人稟五升，賢曰：古升小，故曰五升也。稟，給也。用米六十萬斛，不計將吏驢馬之食，但負甲自致，費便若此，其不可五也。設軍所在，死亡必衆，既不足禦敵，當復更發，此爲刻割心腹以補四支，其不可六也。九眞、日南相去千里，發其吏民猶尚不堪，何況乃苦四州之卒以赴萬里之艱哉！其不可七也。前中郎將尹就討益州叛羌，益州諺曰：『虜來尚可，尹來殺我。』後就徵還，以兵付刺史張喬；喬因其將吏，旬月之間破殄寇虜。事見四十九卷安帝元初二年，止五十卷五年。此發將無益之效，將，即亮翻。州郡可任之驗也。宜更選有勇略仁惠任將帥者，以爲刺史、太守，悉使共住交趾。今日南兵單無穀，言孤軍處叛蠻之中，又乏糧也。守既不足，戰又不能，可一切徙其吏民，北依交趾，事靜之後，乃命歸本；還募蠻夷使自相攻，轉輸金帛以爲其資；有能反間致頭首者，間，古莧翻。頭首，謂諸蠻渠帥也。許以封侯裂土之賞。故幷州刺史長沙祝良，性多勇決，又南陽張喬，前在益州有破虜之功，皆可任用。昔太宗就加魏尚爲雲中守，魏尚見十四卷文帝十四年；就加事未見。守，式又翻；下同。哀帝即拜龔舍爲泰山守；前書：龔舍，楚人，初徵爲諫大夫，病免；復徵爲博士，又病去。頃之，哀帝遣使即楚拜舍爲泰山太守。宜卽拜良等，便道之官。」四府悉從固議，卽拜祝良爲九眞太守，張喬爲交阯刺史。喬至，開示慰誘，並皆降散。良到九眞，單車入賊中，設方略，招以威信，降者數萬人，皆爲良築起府寺。由是嶺外復平。爲，于僞翻。復，扶又翻。

5 秋，八月，己未，司徒黃尚免。九月，己酉，以光祿勳長沙劉壽爲司徒。

6 丙戌，令大將軍、三公舉剛毅、武猛、謀謨任將帥者各二人，特進、卿、校尉各一人。校，戶教翻。

初，尚書令左雄薦冀州刺史周舉爲尚書；既而雄爲司隸校尉，舉故冀州刺史馮直任將帥。直嘗坐臧受罪，臧，古贓字通。舉以此劾奏雄。劾所舉非其人也。劾，戶概翻，又戶得翻。雄曰：「詔書使我選武猛，不使我選清高。」舉曰：「詔書使君選武猛，不使君選貪汚也！」雄曰：「進君，適所以自伐也。」舉曰：「昔趙宣子任韓厥爲司馬，厥以軍法戮宣子僕，宣子謂諸大夫曰：『可賀我矣！吾選厥也任其事。』秦、晉戰于河曲，趙宣子將中軍，韓厥爲司馬。宣子使以其乘車干行，韓厥戮其僕。衆曰：「韓厥必不沒矣，其主朝升之而暮戮其車。」宣子謂諸大夫曰：「可賀我矣！吾舉厥也任其事，吾今乃知免於戾矣！」任，音壬。今君不以舉之不才誤升諸朝，不敢阿君以爲君羞；不寤君之意與宣子殊也。」雄悅，謝曰：「吾嘗事馮直之父，又與直善；今宣光以此奏吾，是吾之過也！」周舉，字宣光。天下益以此賢之。聞過而服，天下以此益賢左雄。諱過者爲何如邪！

是時，宦官競賣恩勢，挾勢市恩，以此自鬻也。唯大長秋良賀清儉退厚。春秋鄭穆公子子良，後爲良氏。賢曰：謙退而厚重也。余謂退厚者，不與儕輩爭進趣，競浮薄也。及詔舉武猛，賀獨無所薦。帝問其故，對曰：「臣生自草茅，長於宮掖，長，知兩翻。既無知人之明，又未嘗交加士類。昔衞鞅因景監以見，有識知其不終。事見二卷周顯王三十一年。今得臣舉者，匪榮伊辱，言不足爲榮，適以爲辱也。考異曰：宦者傳云：「陽嘉中，詔舉武猛，良賀獨無所薦。」按此詔蓋誤以永和爲陽嘉也。是以不敢！」帝由是賞之。

7冬，十月，燒當羌那離等三千餘騎寇金城，校尉馬賢擊破之。

8十二月，戊戌朔，日有食之。

9大將軍商以小黃門南陽曹節等用事於中，遣子冀、不疑與爲交友；而宦官忌其寵，反欲陷之。中常侍張逵、蘧政、楊定等蘧，姓也。衞有大夫蘧伯玉。與左右連謀，共譖商及中常侍曹騰、孟賁，云「欲徵諸王子，圖議廢立，請收商等案罪。」帝曰：「大將軍父子，我所親，騰、賁，我所愛，必無是，但汝曹共妒之耳。」妒，與妬同。逵等知言不用，懼迫，言既不用，懼禍且及也。遂出，矯詔收縛騰、賁於省中。帝聞，震怒，敕宦者李歙急呼騰、賁釋之；收逵等下獄。歙，許及翻。下，遐稼翻。

四年（己卯、一三九）

1春，正月，庚辰，逵等伏誅；事連弘農太守張鳳、安平相楊皓，皆坐死；辭所連染，延及在位大臣。商懼多侵枉，乃上疏曰：「春秋之義，功在元帥，罪止首惡。春秋左氏傳：晉郤克帥師敗齊師于鞌；師歸，范文子後入，曰：「師有功，國人喜以逆之；先入，必屬耳目焉，是代帥受名也，故不敢。」虞師、晉師滅下陽，公羊傳曰：虞，微國也，曷爲序于大國之上？使虞首惡也。帥，所類翻。大獄一起，無辜者衆，死囚久繫，纖微成大，賢曰：言久繫之，則細微之事牽引以成大也。非所以順迎和氣，平政成化也。宜早訖竟，以止逮捕之煩。」謂孟春之月，當行慶施惠，順天地生物之心，以迎和氣，不宜使獄事枝蔓。賢曰：逮，及也；辭所連及，卽追捕之也。帝納之，罪止坐者。

二月，帝以商少子虎賁中郎將不疑爲步兵校尉。商上書辭曰：「不疑童孺，猥處成人之位。處，昌呂翻。昔晏平仲辭鄁殿以安【章：甲十六行本「安」作「守」；乙十一行本同；孔本同。】其富，左傳：齊討慶封，與晏子鄁殿，其鄙六十；弗受。子尾曰：「富，人之所欲也，何故弗受？」對曰：「慶氏之邑足欲，故亡。吾邑不足欲也，益之以鄁殿，乃足欲，亡無日矣！不受鄁殿，非惡富也，恐失富也。」鄁，蒲對翻。殿，多薦翻；又如字。公儀休不受魚飧以定其位；公儀休爲魯相；客有遺相魚者，相不受。客曰：「聞君嗜魚，遺君魚，何故不受也？」相曰：「以嗜魚，故不受也。今爲相能自給魚；受魚而免，誰復給我魚者！故不受也。」臣雖不才，亦願固福祿於聖世！」上乃以不疑爲侍中、奉車都尉。梁商之讓，通經、傳之力也。

2三月，乙亥，京師地震。

3 燒當羌那離等復反；復，扶又翻；下同。夏，四月，癸卯，護羌校尉馬賢討斬之，獲首虜千二百餘級。

4 戊午，赦天下。

5 五月，戊辰，封故濟北惠王壽子安爲濟北王。去年濟北王多薨，無子；今以安紹封。范書列傳作「安國」，此從帝紀。濟，子禮翻。

6 秋，八月，太原旱。

五年（庚辰、一四〇）

1 春，二月，戊申，京師地震。

2 南匈奴句龍王吾斯、車紐等反，句，古侯翻。車，尺遮翻。寇西河；招誘右賢王合兵圍美稷，殺朔方、代郡長吏。夏，五月，度遼將軍馬續與中郎將梁並等此護匈奴中郎將也。發邊兵及羌、胡合二萬餘人掩擊，破之。吾斯等復更屯聚，攻沒城邑。天子遣使責讓單于；單于本不預謀，乃脫帽避帳，詣並謝罪。並以病徵，五原太守陳龜代爲中郎將。龜以單于不能制下，賢曰：吾斯等攻沒城邑，單于雖不預謀，然不能制下，即是不堪其任。逼迫單于及其弟左賢王皆令自殺。龜又欲徙單于近親於內郡，而降者遂更狐疑。龜坐下獄，免。降，戶江翻；下同。龜所施行，必有未究其方略者，而遽坐免也。下，遐稼翻。

大將軍商上表曰：「匈奴寇畔，自知罪極；窮鳥困獸，皆知救死，鳥窮則攫，獸困則搏。傳曰：困獸猶鬬。況種類繁熾，不可單盡。賢曰：單，亦盡也。種，章勇翻。今轉運日增，三軍疲苦，虛内給外，非中國之利。度遼將軍馬續，素有謀謨，且典邊日久，深曉兵要；每得續書，與臣策合。宜令續深溝高壘，以恩信招降，宣示購賞，明爲期約，如此，則醜類可服，賢曰：醜，等也。余謂醜類，言凶醜之黨類也。國家無事矣！」帝從之，乃詔續招降畔虜。

商又移書續等曰：「中國安寧，忘戰日久。良騎夜【章：甲十六行本「夜」作「野」；乙十一行本同；孔本同；張校同。】合，交鋒接矢，決勝當時，戎狄之所長而中國之所短也；強弩乘城，堅營固守，以待其衰，中國之所長而戎狄之所短也。宜務先所長而觀其變，先，悉薦翻。設購開賞，宣示反悔，反，音幡。宣示招降之意以開其反悔之心。勿貪小功以亂大謀。」於是右賢王部抑鞮等萬三千口皆詣續降。鞮，丁奚翻。

3 己丑晦，日有食之。

4 初，那離等既平，朝廷以來機爲并州刺史，劉秉爲涼州刺史。機等天性虐刻，多所擾發；且凍、傅難種羌遂反，賢曰：且，音子余翻。種，章勇翻；下同。攻金城，與雜種羌、胡大寇三輔，殺害長吏。機等並坐徵。於是拜馬賢爲征西將軍，以騎都尉耿叔爲副，將左右羽林五校士及諸州郡兵十萬人屯漢陽。

5 九月，令扶風、漢陽築隴道塢三百所，置屯兵。

6 辛未，太尉王龔以老病罷。

7 且凍羌寇武都，燒隴關。賢曰：隴山之關也，今名大震關，在今隴州汧源縣西。

8 壬午，以太常桓焉爲太尉。

9 匈奴句龍王吾斯等立車紐爲單于，東引烏桓，西收羌、胡等數萬人攻破京兆虎牙營，殺上郡都尉及軍司馬，遂寇掠并、涼、幽、冀四州。乃徙西河治離石，賢曰：離石，即西河之屬縣也，在郡南五百九里。郡本都平定縣；至此，徙於離石。上郡治夏陽，朔方治五原。十二月，遣使匈奴中郎將張耽將幽州、烏桓諸郡營兵擊車紐等，戰於馬邑，斬首三千級，獲生口甚衆。車紐乞降，而吾斯猶率其部曲與烏桓寇鈔。鈔，楚交翻；下同。

10 初，上命馬賢討西羌，大將軍商以爲賢老，不如太中大夫宋漢；帝不從。漢，由之子也。宋由爲公於章、和之間。賢到軍，稽留不進。武都太守馬融上疏曰：「今雜種諸羌種，章勇翻。轉相鈔盜，宜及其未并，亟遣深入，破其支黨；并，合也。及其勢未合而攻其支黨。而馬賢等處處留滯。羌、胡百里望塵，千里聽聲，今逃匿避回，回，胡對翻；繞也，曲也。漏出其後，則必侵寇三輔，爲民大害。臣願請賢所不可，用關東兵五千，裁假部隊之號，盡力率厲，埋根、行首以先吏士；賢曰：埋根，言不退也。行，戶剛翻。先，悉薦翻。三旬之中，必克破之。臣又聞吳起爲將，暑不張蓋，寒不披裘；今賢野次垂幕，珍肴雜遝，兒子侍妾，事與古反。臣懼賢等專守一城，言攻於西而羌出於東，且其將士將不堪命，必有高克潰叛之變也。」鄭高克好利而不顧其君，文公使克將兵而禦狄于竟，陳其師旅，翱翔河上；衆潰而歸。安定人皇甫規亦見賢不恤軍事，審其必敗，審，悉也，察也。上書言狀。朝廷皆不從。

六年（辛巳、一四一）

1春，正月，丙子，征西將軍馬賢與且凍羌戰于射姑山，且，子余翻。射，音夜。按續漢書天文志，射姑山在北地。賢軍敗；賢及二子皆沒，東、西羌遂大合。羌居安定、北地、上郡、西河者，謂之東羌；居隴西、漢陽，延及金城塞外者，謂之西羌。閏月，鞏唐羌寇隴西，遂及三輔，燒園陵，殺掠吏民。

2二月，丁巳，有星孛于營室。晉書天文志：營室二星，天子之宮也，又爲軍糧之府及土功事。孛，蒲內翻。

3三月，上巳，大將軍商大會賓客，讌于雒水；司馬彪曰：三月上巳，宮人皆潔於東流上，洗濯祓除，爲大潔也。按古以三月上巳日爲上巳，今以三月三日爲上巳。酒闌，繼以韰露之歌。纂文曰：韰露，今之挽歌也。崔豹古今註曰：「韰上露，何易晞。露晞明朝還復落，人死一去何時歸！」韰，下戒翻，一作「薤」。從事中郎周舉聞之，歎曰：「此所謂哀樂失時，樂，音洛。非其所也，殃將及乎！」左傳曰：哀樂失時，殃咎必至。

4 武都太守趙沖追擊鞏唐羌，考異曰：西羌傳作「武威太守」，今從帝紀。皇甫規傳云：「與護羌校尉趙沖」，按西羌傳，沖時尚爲太守，規傳誤也。斬首四百餘級，降二千餘人。詔沖督河西四郡兵爲節度。余按沖以追羌之功，詔督河西四郡兵，則武威太守爲是。武都西北接漢陽，東北接扶風，南接漢中，無緣遠督河西四郡兵。

安定上計掾皇甫規上疏曰：「臣比年以來，數陳便宜：羌戎未動，策其將反；馬賢始出，知其必敗；誤中之言，在可考校。比，毗至翻。數，所角翻。中，竹仲翻。臣每惟賢等擁衆四年，未有成功，縣師之費，且百億計，賢曰：縣，猶停也。余謂出師遠征，其勢縣絕，不能相及，故曰縣師。縣，讀曰懸。出於平民，平民，謂齊民也。回入姦吏，謂爲姦吏所侵盜也。故江湖之人，羣爲盜賊，青、徐荒饑，襁負流散。襁，居兩翻。夫羌戎潰叛，不由承平，皆因邊將失於綏御，乘常守安則加侵暴，言前後相乘，以侵暴羌戎爲常也。苟競小利則致大害，微勝則虛張首級，軍敗則隱匿不言。軍士勞怨，困於猾吏，進不得快戰以徼功，徼，一遙翻。退不得溫飽以全命，餓死溝渠，暴骨中原；徒見王師之出，不聞振旅之聲。賢曰：振，整也。旅，衆也。穀梁傳曰：出曰治兵，入曰振旅。酋豪泣血，驚懼生變，酋，慈秋翻。是以安不能久，叛則經年，臣所以搏手扣心而增歎者也！願假臣兩營、二郡屯列坐食之兵五千，賢曰：兩營，謂馬賢及趙沖等。二郡，安定、隴西也。余謂兩營者，扶風雍營及京兆虎牙營也。出其不意，與趙沖共相首尾。土地山谷，臣所曉習；兵勢巧便，臣已更之；更，工衡翻，經也，歷也。可不煩方寸之印，尺帛之賜，高可以滌患，下可以納降。降，戶江翻。若謂臣年少、官輕，不足用者，凡諸敗將，非官爵之不高，年齒之不邁。賢曰：邁，往也。臣不勝至誠，沒死自陳！」勝，音升。沒死，猶言昧死也，冒死也。帝不能用。

5 庚子，司空郭虔免。丙午，以太僕趙戒爲司空。

6 夏，使匈奴中郎將張耽、度遼將軍馬續率鮮卑到穀城，擊烏桓於通天山，大破之。穀城，蓋卽西河郡之穀羅縣城。通天山，蓋卽土軍縣之石樓山；以其高絕，故曰通天。

7 鞏唐羌寇北地。考異曰：西羌傳作「罕種羌」，今從帝紀。北地太守賈福與趙沖擊之，不利。

8 秋，八月，乘氏忠侯梁商病篤，乘，繩證翻。敕子冀等曰：「吾生無以輔益朝廷，死何可耗費帑藏！帑，他朗翻。藏，徂浪翻。衣衾、飯含、玉匣、珠貝之屬，賢曰：含，口實也。白虎通曰：大夫飯以玉，含以貝；士飯以珠，含以貝也。飯，父遠翻。含，戶紺翻。何益朽骨！百僚勞擾，紛華道路，祗增塵垢耳。宜皆辭之。」丙辰，薨；帝親臨喪。諸子欲從其誨，朝廷不聽，賜以東園祕器、銀鏤、黃腸、玉匣。賢曰：棺以銀鏤之。以柏木黃心爲椁，曰黃腸。孔穎達曰：喪服大記：君松椁，大夫柏椁，士雜木椁。鄭註：椁，謂周棺者也。天子柏椁，以端長六尺。正義曰：君松椁。君，諸侯也。諸侯用松爲椁材也。盧云：以松黃腸爲椁。庾云：黃腸，松心也。大夫柏椁，以柏爲椁，不用黃腸，下天子也。及葬，賜輕車、介士，賢曰：輕車，兵車也；介士，甲士也。中宮親送。帝至宣陽亭，賢曰：每城門各有亭，卽宣陽門之亭也。余按續漢志，雒陽城十二門，無宣陽門。魏、晉之間，洛城始有宣陽門，正南門也。漢雒城正南曰平城門。瞻望車騎。壬戌，以河南尹、乘氏侯梁冀爲大將軍，冀弟侍中不疑爲河南尹。

臣光曰：成帝不能選任賢俊，委政舅家，可謂闇矣；猶知王立之不材，棄而不用。事見三十二卷元延元年。順帝援大柄，授之后族，援，于元翻。梁冀頑嚚凶暴，著於平昔，而使之繼父之位，終於悖逆，嚚，魚巾翻。悖，蒲內翻，又蒲沒翻。蕩覆漢室；校於成帝，闇又甚焉！

9 初，梁商病篤，帝親臨幸，問以遺言。對曰：「臣從事中郎周舉，清高忠正，可重任也。」由是拜舉諫議大夫。續漢志曰：武帝元狩五年，置諫大夫。世祖中興，以爲諫議大夫。

10 九月，諸羌寇武威。

11 辛亥晦，日有食之。

12 冬，十月，癸丑，以羌寇充斥，涼部震恐，復徙安定居扶風，北地居馮翊。永建四年，二郡還舊治，今復徙之。復，扶又翻。十一月，庚子，以執金吾張喬行車騎將軍事，將兵萬五千人屯三輔。

13 荊州盜賊起，彌年不定；以大將軍從事中郎李固爲荊州刺史。固到，遣吏勞問境內，赦寇盜前釁，與之更始。勞，力到翻。更，工衡翻。於是賊帥夏密等率其魁黨六百餘人自縛歸首，帥，所類翻。首，式救翻。固皆原之，遣還，【章：甲十六行本「還」下有「使」字；乙十一行本同；孔本同；張校同。】自相招集，開示威法；半歲間，餘類悉降，降，戶江翻。州內清平。奏南陽太守高賜等臧穢；臧，古贓字通。賜等重賂大將軍梁冀，冀爲之千里移檄，賢曰：言移檄一日行千里，救之急也。爲，于僞翻。而固持之愈急，冀遂徙固爲泰山太守。時泰山盜賊屯聚歷年，郡兵常千人追討，不能制；固到，悉罷遣歸農，但選留任戰者百餘人，任，音壬。以恩信招誘之。未滿歲，賊皆弭散。誘，音酉。弭，止也。散，逃潰而去也。

漢安元年（壬午、一四二）

1春，正月，癸巳，赦天下，改元。

2秋，八月，南匈奴句龍吾斯與薁鞬、臺耆等復反，薁，音郁。鞬，居元翻。復，扶又翻。寇掠并部。

3丁卯，遣侍中河內杜喬、周舉、按范書紀、傳，周舉，汝南人，時爲光祿大夫。守光祿大夫周栩、馮羨、魏郡欒巴、張綱、張綱，犍爲武陽人。栩，況羽翻。郭遵、劉班分行州郡，行，下孟翻。表賢良，顯忠勤；其貪汚有罪者，刺史、二千石驛馬上之，墨綬以下便輒收舉。刺史、二千石，大吏，驛馬上奏其罪，取旨黜免。驛馬，欲速達京闕也。墨綬，縣令、長也；令、長以下，便收案舉劾其罪。上，時掌翻。喬等受命之部，張綱獨埋其車輪於雒陽都亭，漢郡、國、縣、道皆有都亭。曰：「豺狼當路，安問狐狸！」

前漢京兆督郵侯文對孫寶之辭。遂劾奏「大將軍冀、河南尹不疑，以外戚蒙恩，居阿衡之任，而專肆貪叨，縱恣無極，【章：甲十六行本「極」下有「多樹諂諛以害忠良，誠天威所不赦，大辟所宜加也。」二十字；乙十一行本同；孔本同；張校同；退齋校同。】謹條其無君之心十五事，斯皆臣子所切齒者也。」書御，賢曰：御，進也。京師震竦。時皇后寵方盛，諸梁姻戚滿朝，朝，直遙翻。帝雖知綱言直，不能用也。杜喬至兗州，表奏泰山太守李固政爲天下第一，上徵固爲將作大匠。八使所劾奏，多梁冀及宦者親黨，互爲請救，事皆寢遏。劾，戶概翻，又戶得翻。寢者，已御其奏，寢而不行。遏者，其奏未達，遏而不上。侍御史河南种暠疾之，种，音沖。暠，古老翻。復行案舉。復，扶又翻。廷尉吳雄、將作大匠李固亦上言：「八使所糾，宜急誅罰。」帝乃更下八使奏章，令考正其罪。下，遐稼翻。

梁冀恨張綱，思有以中傷之。中，竹仲翻。時廣陵賊張嬰寇亂揚、徐間積十餘年，二千石不能制，冀乃以綱爲廣陵太守。前太守率多求兵馬，綱獨單車之職。既到，徑詣嬰壘門；嬰大驚，遽走閉壘。綱於門【章：甲十六行本「門」下有「外」字；乙十一行本同；孔本同；張校同；退齋校同。】罷遣吏民，【章：甲十六行本「民」作「兵」；乙十一行本同；孔本同；張校同。】獨留所親者十餘人，以書喻嬰，請與相見。嬰見綱至誠，乃出拜謁。綱延置上坐，坐，才臥翻。譬之曰：「前後二千石多肆貪暴，故致公等懷憤相聚；二千石信有罪矣，然爲之者又非義也。今主上仁聖，欲以恩德服叛，故遣太守來，思以爵祿相榮，不願以刑罰相加，今誠轉禍爲福之時也。若聞義不服，天子赫然震怒，荆、揚、兗、豫大兵雲合，身首橫分，血嗣俱絕。賢曰：凡祭皆用牲，故曰血嗣。或曰：父子氣血相傳，故曰血嗣。二者利害，公其深計之！」嬰聞，泣下曰：「荒裔愚民，不能自通朝廷，不堪侵枉，遂復相聚偷生，復，扶又翻。若魚游釜中，知其不可久，且以喘息須臾間耳！人以氣一出入之頃爲一息。喘者，息之疾，音尺兗翻。今聞明府之言，乃嬰等更生之辰也！」乃辭還營。明日，將所部萬餘人與妻子面縛歸降。考異曰：帝紀：「九月，張嬰寇郡縣。」又云：「是歲，嬰詣綱降。」按張綱傳云「寇亂十餘年」，則非今年九月始寇郡縣也。袁紀置嬰降事於八月下、十月上。今從之。綱單車入嬰壘，大會，置酒爲樂，樂，音洛。散遣部衆，任從所之；親爲卜居宅、相田疇；賢曰：相，視也。田並畔曰疇。爲，于僞翻。相，息亮翻。子孫【章：甲十六行本「孫」作「弟」；乙十一行本同；孔本同；張校同。】欲爲吏者，皆引召之。人情悅服，南州晏然。朝廷論功當封，梁冀遏之。在郡一歲，卒；卒，子恤翻。張嬰等五百餘人爲之制服行喪，爲，于僞翻。送到犍爲，犍，居言翻。負土成墳。詔拜其子續爲郎中，賜錢百萬。

是時，二千石長吏有能政者，有雒陽令【章：甲十六行本「令」下有「渤海」二字；乙十一行本同；孔本同；張校同。】任峻、任，音壬。冀州刺史京兆蘇章、膠東相陳留吳祐。雒陽令自王渙之後，皆不稱職；王渙，事見四十八卷和帝元興元年。稱，尺證翻。峻能選用文武吏，各盡其用，發姦不旋踵，民間不畏吏，其威禁猛於渙，而文理政教不如也。章爲冀州刺史；有故人爲清河太守，章行部，欲案其姦臧，行，下孟翻。臧，古贓字通用。乃請太守爲設酒肴，陳平生之好甚歡。爲，于僞翻。好，呼到翻。太守喜曰：「人皆有一天，我獨有二天！」謂章必能覆蓋其惡也。章曰：「今夕蘇孺文與故人飲者，私恩也；蘇章，字孺文。明日冀州刺史案事者，公法也。」遂舉正其罪；州境肅然。後以摧折權豪忤旨，坐免。時天下日敝，民多愁苦，論者日夜稱章，朝廷遂不能復用也。復，扶又翻。祐爲膠東相，續漢志：膠東，侯國，屬北海國。政崇仁簡，民不忍欺。嗇夫孫性，私賦民錢，市衣以進其父，百官志：縣置嗇夫一人，主知民善惡，爲役先後，知民貧富，爲賦多少，平其差品。風俗通曰：嗇，省也。夫，賦也。言消息百姓，均其役賦。嗇，音色。父得而怒曰：「有君如是，何忍欺之！」促歸伏罪。性慙懼詣閤，持衣自首。首，式救翻。祐屏左右問其故，屏，必郢翻。性具談父言。祐曰：「掾以親故受汚穢之名，所謂『觀過斯知仁矣』。」論語載孔子之言也。此言觀性之過在於取民，則知其心主於奉父。使歸謝其父，還以衣遺之。遺，于季翻。

4 冬，十月，辛未，太尉桓焉、司徒劉壽免。

5 罕羌邑落五千餘戶詣趙沖降，唯燒何種據參䜌未下。種，章勇翻。參䜌縣，屬安定郡。䜌，音力全翻。甲戌，罷張喬軍屯。

6 十一月，壬午，以司隸校尉下邳趙峻爲太尉，大司農胡廣爲司徒。

二年（癸未、一四三）

1 夏，四月，庚戌，護羌校尉趙沖與漢陽太守張貢擊燒當羌於參䜌，破之。「當」當作「何」，此承范紀之誤。燒當、燒何，羌兩種也。

2 六月，丙寅，立南匈奴守義王兜樓儲爲呼蘭若尸逐就單于。自永和五年吾斯、車紐反，陳龜逼殺單于休利，南庭虛位，至是始立單于。考異曰：袁紀，去年六月立兜樓儲爲單于，今從范書。時兜樓儲在京師，上親臨軒授璽綬，引上殿，賜車馬、器服、金帛甚厚。璽，斯氏翻。綬，音受。引上，時掌翻。詔太常、大鴻臚與諸國侍子於廣陽門外祖會，饗賜，作樂、角抵、百戲。太常掌樂，大鴻臚典四夷之客，故詔使祖單于。祖會，爲祖道之會也。賢曰：廣陽，城西面南頭門。角抵之戲，則魚龍爵馬之屬，言兩兩相當，亦角而爲抵對，即今之鬭用古之角抵也。臚，陵如翻。

3 冬，閏十月，趙沖擊燒當羌於阿陽，破之。賢曰：阿陽縣，屬漢陽郡；故城在今秦州隴城縣西北。

4 十一月，使匈奴中郎將扶風馬寔遣人刺殺句龍吾斯。刺，七亦翻。句，古侯翻。

5 涼州自九月以來，地百八十震，山谷坼裂，壞敗城寺，壞，音怪。敗，補邁翻。民壓死者甚衆。

6 尚書令黄瓊以前左雄所上孝廉之選，專用儒學、文吏，事見上卷陽嘉元年。上，時掌翻。於取士之義猶有所遺，乃奏增孝悌及能從政【章：甲十六行本「政」下有「者」字；乙十一行本同；孔本同。】

爲四科；帝從之。

建康元年（甲申、一四四）是年四月改元。

1春，護羌從事馬玄爲諸羌所誘，將羌衆亡出塞，誘，音酉。將，如字；領也。領護羌校尉衛琚追擊玄等，斬首八百餘級。琚，音居。趙沖復追叛羌到建威鸇陰河；賢曰：續漢書，「建威」作「武威」。鸇陰，縣名，屬安定郡。又曰：涼州姑臧縣東南有鸇陰縣故城，縣因水以爲名。宋白曰：會州會寧縣，漢鸇陰縣地。黄河西南自蘭州金城縣界流注。水經云：河水又東過勇士縣北，東流，卽此處。復，扶又翻。軍渡竟，所將降胡六百餘人叛走；降，戶江翻。沖將數百人追之，遇羌伏兵，與戰而歿。沖雖死，而前後多所斬獲，羌遂衰耗。詔封沖子爲義陽亭侯。

2夏，四月，使匈奴中郎將馬寔擊南匈奴左部，破之。左部，卽句龍吾斯之黨。於是胡、羌、烏桓悉詣寔降。

3辛巳，立皇子炳爲太子，炳，虞貴人之子也。改元，赦天下。太子居承光宮，帝使侍御史种暠監太子家。監，古銜翻。中常侍高梵從中單駕出迎太子，暠，工老翻。梵，房戎翻，又房汎翻。時太傅杜喬等疑不欲從而未決，暠乃手劍當車曰：手，守又翻。「太子，國之儲副，人命所係。今常侍來，無詔信，何以知非姦邪？今日有死而已！」梵辭屈，不敢對，馳還奏之。詔報，太子乃得去。喬退而歎息，愧暠臨事不惑；愧者，愧己之不能然也。帝亦嘉其持重，稱善者良久。

4揚、徐盜賊羣起，盤互連歲。秋，八月，九江范容、周生等寇掠城邑，屯據歷陽，歷陽縣，屬九江郡。賢曰：今和州縣。爲江、淮巨患；遣御史中丞馮緄督州兵討之。緄，古本翻。考異曰：帝紀作「馮赦」，袁紀作「馮放」，皆誤。今據緄傳。

5庚午，帝崩于玉堂前殿。年三十。太子卽皇帝位，年二歲。尊皇后曰皇太后。太后臨朝。丁丑，以太尉趙峻爲太傅，大司農李固爲太尉，參錄尚書事。

6九月，丙午，葬孝順皇帝于憲陵，賢曰：憲陵在雒陽西十五里。廟曰敬宗。

7是日，京師及太原、鴈門地震。

8庚戌，詔舉賢良方正之士，策問之。皇甫規對曰：「伏惟孝順皇帝初勤王政，紀綱四方，幾以獲安；幾，讀曰冀。後遭姦僞，威分近習，賢曰：近習，謂佞幸、親近小人也。受賂賣爵，賓客交錯，天下擾擾，從亂如歸，官民並竭，上下窮虛。陛下體兼乾坤，以坤母臨朝，以君天下，行乾之德，故曰體兼乾坤。聰哲純茂，攝政之初，拔用忠貞，其餘維綱，多所改正，遠近翕然望見太平，而災異不息，寇賊縱橫，縱，子容翻。殆以姦臣權重之所致也。其常侍尤無狀者，賢曰：無狀，謂無善狀。宜亟黜遣，披掃凶黨，披，開也；掃，除也。收入財賄，以塞痛怨，塞，悉則翻。以答天誡。大將軍冀、河南尹不疑，亦宜增脩謙節，輔以儒術，省去遊娛不急之務，去，羌呂翻。割減廬第無益之飾。夫君者，舟也；民者，水也；家語：孔子曰，君者，舟也；民者，水也。水可載舟，亦以覆舟。君以此思危，則危可知也。羣臣，乘舟者也；將軍兄弟，操檝者也。操，千高翻。檝，與楫同。若能平志畢力，以度元元，所謂福也；如其怠弛，將淪波濤，可不慎乎！夫德不稱祿，猶鑿墉之趾以益其高，豈量力審功，安固之道哉！稱，尺證翻。量，音良。凡諸宿猾、酒徒、戲客，皆宜貶斥，以懲不軌；令冀等深思得賢之福，失人之累。」累，良瑞翻。梁冀忿之，以規爲下第，拜郎中；託疾，免歸，州郡承冀旨，幾陷死者再三，遂沈廢於家，積十餘年。幾，居希翻。沈，持林翻。考異曰：規傳云：「沖、質之間，規對策免歸，積十四年。」檢帝紀，此後別無舉賢良事，或者此時規舉賢良，其至對策時已在質帝世也，故云沖、質之間。自明年數至梁冀誅，亦整十四年也。

9 揚州刺史尹耀、九江太守鄧顯討范容等於歷陽，敗歿。

10 冬，十月，日南蠻夷復反，復，扶又翻。攻燒縣邑。交趾刺史九江夏方招誘降之。夏，戶雅翻。

11 十一月，九江盜賊徐鳳、馬勉攻燒城邑；鳳稱無上將軍，勉稱皇帝，考異曰：帝紀：「永嘉元年三月，勉稱皇帝」，今據滕撫傳。築營於當塗山中，賢曰：當塗縣之山，在今宣州。余按兩漢志，當塗縣，屬九江郡。續志曰：縣有馬丘聚，徐鳳反於此。又有塗山，禹會諸侯處也。又有芍陂，陂在壽州安豐縣東。塗山，在濠州鍾離縣西九十五里。以此證之，漢當塗縣地，當在唐濠、壽二州界。晉氏南渡，淮民避亂渡江，晉成帝乃僑立當塗縣於于胡，於唐屬宣州。今當塗縣，非漢舊當塗縣地。建年號，置百官。

12 **十二月，九江賊黃虎等攻合肥。**合肥縣，屬九江郡。賢曰：故城在今廬州北。應劭曰：夏水出父城東南，至此與淮合，故曰合肥。

13 **是歲，羣盜發憲陵。**

孝沖皇帝諱炳。謚法：幼少在位曰沖。司馬彪曰：沖幼早夭，故謚曰沖。伏侯古今註曰：「炳」之字曰「明」。

永嘉元年（乙酉、一四五）考異曰：袁紀作「元嘉」，誤。

1 **春，正月，戊戌，帝崩于玉堂前殿。**年三歲。**梁太后以揚、徐盜賊方盛，欲須所徵諸王侯到乃發喪。太尉李固曰：「帝雖幼少，猶天下之父。今日崩亡，人神感動，豈有人子反共掩匿乎！**人子，當作臣子。**昔秦皇沙丘之謀及近日北鄉之事，皆祕不發喪，**沙丘事見七卷秦始皇三十七年。北鄉事見上卷安帝延光四年。**此天下大忌，不可之甚者也！」太后從之，卽暮發喪。**

徵清河王蒜及渤海孝王鴻之子纘皆至京師。蒜父曰清河恭王延平；延平及鴻皆樂安夷王寵之子，千乘貞王伉之孫也。千乘貞王伉，章帝建初四年封；薨，子寵嗣。和帝永元七年，改千乘國曰樂安。薨，子鴻嗣，是生質帝。帝既立，梁太后以樂安國土卑溼，租委鮮薄，改封鴻渤海王。清河王慶子虎威嗣國，三年而薨，無子；鄧太后立延平爲清河王。謚法：安心好靜曰夷。蒜，蘇貫翻。伉，音抗。**清河王爲人嚴**

重，動止有法度，公卿皆歸心焉。李固謂大將軍冀曰：「今當立帝，宜擇長年，高明有德，任親政事者，長，知兩翻。任，如林翻，堪也。願將軍審詳大計，察周、霍之立文、宣，戒鄧、閻之利幼弱！」周勃事見十三卷高后八年。霍光事見二十四卷昭帝元平元年。鄧氏事見四十八卷和帝元興元年、四十九卷殤帝延平元年。閻氏事見上卷安帝延光四年。冀不從，與太后定策禁中。丙辰，冀持節以王青蓋車迎纘入南宮。丁巳，封爲建平侯。其日，卽皇帝位，年八歲。蒜罷歸國。

2將卜山陵，李固曰：「今處處寇賊，軍興費廣，新創憲陵，賦發非一；帝尚幼小，可起陵於建【章：甲十六行本「建」作「憲」；乙十一行本同；張校同，云無註本亦作「建」。】陵塋內，依康陵制度。」康陵，殤帝陵，亦在愼陵塋內。塋，音營。太后從之。己未，葬孝沖皇帝於懷陵。

3太后委政宰輔，李固所言，太后多從之，宦【章：甲十六行本「宦」上有「黃門」二字；乙十一行本同；孔本同。】官爲惡者一皆斥遣，天下咸望治平；治，直吏翻。而梁冀深忌疾之。

初，順帝時所除官多不以次；及固在事，奏免百餘人。此等既怨，又希望冀旨，遂共作飛章誣奏固曰：「太尉李固，因公假私，依正行邪，離間近戚，間，永莧翻。自隆支黨。大行在殯，路人掩涕，掩涕者，掩面而泣也。固獨胡粉飾貌，燒鉛汞成粉以傅面。北史曰：胡粉，出龜茲國。搔頭弄姿，西京雜記曰：武帝遇李夫人，就取玉簪搔頭，自此宮人搔頭皆用玉。槃旋偃仰，從容治步，從，七容翻。從容，舒緩也。治步，言修治容儀，行步中規矩也。治，直之翻。曾無慘怛傷悴之心。悴，秦醉翻。山陵未成，違矯舊政，善則稱己，過則歸君；斥逐近臣，不得侍送。作威作福，莫固之甚矣！夫子罪莫大於累父，累，力瑞翻。臣惡莫深於毀君，固之過釁，事合誅辟。」辟，毗亦翻。書奏，冀以白太后，使下其書；下，遐稼翻。太后不聽。

4廣陵賊張嬰復聚衆數千人反，據廣陵。復，扶又翻；下同。

5二月，乙酉，赦天下。

6西羌叛亂積年，費用八十餘億。諸將多斷盜牢稟，前書音義曰：牢，價直也。稟，給也。賢曰：牢，廩食也；古者名廩爲牢。斷，割也；減割牢廩而盜之。斷，丁管翻。私自潤入，皆以珍寶貨賂左右。上下放縱，不恤軍事，士卒不得其死者，白骨相望於野。左馮翊梁並以恩信招誘叛羌，離湳、狐奴等五萬餘戶皆詣並降，誘，音酉。湳，乃感翻。降，戶江翻。隴右復平。

7太后以徐、揚盜賊益熾，博求將帥。三公舉涿令北海滕撫有文武才；姓譜：滕侯之後，以國爲氏。詔拜撫九江都尉，與中郎將趙序助馮緄，合州郡兵數萬人共討之。緄，古本翻。又廣開賞募，錢、邑各有差。謂立賞格，錢、邑，以功之高下爲差。錢，賜錢也。邑，封邑也。又議遣太尉李固，未及行。三月，撫等進擊衆賊，大破之，斬馬勉、范容、周生等千五百級。徐鳳以餘衆燒東城縣。東城縣，屬九江郡。賢曰：在今濠州定遠縣南。夏，五月，下邳人謝安應募，率其宗親設伏擊鳳，斬之。封安爲平鄉侯。拜滕撫中郎將，督揚、徐二州事。

8 丙辰，詔曰：「孝殤皇帝即位踰年，君臣禮成。孝安皇帝承襲統業，而前世遂令恭陵在康陵之上，先後相踰，失其次序。今其正之！」

9 六月，鮮卑寇代郡。

10 秋，廬江盜賊攻尋陽，尋陽縣，屬廬江郡。班志註云：禹貢九江在南，皆東合爲大江。余按尋陽縣本在大江之北，尋水之陽。吳立蘄春郡，尋陽縣屬焉。蘄春縣，漢屬江夏郡，唐蘄州之地。元豐九域志：蘄州東南至江州二百四十里。江州得尋陽之名，由司馬氏置尋陽太守於柴桑，於是江南之尋陽著於此，江北之尋陽晦矣。又攻盱台。盱台縣，屬下邳國，音吁怡。滕撫遣司馬王章擊破之。

11 九月，庚戌，太傅趙峻薨。

12 滕撫進擊張嬰；冬，十一月，丙午，破嬰，斬獲千餘人。丁未，中郎將趙序坐畏懦、詐增首級，棄市。考異曰：東觀記曰：「取錢縑三百七十五萬」，今從滕撫傳。

13 歷陽賊華孟自稱黑帝，華，戶化翻。攻殺九江太守楊岑。滕撫進擊，破之，斬孟等三千八百級，虜獲七百餘人。於是東南悉平，振旅而還。還，從宣翻，又如字。以撫爲左馮翊。

14 永昌太守劉君世，鑄黃金爲文蛇，以獻大將軍冀；益州刺史种暠糾發逮捕，馳傳上言。傳，株戀翻；下傳逮同。上，時掌翻。冀由是恨暠。會巴郡人服直姓譜：服，周內史叔服之後。漢有江夏太守服徹。聚黨數百人，自稱天王，暠與太守應承討捕，不克，吏民多被傷害；被，皮義翻。冀因此陷之，傳逮暠、承。逮暠、承，傳詣京師也。李固上疏曰：「臣伏聞討捕所傷，本非暠、承之意，實由縣吏懼法畏罪，迫逐深苦，致此不詳。詳，審也。言不能審知賊勢，驅民赴戰，以致死傷也。比盜賊羣起，比，毗至翻。處處未絕。暠、承以首舉大姦而相隨受罪，臣恐沮傷州縣糾發之意，更共飾匿，賢曰：言各飾僞辭，隱匿眞狀也。莫復盡心！」太后省奏，復，扶又翻。省，悉景翻。乃赦暠、承罪，免官而已。金蛇輸司農，大司農，掌諸錢穀金帛，故金蛇輸司農。考異曰：种暠傳云：「二府畏懦，不敢按之。」今從杜喬傳。冀從大司農杜喬借觀之，喬不肯與；冀小女死，令公卿會喪，喬獨不往；冀由是銜之。爲冀殺喬張本。

資治通鑑卷第五十三

翰林學士兼侍讀學士朝散大夫右諫議大夫知制誥判尚書都省兼提
舉萬壽觀公事上護軍河內郡開國侯食邑一千三百户賜紫金魚袋臣　司馬光　奉敕編集
後　學　天　台　胡三省　音　註

漢紀四十五起柔兆閹茂（丙戌），盡柔兆涒灘（丙申），凡十一年。

孝質皇帝諱纘，章帝曾孫，勃海孝王鴻之子也。諡法：忠正無邪曰質。伏侯古今註曰：「纘」之字曰「繼」。

本初元年（丙戌、一四六）

1夏，四月，庚辰，令郡、國舉明經詣太學，自大將軍以下皆遣子受業；歲滿課試，拜官有差。又千石、六百石、四府掾屬、三署郎、三署郎，五官署郎及左、右署郎也，屬光祿勳。掾，俞絹翻。四姓小侯先能通經者，各令隨家法，其高第者上名牒，此時蓋以梁氏入四姓；陰、竇諸后族衰廢者未必得預也。名牒者，書名於牒上之。上，時掌翻。當以次賞進。自是遊學增盛，至三萬餘生。此鄧后臨朝之故智，梁后踵而行之耳。遊學增盛，亦干名蹈利之徒，何足尚也！或問曰：太學諸生三萬人，漢末互相標榜，清議此乎出，子盡以爲干名蹈利之徒，可乎？答曰：積水成淵，蛟龍生焉，謂其間無其人則不可；然互相標榜者，實干名蹈利之徒所爲也。禍李膺諸人者，非太學諸生，諸生見其立節，從而標榜，以重清議耳。不然，則郭泰、仇香亦游太學，泰且拜香而欲師之，泰爲八顧之首，仇香曾不預標榜之列，豈淸議不足尙歟？抑香隱德無能名歟？

2 五月，庚寅，徙樂安王鴻爲勃海王。

3 海水溢，漂沒民居。

4 六月，丁巳，赦天下。

5 帝少而聰慧，少，詩照翻。嘗因朝會，目梁冀曰：目者，眂目而注視之。朝，直遙翻。「此跋扈將軍也！」賢曰：跋扈，猶強梁也。余按爾雅，山卑而大，扈。跋者，不由蹊隧而行。言強梁之人行不由正路，山卑而大，且欲跋而踰之，故曰跋扈。蜀本註甚鄙淺茲不復錄，詳見辨誤。冀聞，深惡之。惡，烏路翻；下同。閏月，甲申，冀使左右置毒於煑餅而進之；煑餅，今湯餅也。釋名：餅，幷也，溲麥麫使合幷也。束晳曰：禮，仲春之月，天子食麥；而朝事之籩，煑麥爲麫。內則諸饌不說麲。麲之作也，其來近矣。湯麫，煑麫也。黃庭堅文：煑麥深注湯。帝苦煩盛，【章：乙十六行本「盛」作「甚」；乙十一行本同；張校同。】使促召太尉李固。固入前，問帝得患所由；帝尙能言，曰：「食煑餅。今腹中悶，得水尙可活。」時冀亦在側，曰：「恐吐，不可飮水。」吐，土故翻，嘔也。語未絕而崩。年九歲。固伏尸號哭，言伏地而號哭，其狀如尸也。號，戶高翻。推舉侍醫；冀慮其事泄，大惡之。推舉者，劾舉其侍疾無狀，而推究其姦也。設於此時固能窮冀弒君之罪，儻不能正其誅，以身死之，豈不忠壯！既不能然，又且俛首於其閒，欲以立長之議矯而正之，卒死於兇豎之手，可謂忠有餘而才不足矣。惡，烏路翻。

將議立嗣，固與司徒胡廣、司空趙戒先與冀書曰：「天下不幸，頻年之間，國祚三絕。賢曰：順帝崩，沖帝立，一年崩。質帝立，一年崩。凡三絕。今當立帝，天下重器，誠知太后垂心，將軍勞慮，詳擇其人，務存聖明；然愚情眷眷，竊獨有懷。遠尋先世廢立舊儀，近見國家踐祚前事，未嘗不詢訪公卿，廣求羣議，令上應天心，下合衆望。傳曰：『以天下與人易，爲天下得人難。』孟子之言。爲，于僞翻。昔昌邑之立，昏亂日滋；霍光憂愧發憤，悔之折骨。折，而設翻。自非博陸忠勇，延年奮發，大漢之祀，幾將傾矣。事見二十四卷昭帝元平元年。幾，居希翻。至憂至重，可不熟慮！悠悠萬事，唯此爲大；就冀而言，萬事皆可付之悠悠，至於立嗣，關天下國家之大。國之興衰，在此一舉。」冀得書，乃召三公、中二千石、列侯，大議所立。固、廣、戒及大鴻臚杜喬皆以爲清河王蒜明德著聞，又屬最尊親，蒜於質帝爲兄，尊也。同出樂安王寵，親也。臚，陵如翻。宜立爲嗣，朝廷【章：乙十六行本「廷」作「臣」；乙十一行本同；孔本同；張校同。】莫不歸心。而中常侍曹騰嘗謁蒜，蒜不爲禮，宦者由此惡之。惡，烏露翻。初，平原王翼既貶歸河間，事見五十卷安帝建光元年。其父請分蠡吾縣以侯之；蠡吾縣，前漢屬涿郡，時屬河間國。賢曰：蠡吾故城在今瀛州博野縣西。蠡，音禮。翼父，河間孝王開也。順帝許之。翼卒，子志嗣；梁太后欲以女弟妻志，妻，七細翻。徵到夏門亭。會帝崩，梁冀欲立志。衆論既異，憤憤不得意，而未有以相奪。賢曰：未有別理而易奪之。曹騰等聞之，夜往說冀曰：「將軍累世有椒房之親，說，輸芮翻；下同。累世椒房，謂恭懷后及太后也。秉攝萬機，賓客縱橫，橫，戶孟翻。多有過差。清河王嚴明，若果立，則將軍受禍不久矣！不如立蠡吾侯，富貴可長保也。」冀然其言，明日，重會公卿，重，直用翻，再也。冀意氣凶凶，凶凶，言意氣惡暴也。言辭激切，自胡廣、趙戒以下莫不懾憚，懾，之舌翻。皆曰：「惟大將軍令！」獨李固、杜喬堅守本議。冀厲聲曰：「罷會！」固猶望衆心可立，以衆心屬於清河王，猶望可立也。復以書勸冀，復，扶又翻。冀愈激怒。丁亥，冀說太后，先策免固。爲殺李固、杜喬張本。戊子，以司徒胡廣爲太尉；司空趙戒爲司徒，與大將軍冀參錄尚書事；太僕袁湯爲司空。湯，安之孫也。庚寅，使大將軍冀持節以王青蓋車迎蠡吾侯志入南宮；其日，卽皇帝位，時年十五。太后猶臨朝政。

6 秋，七月，乙卯，葬孝質皇帝於靜陵。賢曰：靜陵，在雒陽東南三十里。

7 大將軍掾朱穆奏記勸戒梁冀曰：「明年丁亥之歲，刑德合於乾位，賢曰：曆法，太歲在丁、壬，歲德在北宮；太歲在亥、卯，歲刑亦在北宮；故曰合於乾位。掾，俞絹翻。易經龍戰之會，易坤卦上六，龍戰于野，陰疑於陽也。陽道將勝，陰道將負。願將軍專心公朝，朝，直遙翻。割除私欲，廣求賢能，斥遠佞惡，爲皇帝置師傅，遠，于願翻。爲，于僞翻。得小心忠篤敦禮之士，將軍與之俱入，參勸講授，師賢法古，此猶倚南山、坐平原也，喻其安而無傾。誰能傾之！議郎大夫之位，本以式序儒術高行之士，式，用也。今多非其人，九卿之中亦有乖其任者，惟將軍察焉！」又薦种暠、欒巴等，冀不能用。穆，暉之孫也。朱暉事章帝。

8 九月，戊戌，追尊河間孝王爲孝穆皇，夫人趙氏曰孝穆后，謚法：布德執義曰穆；中情見貌曰穆。廟曰清廟，陵曰樂成陵；樂成縣，屬河間國。蠡吾先侯曰孝崇皇，沈約曰：謚法所不載者，如孝崇皇之類是也。廟曰烈廟，陵曰博陵；賢曰：博陵，本蠡吾縣之地也；陵在今瀛州博野縣西。皆置令、丞，使司徒持節奉策書璽綬，祠以太牢。璽，斯氏翻。綬，音受。

9 冬，十月，甲午，尊帝母匽氏爲博園貴人。匽，音偃。史記：匽姓，咎繇之後。貴人諱明，本蠡吾侯之媵妾。博園，博陵寢園。

10 滕撫性方直，不交權勢，爲宦官所惡；論討賊功當封，討揚、徐賊之功也。惡，烏路翻。太尉胡廣承旨奏黜之；卒於家。

孝桓皇帝上之上諱志，章帝曾孫，蠡吾侯翼之子。謚法：克敵服遠曰桓。伏侯古今註：「志」之字曰「意」。

建和元年（丁亥、一四七）

1 春，正月，辛亥朔，日有食之。

2 戊午，赦天下。

3 三月，龍見譙。譙縣，屬沛國。見，賢遍翻。

4 夏，四月，庚寅，京師地震。

5 立阜陵王代兄勃遒亭侯便爲阜陵王。阜陵王延傳國五世，至代；代薨，無子，國絕。今以便紹封。遒，才由翻。

6 六月，太尉胡廣罷，光祿勳杜喬爲太尉。考異曰：帝紀云：「大司農杜喬」，喬傳：喬自司農累遷爲大鴻臚、光祿勳，乃爲太尉。袁紀亦然。荀淑傳云：「光祿勳杜喬舉淑方正。」今從之。自李固之廢，朝野喪氣，喪，息浪翻。羣臣側足而立；唯喬正色無所回橈，賢曰：回，邪也。橈，曲也。橈，音奴高翻。由是朝野皆倚望焉。

7 秋，七月，渤海孝王鴻薨，無子；太后立帝弟蠡吾侯悝爲渤海王，以奉鴻祀。悝，苦回翻。

8 詔以定策功，益封梁冀萬三千戶，封冀弟不疑爲潁陽侯，潁陽縣，屬潁川郡。蒙爲西平侯，冀子胤爲襄邑侯，胡廣爲安樂侯，按廣傳，封淯陽縣之安樂鄉。樂，音洛。趙戒爲廚亭侯，袁湯爲安國侯。安國亦亭侯。又封中常侍劉廣等皆爲列侯。按曹騰傳：廣、騰及州輔等七人皆封亭侯。杜喬諫曰：「古之明君，皆以用賢、賞罰爲務。失國之主，其朝豈無貞幹之臣，貞，與楨同；幹，與榦同。築垣牆必須楨榦，以喻立國必須賢才。朝，直遙翻。典誥之篇哉？謂封爵之典策詔誥，以授有功，具有故事。患得賢不用其謀，韜書不施其教，聞善不信其義，聽讒不審其理也。陛下自藩臣即位，天人屬心，屬，之欲翻；下冀屬同。不急忠賢之禮而先左右之封，先，悉薦翻。梁氏一門，宦者微孽，並帶無功之紱，裂勞臣之土，孽，魚列翻。紱，音弗。其爲乖濫，胡可勝言！勝，音升。夫有功不賞，爲善失其望；姦回不詰，爲惡肆其凶。詰，去吉翻。故陳資斧而人靡畏，前書音義曰：資，利也。班爵位而物無勸。苟遂斯道，豈伊傷政爲亂而已，喪身亡國，可不慎哉！」書奏，不省。喪，息浪翻。省，悉景翻。考異曰：喬傳此章在爲太尉前，袁紀在爲太尉後。今從袁紀。

9 八月，乙未，立皇后梁氏。考異曰：皇后紀、袁紀皆云八月而無日，帝紀云「七月，乙未」。以長曆考之，七月戊申朔，無乙未。乙未，八月十八日也。蓋帝紀脫「八月」字。梁冀欲以厚禮迎之，杜喬據執舊典，不聽。漢書舊儀：聘皇后，黃金萬斤。呂后爲惠帝娶魯元公主女，特優其禮，爲二萬斤。儀禮：納采用鴈。鄭玄註云：納其采擇之禮，用鴈，取順陰陽往來也。周禮：王者穀圭以聘女。鄭玄曰：士大夫以上乃以玄纁、束帛；天子加以穀圭；諸侯加以大璋。禮言以圭，而漢用璧，形制雖異，爲玉同也。時依孝惠納后故事，聘黃金二萬斤，納采鴈、璧、乘馬、束帛，一依舊典。乘馬，馬四匹也。雜記曰：納幣一束，束五兩，兩五尋。蓋每端二丈也。冀屬喬舉汜宮爲尚書，屬，之欲翻。汜，符咸翻，姓也。皇甫謐曰：本姓凡氏，遭秦亂，避地於汜水，因氏焉。喬以宮爲臧罪，不用。臧，古贓字通。由是日忤於冀。忤，五故翻。九月，丁卯，京師地震。喬以災異策免。冬，十月，以司徒趙戒爲太尉，司空袁湯爲司徒，前太尉胡廣爲司空。

10 宦者唐衡、左悺共譖杜喬於帝賢曰：悺，音工喚翻，又音綰。曰：「陛下前當即位，喬與李固抗議，以爲不堪奉漢宗祀。」賢曰：抗，舉也。宗祀，大宗之祀也。帝亦怨之。

十一月，清河劉文與南郡妖賊劉鮪交通，鮪，于軌翻。妄言「清河王當統天下」，欲共立蒜。事覺，文等遂劫清河相謝暠曰：「當立王爲天子，以暠爲公。」暠罵之，文刺殺暠。於是捕文、鮪，誅之。有司劾奏蒜；暠，工老翻。刺，七亦翻。劾，戶概翻，又戶得翻。坐貶爵爲尉氏侯，尉氏縣，屬陳留郡。應劭曰：古獄官曰尉氏，鄭之別獄也。臣瓚曰：鄭大夫尉氏之邑，故以爲邑名。徙桂陽，自殺。

梁冀因誣李固、杜喬，云與文、鮪等交通，請逮按罪；太后素知喬忠，不許。考異曰：喬傳云「策免而已」。喬前已免官，傳誤也。冀遂收固下獄；下，遐稼翻。門生渤海王調貫械上書，證固之枉，河內趙承等數十人亦要鈇鑕詣闕通訴；要，讀曰腰。鈇，斧也。鑕，音質，椹也。太后詔赦之。及出獄，京師市里皆稱萬歲。冀聞之，大驚，畏固名德終爲己害，乃更據奏前事。前事，卽文、鮪事也。大將軍長史吳祐傷固之枉，與冀爭之；冀怒，不從。從事中郎馬融主爲冀作章表，融時在坐，爲，于僞翻。坐，左臥翻。祐謂融曰：「李公之罪，成於卿手。李公若誅，卿何面目視天下人！」言爲冀誣陷忠良，將無顏以見人也。冀怒，起，入室；祐亦徑去。固遂死於獄中；臨命，與胡廣、趙戒書曰：「固受國厚恩，是以竭其股肱，不顧死亡，志欲扶持王室，比隆文、宣。賢曰：文帝、宣帝皆羣臣迎立，能興漢祚。何圖一朝梁氏迷謬，公等曲從，以吉爲凶，成事爲敗乎！漢家衰微，從此始矣。公等受主厚祿，顛而不扶，傾覆大事，後之良史豈有所私！固身已矣，於義得矣，夫復何言！」復，扶又翻。廣、戒得書悲慚，皆長歎流涕而已。

冀使人脅杜喬曰：「早從宜，賢曰：從宜，令其自盡也。妻子可得全。」喬不肯。明日，冀遣騎至其門，騎，奇寄翻。不聞哭者，遂白太后收繫之；亦死獄中。

冀暴固、喬尸於城北四衢，令：「有敢臨者加其罪。」爾雅曰：四達謂之衢。城北，卽夏門亭也。臨，力鴆翻，哭也。固弟子汝南郭亮尚未冠，左提章、鉞，冠，古玩翻。賢曰：章，謂所上章也。鉞，斧也。右秉鈇鑕，詣闕上書，乞收固尸，不報；與南陽董班俱往臨哭，守喪不去。夏門亭長呵之曰：「卿曹何等腐生！賢曰：腐生，猶言腐儒也。公犯詔書，欲干試有司乎！」亮曰：「義之所動，豈知性命！何爲以死相懼邪！」太后聞之，皆赦不誅。杜喬故掾陳留楊匡，號泣星行，掾，俞絹翻。號，戶刀翻。星行者，見星而行，見星而舍。或曰星行者，言戴星而行，夜不遑息也。到雒陽，著故赤幘，託爲夏門亭吏，吏，著赤幘。著，則略翻。守護尸喪，積十二日；都官從事執之以聞，都官從事，司隸校尉之屬官也，掌舉中都官非法者。太后赦之。匡因詣闕上書，幷乞李、杜二公骸骨，使得歸葬，太后許之。匡送喬喪還家，喬家河內。葬訖，行服，遂與郭亮、董班皆隱匿，終身不仕。

梁冀出吳祐爲河間相，祐自免歸，卒於家。卒，子恤翻。

冀以劉鮪之亂，思朱穆之言，於是請种暠爲從事中郎，薦欒巴爲議郎，舉穆高第，爲侍御史。穆於大將軍府掾爲高第也。

11 是歲，南單于兜樓儲死，伊陵尸逐就單于車兒立。車，音尺遮翻。

二年（戊子、一四八）

1 春，正月，甲子，帝加元服。庚午，赦天下。

2 三月，戊辰，帝從皇太后幸大將軍冀府。

3 白馬羌寇廣漢屬國，安帝以蜀郡北部都尉爲廣漢屬國都尉。殺長吏。益州刺史率板楯蠻討破之。楯，食尹翻。

4 夏，四月，丙子，封帝弟顧爲平原王，奉孝崇皇祀；尊孝崇皇夫人爲【章：乙十六行本「爲」上有「馬氏」二字；乙十一行本同；孔本同；退齋校同。】孝崇園貴人。

5 五月，癸丑，北宮掖庭中德陽殿及左掖門火，車駕移幸南宮。

6 六月，改清河爲甘陵。以孝德皇陵爲國名。立安平孝王得子經侯理爲甘陵王，經縣，屬安平國。賢曰：今貝州經城縣。奉孝德皇祀。

7 秋，七月，京師大水。

三年（己丑、一四九）

1 夏，四月，丁卯晦，日有食之。

2 秋，八月，乙丑，有星孛于天市。前書天文志：旗星中四星曰天市。又晉書天文志：天市垣二十二星，在房、心東，彗星除之，爲徙市易都。孛，蒲內翻。

3 京師大水。

4 九月，己卯，地震。庚寅，地又震。

5 郡、國五山崩。

6 冬，十月，太尉趙戒免；以司徒袁湯爲太尉，大司農河內張歆爲司徒。

7 是歲，前朗陵侯相荀淑卒。朗陵侯國，屬汝南郡。淑少博學有高行，少，詩照翻。行，下孟翻。當世名賢李固、李膺皆師宗之。在朗陵，涖事明治，治，直吏翻。稱爲神君。有子八人：儉、緄、靖、燾、汪、爽、肅、專，賢曰：緄，音昆。燾，音導。汪，烏光翻。「專」，本或作「尃」，音敷。並有名稱，時人謂之八龍。稱，尺證翻。所居里舊名西豪，潁陰令渤海苑康以爲昔高陽氏有才子八人，更命其里曰高陽里。杜佑曰：潁川郡城西南有荀淑故宅，相傳云卽西豪里。更，工衡翻。潁陰縣，屬汝南郡。淑，潁陰縣人也。姓譜：商武丁子子文受封於苑，因以爲氏。左傳有齊大夫苑何忌。趙明誠金石錄有漢荆州從事苑鎮碑曰：其先苑柏何爲晉樂正，世掌朝禮；又有苑子園，實能掌陰陽之理：皆其胄也。按姓氏志皆以爲出於齊大夫苑何忌之後。今此碑所謂苑柏何與子園，左傳、國語皆無其人；故錄之以待知者。左傳曰：昔高陽氏有才子八人：蒼舒、隤敳、檮戭、大臨、尨降、庭堅、仲容、叔達。隤，徒回翻。敳，五才翻，一音五回翻；韋昭音瑰。檮，直由翻；韋昭音桃。戭，以善翻；韋昭以震翻。尨，莫江翻。降，下江翻。

膺性簡亢，亢，口浪翻，高也。無所交接，唯以淑爲師，以同郡陳寔爲友。荀爽嘗就謁膺，因爲其御；既還，喜曰：「今日乃得御李君矣！」其見慕如此。

陳寔出於單微，單，獨也，孤也，薄也。爲郡西門亭長。同郡鍾皓以篤行稱，行，下孟翻。前後九辟公府，年輩遠在寔前，引與爲友。皓爲郡功曹，辟司徒府；臨辭，太守問：「誰可代卿者？」皓曰：「明府欲必得其人，西門亭長陳寔可。」寔聞之曰：「鍾君似不察人，不知何獨識我！」太守遂以寔爲功曹。時中常侍【章：乙十六行本「侍」下有「山陽」二字；乙十一行本同；孔本同；張校同；退齋校同。】侯覽託太守高倫用吏，倫教署爲文學掾，郡守所出命曰教。百官志註：郡有文學、守助掾六十人。掾，俞絹翻。寔知非其人，懷檄請見，賢曰：檄，板書。以高倫之教書之於檄，而懷之者，懼洩事也。言曰：「此人不宜用，而侯常侍不可違，寔乞從外署，功曹主選署。寔乞從外自署用，若不出於倫者。賢曰：不欲陷倫於請託也。不足以塵明德。」倫從之。於是鄉論怪其非舉，寔終無所言。倫後被徵爲尚書，郡中士大夫送至綸氏，賢曰：綸氏縣，屬潁川郡，今嵩陽縣是。倫謂衆人曰：「吾前爲侯常侍用吏，爲，于僞翻。陳君密持教還而於外白署，比聞議者以此少之，比，毗至翻。少，詩沼翻。此咎由故人畏憚強禦，故人，倫自謂也。漢人於門生故吏之前，率自稱故人。楊震謂王密曰：「故人知君，君不知故人，」是也。詩曰：不畏強禦。陳君可謂『善則稱君，過則稱己』者也。」禮記坊記曰：善則稱君，過則稱己，則民作忠。坊，音防。寔固自引愆，聞者方歎息，由是天下服其德。後爲太丘長，賢曰：太丘縣，屬沛國，故城在今亳州永城縣西北。脩德清靜，百姓以安。鄰縣民歸附者，寔輒訓導譬解發遣，各令還本。司官行部，賢曰：司官，謂主司之官也。行，下孟翻。吏慮民有訟者，白欲禁之；寔曰：「訟以求直，禁之，理將何申！其勿有所拘。」司官聞而歎息曰：「陳君所言若是，豈有冤於人乎！」亦竟無訟者。以沛相賦斂違法，解印綬去；相，息亮翻。斂，力贍翻。吏民追思之。

鍾皓素與荀淑齊名，李膺常歎曰：「荀君清識難尙；鍾君至德可師。」皓兄子瑾母，膺之姑也。瑾好學慕古，有退讓風，好，呼到翻。與膺同年，俱有聲名。膺祖太尉脩常言：「瑾似我家性，瑾，李氏之出，而退讓，故脩云然。『邦有道，不廢；邦無道，免於刑戮。』」論語，孔子以此言與南容。復以膺妹妻之。妻，子細翻。膺謂瑾曰：「孟子以爲『人無是非之心，非人也』，弟於是何太無皁白邪！」皁白易分；無皁白，言無分別也。瑾嘗以膺言白皓。皓曰：「元禮祖、父在位，李膺，字元禮。膺祖脩爲太尉，父益爲趙相。諸宗並盛，故得然乎！昔國子好招人過，以致怨惡，國語：齊國佐見單襄公，其語盡。單子曰：「立於淫亂之國而好盡言以招人過，怨之本也。」其後齊殺國武子。招，音翹。今豈其時邪！必欲保身全家，爾道爲貴。」

和平元年（庚寅、一五〇）

1春，正月，甲子，赦天下，改元。

2 乙丑，太后詔歸政於帝，始罷稱制。二月，甲寅，太后梁氏崩。

3 三月，車駕徙幸北宮。

4 甲午，葬順烈皇后。增封大將軍冀萬戶，并前合三萬戶；封冀妻孫壽爲襄城君，兼食陽翟租，襄城、陽翟二縣皆屬潁川郡。歲入五千萬，加賜赤紱，比長公主。漢制，公主儀服同公侯，紫紱；長公主儀服同諸王，赤紱；四采赤、黃、縹、紺，長二丈一尺，三百首。紱，音弗。長，知兩翻。壽善爲妖態以蠱惑冀，冀甚寵憚之。壽作愁眉、啼粧、墮馬髻、折腰步、齲齒笑。妖，於驕翻。冀愛監奴秦宮，官至太倉令，太倉令，秩六百石，主受郡國傳漕穀，屬大司農。得出入壽所，威權大震，刺史、二千石皆謁辭之。冀與壽對街爲宅，殫極土木，互相誇競，金玉珍怪，充積藏室；藏，徂浪翻；下守藏同。又廣開園圃，採土築山，十里九阪，深林絕澗，有若自然，冀傳云：築山以象二崤，十里九阪。阪，音反。奇禽馴獸飛走其間。冀、壽共乘輦車，遊觀第內，晉志曰：羊車，一名輦車。毛晃曰：輦，步挽車也。漢書：主駕人以行曰輦。多從倡伎，倡，音昌。伎，渠綺翻。酣謳竟路，或連日繼夜以騁娛恣。客到門不得通，皆請謝門者；門者累千金。又多拓林苑，周遍近縣，起兔苑於河南城西，經亙數十里，移檄所在調發生兔，刻其毛以爲識，調，徒弔翻。識，職吏翻。人有犯者，罪至死刑。嘗有西域賈胡賈，音古。不知禁忌，誤殺一兔，轉相告言，坐死者十餘人。又起別第於城西，以納姦亡；謂姦民及亡命者。或取良人悉爲奴婢，至數千口，名曰自賣人。冀用壽言，多斥奪諸梁在位者，外以示謙讓，而實崇孫氏。孫氏宗親冒名爲侍中、卿、校、郡守、長吏者十餘人，皆貪饕凶淫，校，戶教翻。饕，土刀翻。各使私客籍屬縣富人，賢曰：籍，謂疏錄之也。被以他罪，被，皮義翻。閉獄掠拷，掠，音亮。拷，音考。使出錢自贖，貲物少者至於死。又【章：乙十六行本「又」作「從」；乙十一行本同；孔本同；熊校同。】扶風人士孫奮，居富而性吝，士孫，姓也；奮，名也。冀以馬乘遺之，乘，繩證翻。遺，于季翻。從貸錢五千萬，奮以三千萬與之。冀大怒，乃告郡縣，認奮母爲其守藏婢，藏，徂浪翻。云盜白珠十斛、紫金千斤以叛，紫金，紫磨金也，亦謂之鏐。遂收考奮兄弟死於獄中，悉沒其貲財億七千餘萬。摯虞三輔決錄曰：士孫奮家貲一億七千餘萬。余按此以萬萬爲億也。冀又遣客周流四方，遠至塞外，廣求異物，而使人復乘勢橫暴，妻略婦女，毆擊吏卒，使，疏吏翻。復，扶又翻。妻者，私他人之婦女若己妻然。不以道取之曰略。橫，戶孟翻。毆，烏口翻。所在怨毒。毒，痛也。

侍御史朱穆自以冀故吏，奏記諫曰：「明將軍地有申伯之尊，賢曰：中國之伯，周宣王之元舅。位爲羣公之首，賢曰：冀絕席於三公。一日行善，天下歸仁；終朝爲惡，四海傾覆。頃者官民俱匱，加以水蟲爲害，賢曰：水災及蝗蟲也。京師諸官費用增多，詔書發調，或至十倍，調，徒弔翻。各言官無見財，見，賢遍翻。皆當出民，搒掠割剝，強令充足。搒，音彭。掠，音亮。強，其兩翻。公賦既重，私斂又深，斂，力贍翻。牧守長吏多非德選，貪聚無厭，厭，於鹽翻。遇民如虜，或絕命於箠楚之下，或自賊於迫切之求。賢曰：賊，殺也。箠，止橤翻。又掠奪百姓，皆託之尊府，尊府，指大將軍府。遂令將軍結怨天下，吏民酸毒，道路歎嗟。昔永和之末，綱紀少弛，頗失人望，四五歲耳，而財空戶散，下有離心，馬勉之徒乘敝而起，荆、揚之間幾成大患；事見上卷。幾，居希翻。幸賴順烈皇后初政清靜，內外同力，僅乃討定。今百姓戚戚，困於永和，內非仁愛之心可得容忍，外非守國之計所宜久安也。夫將相大臣，均體元首，共輿而馳，同舟而濟，輿傾舟覆，患實共之。豈可以去明即昧，賢曰：即，就也。履危自安，主孤時困而莫之卹乎！宜時易宰守非其人者，減省第宅園池之費，拒絕郡國諸所奉送，內以自明，外解人惑；使挾姦之吏無所依託，司察之臣得盡耳目。憲度既張，遠邇清壹，則將軍身尊事顯，德燿無窮矣！」冀不納。冀雖專朝縱橫，朝，直遙翻。橫，戶孟翻。而猶交結左右宦官，任其子弟、賓客爲州郡要職，欲以自固恩寵。穆又奏記極諫，冀終不悟，報書云：「如此，僕亦無一可邪！」然素重穆，亦不甚罪也。

冀遣書詣樂安太守陳蕃，樂安郡，本千乘郡，和帝永元七年改爲樂安國，屬青州。有所請託，不得通。使者詐稱他客求謁蕃；蕃怒，笞殺之。坐左轉脩武令。脩武縣，屬河內郡。

時皇子有疾，下郡縣市珍藥；下，遐稼翻。而冀遣客齎書詣京兆，并貨牛黃。吳普本草曰：牛黃，牛出入呻者有之。夜有光，走角中；牛死，入膽中，如雞子黃。神農本草曰：療驚癇，除邪、逐鬼。陶弘景曰：舊云神牛出入鳴吼者有之，伺其出角上，以盆水盛而吐之，卽墮落水中；今人多就膽中得之。藥中之貴，莫復過此。本草圖經曰：伺其吐出，乃喝迫，卽落水中。既得之，陰乾百日。一云：子如雞子黄，其重疊可揭，輕虚而氣香爲佳。又云：此有四種；喝迫而得者名生黄；其殺死而在角中得者名角中黄；心中剝得者名心黄；肝膽中得之者名肝黄：大抵不及喝迫得者最勝。京兆尹南陽延篤發書收客，曰：「大將軍椒房外家，而皇子有疾，必應陳進醫方，豈當使客千里求利乎！」遂殺之。冀慙而不得言。有司承旨求其事，篤以病免。

5夏，五月，庚辰，尊博園匽貴人曰孝崇后，宮曰永樂，續漢志曰：德陽前殿西北，入門內，有永樂宮。樂，音洛；下長樂同。置太僕、少府以下，皆如長樂宮故事。分鉅鹿九縣爲后湯沐邑。

6秋，七月，梓潼山崩。梓潼縣，屬廣漢郡。賢曰：今始州縣也，有梓潼水。

元嘉元年（辛卯、一五一）

1春，正月朔，羣臣朝會，大將軍冀帶劍入省。省，卽禁中也。尚書蜀郡張陵呵叱令出，敕虎賁、羽林奪劍。冀跪謝，陵不應，卽劾奏冀，請廷尉論罪。劾，戶概翻，又戶得翻。有詔，以一歲俸贖；百僚肅然。河南尹不疑嘗舉陵孝廉，乃謂陵曰：「昔舉君，適所以自罰也！」陵曰：「明府不以陵不肖，誤見擢序，今申公憲以報私恩！」不疑有愧色。

2癸酉，赦天下，改元。

3 梁不疑好經書，喜待士，好，呼到翻。喜，許記翻。梁冀疾之，轉不疑爲光祿勳；以其子胤爲河南尹。胤年十六，容貌甚陋，不勝冠帶；勝，音升。道路見者莫不蚩笑。不疑自恥兄弟有隙，遂讓位歸第，與弟蒙閉門自守。冀不欲令與賓客交通，陰使人變服至門，記往來者。南郡太守馬融、江夏太守田明初除，過謁不疑；言過其門，因而謁之，禮不專也。夏，戶雅翻。冀諷有司奏融在郡貪濁，及以他事陷明，皆髡笞徙朔方。融自刺不殊，刺，七亦翻。明遂死於路。

4 夏，四月，己丑，上微行，幸河南尹梁胤府舍。考異曰：袁紀作「梁不疑府」，今從范書。是日，大風拔樹，晝昏。尚書楊秉上疏曰：「臣聞天不言語，以災異譴告。王者至尊，出入有常，警蹕而行，靜室而止，賢曰：蹕，止行人也。靜室，謂先使清宮也。前書音義曰：漢有靜室令。自非郊廟之事，則鑾旗不駕。漢官儀曰：前驅有雲罕、皮軒、鑾旗車。故諸侯入諸臣之家，春秋尚列其誡；左傳：陳靈公如夏徵舒之家，爲徵舒所弒。齊莊公如崔杼之家，亦爲杼所弒。況於以先王法服而私出槃游，降亂尊卑，等威無序，賢曰：等威，謂威儀有等差也。左氏傳曰：貴有常尊，賤有等威。侍衛守空宮，璽紱委女妾！璽，斯氏翻。紱，音弗。設有非常之變，任章之謀，宣帝時，任宣坐謀反誅。宣子章亡在渭城界，中夜玄服入廟，居廊間，執戟立於廟門，待上至，欲爲逆；發覺，伏誅。任，音壬。上負先帝，下悔靡及！」帝不納。秉，震之子也。

5 京師旱，任城、梁國饑，民相食。任，音壬。

6司徒張歆罷，以光祿勳吳雄爲司徒。

7北匈奴呼衍王寇伊吾，敗伊吾司馬毛愷，敗，蒲邁翻。攻伊吾屯城。詔敦煌太守馬達將兵救之；敦，徒門翻。至蒲類海，呼衍王引去。

8秋，七月，武陵蠻反。

9冬，十月，司空胡廣致仕。

10十一月，辛巳，京師地震。詔百官舉獨行之士。涿郡舉崔寔，詣公車，稱病，不對策；退而論世事，名曰政論。其辭曰：「凡天下所以不治者，常由人主承平日久，俗漸敝而不悟，政寖衰而不改，習亂安危，怢不自覩。賢曰：怢，音他沒翻。怢，忽忘也。或荒耽耆欲，耆，讀曰嗜。不恤萬機；或耳蔽箴誨，厭僞忽眞；賢曰：厭飫姦僞，輕忽至眞。或猶豫岐路，莫適所從；爾雅：路二達謂之岐。郭璞曰：岐，道旁出也。此言人主見道不明，於人之邪正、事之是非，莫知所適從也。適，丁歷翻。或見信之佐，括囊守祿；賢曰：易曰：括囊，無咎無譽。括，結也。結囊不言，持祿而已。或疏遠之臣，言以賤廢；是以王綱縱弛於上，智士鬱伊於下。賢曰：鬱伊，不申之貌。楚辭曰：獨伊鬱而誰語。悲夫！

自漢興以來，三百五十餘歲矣，政令垢翫，上下怠懈，懈，古隘翻。百姓囂然，咸復思中興之救矣！復，扶又翻。且濟時拯世之術，在於補綻決壞，枝拄邪傾，賢曰：綻，音直莧翻。禮記：衣裳綻裂，紉箴請補綴。余謂綻裂之綻，非此義。此裞，釋補縫也。韓詩云：破襖請來裞，是其義也。拄，陟柱翻。隨形裁割，要措斯世於安寧之域而已。故聖人執權，遭時定制，賢曰：權，謂變也。遭遇其時而定法制，不循於舊也。余謂權，秤錘也。執權者，隨物之輕重，爲權之進退以取平也。步驟之差，各有云設，不強人以不能，背急切而慕所聞也。賢曰：背當時之急切而慕所聞之事，則非濟時之要。強，其兩翻。背，蒲妹翻。蓋孔子對葉公以來遠，哀公以臨人，景公以節禮，賢曰：韓子曰：葉公問政於孔子，孔子曰：政在悅近而來遠。魯哀公問政於孔子，孔子曰：政在選賢。齊景公問政於孔子，孔子曰：政在節財。此云臨人、節禮，文不同也。葉，式涉翻。非其不同，所急異務也。俗人拘文牽古，不達權制，奇偉所聞，簡忽所見，烏可與論國家之大事哉！故言事者雖合聖聽，輒見掎奪。賢曰：掎，居蟻翻。賈逵註國語曰：從後牽曰掎。何者？其頑士闇於時權，安習所見，不知樂成，樂，音洛。況可慮始，苟云率由舊章而已；其達者或矜名妒能，妒，與妬同。恥策非己，舞筆奮辭以破其義。寡不勝衆，遂見擯棄，雖稷、契復存，猶將困焉。契，息列翻。復，扶又翻。斯賢智之論所以常憤鬱而不伸者也。

凡爲天下者，自非上德，嚴之則治，寬之則亂。治，直吏翻。何以明其然也？近孝宣皇帝明於君人之道，審於爲政之理，故嚴刑峻法，破姦軌之膽，左傳曰：亂在外爲姦，在內爲軌。海內清肅，天下密如，賢曰：密，靜也。算計見效，優於孝文。見，賢遍翻。及元帝即位，多行寬政，卒以墮損，卒，子恤翻。墮，讀曰隳。威權始奪，遂爲漢室基禍之主。政道得失，於斯可鑒。昔孔子作春秋，褒齊桓，懿晉文，歎管仲之功；懿，美也。夫豈不美文、武之道哉？誠達權救敝之理也。聖【章：乙十六行本「聖」上有「故」字；乙十一行本同；孔本同；張校同。】人能與世推移，楚辭：聖人不凝滯於物而能與世推移。而俗士苦不知變，以爲結繩之約，可復治亂秦之緒，干戚之舞，足以解平城之圍。上古結繩而治，後世聖人易之以書契。亂秦之後，俗益澆薄，非結繩之約所能理也。干，盾也。戚，鉞也。記曰：朱干玉戚，冕而舞大武，所以象武王之伐功也。書：禹舞干羽於兩階而有苗格。高帝爲匈奴圍於平城，用陳平祕計得出，非舞干戚所能解也。治，直之翻；下治亂同，治平亦同。夫熊經鳥伸，雖延曆之術，非傷寒之理；呼吸吐納，雖度紀之道，非續骨之膏。賢曰：莊子曰：吹呴呼吸，吐故納新，熊經鳥伸，此道引之士，養形之人也。黃帝素問曰：人傷於寒而轉爲熱，何也？夫寒盛則生熱也。度紀，猶延年也。言鳥伸不能療傷寒，吸氣不能續斷骨也。成公英莊子疏曰：如熊縣木而自經，鳥飛空而伸足。爾雅翼曰：熊類大豕，人足，黑色，好緣高木，見人自投而下，亦以革厚而筋駑，用此自快，故稱熊經。蓋爲國之法，有似理身，平則致養，疾則攻焉。夫刑罰者，治亂之藥石也；德教者，興平之粱肉也。夫以德教除殘，是以粱肉養疾也；以刑罰治平，是以藥石供養也。供，音恭。養，余兩翻。方今承百王之敝，值戹運之會，自數世以來，政多恩貸，馭委其轡，馬駘其銜，說文曰：駘，馬鈍也，音達來翻。毛晃曰：駘，脫也。四牡橫奔，皇路險傾，賢曰：皇路，天路也。方將拑勒鞬輈以救之，豈暇鳴和鑾，調節奏哉！賢曰：何休註公羊傳曰：拑，以木銜其口也。拑，音巨炎翻。勒，馬轡。輈，車轅。鞬，猶束也。說苑曰：鑾設於鑣，和設於軾。馬動鑾鳴，鑾鳴則和應也。昔文帝雖除肉刑，當斬右趾者棄市，笞者往往至死。見十五卷文帝十三年、景帝元年。是文帝以嚴致平，非以寬致平也。」寔，瑗之子也。崔瑗見五十一卷安帝延光四年。瑗，于眷翻。山陽仲長統嘗見其書，歎曰：「凡爲人主，宜寫一通，置之坐側。」坐，才臥翻。

臣光曰：漢家之法已嚴矣，而崔寔猶病其寬，何哉？蓋衰世之君，率多柔懦，凡愚之佐，唯知姑息，姑，且也。息，安也。且苟目前之安也。是以權幸之臣有罪不坐，豪猾之民犯法不誅；仁恩所施，止於目前；姦宄得志，紀綱不立。故崔寔之論，以矯一時之枉，非百世之通義也。孔子曰：「政寬則民慢，慢則糾之以猛；猛則民殘，殘則施之以寬。寬以濟猛，猛以濟寬，政是以和。」左傳載孔子善子太叔之辭。杜預曰：糾，攝也。斯不易之常道矣。

11 閏月，庚午，任城節王崇薨；無子，國絕。章帝元和元年，分東平國爲任城國，以封東平王蒼之少子尚。崇，尚之姪也。謚法：好廉自克曰節。

12 以太常黃瓊爲司空。

13 帝欲褒崇梁冀，使中朝二千石以上會議其禮。西都中世以後，以三公、九卿爲外朝官。東都無中、外朝之別也。此中朝，直謂朝廷。朝，直遙翻。特進胡廣、太常羊溥、司隸校尉祝恬、太中大夫邊韶等咸稱冀之勳德宜比周公，錫之山川、土田、附庸。此西都諸臣所以尊王莽者，今廣復欲以崇冀。微黃瓊之言，殆哉！黃瓊獨曰：「冀前以親迎之勞，增邑萬三千戶；又其子胤亦加封賞。今諸侯以戶邑爲制，不以里數爲限，冀可比鄧禹，合食四縣。」朝廷從之。於是有司奏：「冀入朝不趨，劍履上殿，謁讚不名，禮儀比蕭何；蕭何唯劍履上殿，入朝不趨，何嘗謁贊不名也！君前臣名，禮也。冀何如人，而寵秩之至此乎！讚，與擯贊之贊同。悉以定陶、陽成餘戶增封爲四縣，比鄧禹；賢曰：冀初封襄邑縣，襲封乘氏，更增以定陶、陽城，是爲四縣。余謂「陽成」當作「成陽」，與定陶、乘氏皆屬濟陰郡。賞賜金錢、奴婢、綵帛、車馬、衣服、甲第，比霍光；以殊元勳。每朝會，與三公絕席。賢曰：絕席，別也。十日一入，平尚書事。宣布天下，爲萬世法。」冀猶以所奏禮薄，意不悅。

二年（壬辰、一五二）

1春，正月，西域長史王敬爲于窴所殺。初，西域長史趙評在于窴，病癰死。按西域傳，評，元嘉元年死。窴，徒賢翻。評子迎喪，道經拘彌。拘彌王成國與于窴王建素有隙，謂評子曰：「于窴王令胡醫持毒藥著創中，著，陟略翻。創，初良翻。故致死耳！」評子信之，還，以告敦煌太守馬達。敦，徒門翻。考異曰：車師傳作「司馬達」，今從于窴傳。會敬代爲長史，馬達令敬隱覈于窴事。隱，度也。覈，考也，實也。敬先過拘彌，成國復說云：復，扶又翻。說，輸芮翻。「于窴國人欲以我爲王；今可因此罪誅建，謂以評死爲建罪也。于窴必服矣。」敬貪立功名，前到于窴，設供具，請建而陰圖之。供具，宴饗之具也。或以敬謀告建，建不信，曰：「我無罪，王長史何爲欲殺我？」旦日，建從官屬數十人詣敬，坐定，建起行酒，敬叱左右執之。吏士並無殺建意，官屬悉得突走。時成國主簿秦牧隨敬在會，持刀出，曰：「大事已定，何爲復疑！」卽前斬建。于窴侯、將輸僰等遂會兵攻敬，按前書，西域諸國各置輔國侯、左右將。復，扶又翻。僰，蒲北翻。敬持建頭上樓宣告曰：「天子使我誅建耳！」輸僰不聽，上樓斬敬，縣首於市。縣，讀曰懸。輸僰自立爲王；國人殺之，而立建子安國。馬達聞王敬死，欲將諸郡兵出塞擊于窴；帝不聽，徵達還，而以宋亮代爲敦煌太守。亮到，開募于窴，令自斬輸僰；開于窴國人自新之路，仍募使斬輸僰也。僰，蒲北翻。時輸僰死已經月，乃斷死人頭送敦煌而不言其狀，斷，丁管翻。亮後知其詐，而竟不能討也。史言漢之威令不復行於西域。

2 丙辰，京師地震。

3 夏，四月，甲辰，孝崇皇后匽氏崩；以帝弟平原王石爲喪主，斂送制度比恭懷皇后。恭懷皇后，和帝母梁氏。斂，力贍翻。五月，辛卯，葬于博陵。

4 秋，七月，庚辰，日有食之。

5 冬，十月，乙亥，京師地震。

6十一月，司空黃瓊免。十二月，以特進趙戒爲司空。

永興元年（癸巳、一五三）

1春，三月，丁亥，帝幸鴻池。百官志註：鴻池在雒陽東二十里。水經註：穀水東注鴻池陂；池，東西千步，南北千二百步。

2夏，四【張：「四」作「五」。】月，丙申，赦天下，改元。

3丁酉，濟南悼王廣薨；無子，國除。廣，濟南王顯之子也。紹封見五十一卷順帝永建元年。濟，子禮翻。

4秋，七月，郡、國三十二蝗，河水溢。百姓饑窮流宂者數十萬戶，宂，散也，而隴翻。冀州尤甚。詔以侍御史朱穆爲冀州刺史。冀部令長聞穆濟河，解印綬去者四十餘人。及到，奏劾諸郡貪汙者，劾，戶概翻，又戶得翻。有至自殺，或死獄中。宦者趙忠喪父，歸葬安平，安平國，屬冀州。喪，息浪翻。僭爲玉匣；穆下郡案驗，下，遐稼翻。吏畏其嚴，遂發墓剖棺，陳尸出之。帝聞，大怒，徵穆詣廷尉，輸作左校。不以趙忠玉匣爲僭，而以朱穆發墓爲罪，昏暗之君豈有眞是非哉！賢曰：左校，署名，屬將作，掌左工徒。校，戶教翻。太學書生潁川劉陶等數千人詣闕上書訟穆曰：「伏見弛刑徒朱穆，處公憂國，處，昌呂翻。拜州之日，志淸姦惡。誠以常侍貴寵，父子兄弟布在州郡，競爲虎狼，噬食小民，故穆張理天綱，補綴漏目，羅取殘禍，以塞天意。塞，悉則翻。由是內官咸共恚疾，內官，卽中官。恚，於避翻。謗讟煩興，讒隙仍作，極其刑謫，輸作左校。天下有識，皆以穆同勤禹、稷而被共、鯀之戾，共，音恭。若死者有知，則唐帝怒於崇山，重華忿於蒼墓矣！賢曰：尚書：放驩兜於崇山。孔安國註曰：崇山，南裔也。山海經曰：有驩頭之國，帝堯葬焉。郭璞註曰：驩頭，驩兜也。禮記曰：舜葬蒼梧之野。當今中官近習，竊持國柄，手握王爵，口銜天憲，天憲，王法也；謂刑戮出於其口也。運賞則使餓隸富於季孫，賢曰：運，行也。論語曰：季氏富於周公。呼噏則令伊、顏化爲桀、跖；噏，與吸同。而穆獨亢然不顧身害，亢，音抗。非惡榮而好辱，惡生而好死也，惡，烏路翻。好，呼到翻。徒感王綱之不攝，賢曰：攝，接也。余謂攝，飭整也。懼天綱之久失，故竭心懷憂，爲上深計。臣願黥首繫趾，賢曰：黥首，謂鑿額涅墨也。繫趾，謂鈦其足也。以鐵著足曰鈦。代穆輸【章：乙十六行本「輸」作「校」；乙十一行本同。】作。」帝覽其奏，乃赦之。

5 冬，十月，太尉袁湯免，以太常胡廣爲太尉。司徒吳雄、司空趙戒免，以太僕黃瓊爲司徒，光祿勳房植爲司空。

6 武陵蠻詹山等反，武陵太守汝南應奉招降之。

7 車師後部王阿羅多與戊部候嚴皓不相得，戊、己兩部各置校尉，各有部候。西域傳曰：和帝置戊部候，居車師後部候城。忿戾而反，攻圍屯田，殺傷吏士。後部侯炭遮領餘民畔阿羅多，詣漢吏降。前書，車師後國有擊胡侯，漢賜印綬。降，戶江翻；下同。阿羅多迫急，從百餘騎亡入北匈奴。敦煌太守宋亮上立後（後部）故王軍就質子卑君爲王。上，時掌翻。上奏而立之。安帝延光四年，班勇斬後部王軍就；其質子在敦煌。質，音致。後阿羅多復從匈奴中還，與卑君爭國，復，扶又翻。頗收其國人。戊校尉嚴【章：乙十六行本「嚴」作「閻」；乙十一行本同；退齋校同。】詳慮其招引北虜，將亂西域，乃開信告示，開信者，開以丹青之信。許復爲王；阿羅多乃詣詳降。降，戶江翻。於是更立阿羅多爲王，將卑君還敦煌，以後部人三百帳與之。西域傳曰：帳者，猶中國之戶數也。將，如字。

二年（甲午、一五四）

1春，正月，甲午，赦天下。

2二月，辛丑，復聽刺史、二千石行三年喪。安帝建光元年，斷行三年喪，事見四十九卷。

3癸卯，京師地震。

4夏，蝗。

5東海朐山崩。賢曰：朐山在今海州朐山縣南。

6乙卯，封乳母馬惠子初爲列侯。

7秋，九月，丁卯朔，日有食之。

8太尉胡廣免；以司徒黃瓊爲太尉。閏月，以光祿勳尹頌爲司徒。

9冬，十一月，甲辰，帝校獵上林苑，遂至函谷關。校，戶孝翻；闌校也。所以遮獸而獵取之，謂之校獵。東漢開上林苑於雒陽西。函谷關，在河南穀城縣。

10 泰山、琅邪賊公孫舉、東郭竇等反，殺長吏。

永壽元年（乙未、一五五）

1 春，正月，戊申，赦天下，改元。

2 二月，司隸、冀州饑，人相食。

3 太學生劉陶上疏陳事曰：「夫天之與帝，帝之與民，猶頭之與足，相須而行也。陛下目不視鳴條之事，耳不聞檀車之聲，賢曰：鳴條，地名，在安邑之西。湯與桀戰于鳴條之野。檀車，兵車也。詩曰：檀車嘽嘽。余按大雅大明之詩曰：牧野洋洋，檀車煌煌。維師尚父，時維鷹揚，涼彼武王，肆伐大商。陶蓋用此檀車事，言桀、紂貴爲天子，得罪於天，流毒於民，而湯、武伐之；亡國之事不接於帝之耳目，帝不知以爲戒也。毛氏詩傳曰：檀，強韌之木。陸璣疏：檀木皮正青，滑澤，與繫迷相似。又似駁馬。駁馬，梓榆。故里語：斫檀不諦得繫迷，繫迷尙可得駁馬。繫迷，一名挈榼，故齊人諺曰：上山伐檀，挈榼先殫。蓋檀木強韌，可爲兵車。嘽，吐丹翻。涼，力尙翻。天災不有痛於肌膚，震食不卽損於聖體，震食，謂地震、日食也。故蔑三光之謬，輕上天之怒。伏念高祖之起，始自布衣，合散扶傷，克成帝業，勤亦至矣；流福遺祚，至於陛下。陛下既不能增明烈考之軌，而忽高祖之勤，妄假利器，委授國柄，使羣醜刑隸，芟刈小民，芟，所銜翻。虎豹窟於麑場，賢曰：鹿子曰麑，音研奚翻。豺狼乳於春囿，乳，人喻翻，產也。貨殖者爲窮冤之魂，貧餒者作飢寒之鬼，言無貧富皆不得其死。死者悲於窀穸，杜預曰：窀，厚也。

穸，夜也。厚夜，猶長夜也。窀，株倫翻。生者戚於朝野，是愚臣所爲咨嗟長懷歎息者也！朝，直遙翻。爲，于僞翻。且秦之將亡，正諫者誅，諛進者賞，嘉言結於忠舌，國命出於讒口，擅閻樂於咸陽，授趙高以車府，閻樂爲咸陽令，趙高爲中車府令。權去己而不知，威離身而不顧。離，力智翻。古今一揆，成敗同勢；願陛下遠覽強秦之傾，近察哀、平之變，得失昭然，禍福可見。臣又聞危非仁不扶，亂非智不救；竊見故冀州刺史南陽朱穆、前烏桓校尉臣同郡李膺，皆履正清平，貞高絕俗，斯實中興之良佐，國家之柱臣也，宜還本朝，夾輔王室。前年朱穆得罪，李膺時亦免居綸氏。臣敢吐不時之義於諱言之朝，賢曰：不時，謂不合於時也。猶冰霜見日，必至消滅；臣始悲天下之可悲，今天下亦悲臣之愚惑也。」書奏，不省。省，悉景翻。

4 夏，南陽大水。

5 司空房植免；以太常韓縯爲司空。縯，以淺翻。

6 巴郡、益州郡山崩。

7 秋，南匈奴左薁鞬臺耆、且渠伯德等反，薁，於六翻。鞬，居言翻。且，子余翻。考異曰：帝紀作「左臺、且渠伯德等叛」，今從張奐傳。寇美稷；東羌復舉種應之。復，扶又翻。種，章勇翻。安定屬國都尉敦煌張奐初到職，賢曰：屬國都尉，其秩比二千石。水經註：安定屬國都尉治三水縣。壁中唯有二百許人，聞之，卽勒兵而出；軍吏以爲力不敵，叩頭爭止之。奐不聽，遂進屯長城，此卽秦蒙恬所築長城，在上郡界。收集兵士，遣將王衞招誘東羌，因據龜茲縣，前書，上郡龜茲縣，上郡屬國都尉治所。師古曰：龜茲國人來降附者處之於此，故以名云。使南匈奴不得交通。東羌諸豪遂相率與奐共擊薁鞬等，破之。伯德惶恐，將其衆降，郡界以寧。羌豪遺奐馬二十匹，金鐻八枚。遺，于季翻。賢曰：郭璞註山海經云：鐻，音渠，金食器名，未詳形制也。韻書曰：鐻，戎夷貫耳。奐於諸羌前以酒酹地賢曰：以酒沃地謂之酹，音力外翻。余謂蓋自誓也。曰：「使馬如羊，不以入廐；使金如粟，不以入懷。」悉以還之。前此八都尉率好財貨，好，呼到翻。爲羌所患苦；及奐正身潔己，無不悅服，威化大行。

二年（丙申、一五六）

1 春，三月，蜀郡屬國夷反。延光元年，以蜀郡西部都尉爲屬國都尉。

2 初，鮮卑檀石槐，勇健有智略，部落畏服，乃施法禁，平曲直，無敢犯者，遂推以爲大人。檀石槐立庭於彈汗山、歠仇水上，「汙」，范書作「汗」。【章：乙十一行本正作「汗」。】歠，音昌悅翻。去高柳北三百餘里，兵馬甚盛；東、西部大人皆歸焉。因南抄緣邊，北拒丁零，東卻夫餘，抄，楚交翻。夫，音扶。西擊烏孫，盡據匈奴故地，東西萬四千餘里。

秋，七月，檀石槐寇雲中。以故烏桓校尉李膺爲度遼將軍。膺到邊，羌、胡皆望風畏服，先所掠男女，悉詣塞下送還之。考異曰：袁紀：「延熹二年六月，鮮卑寇遼東，度遼將軍李膺擊破之。」

今從范書。

3 公孫舉、東郭竇等聚衆至三萬人，寇靑、兗、徐三州，破壞郡縣。壞，音怪。連年討之，不能克。尚書選能治劇者，以司徒掾潁川韓韶爲嬴長。嬴縣，屬泰山郡。賢曰：故城在今兗州博城縣東北。治，直之翻。掾，俞絹翻。長，知兩翻。賊聞其賢，相戒不入嬴境。餘縣流民萬餘戶入縣界；韶開倉賑之，主者爭謂不可。主者，主倉粟之吏也。韶曰：「長活溝壑之人，而以此伏罪，含笑入地矣。」太守素知韶名德，竟無所坐。韶與同郡荀淑、鍾皓、陳寔皆嘗爲縣長，所至以德政稱，時人謂之「潁川四長」。賢曰：謂荀淑爲當塗長，韓韶爲嬴長，陳寔爲太丘長，鍾皓爲林慮長也。長，知兩翻。

4 初，鮮卑寇遼東，屬國都尉段【章：乙十六行本「段」上有「武威」二字；乙十一行本同；孔本同；張校同。】熲率所領馳赴之。熲，古迥翻。既而恐賊驚去，乃使驛騎詐齎璽書召熲，熲於道僞退，潛於還路設伏；虜以爲信然，乃入追熲，熲因大縱兵，悉斬獲之。坐詐爲璽書，當伏重刑；以有功，論司寇；司寇，二歲刑。璽，斯氏翻。刑竟，拜議郎。至是，詔以東方盜賊昌熾，熾，尺志翻。令公卿選將帥有文武材者。司徒尹頌薦熲，段熲傳作「訟」，帝紀作「頌」；作「頌」爲是。拜中郎將，擊舉、竇等，大破斬之，獲首萬餘級，餘黨降散。降，戶江翻。封熲爲列侯。

5 冬，十二月，地【章：乙十六行本「地」上有「京師」二字；乙十一行本同。】震。

6 封梁不疑子馬爲潁陰侯，梁胤子桃爲城父侯。城父縣，屬汝南郡。考異曰：袁紀：馬、桃封在建和元年；「馬」作「焉」，「桃」作「祧」。今從范書。

容肇祖標點顧頡剛聶崇岐覆校

資治通鑑卷第五十四

翰林學士兼侍讀學士朝散大夫右諫議大夫知制誥判尚書都省兼提舉萬壽觀公事上護軍河內郡開國侯食邑一千三百戶賜紫金魚袋臣　司馬光　奉敕編集
後　學　天　台　胡三省　音　註

漢紀四十六　起強圉作噩（丁酉），盡昭陽單閼（癸卯），凡七年。

孝桓皇帝上之下

永壽三年（丁酉、一一五七）

1 春，正月，己未，赦天下。

2 居風令貪暴無度，居風縣，屬九眞郡。交州記曰：山有風門，常有風。縣人朱達等與蠻夷同反，攻殺令，聚衆至四五千人。夏，四月，進攻九眞，九眞太守兒式戰死。守，式又翻。兒，五兮翻。詔九眞都尉魏朗討破之。

3 閏月，庚辰晦，日有食之。

4 京師蝗。

或上言：「民之貧困以貨輕錢薄，宜改鑄大錢。」事下四府下，遐稼翻。四府，三公府及大將軍府。羣僚及太學能言之士議之。太學生劉陶上議曰：「當今之憂，不在於貨，在乎民飢。竊見比年已來，比，毗至翻。良苗盡於蝗螟之口，杼軸空於公私之求。民所患者，豈謂錢貨之厚薄，銖兩之輕重哉！就使當今沙礫化爲南金，瓦石變爲和玉，賢曰：詩曰：大賂南金。和玉，卞和之玉。礫，郎狄翻。使百姓渴無所飲，飢無所食，雖皇、羲之純德，天地初立，有天皇氏，澹泊無所施爲而民自化。伏羲氏始畫八卦，造書契以代結繩之政。去洪荒之世未遠，故其風朴略。唐、虞之文明，猶不能以保蕭牆之內也。鄭氏曰：蕭，肅也。牆，謂屏也。君臣相見之禮，至屏而加肅敬焉，是以謂之蕭牆。蓋民可百年無貨，不可一朝有飢，故食爲至急也。議者不達農殖之本，多言鑄冶之便。蓋萬人鑄之，一人奪之，猶不能給；況今一人鑄之，則萬人奪之乎！雖以陰陽爲炭，萬物爲銅，賈誼服賦之言。役不食之民，使不飢之士，猶不能足無厭之求也。厭，於鹽翻；下同。夫欲民殷財阜，揚子曰：君人者務在殷民阜財。要在止役禁奪，則百姓不勞而足。陛下愍海內之憂戚，欲鑄錢齊貨以救其弊，猶養魚沸鼎之中，棲鳥烈火之上；水、木，本魚鳥之所生也，用之不時，必至焦爛。願陛下寬鍥薄之禁，賢曰：鍥，刻也，音口結翻。後冶鑄之議，聽民庶之謠吟，問路叟之所憂，通下情也。賢曰：列子曰：昔堯理天下五十年，不知天下理亂，堯乃微服遊於康衢，兒童謠曰：「立我蒸民，莫匪爾極，不識不知，順帝之則。」說苑曰：孔子行遊中路，聞哭者其音甚悲。孔子避車而問之曰：「夫子非有喪也，何哭之悲？」虞丘子對曰：「吾有三失：吾少好學，周徧天下，還，後吾親喪，是一失也。事君驕奢不遂，是二失也。厚交友而後絕，是三失也。」瞰三光之文耀，視山河之分流，瞰，苦鑒翻；視也。賢曰：三光，日、月、星也。分，謂山。流，謂河。言日、月有謫食之變，星、辰有錯行之異，故視其文耀也。山崩、川竭，皆亡之徵，不可不察。天下之心，國家大事，粲然皆見，無有遺惑者矣。伏念當今地廣而不得耕，民衆而無所食，羣小競進，秉國之位，鷹揚天下，鳥鈔求飽，鈔，楚交翻。吞肌及骨，並噬無厭。誠恐卒有役夫、窮匠起於版築之間，卒，讀曰猝。賢曰：役夫，謂如陳涉起蘄也。窮匠，謂如驪山之徒也。余謂陳涉、黥布皆可以言役夫，窮匠則山陽鐵官徒蘇令等是也。投斤攘臂，登高遠呼，呼，火故翻。使愁怨之民響應雲合，雖方尺之錢，何有能救其危也！」言雖錢大方尺，亦不能救天下之亂也。遂不改錢。

6 冬，十一月，司徒尹頌薨。考異曰：袁紀在六月。今從范書。

7 長沙蠻反，寇益陽。益陽縣屬長沙郡。賢曰：縣在益水之陽，今潭州縣，故城在縣東。

8 以司空韓縯爲司徒；縯，以善翻。以太常北海孫朗爲司空。

延熹元年（戊戌、一五八）

1 夏，五月，甲戌晦，日有食之。太史令陳授因小黃門徐璜陳「日食之變咎在大將軍冀」。冀聞之，諷雒陽收考授，諷雒陽令收考之也。死於獄。帝由是怒冀。考異曰：袁紀曰：「冀以私憾專殺議郎邴尊，上益怒。」今從范書。

2 京師蝗。

3 六月，戊寅，赦天下，改元。

4 大雩。公羊傳曰：大雩，旱祭也。何休註曰：君親之南郊，以六事謝過，自責曰：政不善歟？民失職歟？宮室崇歟？婦謁盛歟？苞苴行歟？讒夫昌歟？使童男女各八人舞而呼雩，故謂之雩。鄭玄曰：雩，吁嗟求雨之祭也。服虔曰：雩，遠也，遠爲百穀祈膏雨也。陸佃曰：雩，雨不雨未定也。

5 秋，七月，甲子，太尉黃瓊免；以太常胡廣爲太尉。

6 冬，十月，帝校獵廣成，廣成苑在河南新城縣。遂幸上林苑。此上林苑在雒陽西。

7 十二月，南匈奴諸部並叛，與烏桓、鮮卑寇緣邊九郡。帝以京兆尹陳龜爲度遼將軍。考異曰：按匈奴傳，每除度遼將軍輒書之，此陳龜及前李膺、後种暠皆不記，一時旣不當有兩官，今約其事，分著前後。龜臨行，上疏曰：「臣聞三辰不軌，言三辰之行不順軌也。擢士爲相；蠻夷不恭，拔卒爲將。臣無文武之材而忝鷹揚之任，詩曰：維師尚父，時維鷹揚。爾雅翼：鷹好揚，隼好翔，故以比尚父之武。雖殁軀體，無所云補。今西州邊鄙，土地塉埆，塉，秦昔翻。賢曰：埆，音覺，又音確，土薄也。民數更寇虜，數，所角翻。更，工衡翻；下租更同。室家殘破，雖含生氣，實同枯朽。往歲并州水雨，災螟互生，稼穡荒耗，租更空闕。賢曰：更，謂卒更錢也。陛下以百姓爲子，焉可不垂撫循之恩哉！焉，於虔翻。古公、西伯天下歸仁，古公亶父避狄，去邠居岐，從之者如歸市。帝王世紀曰：西伯至仁，百姓繈負而至。豈復輿金輦寶以爲民惠乎！復，扶又翻。陛下繼中興之統，承光武之業，臨朝聽政而未留聖意。且牧守不良，或出中官，謂牧守出於中官之所引用也。懼逆上旨，取過目前。過，度也。呼嗟之聲，招致災害，胡虜凶悍，悍，下罕翻，又侯旰翻。因衰緣隙；而令倉庫單於豺狼之口，單，與殫同，盡也。功業無銖兩之效，十絫爲銖，二十四銖爲兩。皆由將帥不忠，聚姦所致。前涼州刺史祝良，初除到州，多所糾罰，太守令長，貶黜將半，長，知兩翻。政未踰時，功效卓然，實應賞異，以勸功能；改任牧守，去斥姦殘；去，羌呂翻。又宜更選匈奴、烏桓護羌中郎將、校尉，護匈奴中郎將，護烏桓、護羌校尉。更，工衡翻。校，戶教翻。簡練文武，授之法令；除幷、涼二州今年租、更，租，賦也。更，役也。更，工衡翻；下同。寬赦罪隸，掃除更始；則善吏知奉公之祐，惡者覺營私之禍，胡馬可不窺長城，塞下無候望之患矣。」帝乃更選幽、幷刺史，自營、郡太守、都尉以下，多所革易。京兆虎牙營、扶風雍營，皆都尉領之。諸郡各有太守、都尉。下詔爲陳將軍除幷、涼一年租賦，以賜吏民。爲，于僞翻。龜到職，州郡重足震栗，言重足而立也。重，音直龍翻。省息經用，歲以億計。

詔拜安定屬國都尉張奐爲北中郎將，按奐傳，卽護匈奴中郎將。以討匈奴、烏桓等。匈奴、烏桓燒度遼將軍門，賢曰：時度遼將軍屯五原。引屯赤阬，煙火相望，兵衆大恐，各欲亡去。奐安坐帷中，與弟子講誦自若，軍士稍安。乃潛誘烏桓，陰與和通，誘，音酉。遂使斬匈奴、屠各渠帥，屠各，匈奴別種也。屠，直於翻。帥，所類翻。襲破其衆，諸胡悉降。奐以南單于車兒不能統理國事，乃拘之，奏立左谷蠡王爲單于。谷蠡，音鹿黎。詔曰：「春秋大居正；車兒一心向化，何罪而黜！其遣還庭！」言春秋之義大居正。賢曰：春秋法五始之要，故經曰：元年，春，正月。言王者卽位之年宜大開恩，宥其居正。車兒卽是桓帝卽位之建和元年立，自立以來一心向化，宜寬宥之。考異曰：袁紀：「元康元年，四月，中郎將張奐以車兒不能治國事，上言更立左鹿蠡王都紺爲單于；詔不許。」范書匈奴傳在延熹元年，今從之。

8大將軍冀與陳龜素有隙，譖其沮毀國威，挑取功譽，沮，在呂翻。賢曰：挑，猶取也，獨取其名，如挑戰之義，音徒了翻。不爲胡虜所畏，坐徵還，以种暠爲度遼將軍。种，音沖。暠，工老翻。龜遂乞骸骨歸田里，復徵爲尚書。復，扶又翻。冀暴虐日甚，龜上疏言其罪狀，請誅之，帝不省。省，悉景翻。龜自知必爲冀所害，不食七日而死。東都之臣以死攻外戚者，鄭弘、陳龜二人而已。种暠到營所，先宣恩信，誘降諸胡，其有不服，然後加討；羌虜先時有生見獲質於郡縣者，質，音致。悉遣還之；誠心懷撫，信賞分明，由是羌、胡皆來順服。暠乃去烽燧，除候望，去，羌呂翻。邊方晏然無警；入爲大司農。

二年（己亥、一五九）

1春，二月，鮮卑寇鴈門。

2 蜀郡夷寇蠶陵。賢曰：蠶陵縣屬蜀郡，故城在今翼州翼水縣西；有蠶陵山，因以名焉。宋白曰：翼州衞山縣，本漢蠶陵縣地，故城在縣西，有蠶陵山。

3 三月，復斷刺史、二千石行三年喪。永興二年，聽行三年喪。斷，丁管翻。

4 夏，京師大水。

5 六月，鮮卑寇遼東。

6 梁皇后恃姊、兄蔭勢，姊順烈皇后，兄大將軍冀也。蔭，庇也。今人謂憑藉世資得官者爲蔭官，蓋取木爲喻，言能蔭庇其本根也。恣極奢靡，兼倍前世，專寵妬忌，六宮莫得進見。及太后崩，恩寵頓衰。后既無嗣，每宮人孕育，鮮得全者。鮮，息淺翻。帝雖迫畏梁冀，不敢譴怒，然進御轉希。按周禮註：鄭衆云：六宮後五前一。王之妃百二十人：后一人，夫人三人，嬪九人，世婦二十七人，女御八十一人。鄭玄曰：六宮，謂后也。婦人稱寢曰宮，宮，隱蔽之言。后象王，立六宮而居之，亦正寢一，燕寢五，夫人以下，分居后之六宮。每宮九嬪一人，世婦三人，女御九人；其餘九嬪三人，世婦九人，女御二十七人，從后唯所燕息焉。從后者，五日而沐浴，其次又上，十五日而徧云。夫人如三公，從容論婦禮，此禮所謂「以時御敍于王所」者也。鄭玄又曰：凡羣妃御見之法，月與后妃其象也，卑者宜先，尊者宜後。女御八十一人當九夕，世婦二十七人當三夕，九嬪九人當一夕，三夫人當一夕，后當一夕，十五日而徧。自望後反之。按二鄭所云，漢之宮中，貫魚無序，專房之譏，蔽固後宮，寧復有此制乎！后益憂恚。恚，於避翻。秋，七月，丙午，皇后梁氏崩。乙丑，葬懿獻皇后於懿陵。賢曰：謚法：溫和聖善曰懿；聰明叡知曰獻。

梁冀一門，前後七侯，三皇后，冀祖雍封乘氏侯，冀封襄邑侯；及嗣乘氏侯，又封其子胤襄邑侯，弟不疑潁陽侯，蒙西平侯，不疑子馬潁陰侯，胤子桃城父侯，是七封侯也。恭懷、順烈、懿獻三皇后。六貴人，二大將軍，夫人、女食邑稱君者七人，尚公主者三人，其餘卿、將、尹、校五十七人。卿，九卿也。將，中郎將也。尹，河南、京兆尹也。校，諸校尉也。校，戶教翻。冀專擅威柄，凶恣日積，宮衛近侍，並樹所親，賢曰：樹，置也。禁省起居，纖微必知。其四方調發，調，徒弔翻。歲時貢獻，皆先輸上第於冀，賢曰：上第，第一也。乘輿乃其次焉。乘，繩證翻。吏民齎貨求官、請罪者，道路相望。請罪，謂請求以脫罪也。百官遷召，皆先到冀門牋檄謝恩，字書：牋，表也，識也，書也。左雄傳，文吏課牋奏。自後世言之，奏者達之天子，牋者用之中宮、東宮、將相大臣，檄者徵召傳令用之，非所以謝恩也。竊意自蔡倫造紙之後，用紙書者曰牋，用木書者曰檄，故言牋檄謝恩也。然後敢詣尚書。下邳吳樹爲宛令，宛，於元翻。之官辭冀，冀賓客布在縣界，以情託樹，樹曰：「小人姦蠹，比屋可誅。明將軍處上將之位，宜崇賢善以補朝闕。比，部必翻，又毗寐翻，連次也。補朝闕，謂補朝政之闕也。處，昌呂翻。朝，直遙翻。自侍坐以來，坐，徂臥翻。未聞稱一長者，而多託非人，誠非敢聞！」冀默然不悅。樹到縣，遂誅殺冀客爲人害者數十人。樹後爲荆州刺史，辭冀，冀鴆之，出，死車上。遼東太守侯猛初拜，不謁冀，冀託以他事腰斬之。郎中汝南袁著，年十九，詣闕上書曰：「夫四時之運，功成則退，蔡澤之言。高爵厚寵，鮮不致災。鮮，息淺翻。今大將軍位極功成，可爲至戒；宜遵縣車之禮，縣，讀曰懸。高枕頤神。傳曰：『木實繁者披枝害心。』范睢曰：木殖繁者披其枝，披其枝者傷其心。若不抑損盛權，將無以全其身矣！」冀聞而密遣掩捕，著乃變易姓名，託病僞死，結蒲爲人，市棺殯送；冀知其詐，求得，笞殺之。太原郝絜、胡武，好危言高論，好，呼到翻。與著友善，絜、武嘗連名奏記三府，薦海內高士，而不詣冀；冀追怒之，敕中都官移檄禽捕，司隸校尉領中都官徒千二百人，冀蓋敕都官從事使移檄禽捕也。遂誅武家，死者六十餘人。絜初逃亡，知不得免，因輿櫬奏書冀門，書入，仰藥而死，家乃得全。安帝嫡母耿貴人薨，冀從貴人從子林慮侯承求貴人珍玩，不能得，冀怒，并族其家十餘人。人從，才用翻。涿郡崔琦以文章爲冀所善，琦作外戚箴、白鵠賦以風；外戚箴曰：「赫赫外戚，華寵煌煌。昔在帝舜，德隆英、皇；周興三母，有莘崇湯；宣王晏起，姜后脫簪；齊桓好樂，衛姬不音。皆輔主以禮，扶君以仁，達才進善，以義濟身。爰暨末葉，漸已頹虧，貫魚不序，九御差池。晉國之難，禍起於麗。惟家之索，牝雞之晨，專權擅愛，顯己蔽人，陵長間舊，圮剝至親，並后匹嫡，淫女斃陳。匪賢是上，番爲司徒，荷爵負乘，采食名都，詩人是刺，德用不憮。暴辛惑婦，拒諫自孤，蝮蛇其心，縱毒不辜，諸父是殺，孕子是刳，天怒地忿，人謀鬼圖，甲子昧爽，身首分離。初爲天子，後爲人螭，非但耽色，母后尤然；不相率以禮，而競奬以權，先笑後號，卒以辱殘，家國泯絕，宗廟燒燔。末嬉喪夏，褒姒斃周，妲己亡殷，趙靈沙丘。戚姬人豕，呂宗以敗；陳后作巫，卒死於外；霍欲鴆子，身乃罹廢。故曰，無謂我貴，天將爾摧；無恃常好，色有歇微；無怙常幸，愛有陵遲；無曰我能，天人爾違。患生不德，福有慎機，日不常中，月盈有虧，履道者固，仗勢者危。微臣司戚，敢告在斯。」箴言外戚之禍深切，故具載之。憮，音呼。風，讀曰諷。冀怒。琦曰：「昔管仲相齊，樂聞譏諫之言；樂，音洛。蕭何佐漢，乃設書過之吏。今將軍屢世台輔，任齊伊、周，而德政未聞，黎元塗炭，不能結納貞良以救禍敗，反欲鉗塞士口，塞，悉則翻。杜蔽主聽，將使玄黃改色、鹿馬易形乎！」玄黃者，天地之色也，使之改色，言將使天地顛倒也。鹿馬易形，指趙高、秦二世之事。琦之論可謂深切矣。冀無以對，因遣琦歸。琦懼而亡匿，冀捕得，殺之。

冀秉政幾二十年，順帝永和六年，冀爲大將軍。至是歲凡十九年。幾，居希翻。威行內外，天子拱手，不得有所親與，與，讀曰豫。帝既不平之；及陳授死，帝愈怒。和熹皇后從兄子郎中鄧香妻宣，生女猛，從，才用翻。香卒，宣更適梁紀；紀，孫壽之舅也。壽以猛色美，引入掖庭，爲貴人，冀欲認猛爲其女，易猛姓爲梁。冀恐猛姊壻議郎邴尊沮敗宣意，賢曰：沮，壞也，恐尊害敗宣意，不從其改梁姓也。敗，補邁翻。遣客刺殺之。刺，七亦翻。又欲殺宣，宣家與中常侍袁赦相比，賢曰：相鄰比也。比，音毗至翻，又音毗。冀客登赦屋，欲入宣家，赦覺之，鳴鼓會衆以告宣。宣馳入白帝，帝大怒，因如廁，獨呼小黃門史唐衡，小黃門史，小黃門之掌書者也。問：「左右與外舍不相得者，誰乎？」左右，謂宦官也。賢曰：外舍，謂皇后家也。衡對：「中常侍單超、單，音善。小黃門史左悺與梁不疑有隙；悺，工喚翻，又音綰。中常侍徐璜、黃門令具瑗具，姓也；左傳有具丙。瑗，于眷翻。考異曰：宦者傳作「中常侍貝瑗」，今從梁冀傳。常私忿疾外舍放橫，橫，戶孟翻。口不敢道。」於是帝呼超、悺入室，謂曰：「梁將軍兄弟專朝，朝，直遙翻。迫脅內外，公卿以下，從其風旨，今欲誅之，於常侍意如何？」超等對曰：「誠國姦賊，當誅日久；臣等弱劣，未知聖意如何耳。」帝曰：「審然者，常侍密圖之。」對曰：「圖之不難，但恐陛下腹中狐疑。」帝曰：「姦臣脅國，當伏其罪，何疑乎！」於是召璜、瑗五人共定其議，帝齧超臂出血爲盟。齧，倪結翻，噬也。超等曰：「陛下今計已決，勿復更言，復，扶又翻。恐爲人所疑。」

冀心疑超等，八月，丁丑，使中黃門張惲入省宿，以防其變。使惲入禁中直宿，以防超等；而無上旨，徑使惲入，自恃威行宫省，故敢然。惲，於粉翻。具瑗敕吏收惲，以「輒從外入，欲圖不軌。」言欲謀逆，不由軌道也。帝御前殿，召諸尚書入，發其事，使尚書令尹勳持節勒丞、郎以下皆操兵守省閤，丞、郎，尚書左、右丞及尚書郎也。操，七刀翻。斂諸符節送省中，使具瑗將左右廐騶、賢曰：騶，騎士也。余按續漢志：太僕舊有六廐，中興省約，但置一廐，曰未央廐，主乘輿及廐中諸馬。後又置左駿令廐，别主乘輿御馬。未央廐卒騶二十人，右駿廐從可知也。虎賁、羽林、都候劍戟士續漢志：左右都候各一人，秩六百石，主劍戟士，徼循宫中及天子有所收考，屬衞尉。合千餘人，與司隸校尉張彪共圍冀第，使光祿勳袁盱持節收冀大將軍印綬，盱，音吁。徙封比景都鄉侯。冀及妻壽卽日皆自殺；不疑、蒙先卒。悉收梁氏、孫氏中外宗親送詔獄，無少長皆棄市；少，詩照翻。長，知兩翻。他所連及公卿、列校、刺史、二千石，死者數十人。校，戶教翻。太尉胡廣、司徒韓縯、司空孫朗皆坐阿附梁冀，不衞宫，止長壽亭，減死一等，免爲庶人。故吏、賓客免黜者三百餘人，朝廷爲空。

爲，于僞翻。是時，事猝從中發，使者交馳，公卿失其度，官府市里鼎沸，數日乃定；百姓莫不稱慶。收冀財貨，縣官斥賣，合三十餘萬萬，以充王府用，減天下稅租之半，散其苑囿，以業窮民。

7 壬午，立梁貴人爲皇后，追廢懿陵爲貴人冢。帝惡梁氏，惡，烏路翻。改皇后姓爲薄氏，以文帝薄太后家謹良也。久之，知爲鄧香女，乃復姓鄧氏。

8 詔賞誅梁冀之功，封單超、徐璜、具瑗、左悺、唐衡皆爲縣侯，超食二萬戶，璜等各萬餘戶，世謂之五侯。單超新豐侯，徐璜武原侯，具瑗東武陽侯，左悺上蔡侯，唐衡汝陽侯也。仍以悺、衡爲中常侍。又封尚書令尹勳等七人皆爲亭侯。賢曰：尹勳宜陽都鄉，霍諝鄴都亭，張敬山陽曲鄉，歐陽參脩武仁亭，李瑋宜陽金門，虞放冤句呂都亭，周永下邳高遷鄉。

9 以大司農黃瓊爲太尉，光祿大夫中山祝恬爲司徒，大鴻臚梁國盛允爲司空。臚，陵如翻。按西羌傳有北海太守盛苞，其先姓奭，避元帝諱，改姓盛。按戰國時，秦有盛橋，則先自有盛姓。

是時，新誅梁冀，天下想望異政，黃瓊首居公位，乃舉奏州郡素行暴汙，至死徙者十餘人，行，下孟翻。海內翕然稱之。

瓊辟汝南范滂。滂少厲清節，爲州里所服。滂，普郎翻。少，詩照翻。嘗爲清詔使，風俗通曰：汝南周勃，辟太尉清詔使。范史，第五種以司徒清詔使冀州。賢註云：蓋三公府有清詔員以承詔使也。使，疏吏翻。案察冀州，滂傳曰：時冀州饑荒，盜賊羣起，以滂爲淸詔使案察之。滂登車攬轡，慨然有澄淸天下之志。守令臧汙者，皆望風解印綬去；其所舉奏，莫不厭塞衆議。塞，悉則翻。會詔三戶【章：乙十六行本「戶」作「府」；乙十一行本同；孔本同；熊校同。】掾屬舉謠言，漢官儀曰：三公聽採長吏臧否，民所疾苦，還條奏之，是爲舉謠言也。頃者舉謠言，掾、屬、令史都會殿上，主者大言州郡行狀云何，善者同聲稱之，不善者默爾銜枚。滂奏刺史、二千石權豪之黨二十餘人。尚書責滂所劾猥多，劾，戶槪翻，又戶得翻。疑有私故；滂對曰：「臣之所舉，自非叨穢姦暴，深爲民害，豈以汙簡札哉！汙，烏故翻。間以會日迫促，會日，謂三府掾、屬會于朝堂之日也。故先舉所急，其未審者，方更參實。參考以究其實也。臣聞農夫去草，去，羌呂翻。嘉穀必茂；忠臣除姦，王道以淸。若臣言有貳，甘受顯戮！」尚書不能詰。詰，去吉翻。

10 尚書令陳蕃上疏薦五處士，處，昌呂翻。豫章徐穉、彭城姜肱、姓譜：本自炎帝，居於姜水，因以爲氏。汝南袁閎、京兆韋著、潁川李曇；曇，徒含翻。考異曰：范書徐穉傳云：「延熹二年，尚書令陳蕃、僕射胡廣等上書薦穉。」袁紀：「五年，尚書令陳蕃薦五處士。」按二年，胡廣已爲太尉，五年，蕃已爲光祿勳。今置在二年，從范書；去廣名，從袁紀。帝悉以安車、玄纁備禮徵之，皆不至。

穉家貧，常自耕稼，非其力不食，恭儉義讓，所居服其德；屢辟公府，不起。陳蕃爲豫章太守，以禮請署功曹；穉不之免，不辭免也。旣謁而退。蕃性方峻，不接賓客，唯穉來，特設一榻，去則縣之。榻，坐榻也，亦謂之牀。縣，讀曰懸。後舉有道，有道舉，見五十卷安帝建光元年。家拜太原太守，賢曰：就家而拜之也。皆不就。穉雖不應諸公之辟，然聞其死喪，輒負笈赴弔。笈，極曄翻。常於家豫炙雞一隻，以一兩綿絮漬酒中暴乾，暴，步木翻，日曬也。乾，音干。以裹雞，徑到所赴冢隧外，以水漬綿，使有酒氣，斗米飯，白茅爲藉，以雞置前，醊酒畢，醊，株衛翻，酹酒也。留謁則去，謁，猶刺也。不見喪主。

肱與二弟仲海、季江俱以孝友著聞，聞，音問。常同被而寢，不應徵聘。肱嘗與弟季江俱詣郡，夜於道爲盜所劫，欲殺之，肱曰：「弟年幼，父母所憐，又未聘娶，願殺身濟弟。」季江曰：「兄年德在前，家之珍寶，國之英俊，乞自受戮，以代兄命。」盜遂兩釋焉，但掠奪衣資而已。既至，郡中見肱無衣服，怪問其故，肱託以他辭，終不言盜。盜聞而感悔，就精廬求見徵君，賢曰：精廬，即精舍也。以其嘗蒙徵聘，故稱爲徵君。叩頭謝罪，還所略物。肱不受，勞以酒食而遣之。勞，力到翻。帝既徵肱不至，乃下彭城，下，遐稼翻。使畫工圖其形狀。肱臥於幽闇，以被韜面，賢曰：韜，藏也。言患眩疾，不欲出風，工竟不得見之。

閎，安之玄孫也，袁安歷事明、章、和，以忠篤稱。苦身脩節，不應辟召。

著隱居講授，不脩世務。

曇繼母苦【章：乙十六行本「苦」作「酷」；乙十一行本同；孔本同；退齋校同。】烈，曇奉之逾謹，得四時珍玩，未嘗不先拜而後進，鄉里以爲法。

帝又徵安陽魏桓，安陽縣，屬汝南郡。其鄉人勸之行，桓曰：「夫干祿求進，所以行其志也。今後宮千數，其可損乎？廄馬萬匹，其可減乎？左右權豪，其可去乎？」去，羌呂翻。皆對曰：「不可。」桓乃慨然歎曰：「使桓生行死歸，於諸子何有哉！」賢曰：若忤時強諫，死而後歸，於諸勸行者復何益也。遂隱身不出。

11 帝既誅梁冀，故舊恩私，多受封爵：追贈皇后父鄧香爲車騎將軍，封安陽侯；更封后母宣爲昆陽君，兄子康、秉皆爲列侯，宗族皆列校、郎將，列校，謂北軍五校尉。郎將，卽三署中郎將。校，戶教翻。賞賜以巨萬計。中常侍侯覽上縑五千匹，上，時掌翻；下同。帝賜爵關內侯，又託以與議誅冀，與，讀曰豫。進封高鄉侯；又封小黃門劉普、趙忠等八人爲鄉侯，自是權勢專歸宦官矣；五侯尤貪縱，傾動內外。時災異數見，數，所角翻。見，賢遍翻。白馬令甘陵李雲露布上書，移副三府，白馬縣，屬東郡。賢曰：露布，謂不封之也，幷以副本上三公府也。曰：「梁冀雖恃【章：乙十六行本「恃」作「持」；乙十一行本同。】權專擅，虐流天下，今以罪行誅，猶召家臣搤殺之耳，家臣，謂猶古之家相也。搤，乙革翻。而猥封謀臣萬戶以上，謂單超等五侯也。高祖聞之，得無見非！謂高祖之約，非有功不侯。西北列將，得無解體！賢曰：列將，謂皇甫規、段熲等。孔子曰：『帝者，諦也。』春秋運斗樞曰：五帝脩名立功，脩德成化，統調陰陽，招類使神，故稱帝。帝之爲言諦也。鄭玄註云：審諦於物色也。今官位錯亂，小人諂進，財貨公行，政化日損；尺一拜用，賢曰：尺一之板，謂詔策也，見漢官儀。又曰：尺一，謂板長尺一，以寫詔書也。不經御省，御，進也。省，悉井翻，猶今言省審也。是帝欲不諦乎！」帝得奏震怒，下有司逮雲，下，遐稼翻；下同。詔尚書都護劍戟送黃門北寺獄，都，總也。護，監也。詔尚書總監左右都候劍戟士，防送雲詣獄也。或曰：「都護」當作「都候」。賢曰：前書音義曰：北寺獄，即若盧獄。使中常侍管霸與御史、廷尉雜考之。時弘農五官掾杜衆傷雲以忠諫獲罪，續漢志：郡有五官掾，署功曹及諸曹事。上書「願與雲同日死」，帝愈怒，遂并下廷尉。大鴻臚陳蕃上疏曰：「李雲所言，雖不識禁忌，干上逆旨，其意歸於忠國而已。昔高祖忍周昌不諱之諫，謂周昌比高祖於桀、紂也。成帝赦朱雲腰領之誅，事見三十二卷成帝元延元年。今日殺雲，臣恐剖心之譏，復議於世矣！」謂暴如商受，剖賢人之心也。復，扶又翻；下同。太常楊秉、雒陽市長沐茂、漢官曰：雒陽市長秩四百石，屬大司農。沐，音木。集韻曰：姓也。風俗通，漢有東平太守沐寵。郎中上官資並上疏請雲。帝恚甚，恚，於避翻。有司奏以爲大不敬；蓋三公及尚書奏也。詔切責蕃、秉，免歸田里，茂、資貶秩二等。時帝在濯龍池，濯龍池，在濯龍園中，近北宮。管霸奏雲等事，霸跪言曰：「李雲草澤愚儒，杜衆郡中小吏，出於狂戇，不足加罪。」戇，陟降翻。帝謂霸曰：「『帝欲不諦』，是何等語，而常侍欲原之邪！」顧使小黃門可其奏，雲、衆皆死獄中，霸跪奏若爲雲等言，而獄辭則致之死也。於是嬖寵益橫。太尉瓊自度力不能制，橫，戶孟翻。度，徒洛翻。乃稱疾不起，上疏曰：「陛下卽位以來，未有勝政，言政事未有以勝於前朝也。諸梁秉權，豎宦充朝，朝，直遙翻。李固、杜喬旣以忠言橫見殘滅，而李雲、杜衆復以直道繼踵受誅，橫，戶孟翻。復，扶又翻。海內傷懼，益以怨結，朝野之人，以忠爲諱。尙書周永，素事梁冀，假其威勢，見冀將衰，乃陽毁示忠，陽毁梁氏以示忠於帝室。遂因姦計，亦取封侯。周永與尹勳同封侯，註見上。又，黃門挾邪，羣輩相黨，自冀興盛，腹背相親，朝夕圖謀，共構姦軌；臨冀當誅，無可設巧，復託其惡以要爵賞。要，一遙翻。陛下不加淸徵，范書黃瓊傳「徵」作「澂」。澂，與澄同。譬之水也，若淸澂則塵翳在上，滓濁在下，不可得而混矣。審別眞僞，別，彼列翻。復與忠臣並時顯封，【章：乙十六行本「封」下有「使朱紫共色」五字；乙十一行本同；孔本同；張校同；退齋校同。】粉墨雜糅，糅，汝救翻。所謂抵金玉於砂礫，賢曰：抵，投也，音紙。碎珪璧於泥塗，四方聞之，莫不憤歎。臣世荷國恩，瓊父香爲尙書令，甚爲和帝所親重。荷，下可翻。身輕位重，敢以垂絕之日，陳不諱之言。」書奏，不納。

12 冬，十月，壬申，上行幸長安。

13 中常侍單超疾病；壬寅，以超爲車騎將軍。孫程之死，追贈車騎將軍，今及超之生存授之。

14 十二月，己巳，上還自長安。

15 燒當、燒何、當煎、勒姐等八種羌寇隴西金城塞，姐，音紫，又音且也翻。種，章勇翻。護羌校尉段熲擊破之，追至羅亭，賢曰：東觀記曰：追到積石山。卽與羅亭相近，在今鄯州。斬其酋豪以下二千級，獲生口萬餘人。酉，慈由翻。

16 詔復以陳蕃爲光祿勳，楊秉爲河南尹。單超兄子匡爲濟陰太守，濟，子禮翻。負勢貪放。兗州刺史第五種使從事衞羽案之，百官志：十二州刺史皆有從事史，員職略與司隸同，無都官從事；其功曹從事爲治中從事；其部郡國從事，每郡國各一人，主督促文書，察舉非法：皆州自辟除，通爲百石。得臧五六千萬，種卽奏匡，并以劾超。匡窘迫，賂客任方刺羽。劾，戶概翻，又戶得翻。羽覺其姦，捕方，囚繫雒陽。匡慮楊秉窮竟其事，密令方等突獄亡走。尚書召秉詰責，秉對曰：「方等無狀，釁由單匡，乞檻車徵匡，考覈其事，則姦慝蹤緒，必可立得。」秉竟坐論作左校。校，戶教翻。時泰山賊叔孫無忌寇暴徐、兗，州郡不能討，單超以是陷第五種，坐徙朔方；考異曰：楊秉傳作「超弟」，宦者傳作「弟子」，今從第五種傳。范書，李雲死在延熹三年春，袁紀在二年秋。按楊秉傳：「三年，坐救雲免歸田里，其年冬，復徵拜河南尹，坐單匡使客任方刺衞羽，繫獄亡走，論作左校。」第五種傳：「匡遣客刺羽，超積忿，以事陷種。」若如范書，則雲死時單超已卒，何得更能陷種！又雲書所論者立鄧后與封五侯事，皆在二年；袁紀似近之。種傳又云：「衞羽爲種說叔孫無忌，無忌率其黨與三十餘人降。」按帝紀：「延熹三年十一月，無忌攻殺都尉侯章。」又臧旻訟種書，稱「種所坐盜賊公負，筋力未就。」然則種必不能降無忌，此說妄也。超外孫董援爲朔方太守，稸怒以待之。稸，與蓄同。種故吏孫斌知種必死，斌，與彬同。結客追種，及於太原，劫之以歸，亡命數年，會赦得免。種，倫之曾孫也。第五倫歷事光、明。

是時，封賞踰制，內寵猥盛。陳蕃上疏曰：「夫諸侯上象四七，賢曰：上象四七，謂二十八宿，各主諸侯之分野。藩屏上國；屏，必郢翻。高祖之約，非功臣不侯。而聞追錄河南尹鄧萬世父遵之微功，帝以鄧后故，錄遵破羌之功，紹封萬世爲南鄉侯。更爵尚書令黃儁先人之紹【章：乙十六行本「紹」作「絕」；乙十一行本同；孔本同；退齋校同。】封，近習以非義授邑，左右以無功傳賞，至乃一門之內，侯者數人，故緯象失度，陰陽謬序。緯，于貴翻。臣知封事已行，封事，謂封爵之事也。言之無及，誠欲陛下從是而止。又，采女數千，皇后紀曰：光武中興，六宮稱號，唯皇后、貴人。貴人金印紫綬，奉不過粟數十斛。又置美人、宮人、采女三等，並無爵，歲時賞賜充給。今采女數千，女寵盛矣。食肉衣綺，脂油粉黛，不可貲計。賢曰：貲，量也。衣，於既翻。鄙諺言『盜不過五女門』，以女貧家也；今後宮之女，豈不貧國乎！」帝頗采其言，爲出宮女五百餘人，爲，于僞翻。但賜儁爵關內侯，而封萬世南鄉侯。

帝從容問侍中陳留爰延：「朕何如主也？」從，千容翻。對曰：「陛下爲漢中主。」中主，爲中材之主，言可以上可以下，顧輔佐者何如耳。帝曰：「何以言之？」對曰：「尚書令陳蕃任事則治，中常侍黃門與政則亂；與，讀曰豫。是以【章：乙十六行本「以」下有「知」字；乙十一行本同；孔本同。】陛下可與爲善，可與爲非。」前書曰：齊桓公，管仲相之則霸，豎刁輔之則亂。可與爲善，可與爲惡，是謂中人。帝曰：「昔朱雲廷折欄檻，折，而設翻。今侍中面稱朕違，敬聞闕矣。」拜五官中郎將，累遷大鴻臚。臚，陵如翻。會客星經帝坐，帝坐一星，在太微宮中。坐，徂臥翻。帝密以問延，延上封事曰：「陛下以河南尹鄧萬世有龍潛之舊，封爲通侯，恩重公卿，惠豐宗室；加頃引見，與之對博，博塞之戲也。上下媟黷，有虧尊嚴。媟，私列翻。臣聞之，帝左右者，所以咨政德也。善人同處，則日聞嘉訓；處，昌呂翻。惡人從游，則日生邪情。惟陛下遠讒諛之人，遠，于願翻。納謇謇之士，則災變可除。」帝不能用。延稱病，免歸。

三年（庚子、一六〇）

1 春，正月，丙申，赦天下，詔求李固後嗣。初，固既策罷，事見上卷質帝本初元年。知不免禍，乃遣三子基、茲、燮皆歸鄉里。時燮年十三，姊文姬爲同郡趙伯英妻，見二兄歸，具知事本，事本，謂事之所由生也。默然獨悲曰：「李氏滅矣！自太公已來，賢曰：太公，謂祖父郃也。積德累仁，何以遇此！」密與二兄謀，豫藏匿燮，先事而圖之曰豫。託言還京師，人咸信之。有頃，難作，難，乃旦翻。州郡收基、茲，皆死獄中。文姬乃告父門生王成曰：「君執義先公，有古人之節；今委君以六尺之孤，賢曰：六尺，謂年十五以下。李氏存滅，其在君矣！」成乃將燮乘江東下，入徐州界，變姓名爲酒家傭，而成賣卜於市，各爲異人，陰相往來。積十餘年，梁冀既誅，燮乃以本末告酒家，酒家具車重厚遣之，重，直用翻；下重至同。燮皆不受。遂還鄉里，追行喪服，姊弟相見，悲感傍人。姊戒燮曰：「吾家血食將絕，弟幸而得濟，豈非天邪！

宜杜絕衆人，勿妄往來，愼無一言加於梁氏！加梁氏則連主上，禍重至矣，唯引咎而已。」婦人之識，丈夫有所不及焉。燮謹從其誨。後王成卒，燮以禮葬之，每四節爲設上賓之位而祠焉。四節之祠，謂四時之祭也。爲，于僞翻。

2 丙午，新豐侯單超卒，賜東園祕器，棺中玉具；玉具，卽玉匣也。及葬，發五營騎士、將作大匠起冢塋。其後四侯轉橫，橫，戶孟翻。天下爲之語曰：「左回天，具獨坐，回天，言權力能回天也。賢曰：獨坐，言驕貴無偶也。徐臥虎，唐雨墮。」臥虎，言無人敢攖之也。雨之所墮，無不沾濕，言其流毒徧於天下也。考異曰：太子賢註范書，「雨墮」作「兩墮」，云「隨意所爲不定」也。諸本「兩」或作「雨」。按雨墮者，謂其性急暴如雨之墮，無有常處也。皆競起第宅，以華侈相尚，其僕從皆乘牛車而從列騎，僕從，才用翻。兄弟姻戚，宰州臨郡，辜較百姓，與盜無異，較，與榷同，音角。虐徧天下；民不堪命，故多爲盜賊焉。

中常侍侯覽，小黃門段珪，皆有田業近濟北界，近，其靳翻。濟，子禮翻。僕從賓客，劫掠行旅。濟北相滕延，一切收捕，殺數十人，陳尸路衢。覽、珪以事訴帝，延坐徵詣廷尉，免。

左悺兄勝爲河東太守，皮氏長京兆趙岐恥之，皮氏縣，屬河東郡。賢曰：故城在今絳州龍門縣西。長，知兩翻。卽日棄官西歸。唐衡兄玹爲京兆尹，玹，音玄。素與岐有隙，收岐家屬宗親，陷以重法，盡殺之。岐逃難四方，難，乃旦翻。靡所不歷，自匿姓名，賣餅北海市中；安丘孫嵩見而異之，安丘縣，屬北海郡。載與俱歸，藏於複壁中。及諸唐死，遇赦，乃敢出。今孟子古註，岐所註也，其發題辭亦敍逃難之事。

3 閏月，西羌餘衆復與燒何大豪寇張掖，復，扶又翻。晨，薄校尉段熲軍。熲下馬大戰，至日中，刀折矢盡，折，而設翻。虜亦引退。熲追之，且鬭且行，晝夜相攻，割肉食雪，四十餘日，遂至積石山，郡國志：積石山，在隴西郡河關縣西南。賢曰：積石山，在今鄯州龍支縣南。禹貢云：導河積石，卽此是也。出塞二千餘里，斬燒何大帥，降其餘衆而還。帥，師類翻。降，戶江翻；下同。

4 夏，五月，甲戌，漢中山崩。

5 六月，辛丑，司徒祝恬薨。

6 秋，七月，以司空盛允爲司徒，太常虞放爲司空。

7 長沙蠻反，屯益陽，【張：「陽」下脫「與」字。】零陵蠻寇長沙。

8 九眞餘賊屯據日南，衆轉強盛；詔復拜桂陽太守夏方爲交阯刺史。復，扶又翻。夏，戶雅翻。方威惠素著，冬十一月，日南賊二萬餘人相率詣方降。

9 勒姐、零吾種羌圍允街；姐，音紫，又且也翻。零，音憐。種，章勇翻。允，音鉛。段熲擊破之。

10 泰山賊叔孫無忌攻殺都尉侯章；遣中郎將宗資討破之。詔徵皇甫規，拜泰山太守。規到官，廣設方略，寇虜悉平。

四年（辛丑、一六一）

1 春，正月，辛酉，南宮嘉德殿火；戊子，丙署火。百官志：丙署長七人，秩四百石，黄綬，宦者爲之。主中宮別處。

2 大疫。

3 二月，壬辰，武庫火。

4 司徒盛允免，以大司農种暠爲司徒。考異曰：袁紀在去年。按祝恬薨後有盛允，允免，暠爲司徒，相去半年，袁紀誤也。今從范書。

5 三月，太尉黄瓊免；夏，四月，以太常沛國劉矩爲太尉。

初，矩爲雍丘令，雍丘，屬陳留郡，故杞國也。以禮讓化民；有訟者，常引之於前，提耳訓告，以爲忿恚可忍，恚，於避翻。縣官不可入，使歸更思。訟者感之，輒各罷去。

6 甲寅，封河間孝王子參戶亭侯博爲任城王，奉孝王後。賢曰：杜預註左傳曰：今丹水縣北有三戶亭，故城在今鄧州内鄉縣西南。元嘉元年，任城王崇薨，無子，國絶，今以博紹封。河間孝王，開也。任城孝王，尚也。

7 五月，辛酉，有星孛于心。晉書天文志：心三星：中星曰明堂，天子位；前星爲太子；後星爲庶子。孛，蒲内翻。

8 丁卯，原陵長壽門火。原陵，光武陵。

9 己卯，京師雨雹。雨，于具翻。

10 六月，京兆、扶風及涼州地震。

11 庚子，岱山及博尤來山並穨裂。岱山在博縣西北。賢曰：徂來山，一名尤來山。博，今博城縣。余據二山並在博縣界，而先書岱山；以尤來山繫之博者，岱宗人皆知之，而尤來山則容有不知其在博縣界者，故書法如此。

12 己酉，赦天下。

13 司空虞放免，以前太尉黃瓊爲司空。

14 犍爲屬國夷寇鈔百姓。永初元年，以犍爲南部都尉爲犍爲屬國都尉，領朱提、漢陽二縣。犍，居言翻。益州刺史山昱擊破之。姓譜：山，古烈山氏之後，一曰：周有山師，掌山林，後以官爲氏。

15 零吾羌與先零諸種反，寇三輔。種，章勇翻。

16 秋，七月，京師雩。公羊傳曰：雩，旱祭也。

17 減公卿已下奉，貣王侯半租，孔穎達曰：「已」與「以」字本同。洪氏隸釋曰：濟陰太守孟郁修堯廟碑，其文有曰「非所以表神聖」，曰「以一太牢春秋秩祠」，曰「是以好道之徒自遠方集」，其字皆作「以」。曰「已章聖德」，曰「敦我已德，厲我已仁」，字皆作「已」。已、以義同，而字構異體，足以知自漢至唐，已、以二字通用矣。奉，扶用翻。貣，吐得翻，假借也。占賣關內侯、占，之贍翻。虎賁、羽林緹騎、營士、五大夫錢各有差。緹，他弟翻，又音啼。

18 九月，司空黃瓊免，以大鴻臚東萊劉寵爲司空。寵嘗爲會稽太守，會，工外翻。守，式又翻。簡除煩苛，禁察非法，郡中大治；治，直吏翻。徵爲將作大匠。山陰縣有五六老叟，自若邪山谷間出，賢曰：若邪，在今越州會稽縣東南。邪，讀曰耶。人齎百錢以送寵曰：「山谷鄙生，未嘗識郡朝，朝，直遙翻。郡聽事曰郡朝，公府聽事曰府朝。他守時，吏發求民間，至夜不絕，或狗吠竟夕，民不得安。自明府下車以來，狗不夜吠，民不見吏；年老遭值聖明，今聞當見棄去，故自扶奉送。」寵曰：「吾政何能及公言邪！勤苦父老！」爲人選一大錢受之。今越州城西四十五里錢清鎭，卽父老送寵處。爲，于僞翻。

19 冬，先零、沈氏羌與諸種羌寇并、涼二州，種，章勇翻；下同。校尉段熲將湟中義從討之。湟中有義從胡，卽小月氏胡也。從，才用翻。涼州刺史郭閎貪共其功，稽固熲軍，賢曰：稽固，猶停留也。使不得進；義從役久戀鄉舊，皆悉叛歸。郭閎歸罪於熲，熲坐徵下獄，輸作左校，下，遐稼翻。以濟南相胡閎代爲校尉。胡閎無威略，羌遂陸梁，覆沒營塢，賢曰：說文曰：塢，小障也，一曰：庳城也；音烏古翻。轉相招結，唐突諸郡，寇患轉盛。泰山太守皇甫規上疏曰：「今猾賊就滅，泰山略平，復聞羣羌並皆反逆。復，扶又翻。臣生長邠岐，年五十有九，長，知兩翻。邠，悲巾翻。昔爲郡吏，再更叛羌，豫籌其事，有誤中之言。謂知馬賢必敗也，事見五十二卷順帝永和五年。更，工衡翻。中，竹仲翻。臣素有痼疾，恐犬馬齒窮，不報大恩，願乞宂官，宂，而隴翻。備單車一介之使，勞來三輔，使，疏吏翻。勞，力到翻。來，力代翻。宣國威澤，以所習地形兵勢佐助諸軍。臣窮居孤危之中，坐觀郡將已數十年，自鳥鼠至于東岱，其病一也。賢曰：郡將，郡守也。鳥鼠，山名，在今渭州西，卽先零羌寇鈔處也。東岱爲泰山，叔孫無忌反處也。皆由郡守不加綏撫，致使反叛，其病一也。爾雅翼：鳥鼠同穴之中，渭水出焉；其鳥爲鵌，其鼠爲鼵。鼵如人家鼠而短尾，鵌似鵽而小，黄黑色，入地三四尺，鼠在內，鳥在外。在隴西首陽縣。沙州記云：寒嶺去太陽川三十里，有鳥鼠同穴之山。將，卽亮翻。力求猛敵，不如清平；勤明孫、吳，未若奉法。賢曰：言若求猛敵，不如撫以清平之政；明習兵書，不如郡守奉法，使之無反也。前變未遠，臣誠戚之，賢曰：戚，憂也。前變，謂羌反。是以越職盡其區區。」詔以規爲中郎將，持節監關西兵討零吾等。監，古銜翻。十一月，規擊羌，破之，斬首八百級。先零諸種羌慕規威信，相勸降者十餘萬。降，戶江翻；下同。

五年（壬寅、一六二）

1春，正月，壬午，南宮丙署火。

2三月，沈氐羌寇張掖、酒泉。皇甫規發先零諸種羌，共討隴右，零，音憐。而道路隔絕，軍中大疫，死者十三四。規親入庵廬，庵，草屋。廬，寄舍也。毛晃曰：結草木曰庵，在野曰廬。巡視將士，三軍感悅。東羌遂遣使乞降，涼州復通。復，扶又翻；下同。

先是安定太守孫儁受取狼藉，屬國都尉李翕、督軍御史張稟多殺降羌，李翕，蓋安定屬國都尉，然志無安定屬國。以御史督軍，故曰督軍御史。先，悉薦翻。爾雅翼：狼，貪猛之獸；聚物而不整，故稱狼藉。涼州刺史郭閎、漢陽太守趙熹並老弱不任職，任，音壬。而皆倚恃權貴，不遵法度。規到，悉條奏其罪，或免或誅；羌人聞之，翕然反善，沈氏大豪滇昌、飢恬等十餘萬口復詣規降。滇，音顛。復，扶又翻。

3 夏，四月，長沙賊起，寇桂陽、蒼梧。

4 乙丑，恭陵東闕火。恭陵，安帝陵。戊辰，虎賁掖門火。賁，音奔。五月，康陵園寢火。康陵，殤帝陵。

5 長沙、零陵賊入桂陽、蒼梧、南海，交趾刺史及蒼梧太守望風逃奔，遣御史中丞盛脩督州郡募兵討之，不能克。

6 乙亥，京師地震。

7 甲申，中藏府丞祿署火。百官志：中藏府，掌中幣帛金銀諸貨物。秋七月，己未，南宮承善闥火。

8 鳥吾羌寇漢陽、隴西、金城諸郡兵討破之。

9 艾縣賊攻長沙郡縣，艾縣，屬豫章郡。賢曰：故城在今洪州建昌縣。按今洪州分寧，本漢艾縣。又按宋白續通典：分寧縣本武寧縣，武寧縣本漢西安縣。西安縣，後漢建安中分海昏縣立；而建昌縣乃永元中分海昏立，在建安之前。當是時，艾縣故在，宋元嘉二年，廢海昏移建昌居焉。艾故城在建昌界，賢註是也。殺益陽令，衆至萬餘人；謁者馬睦督荆州刺史劉度擊之，軍敗，睦、度奔走。零陵蠻亦反。冬十月，武陵蠻反，寇江陵，南郡太守李肅奔走，主簿胡爽扣馬首諫曰：「蠻夷見郡無儆備，故敢乘間而進。間，古莧翻。明府爲國大臣，連城千里，舉旗鳴鼓，應聲十萬，柰何委符守之重，而爲逋逃之人乎！」肅拔刃向爽曰：「掾促去！掾，俞絹翻。太守今急，何暇此計！」爽抱馬固諫，肅遂殺爽而走。帝聞之，徵肅，棄市；度、睦減死一等；復爽門閭，復，方目翻。除其賦役也。拜家一人爲郎。

尚書朱穆舉右校令山陽度尚爲荆州刺史。右校令，掌右工徒，秩六百石，屬將作大匠。趙明誠金石錄有荆州刺史度尚碑云：其先出自顓頊，與楚同姓，熊缺之後。又曰：統國法度。按元和姓纂：古掌度之官，因以命氏，不言其與楚同姓也。辛丑，以太常馮緄爲車騎將軍，將兵十餘萬討武陵蠻。緄，古本翻。考異曰：帝紀：「三年十二月，武陵蠻寇江陵，車騎將軍馮緄討，皆降散。荆州刺史度尚討長沙蠻，平之。」此事當在今年三月，重出，誤也。先是，所遣將帥，宦官多陷以折耗軍資，往往抵罪，先，悉薦翻。折，而設翻。緄願請中常侍一人監軍財費。尚書朱穆奏「緄以財自嫌，失大臣之節；」有詔勿劾。監，古銜翻。劾，戶概翻，又戶得翻。緄請前武陵太守應奉與俱，拜從事中郎。將軍出征，從事中郎職參謀議。十一月，緄軍至長沙，賊聞之，悉詣營乞降。進擊武陵蠻夷，斬首四千餘級，受降十餘萬人，荊州平定。降，戶江翻。詔書賜錢一億，固讓不受，振旅還京師，推功於應奉，薦以爲司隸校尉；而上書乞骸骨，朝廷不許。

10 滇那羌寇武威、張掖、酒泉。滇，音顛。

11 太尉劉矩免，以太常楊秉爲太尉。

12 皇甫規持節爲將，還督鄉里，既無他私惠，而多所舉奏，又惡絶宦官，不與交通。惡，烏路翻。於是中外並怨，遂共誣規貨賂羣羌，令其文降，賢曰：謂以文簿虛降，非眞心也。降，戶江翻。帝璽書誚讓相屬。屬，之欲翻。

規上書自訟曰：「四年之秋，戎醜蠢戾，賢曰：蠢，動也。戾，乖也。舊都懼駭，舊都，謂長安。朝廷西顧。臣振國威靈，羌戎稽首，稽，音啓。所省之費一億以上。以爲忠臣之義不敢告勞，詩小雅曰：密勿從事，不敢告勞，無罪無辜，讒口囂囂。故恥以片言自及微效，然比方先事，賢曰：先事，謂前輩敗將也。庶免罪悔。前踐州界，先奏孫雋、李翕、張稟；旋師南征，又上郭閎、趙熹，陳其過惡，執據大辟。上，時掌翻。辟，毗亦翻。凡此五臣，支黨半國，其餘墨綬下至小吏，所連及者復有百餘。吏託報將之怨，郡守謂之郡將。復，扶又翻。將，卽亮翻。子思復父之恥，載贄馳車，懷糧步走，交構豪門，競流謗讟，云臣私報諸羌，讎以錢貨。讎，是周翻，償也。若臣以私財，則家無擔石；擔，都濫翻。如物出於官，則文簿易考。易，以豉翻。就臣愚惑，信如言者，前世尚遺匈奴以宮姬，謂元帝以王昭君賜呼韓邪單于也。遺，于季翻。鎮烏孫以公主；謂武帝以江都王建女細君妻烏孫王昆莫也。今臣但費千萬以懷叛羌，則良臣之才略，兵家之所貴，將有何罪負義違理乎！自永初以來，將出不少，將出，卽亮翻。少，詩沼翻。覆軍有五，謂鄧騭敗於冀西，任尚敗於平襄，司馬鈞敗於丁奚城，馬賢敗於射姑山，趙沖敗於鸇陰河。動資巨億，有旋車完封，賢曰：言覆軍之將，旋師之日，多載珍寶，封印完全，便入權門。余謂此言以朝廷供軍之金幣，不發封識而輸之權門也。寫之權門，而名成功立，厚加爵封。今臣還本土，糾舉諸郡，絕交離親，戮辱舊故，衆謗陰害，固其宜也！」

帝乃徵規還，拜議郎，論功當封；而中常侍徐璜、左悺欲從求貨，數遣賓客就問功狀，數，所角翻。規終不答。璜等忿怒，陷以前事，前事，卽誣毀之事也。下之於吏。官屬欲賦斂請謝，下，遐稼翻。斂，力贍翻。規誓而不聽，遂以餘寇不絕，坐繫廷尉，論輸左校。校，戶教翻。諸公及太學生張鳳等三百餘人詣闕訟之，會赦，歸家。

六年（癸卯、一六三）

1 春，二月，戊午，司徒种暠薨。

2 三月，戊戌，赦天下。

3 以衛尉潁川許栩爲司徒。

4 夏，四月，辛亥，康陵東署火。

5 五月，鮮卑寇遼東屬國。

6 秋，七月，甲申，平陵園寢火。平陵，昭帝陵。

7 桂陽賊李研等寇郡界，武陵蠻復反；太守陳舉【章：乙十六行本「舉」作「奉」；乙十一行本同；孔本同；退齋校同；熊校同。】討平之。宦官素惡馮緄，復，扶又翻。惡，烏路翻。八月，緄坐軍還，盜賊復發，免。

8 冬，十月，丙辰，上校獵廣成，遂幸函谷關、上林苑。光祿勳陳蕃上疏諫曰：「安平之時，遊畋宜有節，況今有三空之戹哉！田野空，朝廷空，倉庫空。加之兵戎未戢，四方離散，是陛下焦心毀顏，坐以待旦之時也，毀顏，謂面有憂色，臨于臣民之上，無以爲顏也。豈宜揚旗曜武，騁心輿馬之觀乎！又前秋多雨，民始種麥，今失其勸種之時，而令給驅禽除路之役，非賢聖恤民之意也。」書奏，不納。

9 十一月，司空劉寵免。十二月，以衛尉周景爲司空。景，榮之孫也。

時宦官方熾，景與太尉楊秉上言：「內外吏職，多非其人。舊典，中臣子弟，不得居位秉勢；而今枝葉賓客，枝葉，謂中臣族親也。布列職署，署，官舍也。或年少庸人，典據守宰；上下忿患，四方愁毒。可遵用舊章，退貪殘，塞災謗。塞，悉則翻。請下司隸校尉、中二千石、城門、五營校尉、北軍中候，各實覈所部；司隸校尉部三輔、三河、弘農。中二千石，列卿也，各率其屬。城門校尉部十二城門司馬、門候。五營校尉，屯騎、越騎、步兵、長水、射聲也，各有司馬員吏。北軍中候，掌監五營。下，遐稼翻。應當斥罷，自以狀言三府，廉察有遺漏，續上。」言各官實覈所部，以當斥罷者言之公府，更察其遺漏者續上狀，使無有佚罰者。上，時掌翻。帝從之。於是秉條奏牧、守青州刺史羊亮等五十餘人，或死或免，天下莫不肅然。

10 詔徵皇甫規爲度遼將軍。初，張奐坐梁冀故吏，免官禁錮，凡諸交舊，莫敢爲言；唯規薦舉，前後七上，爲，于僞翻。上，時掌翻。由是拜武威太守。及規爲度遼，到營數月，上書薦奐，「才略兼優，宜正元帥，元帥，謂度遼將軍也。以從衆望。若猶謂愚臣宜充舉【張：「舉」作「軍」。】事者，願乞冗官，以爲奐副。」朝廷從之。以奐代規爲度遼將軍，以規爲使匈奴中郎將。使，疏吏翻。

11 西州吏民守闕爲前護羌校尉段熲訟冤者甚衆；會滇那等諸種羌益熾，涼州幾亡，滇，音顚。種，章勇翻。幾，居希翻。乃復以熲爲護羌校尉。

12 尚書朱穆疾宦官恣橫，橫，戶孟翻。上疏曰：「按漢故事，中常侍參選士人，建武以後，乃悉用宦者。自延平以來，浸益貴盛，假貂璫之飾，處常伯之任，賢曰：璫以金爲之，當冠前附以金蟬也。漢官儀曰：中常侍，秦官也，漢興，或用士人，銀璫左貂，光武以後，專任宦者，右貂金璫。常伯，侍中。處，昌呂翻。天朝政事，一更其手；朝，直遙翻。更，工衡翻。權傾海內，寵貴無極，子弟親戚，並荷榮任，荷，下可翻。放濫驕溢，莫能禁禦，窮破天下，空竭小民。愚臣以爲可悉罷省，遵復往初，更選海內清淳之士明達國體者，以補其處，卽兆庶黎萌，蒙被聖化矣！」被，皮義翻。帝不納。後穆因進見，見，賢遍翻。復口陳曰：「臣聞漢家舊典，置侍中、中常侍各一人，省尚書事；復，扶又翻。賢曰：省，覽也。省，悉井翻。黃門侍郎一人，傳發書奏；賢曰：傳，通也。皆用姓族。賢曰：引用士人有族望者。自和熹太后以女主稱制，不接公卿，乃以閹人爲常侍，小黃門通命兩宮。自此以來，權傾人主，窮困天下，宜皆罷遣，博選耆儒宿德，與參政事。」帝怒，不應。穆伏不肯起，左右傳「出」！賢曰：傳聲令出。良久，乃趨而去。自此中官數因事稱詔詆毀之。數，所角翻。穆素剛，不得意，居無幾，憤懣發疽卒。幾，居豈翻。

王崇武標點容肇祖聶崇岐覆校

資治通鑑卷第五十五

翰林學士兼侍讀學士朝散大夫右諫議大夫知制誥判尚書都省兼提舉萬壽觀公事上護軍河內郡開國侯食邑一千三百戶賜紫金魚袋臣司馬光奉敕編集

後學天台胡三省音註

漢紀四十七 起閼逢執徐（甲辰），盡柔兆敦牂（丙午），凡三年。

孝桓皇帝中

延熹七年（甲辰、一六四）

1春，二月，丙戌，邟鄉忠侯黃瓊薨。賢曰：說文云：邟，潁川縣也。漢潁川有周承休侯國，元始二年，更名曰邟，音亢。考異曰：范書：「四年，瓊免司空，至七年，卒。」袁紀：「七年，瓊以太尉薨。」范書，楊秉五年代劉矩爲太尉。袁紀，此年瓊卒，秉乃爲太尉。今從范書。將葬，四方遠近名士會者六七千人。

初，瓊之教授於家，徐穉從之咨訪大義，及瓊貴，穉絕不復交。至是，穉往弔之，進酹，哀哭而去，穉，直利翻。復，扶又翻。酹，盧對翻。醊祭以酒沃地曰酹。人莫知者。諸名士推問喪宰，喪宰，典喪者也。宰曰：「先時有一書生來，衣麤薄而哭之哀，不記姓字。」衆曰：「必徐孺子也。」徐穉，字孺子。先，悉薦翻。衣，於既翻。於是選能言者陳留茅容輕騎追之，及於塗。容爲沽酒市肉，穉爲飲食。爲，于僞翻；下同。容問國家之事，穉不答。更問稼穡之事，穉乃答之。容還，以語諸人，語，牛倨翻。或曰：「孔子云：『可與言而不與言，失人。』論語載孔子之言。然則孺子其失人乎？」太原郭泰曰：「不然。孺子之爲人，清潔高廉，飢不可得食，寒不可得衣，食，讀曰飤。衣，於既翻。而爲季偉飲酒食肉，此爲已知季偉之賢故也！茅容，字季偉。此爲，如字。所以不答國事者，是其智可及，其愚不可及也！」亦以孔子之言語諸人，蓋以甯武子況徐孺子。

泰博學，善談論。初游雒陽，時人莫識，陳留符融符，姓也。此符從「竹」、從「付」，非草付之「苻」。一見嗟異，因以介於河南尹李膺。古者主有儐，客有介，孔叢子曰：士無介不見。介，因也。膺與相見，曰：「吾見士多矣，未有如郭林宗者也。郭泰，字林宗。其聰識通朗，高雅密博，今之華夏，鮮見其儔。」夏，戶雅翻。鮮，息淺翻。遂與爲友，於是名震京師。後歸鄉里，衣冠諸儒送至河上，車數千兩，兩，音亮。膺唯與泰同舟而濟，衆賓望之，以爲神仙焉。自雒陽歸太原，渡河而西北。

泰性明知人，好獎訓士類，好，呼到翻。周遊郡國。茅容，年四十餘，耕於野，與等輩避雨樹下，衆皆夷踞相對，賢曰：夷，平也。說文曰：踞，蹲也。論語曰：原壤夷俟。言平坐踞傲也。容獨危坐愈恭；危坐，正襟盡前而坐。泰見而異之，因請寓宿。旦日，容殺雞爲饌，饌，雛皖翻，又雛戀翻。泰謂爲己設；容分半食母，餘半庋置，食，讀曰飤。毛晃曰：板爲閣以藏物曰庋，舉綺翻。自以草蔬與客同飯。賢曰：草，粗也。飯，父遠翻。泰曰：「卿賢哉遠矣！既言賢哉，又言遠矣，言其賢去常人甚遠。郭林宗猶減三牲之具以供賓旅，三牲之具，謂養親之具也。孝經曰：日用三牲之養。賓旅，猶言賓客也。而卿如此，乃我友也。」起，對之揖，勸令從學，卒爲盛德。卒，子恤翻。鉅鹿孟敏，客居太原，荷甑墮地，不顧而去。荷，下可翻。甑，子孕翻。譙周古史考曰：黃帝始作甑。周官考工記，甑實二鬴。註云：六斗四升曰鬴。古者陶而爲甑。釋器云：䰝謂之鬵，鬵，鉹也。孫炎曰：關東人謂甑爲鬵，涼州人謂甑爲鉹。䰝，卽甑字。泰見而問其意，對曰：「甑已破矣，視之何益！」泰以爲有分決，與之言，知其德性，因勸令游學，遂知名當世。陳留申屠蟠，家貧，傭爲漆工；鄢陵庾乘，少給事縣廷爲門士；鄢陵縣，屬潁川郡。師古曰：鄢，音偃。陸德明曰：鄢，謁晚翻，又於建翻。賢曰：門士，卽門卒。少，詩照翻。泰見而奇之，其後皆爲名士。自餘或出於屠沽、卒伍，因泰獎進成名者甚衆。

陳國童子魏昭請於泰曰：「經師易遇，人師難遭，經師，謂專門名家，教授有師法者。人師，謂謹身脩行，足以範俗者。易，以豉翻。願在左右，供給灑掃。」灑，所賣翻，又山寄翻。掃，悉報翻。泰許之。泰嘗不佳，謂體中有不節適也，語曰不佳，微有疾也。命昭作粥，粥成，進泰，泰呵之曰：呵，責怒也，音虎何翻。「爲長者作粥，不加意敬，使不可食！」以杯擲地。昭更爲粥重進，泰復呵之。爲，于僞翻。重，直龍翻。復，扶又翻。如此者三，昭姿容無變。泰乃曰：「吾始見子之面，而今而後，知卿心耳！」遂友而善之。

陳留左原，爲郡學生，犯法見斥，泰遇諸路，爲設酒肴以慰之。謂曰：「昔顏涿聚，梁甫之巨盜，段干木，晉國之大駔，卒爲齊之忠臣，魏之名賢；呂氏春秋曰：顏涿聚，梁父大盜也，學於孔子。左傳，晉伐齊，戰于黎丘，齊師敗績，知伯親禽顏庚。杜預註曰：黎丘，隰也。顏庚，齊大夫顏涿聚也。又曰：晉荀瑤伐鄭，鄭請救於齊。齊師將興，陳成子設乘車、兩馬，繫五邑焉，召顏涿聚之子晉曰：「隰之役，而父死焉。今君命汝是邑，服車而朝，毋廢前勞。」呂氏春秋曰：段干木晉國之駔。說文曰：駔，會也，謂合兩家之買賣，如今之度市也。新序曰：魏文侯過段干木之閭而軾之，國人誦之曰：「吾君好正，段干木之敬；吾君好忠，段干木之隆。」秦欲攻魏，司馬唐諫曰：「段干木，賢者也，而魏禮之，天下莫不聞，毋乃不可加兵乎！」駔，子朗翻。卒，子恤翻。蘧瑗、顏回尚不能無過，論語曰：蘧伯玉使人於孔子，子問之曰：「夫子何爲？」對曰：「夫子欲寡其過而未能也。」又語曰：「顏回好學，不貳過。」蘧，求於翻。瑗，于眷翻。況其餘乎！愼勿恚恨，責躬而已！」恚，於避翻。原納其言而去。或有譏泰不絕惡人者，泰曰：「人而不仁，疾之已甚，亂也。」賢曰：論語孔子之言也。鄭玄註云：不仁之人，當以風化之，若疾之甚，是益使爲亂也。原後忽更懷忿結客，欲報諸生。其日，泰在學，原愧負前言，因遂罷去。後事露，衆人咸謝服焉。

或問范滂曰：「郭林宗何如人？」滂曰：「隱不違親，賢曰：介推之類。貞不絕俗，賢曰：柳下惠之類。天子不得臣，諸侯不得友，吾不知其他。」

泰嘗舉有道，不就，舉有道事，始五十卷安帝建光元年。同郡宋沖素服其德，以爲自漢元以來，未見其匹，嘗勸之仕。漢元，謂漢初也。匹，儔也，等也，偶也。泰曰：「吾夜觀乾象，晝察人事，天之所廢，不可支也，吾將優游卒歲而已。」卒，子恤翻。然猶周旋京師，誨誘不息。誘，音酉。徐穉以書戒之曰：「大木將顛，非一繩所維，何爲栖栖不遑寧處！」賢曰：顛，仆也，維，繫也，喻時將衰季，非一人所能救也。尹焞曰：栖栖，猶皇皇也。處，昌呂翻。泰感寤曰：「謹拜斯言，以爲師表。」

濟陰黄允，以儁才知名，濟，子禮翻。泰見而謂曰：「卿高才絶人，足成偉器，年過四十，聲名著矣。然至於此際，當深自匡持，不然，將失之矣！」後司徒袁隗欲爲從女求姻，爲，于僞翻。從，才用翻。見允，歎曰：「得壻如是，足矣。」允聞而黜遣其妻。允妻夏侯氏。允黜其妻，欲壻于袁也。妻請大會宗親爲別，因於衆中攘袂數允隱慝十五事而去，允以此廢於時。當時清議爲何如哉！數，所具翻。慝，吐得翻。

初，允與漢中晉文經並恃其才智，曜名遠近，徵辟不就。託言療病京師，不通賓客，公卿大夫遣門生旦暮問疾，郎吏雜坐其門，猶不得見；三公所辟召者，輒以詢訪之，隨所臧否，否，音鄙。以爲與奪。符融謂李膺曰：「二子行業無聞，行，下孟翻；下同。以豪桀自置，遂使公卿問疾，王臣坐門，融恐其小道破義，空譽違實，特宜察焉。」膺然之。二人自是名論漸衰，賓徒稍省，旬日之間，慚歎逃去，後並以罪廢棄。

陳留仇香，至行純嘿，姓譜：仇姓，宋大夫仇牧之後。行，下孟翻；下同。鄉黨無知者。年四十，爲蒲亭長。蒲亭，屬陳留郡考城縣。民有陳元，獨與母居，母詣香告元不孝，香驚曰：「吾近日過元舍，廬落整頓，賢曰：落，居也，今人謂院爲落。耕耘以時，此非惡人，當是教化未至耳。母守寡養孤，苦身投老，柰何以一旦之忿，棄歷年之勤乎！且母養人遺孤，不能成濟，若死者有知，百歲之後，當何以見亡者！」母涕泣而起。香乃親到元家，爲陳人倫孝行，譬以禍福之言，元感悟，卒爲孝子。爲，于僞翻。卒，子恤翻。考城令河內王奐署香主簿，考城縣，屬陳留郡；故菑縣，章帝惡其名，改曰考城。謂之曰：「聞在蒲亭，陳元不罰而化之，得無少鷹鸇之志邪？」鷹鸇，以鷙擊爲事。左傳：見無禮者誅之，如鷹鸇之逐鳥雀也。少，詩沼翻。香曰：「以爲鷹鸇不若鸞鳳，故不爲也。」奐曰：「枳棘之林非鸞鳳所集，百里非大賢之路。」賢曰：時奐爲縣令，故自稱百里也。乃以一月奉資香，奉，讀曰俸。使入太學。郭泰、符融齎刺謁之，書姓名以自通求見曰刺，秦、漢之間謂之謁。因留宿；明旦，泰起，下牀拜之曰：「君，泰之師，非泰之友也。」香學畢歸鄉里，雖在宴居，賢曰：宴，安也。朱子曰：宴居，閒暇無事之時。必正衣服，妻子事之若嚴君；妻子有過，免冠自責，妻子庭謝思過，香冠，妻子乃敢升堂，終不見其喜怒聲色之異。不應徵辟，卒於家。

2 三月，癸亥，隕石于鄠。鄠縣，屬扶風。鄠，音戶。

3 夏，五月，己丑，京師雨雹。

4荆州刺史度尚募諸蠻夷擊艾縣賊，大破之，降者數萬人。桂陽宿賊卜陽、潘鴻等逃入深山，宿賊，言積久爲賊者。尚窮追數百里，破其三屯，多獲珍寶。陽、鴻黨衆猶盛，尚欲擊之，而士卒驕富，莫有鬬志。尚計緩之則不戰，逼之必逃亡，乃宣言：「卜陽、潘鴻作賊十年，習於攻守，今兵寡少，未易可進，易，以豉翻。當須諸郡所發悉至，乃并力攻之。」申令軍中恣聽射獵，申令者，既下令而申言之。申，重也。兵士喜悅，大小皆出。尚乃密使所親客潛焚其營，珍積皆盡；獵者來還，莫不泣涕。尚人人慰勞，深自咎責，以失火自咎責也。勞，力到翻。因曰：「卜陽等財寶足富數世，諸卿但不并力耳，所亡少少，少，詩沼翻。何足介意！」衆咸憤踊。尚敕令秣馬蓐食，明旦，徑赴賊屯，陽、鴻等自以深固，不復設備，復，扶又翻。吏士乘銳，遂破平之。尚出兵三年，延熹五年，尚刺荆州，至是三年矣。羣寇悉定，封右鄉侯。

5冬，十月，壬寅，帝南巡；庚申，幸章陵；戊辰，幸雲夢，臨漢水，還，幸新野。時公卿、貴戚車騎萬計，徵求費役，不可勝極。勝，音升。護駕從事桂陽胡騰上言：護駕從事，蓋荆州刺史所遣護車駕者也。「天子無外，春秋公羊傳曰：王者無外。乘輿所幸，卽爲京師。臣請以荆州刺史比司隸校尉，臣自同都官從事。」帝從之。自是肅然，莫敢妄干擾郡縣。荆州刺史得察舉所部郡縣而不可得察舉扈從之臣，若比司隸校尉，則得察舉其姦，故肅然也。帝在南陽，左右並通姦利，詔書多除人爲郎，太尉楊秉上疏曰：「太微積星，名爲郎位，賢曰：史記天官書曰：太微宮五帝坐後，聚二十五星蔚然，曰郎位。積，聚也。入奉宿衞，出牧百姓，宜割不忍之恩，以斷求欲之路。」斷，丁管翻。於是詔除乃止。

6 護羌校尉段熲擊當煎羌，破之。

7 十二月，辛丑，車駕還宮。

8 中常侍汝陽侯唐衡、武原侯徐璜皆卒。汝陽縣，屬汝南郡。武原縣，屬彭城國。

9 初，侍中寇榮，恂之曾孫也，性矜潔，少所與，少，詩沼翻。以此爲權寵所疾。榮從兄子尚帝妹益陽長公主，帝又納其從孫女於後宮。從，才用翻。長，知兩翻。左右益忌之，遂共陷以罪，與宗族免歸故郡，寇氏本上谷昌平人。吏承望風旨，持之浸急。榮恐不免，詣闕自訟。未至，刺史張敬追劾榮以擅去邊，刺史，蓋幽州刺史也。劾，戶概翻，又戶得翻。有詔捕之。榮逃竄數年，會赦，不得除，積窮困，乃自亡命中上書曰：「陛下統天理物，作民父母，自生齒以上，咸蒙德澤；大戴禮曰：男子八月生齒，女子七月生齒。而臣兄弟獨以無辜，爲專權之臣所見批抵，賢曰：說文曰：抵，側擊也。批，音片支翻。余按前書音義：批，音蒲結翻。抵，諸氏翻。青蠅之人所共構會，詩曰：營營青蠅，止于樊。豈弟君子，無信讒言。青蠅能汚白使黑，汚黑使白，喻佞人變亂善惡也。令陛下忽慈母之仁，發投杼之怒。事見三卷周赧王七年。殘諂之吏，張設機網，並驅爭先，若赴仇敵，罰及死沒，髡剔墳墓，謂剪伐松柏，如人之髡剔也。欲使嚴朝必加濫罰；朝，直遙翻。是以不敢觸突天威而自竄山林，以俟陛下發神聖之聽，啓獨覩之明，救可濟之人，援沒溺之命。不意滯怒不爲春夏息，賢曰：春夏生長萬物，故不宜怒。爲，于僞翻；下同。淹恚不爲歲時怠，滯怒淹恚，言怒恚積蓄，久而不化也。恚，於避翻。遂馳使郵驛，布告遠近，嚴文尅剝，痛於霜雪，逐臣者窮人途，【張：「途」作「迹」。】追臣者極車軌，雖楚購伍員，史記：楚人伍奢爲平王太子建太傅。費無極譖殺奢，奢子員字子胥奔吳，楚購之，得伍員者賜粟五萬石，爵執珪。員，音云。漢求季布，事見十卷高祖五年。無以過也。臣遇罰以來，三赦再贖，無驗之罪，足以蠲除；賢曰：無驗，謂無罪狀可案驗也。而陛下疾臣愈深，有司咎臣甫力，賢曰：甫，始也。力，甚也。止則見埽滅，行則爲亡虜，苟生則爲窮人，極死則爲冤鬼，天廣而無以自覆，覆，敷救翻。地厚而無以自載，蹈陸土而有沈淪之憂，遠巖牆而有鎮壓之患。遠，于願翻。如臣犯元惡大憝，賢曰：憝，惡，言元惡之人，大爲人之所惡也。憝，徒對翻。足以陳原野，備刀鋸，賢曰：鋸，刖刑也。國語曰：刑有五，大者陳諸原野。陛下當班布臣之所坐，以解衆論之疑。臣思入國門，坐於肺石之上，使三槐九棘平臣之罪，周禮秋官曰：左九棘，孤、卿、大夫位焉；右九棘，公、侯、伯、子、男位焉；面三槐，三公位焉。左嘉石，平罷民，右肺石，達窮民。註：肺石，赤石也。槐取其懷來，棘取其赤心外刺。而閶闔九重，賢曰：閶闔，天門也。重，直龍翻。陷穽步設，舉趾觸罘罝，賢曰：穽，阬穽也。說文：罘，兔網也；罝，亦兔網也；音浮嗟。動行絓羅網，絓，古賣翻，罥也。無緣至萬乘之前，乘，繩證翻。永無見信之期。悲夫，久生亦復何聊！復，扶又翻。蓋忠臣殺身以解君怒，孝子殞命以寧親怨，故大舜不避塗廩、浚井之難，史記：舜父瞽叟，常欲殺舜，使舜塗廩，從下焚廩，舜乃以兩笠自扞而下。又使穿井，舜爲匿空旁出。舜既入深，父乃下土實之，舜從旁空出去。難，乃旦翻。申生不辭姬氏讒邪之謗；左傳：驪姬嬖於晉獻公，欲殺太子申生，謂申生曰：「君夢齊姜，必速祭之。」太子祭于曲沃，歸胙于公。公田，姬寘諸宮，六日。公至，毒而獻之。公祭之地，地墳；與犬，犬斃；與小臣，小臣斃。姬泣曰：「賊由太子。」太子奔新城。或謂太子：「子辭，君必辨焉。」太子曰：「我辭，姬必有罪。」遂縊而死。臣敢忘斯義，不自斃以解明朝之忿哉！乞以身塞責，朝，直遙翻。塞，悉則翻。願陛下匄兄弟死命，賢曰：匄，乞也，音蓋。使臣一門頗有遺類，以崇陛下寬饒之惠。先死陳情，臨章泣血！」帝省章愈怒，先，悉薦翻。省，悉井翻。遂誅榮，寇氏由是衰廢。考異曰：袁紀置此事於延熹元年。按范書榮傳云「延熹中被罪」，榮書又云：「遇罰以來，三赦再贖」，不知榮死果在何年。按襄楷、竇武上書，皆言梁、孫、寇、鄧之誅。今置於此。

八年（乙巳、一六五）

1春，正月，帝遣中常侍左悺之苦縣祠老子。賢曰：史記曰：老子者，楚苦縣厲鄉曲仁里人也，名耳，字聃，姓李，爲周守藏吏。有神廟，故就祠之。苦縣，屬陳國，故城在今亳州谷陽縣。苦，音戶，又如字。

2勃海王悝，素行險僻，悝，苦回翻。行，下孟翻。多僭傲不法。北軍中候陳留史弼上封事曰：「臣聞帝王之於親戚，愛雖隆必示之以威，體雖貴必禁之以度，如是，和睦之道興，骨肉之恩遂矣。竊聞勃海王悝，外聚剽輕不逞之徒，賢曰：剽，悍也。逞，快也。謂被侵枉不快之人也。左傳曰：率羣不逞之人。余謂不逞，謂包藏禍心而不得逞者。剽，匹妙翻。內荒酒樂，出入無常，所與羣居，皆家之棄子，朝之斥臣，朝，直遙翻；下同。必有羊勝、伍被之變。羊勝事見十六卷景帝中二年。伍被事見十九卷武帝元狩元年。州司不敢彈糾，州司，謂州刺史之屬。傅相不能匡輔，陛下隆於友于，書曰：惟孝友于兄弟。不忍遏絕，恐遂滋蔓，滋，長也。蔓，延也。左傳曰：無使滋蔓，蔓難圖也。爲害彌大。乞露臣奏，宣示百僚，平處其法。處，昌呂翻。法決罪定，乃下不忍之詔；臣下固執，然後少有所許：少，詩沼翻。如是，則聖朝無傷親之譏，勃海有享國之慶；不然，懼大獄將興矣。」上不聽。悝果謀爲不道，帝紀曰：悝謀反。有司請廢之，詔貶爲癭陶王，食一縣。賢曰：癭陶縣，屬鉅鹿郡，故城在今趙州癭陶縣西南。癭，於郢翻。

3 丙申晦，日有食之。詔公、卿、校尉舉賢良方正。校，戶教翻。

4 千秋萬歲殿火。

5 中常侍侯覽兄【張：「兄」作「弟」。】參爲益州刺史，殘暴貪婪，婪，盧含翻。累臧億計。太尉楊秉奏檻車徵參，參於道自殺，閱其車重三百餘兩，皆金銀錦帛。重，直用翻。秉因奏曰：「臣案舊典，宦者本在給使省闥，司昏守夜；而今猥受過寵，執政操權，操，七刀翻。附會者因公褒舉，違忤者求事中傷，忤，五故翻。中，竹仲翻。居法王公，富擬國家，飲食極肴膳，僕妾盈紈素。中常侍侯覽弟參，貪殘元惡，自取禍滅；覽顧知釁重，必有自疑之意，臣愚以爲不宜復見親近。復，扶又翻。近，其靳翻。昔懿公刑邴歜之父，奪閻職之妻，而使二人參乘，卒有竹中之難。左氏傳：齊懿公之爲公子也，與邴歜之父爭田，弗勝。及卽位，乃掘而刖之，而使歜僕；納閻職之妻，而使職參乘。公游于申池，二人浴于池，歜以鞭抶職，職怒，歜曰：「人奪汝妻而不怒，一抶汝，庸何傷！」職曰：「與刖其父而不能病者何如！」乃謀弑公，納諸竹中。邴，音丙，又彼病翻。「歜」，左傳作「歜」，昌欲翻。卒，子恤翻。難，乃旦翻。覽宜急屏斥，投畀有虎，畀，與也。詩曰：取彼譖人，投畀豺虎。屏，必郢翻。若斯之人，非恩所宥，請免官送歸本郡。」書奏，尚書召對秉掾屬，詰之曰：賢曰：召秉掾屬問之。詰，去吉翻。「設官分職，各有司存。三公統外，御史察內；今越奏近官，經典、漢制，何所依據？其開公具對！」秉使對曰：「春秋傳曰：『除君之惡，唯力是視。』左傳載寺人披之言。此經典也。鄧通懈慢，申屠嘉召通詰責，文帝從而請之。事見十五卷文帝後二年。此漢制也。漢世故事，三公之職，無所不統。」尚書不能詰，帝不得已，竟免覽官。司隸校尉韓縯因奏左悺罪惡，及其兄太僕南鄉侯稱請託州郡，聚歛爲姦，歛，力贍翻。賓客放縱，侵犯吏民。悺、稱皆自殺。縯又奏中常侍具瑗兄沛相恭臧罪，徵詣廷尉。瑗詣獄謝，上還東武侯印綬，東武城，屬清河郡。據宦者傳，瑗封東武陽侯。東武陽，屬東郡。上，時掌翻。詔貶爲都鄉侯。超及璜、衡襲封者，並降爲鄉侯，考異曰：楊秉傳：「南巡之明年，秉劾侯覽」，則是在此年矣。宦者傳：「韓縯奏具瑗，瑗坐奪國爲鄉侯」，與秉傳所云削瑗國共是一時事明矣。而袁紀載在去年春，與范不同。今從范書。子弟分封者，悉奪爵土。劉普等貶爲關內侯，尹勳等亦皆奪爵。

6 帝多內寵，宮女至五六千人，及驅役從使復兼倍於此，驅役者，嬖倖挾勢驅掠良人，以供掖庭私役者也。從使者，趨勢附力，樂從而爲之使者也。復，扶又翻。而鄧后恃尊驕忌，與帝所幸郭貴人更相譖訴。更，工衡翻。癸亥，廢皇后鄧氏，送暴室，以憂死。漢官儀曰：暴室，在掖庭內，丞一人，主宮中婦人疾病者；其皇后、貴人有罪者，亦就此室。河南尹鄧萬世、虎賁中郎將鄧會皆下獄誅。下，遐稼翻。

7 護羌校尉段熲擊罕【張：「罕」作「勒」。】姐羌，破之。姐，且也翻，又音紫。

8 三月，辛巳，赦天下。

9 宛陵大姓羊元羣罷北海郡，宛陵縣，屬河南尹。臧汙狼籍；郡舍溷軒有奇巧，賢曰：溷軒，廁屋。亦載之以歸。河南尹李膺表按其罪；元羣行賂宦官，膺竟反坐。反坐，按其罪而不得行，反自坐罪。單超弟遷爲山陽太守，以罪繫獄，廷尉馮緄考致其死；考鞫而致其死罪也。緄，古本翻。中官相黨，共飛章誣緄以罪。中常侍蘇康、管霸，固天下良田美業，固，障固也。州郡不敢詰，大司農劉祐移書所在，依科品沒入之；帝大怒，與膺、緄俱輸作左校。

10 夏，四月，甲寅，安陵園寢火。安陵，惠帝陵也。

11 丁巳，詔壞郡國諸淫祀，壞，音怪。特留雒陽王渙、密縣卓茂二祠。

12 五月，丙戌，太尉楊秉薨。秉爲人，清白寡欲，嘗稱「我有三不惑：酒、色、財也。」秉既沒，所舉賢良廣陵劉瑜乃至京師上書言：「中官不當比肩裂土，競立胤嗣，繼體傳爵。順帝陽嘉四年，著令聽中官以養子襲爵。又，嬖女充積，冗食空宮，無事而食，謂之冗食。冗，而隴翻。傷生費國。又，第舍增多，窮極奇巧，掘山攻石，促以嚴刑。州郡官府，各自考事，姦情賕賂，皆爲吏餌。民愁鬱結，起入賊黨，官輒興兵誅討其罪，貧困之民，或有賣其首級以要酬賞，要，一遙翻。父兄相代殘身，妻孥相視分裂。又，陛下好微行近習之家，好，呼到翻。私幸宦者之舍，賓客市買，熏灼道路，因此暴縱，無所不容。惟陛下開廣諫道，諫道，謂言路也。博觀前古，遠佞邪之人，遠，于願翻。放鄭、衞之聲，則政致和平，德感祥風矣。」孝經援神契曰：德至八方，則祥風至。詔特召瑜問災咎之徵。執政者欲令瑜依違其辭，乃更策以他事，瑜復悉心對八千餘言，有切於前。復，扶又翻；下同。拜爲議郎。

13 荆州兵朱蓋等叛，與桂陽賊胡蘭等復攻桂陽，太守任胤棄城走，任，音壬。賊衆遂至數萬。轉攻零陵，太守下邳陳球固守拒之。零陵下溼，編木爲城，零陵郡，武帝置。宋白曰：郡古理在今全州清湘縣南七十八里，古城存焉。郡中惶恐。掾史白球遣家避難，難，乃旦翻。球怒曰：「太守分國虎符，受任一邦，豈顧妻孥而沮國威乎！孥，音奴。沮，在呂翻。復言者斬！」乃弦大木爲弓，羽矛爲矢，引機發之，多所殺傷。此則今划車弩之類。賊激流灌城，球輒於內因地勢，反決水淹賊，相拒十餘日不能下。時度尚徵還京師，詔以尚爲中郎將，率步騎二萬餘人救球，發諸郡兵并勢討擊，大破之，斬蘭等首三千餘級，復以尚爲荆州刺史。蒼梧太守張敍爲賊所執，及任胤皆徵棄市。胡蘭餘黨南走蒼梧，交趾刺史張磐擊破之，賊復還入荆州界。度尚懼爲己負，負，罪負也，懼以不能盡滅羣賊爲罪。乃僞上言蒼梧賊入荆州界，於是徵磐下廷尉。上，時掌翻。下，遐稼翻。辭狀未正，會赦見原，磐不肯出獄，方更牢持械節。竹約爲節。械節，亦械之刻約處也。考異曰：按張磐會赦得原。檢帝紀，此後未有赦，不知會何赦也？六年三月赦，前此二年；永康元年六月赦，後此二年。今從帝紀。獄吏謂磐曰：「天恩曠然，而君不出，可乎？」磐曰：「磐備位方伯，古者，八州八伯。漢州刺史，古方伯之任也。爲尚所枉，受罪牢獄。夫事有虛實，法有是非，磐實不辜，赦無所除；如忍以苟免，永受侵辱之恥，生爲惡吏，死爲敝鬼。乞傳尚詣廷尉，以傳車召致廷尉也。傳，株戀翻，又直戀翻。面對曲直，足明眞僞。尚不徵者，磐埋骨牢檻，終不虛出，望塵受枉！」廷尉以其狀上，上，時掌翻。詔書徵尚，到廷尉，辭窮，受罪，以先有功得原。

14 閏月，甲午，南宮朔平署火。此朔平司馬署也。百官志：朔平司馬，主北宮北門。

15 段熲擊破西羌，進兵窮追，展轉山谷間，自春及秋，無日不戰，虜遂敗散，凡斬首二萬三千級，獲生口數萬人，降者萬餘落。降，戶江翻。封熲都鄉侯。

16 秋，七月，以太中大夫陳蕃爲太尉。蕃讓於太常胡廣、議郎王暢、弛刑徒李膺，帝不許。

暢，龔之子也；王龔事安帝爲公。嘗爲南陽太守，疾其多貴戚豪族，下車，奮厲威猛，大姓有犯，或使吏發屋伐樹，堙井夷竈。破其家業也。功曹張敞奏記諫曰：「文翁、召父、卓茂之徒，召，讀曰邵。皆以溫厚爲政，流聞後世。發屋伐樹，將爲嚴烈，雖欲懲惡，難以聞遠。聞，音問。郡爲舊都，侯甸之國，古者天子之制，規方千里，以爲甸服；又其外五百里，爲侯服。光武起於南陽，其後謂之南都，又於雒陽在侯甸之內，故云然。園廟出於章陵，三后生自新野，賢曰：南頓君以上四廟在章陵，光烈皇后、和帝陰后、鄧后並新野人。自中興以來，功臣將相，繼世而隆。愚以爲懇懇用刑，不如行恩；孳孳求姦，孳孳，猶汲汲也。未若禮賢。舜舉臯陶，不仁者遠，論語載子夏之言。陶，音遙。化人在德，不在用刑。」暢深納其言，更崇寬政，教化大行。

17 八月，戊辰，初令郡國有田者畝斂稅錢。賢曰：畝十錢也。余據宦者傳：張讓等說靈帝斂天下田，畝稅十錢，非此時事也，蓋漢田租三十稅一，而計畝斂錢，則自此始。

18 九月，丁未，京師地震。

19 冬，十月，司空周景免；以太常劉茂爲司空。茂，愷之子也。劉愷以讓國重於時，位至公。

20 郎中竇武，融之玄孫也，有女爲貴人。采女田聖有寵於帝，帝將立之爲后。司隸校尉應奉上書曰：「母后之重，興廢所因；漢立飛燕，胤祀泯絕。事見三十三卷哀帝建平元年。宜思關雎之所求，關雎樂得淑女以配君子。遠五禁之所忌。」韓詩外傳曰：婦人有五不娶：喪婦之長女不娶，爲其不受命也；世有惡疾不娶，棄於天也；世有刑人不娶，棄於人也；亂家女不娶，類不正也；逆家女不娶，廢人倫也。遠，于願翻。太尉陳蕃亦以田氏卑微，竇族良家，爭之甚固。帝不得已，辛巳，立竇貴人爲皇后，拜武爲特進、城門校尉，封槐里侯。

21 十一月，壬子，黄門北寺火。

22 陳蕃數言李膺、馮緄、劉祐之枉，數，所角翻；下同。請加原宥，升之爵任，言及反覆，誠辭懇切，以至流涕；帝不聽。應奉上疏曰：「夫忠賢武將，國之心膂。將，卽亮翻。竊見左校弛刑徒馮緄、劉祐、李膺等，誅舉邪臣，肆之以法；賢曰：肆，陳也。陛下既不聽察，而猥受譖訴，遂令忠臣同愆元惡，自春迄冬，不蒙降恕，遐邇觀聽，爲之歎息。爲，于僞翻。夫立政之要，記功忘失；是以武帝捨【張：「捨」作「拔」。】安國於徒中，賢曰：景帝時，韓安國爲梁大夫，坐法抵罪；後梁內史缺，起徒中爲二千石。此言武帝，誤也。宣帝徵張敞於亡命。事見二十七卷宣帝甘露元年。緄前討蠻荆，均吉甫之功；詩曰：顯允方叔，征伐玁狁，蠻荆來威。鄭玄註云：方叔先與吉甫征伐玁狁，今特征伐蠻荆，皆使來服宣王之威。緄以順帝時討武陵、長沙蠻夷有功，故以吉甫比之。祐數臨督司，有不吐茹之節；賢曰：謂祐奏梁冀弟旻，又爲司隸校尉，權豪畏之也。詩曰：柔亦不茹，剛亦不吐。數，所角翻。膺著威幽、幷，遺愛度遼。膺爲漁陽太守，爲烏桓校尉，皆幽部也，度遼將軍，則屯幷部，是其著威、遺愛之地。今三垂蠢動，王旅未振，乞原膺等，以備不虞。」書奏，乃悉免其刑。久之，李膺復拜司隸校尉。復，扶又翻；下同。時小黃門張讓弟朔爲野王令，貪殘無道，畏膺威嚴，逃還京師，野王縣屬河內郡，而河內郡屬司部，畏膺察舉其罪，故逃還京師也。匿於兄家合柱中。合木爲柱，安足以容人。合柱，謂兩柱相直，兩屋相合處也。膺知其狀，率吏卒破柱取朔，付雒陽獄，受辭畢，卽殺之。讓訴冤於帝，帝召膺，詰以不先請便加誅之意。對曰：「昔仲尼爲魯司寇，七日而誅少正卯。今臣到官已積一旬，私懼以稽留爲愆，不意獲速疾之罪。誠自知釁責，死不旋踵，特乞留五日，尅殄元惡，退就鼎鑊，始生之願也。」帝無復言，顧謂讓曰：「此汝弟之罪，司隸何愆！」乃遣出。自此諸黃門、常侍皆鞠躬屏氣，屏，必郢翻。休沐不敢出宮省。帝怪問其故，並叩頭泣曰：「畏李校尉。」時朝廷日亂，綱紀頹阤，【章：乙十一行本「阤」作「弛」。】阤，丈爾翻，壞也。而膺獨持風裁，賢曰：裁，音才代翻。以聲名自高，士有被其容接者，名爲登龍門云。賢曰：以魚爲喻也。龍門，河水所下之口，在今絳州龍門縣。辛氏三秦記曰：河津，一名龍門，水險不通，魚鼈之屬莫能上，江海大魚數千，薄集龍門下，不得上，上則爲龍。被，皮義翻。

23 徵東海相劉寬爲尚書令。寬，崎之子也，劉崎事順帝，爲司徒。崎，丘宜翻。歷典三郡，賢曰：東海王彊曾孫臻之相也。按寬傳云：是年自東海相徵爲尚書令，遷南陽太守，典歷三郡。溫仁多恕，雖在倉卒，卒，讀曰猝。未嘗疾言遽色。吏民有過，但用蒲鞭罰之，古者鞭用生皮爲之。示辱而已，終不加苦。每見父老，慰以農里之言，少年，勉以孝悌之訓，人皆悅而化之。

九年（丙午、一六六）

1春，正月，辛卯朔，日有食之。詔公卿、郡國舉至孝。太常趙典所舉荀爽對策曰：「昔者聖人建天地之中而謂之禮，衆禮之中，昏禮爲首。陽性純而能施，陰體順而能化，以禮濟樂，節宣其氣，爽言正指帝多內寵也。左傳：晉侯有疾，醫和視之，曰：「疾不可爲也！是謂疾如蠱，非鬼非食，惑以喪志。」公曰：「女不可近乎？」對曰：「節之。先王之樂，所以節百事也。天有六氣，過則爲災，於是乎節宣其氣也。」施，式智翻。故能豐子孫之祥，致老壽之福。及三代之季，淫而無節，陽竭於上，陰隔於下，故周公之戒曰：『時亦罔或克壽。』尚書無逸之辭。傳曰：『截趾適屨，孰云其愚，何與斯人，追欲喪軀。』誠可痛也。賢曰：適，猶從也，言喪身之愚，甚於截趾也。喪，息浪翻。臣竊聞後宮采女五六千人，從官、侍使復在其外，從，才用翻。從官，謂後宮有爵秩而常從者。侍使，則侍后妃、貴人左右而給使令，未有爵秩者也。復，扶又翻；下同。空賦不辜之民，以供無用之女，百姓窮困於外，陰陽隔塞于內，塞，悉則翻。故感動和氣，災異屢臻。臣愚以爲諸未幸御者，一皆遣出，使成妃合，妃，讀曰配。此誠國家之大福也。」詔拜郎中。

2司隸、豫州饑，死者什四五，至有滅戶者。戶，謂著戶籍於官者也。滅戶，則無老無弱，皆死於饑，無復遺種也。

3詔徵張奐爲大司農，復以皇甫規代爲度遼將軍。規自以爲連在大位，欲求退避，數上病，不見聽。數，所角翻。上，時掌翻。會友人喪至，規越界迎之，因令客密告并州刺史胡芳，言規擅遠軍營，遠，于願翻。當急舉奏。芳曰：「威明欲避第仕塗，度遼將軍屯西河界，并州刺史所部也。皇甫規，字威明。賢曰：言欲歸第，避仕宦之途也。故激發我耳。吾當爲朝廷愛才，爲，于僞翻。何能申此子計邪！」遂無所問。

4 夏，四月，濟陰、東郡、濟北、平原河水清。濟，子禮翻。

5 司徒許栩免；五月，以太常胡廣爲司徒。

6 庚午，上親祠老子於濯龍宮，以文罽爲壇飾，罽，居例翻。西夷織毛爲布曰罽。淳金釦器，釦，去厚翻。說文：金飾器口。設華蓋之坐，用郊天樂。史言其非禮。坐，徂臥翻。

7 鮮卑聞張奐去，招結南匈奴及烏桓同叛。六月，南匈奴、烏桓、鮮卑數道入塞，寇掠緣邊九郡。秋七月，鮮卑復入塞，誘引東羌與共盟詛。詛，莊助翻。於是上郡沈氏、安定先零諸種，種，章勇翻。共寇武威、張掖，緣邊大被其毒。被，皮義翻。詔復以張奐爲護匈奴中郎將，以九卿秩護匈奴中郎將，秩比二千石。九卿，秩中二千石。督幽、并、涼三州及度遼、烏桓二營，度遼將軍及護烏桓校尉營也。兼察刺史、二千石能否。

8 初，帝爲蠡吾侯，受學於甘陵周福，及即位，擢福爲尚書。時同郡河南尹房植有名當朝，朝，直遥翻。鄉人爲之謠曰：「天下規矩，房伯武；因師獲印，周仲進。」房植，字伯武。周福，字仲進。二家賓客，互相譏揣，揣，初委翻。揣，度也，量也；度量其輕重長短而爲譏議也。遂各樹朋徒，漸成尤隙。由是甘陵有南北部，黨人之議自此始矣。

汝南太守宗資以范滂爲功曹，南陽太守成瑨以岑晊爲功曹，瑨，卽刃翻。晊，音質。皆委心聽任，使之褒善糾違，肅清朝府。朝，郡朝也。公卿牧守所居皆曰府。朝，直遙翻。滂尤剛勁，疾惡如讎。滂甥李頌，素無行，中常侍唐衡【張：「衡」作「儉」。】以屬資，行，下孟翻。屬，之欲翻。資用爲吏；滂寢而不召。資遷怒，捶書佐朱零，百官志：郡閤下及諸曹各有書佐，幹主文書。零仰曰：「范滂清裁，賢曰：裁，音才代翻。裁，制也；言其清而有制也。今日寧受笞而死，滂不可違。」資乃止。郡中中人以下，莫不怨之。於是二郡爲謠曰：「汝南太守范孟博，南陽宗資主畫諾；孟博，范滂字也。諾者，隨言而應，無所違也。畫諾，猶畫可也。南陽太守岑公孝，弘農成瑨但坐嘯。」公孝，岑晊字也。嘯，吟也，言但坐而吟嘯，於郡事無所豫也。

太學諸生三萬餘人，郭泰及潁川賈彪爲其冠，冠，古玩翻。與李膺、陳蕃、王暢更相褒重。更，工衡翻。學中語曰：「天下模楷，李元禮；不畏強禦，陳仲舉；天下俊秀，王叔茂。」李膺，字元禮，陳蕃，字仲舉，王暢，字叔茂。於是中外承風，競以臧否相尚，否，音鄙。自公卿以下，莫不畏其貶議，屣履到門。屣履者，履不躡跟也。

宛有富賈張汎者，宛，於元翻。賈，音古。考異曰：陳蕃傳作「張氾」，謝承書作「張子禁」，今從岑晊傳。

與後宮有親，又善雕鏤玩好之物，頗以賂遺中官，以此得顯位，用勢縱横。鏤，郎豆翻。好，呼到翻。遺，于季翻。横，戶孟翻。岑晊與賊曹史張牧賊曹，主盜賊事。勸成瑨收捕汎等；既而遇赦，瑨竟誅之，并收其宗族賓客，殺二百餘人，後乃奏聞。小黃門晉陽趙津，貪暴放恣，爲一縣巨患。太原太守平原劉瓆丁度集韻：瓆，職日翻。使郡吏王允討捕，亦於赦後殺之。於是中常侍侯覽使張汎妻上書訟冤，宦者因緣譖訴瑨、瓆。帝大怒，徵瑨、瓆，皆下獄。下，遐稼翻。有司承旨，奏瑨、瓆罪當棄市。

山陽太守翟超翟，萇伯翻。以郡人張儉爲東部督郵。侯覽家在防東，百官志：郡有五部督郵，監屬縣。郡國志：防東縣，屬山陽郡。賢曰：故城在今兗州金鄉縣南。殘暴百姓；覽喪母還家，喪，息浪翻。大起塋冢。塋，音營。儉舉奏覽罪，而覽伺候遮截，截，昨結翻。後乃作截。章竟不上。上，時掌翻。儉遂破覽冢宅，藉沒資財，具奏其狀，復不得御。復，扶又翻。御，進也，謂其奏不得進也。考異曰：袁紀：「儉行部下平陵，逢覽母。儉按劍怒曰：『何等女子干督郵，此非賊邪！』使吏卒收覽母，殺之，追擒覽家屬、賓客，死者百餘人，皆僵尸道路，伐其園宅，井堙木刊，雞犬器物，悉無〔餘〕類。」苑康傳亦云：「張儉殺侯覽母，按其宗黨，或有迸匿太山界者。康窮相收掩，無得遺脫。覽大怨之，徵詣廷尉，坐徙日南。」按侯覽傳云：「覽喪母還家。」陳蕃傳云：「翟超沒入侯覽財產，坐髡鉗。」皆不云儉殺其母。若果殺之，則苑康不止徙日南也。侯覽傳又云：「建寧二年喪母」，蓋以誅黨人在其年，致此誤耳。徐璜兄子宣爲下邳令，暴虐尤甚。嘗求故汝南太守李暠女不能得，暠，古老翻。遂將吏卒至暠家，載其女歸，戲射殺之。將，卽亮翻。射，而亦翻。東海相汝南黃浮聞之，收宣家屬，無少長，悉考之。少，詩照翻。長，知兩翻。掾史以下固爭，浮曰：「徐宣國賊，今日殺之，明日坐死，足以瞑目矣！」卽案宣罪棄市，暴其尸。暴，步木翻。於是宦官訴冤於帝，帝大怒，超、浮並坐髡鉗，輸作左校。校，戶教翻。

太尉陳蕃、司空劉茂共諫，請瑨、瓆、超、浮等罪；考異曰：陳蕃傳又有司徒劉矩，按時胡廣爲司徒，非矩也。帝不悅。有司劾奏之，茂不敢復言。劾，戶概翻，又戶得翻。復，扶又翻；下同。蕃乃獨上疏曰：「今寇賊在外，四支之疾；內政不理，心腹之患。臣寢不能寐，食不能飽，實憂左右日親，忠言日疏，內患漸積，外難方深。難，乃旦翻。陛下超從列侯，繼承天位，賢曰：言帝以蠡吾侯卽位。小家畜產百萬之資，子孫尙恥愧失其先業，況乃產兼天下，受之先帝，而欲懈怠以自輕忽乎！誠不愛己，不當念先帝得之勤苦邪！前梁氏五侯，毒徧海內，天啓聖意，收而戮之。賢曰：五侯，謂胤、讓、淑、忠、戟，與冀同時誅，事見冀傳。天下之議，冀當小平；明鑒未遠，覆車如昨，而近習之權，復相扇結。小黃門趙津、大猾張汎等，肆行貪虐，姦媚左右。前太原太守劉瓆、南陽太守成瑨糾而戮之，雖言赦後不當誅殺，原其誠心，在乎去惡，去，羌呂翻。至於陛下，有何悁悁！說文曰：悁悁，恚忿也。悁，縈年翻。而小人道長，熒惑聖聽，遂使天威爲之發怒，長，知兩翻。爲，于僞翻。必加刑譴，已爲過甚，況乃重罰令伏歐刀乎！又，前山陽太守翟超、東海相黃浮，奉公不橈，疾惡如讎，超沒侯覽財物，浮誅徐宣之罪，並蒙刑坐，不逢赦恕。覽之從橫，從，子用翻。橫，戶孟翻。沒財已幸；宣犯釁過，死有餘辜。昔丞相申屠嘉召責鄧通，雒陽令董宣折辱公主，而文帝從而請之，光武加以重賞，申屠嘉事見十四卷文帝後二年，董宣事見四十三卷光武建武十九年。未聞二臣有專命之誅。而今左右羣豎，惡傷黨類，惡，烏路翻。妄相交構，致此刑譴，聞臣是言，當復嗁訴。陛下深宜割塞近習與政之源，嗁，與啼同。塞，悉則翻。與，讀曰豫。引納尚書朝省之士，朝，直遙翻。簡練清高，斥黜佞邪。如是天和於上，地洽於下，休禎符瑞，豈遠乎哉！」帝不納。宦官由此疾蕃彌甚，選舉奏議，輒以中詔譴卻，長史以下多至抵罪，猶以蕃名臣，不敢加害。

平原襄楷詣闕上疏曰：「臣聞皇天不言，以文象設教。臣竊見太微，天廷五帝之坐，而金、火罰星揚光其中，天文志：太微，天子庭也，五帝之坐也。賢曰：太白，金也；熒惑，火也。天文志曰：逆夏令，傷火氣，罰見熒惑；逆秋令，傷金氣，罰見太白；故金火並爲罰星也。坐，徂臥翻。於占，天子凶；又俱入房、心，天文志：房四星爲明堂，天子布政之宮也。心三星，天王正位也：中星曰明堂，天子位焉；前星爲太子，後星爲庶子。法無繼嗣。前年冬大寒，殺鳥獸，害魚鼈，城傍竹柏之葉有傷枯者。續漢志曰：延熹七年，雒陽城旁竹柏葉有傷枯者。考異曰：帝紀此年十二月書「雒城傍竹柏枯傷」，誤也。臣聞於師曰：『柏傷竹枯，不出二年，天子當之。』今自春夏以來，連有霜雹及大雨雷電，臣作威作福，刑罰急刻之所感也。太原太守劉瓆，南陽太守成瑨，志除姦邪，其所誅翦，皆合人望。而陛下受閹豎之譖，乃遠加考逮。三公上書乞哀瓆等，不見採察而嚴被譴讓，憂國之臣，將遂杜口矣。臣聞殺無罪，誅賢者，禍及三世。黃石公三略曰：傷賢者，殃及三世。蔽賢者，身當其害。達賢者，福流子孫。疾賢者，名不全。自陛下即位以來，頻行誅罰，梁、寇、孫、鄧並見族滅，賢曰：梁冀、寇榮、孫壽、鄧萬世等也。其從坐者又非其數。李雲上書，明主所不當諱；杜衆乞死，諒以感悟聖朝；曾無赦宥而并被殘戮，天下之人咸知其冤，事見上卷二年。被，皮義翻。漢興以來，未有拒諫誅賢，用刑太深如今者也！昔文王一妻，誕致十子；史記：太姒，文王正妃也，其長子伯邑考，次武王發，次管叔鮮，次周公旦，次蔡叔度，次曹叔振鐸，次成叔武，次霍叔處，次康叔封，次聃季載，同母兄弟十人。今宮女數千，未聞慶育，宜脩德省刑以廣螽斯之祚。螽斯，言后妃不妬忌，子孫衆多也。按春秋以來，及古帝王，未有河清。臣以爲河者，諸侯位也。孝經援神契曰：五嶽視三公，四瀆視諸侯。清者，屬陽；濁者，屬陰。河當濁而反清者，陰欲爲陽，諸侯欲爲帝也。京房易傳曰：『河水清，天下平。』今天垂異，地吐妖，人癘疫，三者並時而有河清，猶春秋麟不當見而見，孔子書之以爲異也。公羊傳：西狩獲麟，有以告者，孔子曰：「孰爲來哉，孰爲來哉！」蓋以爲異也。見，賢遍翻。願賜清閒，極盡所言。」書奏，不省。閒，讀曰閑。省，悉井翻。

十餘日，復上書曰：「臣聞殷紂好色，妲己是出；好，呼到翻；下同。殷紂冒色，有蘇氏以妲己女之。姐，當割翻。葉公好龍，眞龍游廷。葉公子高好龍，天龍聞而降之，窺頭於牖。今黃門、常侍，天刑之人，謂已受熏腐之刑，得罪於天者也。陛下愛待，兼倍常寵，係【張：「係」作「繼」。】嗣未兆，豈不爲此！爲，于僞翻。又聞宮中立黃、老、浮屠之祠，賢曰：浮屠，即佛陀，聲之轉耳，謂佛也。此道清虛，貴尚無爲，好生惡殺，省慾去奢。惡，烏路翻。去，羌呂翻。今陛下耆欲不去，耆，讀曰嗜。殺罰過理，既乖其道，豈獲其祚哉！浮屠不三宿桑下，不欲久生恩愛，精之至也；賢曰：言浮屠之人，寄桑下者，不經三宿，便即移去，示無愛戀之心也。其守一如此，乃能成道。今陛下淫女豔婦，極天下之麗，甘肥飲美，單天下之味，單，與殫同。柰何欲如黃、老乎！」書上，即召入，詔尚書問狀。楷言：「古者本無宦臣，武帝末數游後宮，始置之耳。」數，所角翻。尚書承旨，承旨，謂承宦官風指也。奏：「楷不正辭理，而違背經藝，假借星宿，背，蒲妹翻。宿，音秀。造合私意，合，音閤，牽合也。誣上罔事，請下司隸正楷罪法，下，遐稼翻。收送雒陽獄。」帝以楷言雖激切，然皆天文恆象之數，故不誅；猶司寇論刑。司寇二歲刑也。自永平以來，臣民雖有習浮屠術者，而天子未之好；至帝，始篤好之，好，呼到翻。常躬自禱祠，由是其法浸盛，故楷言及之。

符節令汝南蔡衍、百官志：符節令，秩六百石，爲符節臺率，主符節事，屬少府。議郎劉瑜表救成瑨、劉瓆，言甚切厲，亦坐免官。瑨、瓆竟死獄中。瑨、瓆素剛直，有經術，知名當時，故天下惜之。岑晊、張牧逃竄獲免。

睚之亡也，親友競匿之；賈彪獨閉門不納，時人望之。賢曰：望，怨也；余謂望，責望也。彪曰：「傳言『相時而動，無累後人。』左傳之文。相，息亮翻。累，力瑞翻。公孝以要君致釁，要，一遙翻。自遺其咎，遺，于季翻。吾已不能奮戈相待，反可容隱之乎！」於是咸服其裁正。彪嘗爲新息長，新息縣，屬汝南郡。賢曰：今豫州縣。長，知兩翻。小民困貧，多不養子；彪嚴爲其制，與殺人同罪。城南有盜劫害人者，北有婦人殺子者，彪出按驗，掾吏欲引南；引南者，引車南行者。彪怒曰：「賊寇害人，此則常理；母子相殘，逆天違道！」遂驅車北行，按致其罪。城南賊聞之，亦面縛自首。首，式救翻。數年間，人養子者以千數。曰：「此賈父所生也。」皆名之爲賈。

9 河南【章：乙十六行本「南」作「內」；乙十一行本同；孔本同；張校同。】張成，善風角，賢曰：風角，謂候四方四隅之風，以占吉凶也。推占當赦，教子殺人。司隸李膺督促收捕，既而逢宥獲免；膺愈懷憤疾，竟按殺之。考異曰：黨錮傳云「膺爲河南尹」，按膺此事非作尹時也。成素以方伎交通宦官，伎，渠綺翻。帝亦頗訊其占；訊，問也。宦官教成弟子牢脩上書，告「膺等養太學游士，交結諸郡生徒，更相驅馳，共爲部黨，誹訕朝廷，更，工衡翻。說文曰：誹，謗也。蒼頡篇：誹，非也。疑亂風俗。」考異曰：袁紀作「牢順」，今從范書。於是天子震怒，班下郡國，下，遐稼翻；下同。逮捕黨人，布告天下，使同忿疾。案經三府，案，文案也，以考驗爲義。太尉陳蕃卻之曰：「今所按者，皆海內人譽，憂國忠公之臣，此等猶將十世宥也，左傳：晉范宣子囚叔向。祁奚見宣子曰：「謀而鮮過，惠訓不倦者，叔向有焉，猶將十世宥之，以勸能者。」豈有罪名不章而致收掠者乎！」掠，音亮。不肯平署。賢曰：平署，猶連署也。帝愈怒，遂下膺等於黃門北寺獄，時宦官專權，置黃門北寺獄，自武帝以來，中都官詔獄所未有也。下，遐嫁翻。其辭所連及，太僕潁川杜密、御史中丞陳翔及陳寔、范滂之徒二百餘人。或逃遁不獲，皆懸金購募，使者四出相望。陳寔曰：「吾不就獄，衆無所恃。」乃自往請囚。范滂至獄，獄吏謂曰：「凡坐繫者，皆祭皋陶。」滂曰：「皋陶，古之直臣，知滂無罪，將理之於帝；賢曰：帝，謂天也。陶，音遙。如其有罪，祭之何益！」衆人由此亦止。陳蕃復上書極諫，復，扶又翻。帝諱其言切，託以蕃辟召非其人，策免之。考異曰：袁紀，李膺下獄在九月。范書，蕃免在七月。蕃傳：「上書極諫曰：『膺等或禁錮閉隔，或死徙非所』云云。」按膺等赦出在明年六月。再下獄死徙在建寧二年十月。蕃既以此年七月免，則蕃傳所云，疑非蕃書也。又袁紀無陳蕃免事。靈帝卽位，以太尉陳蕃爲太傅。按蕃免後有太尉周景。蓋袁紀誤也。

時黨人獄所染逮者，皆天下名賢，染，謂獄辭所汙染也。逮，謂連及也。度遼將軍皇甫規，自以西州豪桀，恥不得與，與，讀曰預。乃自上言：「臣前薦故大司農張奐，是附黨也。又，臣昔論輸左校時，太學生張鳳等上書訟臣，是爲黨人所附也，薦張奐事見上卷六年。張鳳上書事見五年。臣宜坐之。」朝廷知而不問。

杜密素與李膺名行相次，行，下孟翻；下同。時人謂之李、杜，故同時被繫。密嘗爲北海相，行春，到高密，百官志：凡郡國守相，常以春行所主縣，勸民農桑，振救乏絕。高密縣，屬北海國。見鄭玄爲鄉嗇夫，知其異器，卽召署郡職，遂遣就學，卒成大儒。卒，子恤翻。後密去官還家，每謁守令，多所陳託。同郡劉勝，亦自蜀郡告歸鄉里，閉門埽軌，賢曰：軌，車迹也，言絕人事。無所干及。太守王昱謂密曰：「劉季陵清高士，劉勝，字季陵。公卿多舉之者。」密知昱以激己，對曰：「劉勝位爲大夫，見禮上賓，位爲大夫，謂在朝列也；見禮上賓，謂郡守接遇之也。而知善不薦，聞惡無言，隱情惜己，自同寒蟬，賢曰：寒蟬，謂寂默也。楚辭曰：悲哉秋之爲氣也，蟬寂漠而無聲。此罪人也。今志義力行之賢而密達之，違道失節之士而密糾之，使明府賞刑得中，令問休揚，不亦萬分之一乎！」昱慚服，待之彌厚。

10 九月，以光祿勳周景爲太尉。

11 司空劉茂免；冬，十二月，以光祿勳汝南宣酆爲司空。姓譜：宣以謚爲氏。

12 以越騎校尉竇武爲城門校尉。武在位，多辟名士，清身疾惡，禮賂不通；妻子衣食裁充足而已，得兩宮賞賜，兩宮，謂天子及皇后。悉散與太學諸生及匄施貧民，匄，居太翻，與也。施，式豉翻。由是衆譽歸之。

13 匈奴烏桓聞張奐至，皆相率還降，降，戶江翻。凡二十萬口；奐但誅其首惡，餘皆慰納之，唯鮮卑出塞去。朝廷患檀石槐不能制，遣使持印綬封爲王，欲與和親。檀石槐不肯受，而寇抄滋甚；抄，楚交翻。自分其地爲三部：從右北平以東至遼東，接夫餘、濊貊二十餘邑，爲東部；夫，音扶。濊，音穢。貊，莫百翻。從右北平以西，至上谷十餘邑，爲中部；從上谷以西至敦煌、烏孫二十餘邑，爲西部：各置大人領之。觀此，則夷狄亦有邑居矣。檀石槐蓋盡有匈奴故地。敦，徒門翻。

王崇武標點容肇祖聶崇岐覆校

資治通鑑卷第五十六

翰林學士兼侍讀學士朝散大夫右諫議大夫知制誥判尚書都省兼提舉萬壽觀公事上護軍河內郡開國侯食邑一千三百戶賜紫金魚袋臣司馬光　奉敕編集

後學天台胡三省　音註

漢紀四十八 起強圉協洽（丁未），盡重光大淵獻（辛亥），凡五年。

孝桓皇帝下

永康元年（丁未、一六七）是年六月，始改元。

1 春，正月，東羌先零圍祋祤，掠雲陽，二縣皆屬左馮翊。宋白曰：耀州華原、同官縣，本漢祋祤縣地，雲陽故城在今縣西北六十里。零，音憐。祋，音丁活翻，又音丁外翻。祤，音詡。當煎諸種復反。種，章勇翻。復，扶又翻；下同。段熲擊之於鸞鳥，熲，高迥翻。鸞，音藋。鳥，讀曰雀。大破之，西羌遂定。

2 夫餘王夫台寇玄菟；夫，音扶。菟，同都翻。玄菟太守公孫域擊破之。守，式又翻。

3 夏，四月，先零羌寇三輔，攻沒兩營，兩營，京兆虎牙營，扶風雍營。零，音憐。殺千餘人。

4 五月，壬子晦，日有食之。

陳蕃既免，朝臣震栗，莫敢復爲黨人言者。復，扶又翻。朝，直遙翻；下同。爲，于僞翻。賈彪曰：「吾不西行，大禍不解。」賈彪，潁川定陵人。自潁川至雒陽爲西行。乃入雒陽，說城門校尉竇武、尚書魏郡霍諝等，說，輸芮翻。諝，私呂翻。使訟之。武上疏曰：「陛下即位以來，未聞善政，常侍、黃門，競行譎詐，妄爵非人。伏尋西京，佞臣執政，終喪天下。譎，古穴翻。喪，息浪翻。今不慮前事之失，復循覆車之軌，臣恐二世之難，難，乃旦翻。必將復及，趙高之變，不朝則夕。謂望夷宮之事也。近者姦臣牢脩造設黨議，遂收前司隸校尉李膺等逮考，連及數百人，曠年拘錄，事無效驗。謂自去年興獄至今年，事終無其實也。校，戶教翻。臣惟膺等建忠抗節，志經王室，此誠陛下稷、卨、伊、呂之佐；卨，古契字，音息列翻。而虛爲姦臣賊子之所誣枉，天下寒心，海內失望。惟陛下留神澄省，澄，清也。省，察也。省，悉井翻。時見理出，賢曰：時，謂即時也。以厭神【章：乙十六行本「神」作「人」；乙十一行本同；孔本同；退齋校同。】鬼喁喁之心。喁，魚恭翻。今臺閣近臣，尚書朱寓、荀緄、劉祐、魏朗、劉矩、尹勳等，皆國之貞士，朝之良佐；緄，古本翻。考異曰：武傳：武上疏曰：「今臺閣近臣，尚書令陳蕃、僕射胡廣、尚書朱寓等。」按蕃、廣時不爲令僕，故去之。尚書郎張陵、嬀皓、嬀，俱爲翻。姓譜：嬀，帝舜之後。苑康、姓譜：苑姓，商武丁之子受封於苑，因以爲氏。左傳：齊有大夫苑何忌。楊喬、邊韶、陳留風俗傳：邊祖于宋平公子戍，字子邊。又左傳，周有大夫邊伯。戴恢等，文質彬彬，明達國典，內外之職，羣才並列。而陛下委任近習，專樹饕餮，饕，吐刀翻。

饕，他結翻。外典州郡，内幹心膂，宜以次貶黜，案罪糾罰；信任忠良，平決臧否，使邪正毀譽，各得其所，否，音鄙。譽，音余。寶愛天官，唯善是授，天官，言天命有德，人君不可以私授。如此，咎徵可消，天應可待。間者有嘉禾、芝草、黄龍之見。是年，魏郡言嘉禾生，巴郡言黄龍見。見，賢遍翻。夫瑞生必於嘉士，福至實由善人，在德爲瑞，無德爲災。陛下所行不合天意，不宜稱慶。」書奏，因以病上還城門校尉、槐里侯印綬。霍諝亦爲表請。上，時掌翻。爲，于僞翻；下同。帝意稍解，使中常侍王甫就獄訊黨人范滂等，皆三木囊頭，暴於階下，賢曰：三木，頭及手、足皆有械，更以物蒙覆其頭也。甫以次辯詰曰：「卿等更相拔舉，更，工衡翻。迭爲脣齒，其意如何？」滂曰：「仲尼之言，『見善如不及，見惡如探湯，』賢曰：探湯，喻去之疾也，見論語。探，吐南翻。滂欲使善善同其清，惡惡同其汙，謂王政之所願聞，不悟更以爲黨。古之脩善，自求多福。今之脩善，身陷大戮。身死之日，願埋滂於首陽山側，上不負皇天，下不愧夷、齊。」賢曰：伯夷、叔齊餓死首陽山，事見史記。首陽山，在雒陽東北。杜佑曰：偃師縣有首陽山。甫愍然爲之改容，乃得並解桎梏。鄭玄註周禮曰：木在手曰桎，在足曰梏。桎，之日翻。梏，工沃翻。李膺等又多引宦官子弟，宦官懼，請帝以天時宜赦。六月，庚申，赦天下，改元；黨人二百餘人皆歸田里，書名三府，禁錮終身。考異曰：帝紀於去年冬書「李膺等二百餘人受誣爲黨人，並坐下獄，書名三府。」按陳蕃以訟李膺，免。即膺等下獄已在前，後遇赦，方得書名三府。則帝紀所紀爲兩，無所用，故去之。又故書「三府」爲「王府」，劉攽曰：當爲

「三府」。

范滂往候霍諝而不謝。或讓之，滂曰：「昔叔向不見祁奚，晉范宣子囚叔向，祁奚請而免之，不見叔向而歸，叔向亦不告免焉而朝。吾何謝焉！」滂南歸汝南，南陽士大夫迎之者，車數千兩，兩，音亮。鄉人殷陶、黃穆侍衞於旁，應對賓客。滂謂陶等曰：「今子相隨，是重吾禍也！」遂遁還鄉里。

初，詔書下舉鉤黨，賢曰：鉤，謂相連也。下，遐稼翻。郡國所奏相連及者，多至百數，唯平原相史弼獨無所上。上，時掌翻。詔書前後迫切州郡，髡笞掾史。從事坐傳舍責曰：掾，俞絹翻。賢曰：續漢志：每州有從事史及諸曹掾史。傳，客舍也；音知戀翻。坐傳舍召弼而責。余謂「髡笞掾史」句絕，言詔書督迫州郡至於髡笞掾史，青州從事則坐平原傳舍而責史弼也。「詔書疾惡黨人，惡，烏路翻。旨意懇惻。青州六郡，其五有黨，平原何治而得獨無？」弼曰：「先王疆理天下，賢曰：疆，界也。理，正也。畫界分境，水土異齊，風俗不同。記王制曰：凡居民財，必因天地，寒暖燥濕，廣谷大川異制，民生其間者異俗，剛柔、輕重、遲速異齊。齊，才細翻。前書曰：凡民函五常之性，而其剛柔緩急，音聲不同，繫水土之風氣，故謂之風；好惡取舍動靜無常，隨君上之情欲，故謂之俗。他郡自有，平原自無，胡可相比！若承望上司，誣陷良善，淫刑濫罰，以逞非理，則平原之人，戶可爲黨。相有死而已，相，息亮翻。所不能也！」從事大怒，卽收郡僚職送獄，郡僚職，謂郡諸曹掾史也。遂舉奏弼。會黨禁中解，弼以俸贖罪。所脫者甚衆。

竇武所薦：朱寓，沛人；苑康，勃海人；楊喬，會稽人；會，工外翻。邊韶，陳留人。喬容儀偉麗，數上言政事，數，所角翻。帝愛其才貌，欲妻以公主，妻，七細翻。喬固辭，不聽，遂閉口不食，七日而死。

6 秋，八月，巴郡言黃龍見。見，賢遍翻。初，郡人欲就池浴，見池水濁，因戲相恐，「此中有黃龍，」語遂行民間，太守欲以爲美，故上之。上，時掌翻。郡吏傅堅諫曰：「此走卒戲語耳。」太守不聽。

7 六月，【張：「月」作「州」。】大水，勃海【張：「海」下脫「海」字。】溢。

8 冬，十月，先零羌寇三輔，零，音憐。張奐遣司馬尹端、董卓拒擊，大破之，斬其酋豪，首虜萬餘人，酋，慈由翻。三州清定。時奐督幽、并、涼三州。奐論功當封，以不事宦官故不果封，唯賜錢二十萬，除家一人爲郎。奐辭不受，請徙屬弘農。舊制，邊人不得內徙，詔以奐有功，特許之。奐，燉煌淵泉人。拜董卓爲郎中。卓，隴西人，性粗猛有謀，羌胡畏之。董卓事始此。

9 十二月，壬申，復癭陶王悝爲勃海王。悝貶事見上卷延熹八年。癭，於郢翻。悝，苦回翻。

10 丁丑，帝崩于德陽前殿。年三十六。戊寅，尊皇后曰皇太后。太后臨朝。初，竇后既立，御見甚稀，見，賢遍翻。唯采女田聖等有寵。后素忌忍，帝梓宮尚在前殿，遂殺田聖。城門校尉竇武議立嗣，召侍御史河間劉儵，儵，式竹翻。問以國中宗室之賢者，儵稱解瀆亭侯宏。賢曰：解瀆亭在今定州義豐縣東北。杜佑曰：義豐，漢之安國縣也。宏者，河間孝王之曾孫也，祖淑，父萇，世封解瀆亭侯。武乃入白太后，定策禁中，以儵守光祿大夫，與中常侍曹節並持節將中黃門、虎賁、羽林千人，將，卽亮翻。奉迎宏，時年十二。考異曰：范書云：「卽帝位，年十三」，袁紀，初立爲嗣詔書云，「年十有二」；建寧二年誅黨人時，云年十四。袁紀是也。

孝靈皇帝上之上

諱宏。謚法：亂而不損曰靈。伏侯古今註：「宏」之字曰「大」。

建寧元年（戊申、一六八）

1 春，正月，壬午，以城門校尉竇武爲大將軍。考異曰：袁紀：「延熹九年，四月，戊寅，特進竇武爲大將軍。武移病固讓，至于數十；不許。」范書在今年正月，壬午，武傳，爲大將軍亦在迎立靈帝後。今從之。前太尉陳蕃爲太傅，考異曰：帝紀，拜蕃太傅在卽位後；傳在前。緣有蕃責尚書等語，故知從傳是也。與武及司徒胡廣參錄尚書事。三人謂之參。

時新遭大喪，國嗣未立，諸尚書畏懼，多託病不朝。陳蕃移書責之曰：「古人立節，事亡如存。賢曰：言人主雖亡，法度尚在，當行之與不亡時同，故曰如存。余謂「事死如事生，事亡如事存，」中庸之文，言人主雖死亡，事之如生存也。今帝祚未立，政事日蹙，諸君柰何委荼蓼之苦，息偃在牀，詩國風曰：誰謂荼苦，其甘如薺。周頌曰：未堪家多難，予又集于蓼。小雅曰：或息偃在牀。於義安乎！」諸尙書惶怖，怖，普布翻。皆起視事。

2 己亥，解瀆亭侯至夏門亭，使竇武持節，以王青蓋車迎入殿中；庚子，卽皇帝位，改元。

3 二月，辛酉，葬孝桓皇帝于宣陵，賢曰：宣陵，在雒陽東南三十里。廟曰威宗。

4 辛未，赦天下。

5 初，護羌校尉段熲既定西羌，去年熲定西羌。而東羌先零等種猶未服，度遼將軍皇甫規、中郎將張奐招之連年，既降又叛。桓帝延熹四年，皇甫規招降東羌。六年，規薦張奐。至永康元年，七年之間，羌之叛服無常。降，戶江翻；下同。桓帝詔問熲曰：「先零東羌造惡反逆，而皇甫規、張奐各擁強衆，不時輯定，欲令熲移兵東討，未識其宜，可參思術略。」熲上言曰：「臣伏見先零東羌雖數叛逆，數，所角翻。而降於皇甫規者，已二萬許落，善惡既分，餘寇無幾。今張奐躊躇久不進者，躊躇，猶豫也，又住足也。當慮外離內合，兵往必驚。且自冬踐春，屯結不散，人畜疲羸，有自亡之勢，欲更招降，坐制強敵耳。臣以爲狼子野心，難以恩納，勢窮雖服，兵去復動，復，扶又翻。唯當長矛挾脅，白刃加頸耳！計東種所餘三萬餘落，種，章勇翻；下同。近居塞內，路無險折，非有燕、齊、秦、趙從橫之勢，從，子容翻。而久亂幷、涼，累侵三輔，西河、上郡，已各內徙，事見五十二卷順帝永和五年。安定、北地，復至單危；復，扶又翻；下同。自雲中、五原，西至漢陽二千餘里，匈奴、諸羌，並擅其地，是爲癰疽伏疾，留滯脅下，如不加誅，轉就滋大。若以騎五千、步萬人、車三千兩，兩，音亮。三冬二夏，足以破定，無慮用費爲錢五十四億，賢曰：無慮，都凡也。毛晃曰：總計曰無慮，猶言多少如是無疑也。如此，則可令羣羌破盡，匈奴長服，內徙郡縣，得反本土。伏計永初中，諸羌反叛，十有四年，用二百四十億；事見五十卷安帝元初五年。永和之末，復經七年，用八十餘億。事見五十二卷沖帝永嘉元年。費耗若此，猶不誅盡，餘孽復起，于茲作害。今不暫疲民，則永寧無期。臣庶竭駑劣，伏待節度。」駑，音奴。帝許之，悉聽如所上。上，時掌翻。熲於是將兵萬餘人，齎十五日糧，從彭陽直指高平，賢曰：彭陽、高平，並縣名，屬安定郡。彭陽縣，卽今原州彭原縣也。高平縣，今原州也。與先零諸種戰於逢義山。賢曰：山在今原州平高縣。杜佑曰：平高縣，卽漢之高平也。虜兵盛，熲衆皆恐。熲乃令軍中長鏃利刃，范書段熲傳作「張鏃利刃」。長矛三重，重，直龍翻。挾以強弩，列輕騎爲左右翼，謂將士曰：「今去家數千里，進則事成，走必盡死，努力共功名！」因大呼，呼，火故翻。衆皆應聲騰赴，【張：「赴」下脫「熲」字。】馳騎於傍，突而擊之，虜衆大潰，斬首八千餘級。太后賜詔書褒美曰：「須東羌盡定，當并錄功勤；今且賜熲錢二十萬，以家一人爲郎中。」敕中藏府調金錢、綵物增助軍費，百官志：中藏府令，屬少府，掌中幣帛金銀諸貨物。調，徒弔翻。藏，徂浪翻。拜熲破羌將軍。

6 閏月，甲午，追尊皇祖爲孝元皇，沈約曰：孝元皇，謚法所不載。今按周公謚法：能思辨衆曰元；行義說民曰元；主義行德曰元；靖民則法曰元。夫人夏氏爲孝元后，夏，戶雅翻。考爲孝仁皇，謚法：貴賢親親曰仁。尊帝母董氏爲慎園貴人。皇祖，解瀆亭侯淑也。皇考，侯萇也。賢曰：慎園，在今瀛州樂壽縣東南，俗呼爲二皇陵。

7 夏，四月，戊辰，太尉周景薨，司空宣酆免；以長樂衞尉王暢爲司空。樂，音洛。

8 五月，丁未朔，日有食之。

9 以太中大夫劉矩爲太尉。

10 六月，京師大水。

11 癸巳，錄定策功，封竇武爲聞喜侯，武子機爲渭陽侯，考兩漢志無渭陽縣，蓋因舅氏之親而爲封國之名。兄子紹爲鄠侯，鄠，音戶。靖爲西鄉侯，中常侍曹節爲長安鄉侯，侯者凡十一人。

涿郡盧植上書說武曰：說，輸芮翻。「足下之於漢朝，猶旦、奭之在周室，建立聖主，四海有繫，論者以爲吾子之功，於斯爲重。今同宗相後，披圖案牒，以次建之，何勳之有！自和帝無嗣，安帝以肅宗之孫入立。沖、質短祚，桓帝以肅宗曾孫入立。桓帝無嗣，又以肅宗玄孫入立。是同宗相後，以次建之也。圖，以族屬之遠近寫爲圖也。牒，譜第之也。豈可橫叨天功以爲己力乎！橫，戶孟翻。宜辭大賞，以全身名。」武不能用。植身長八尺二寸，長，直亮翻。音聲如鍾，性剛毅，有大節。少事馬融，少，詩照翻。融性豪侈，多列女倡歌舞於前，倡，音昌。植侍講積年，未嘗轉盼，融以是敬之。太后以陳蕃舊德，特封高陽鄉侯。蕃上疏讓曰：「臣聞割地之封，功德是爲。爲，于僞翻。臣雖無素潔之行，行，下孟翻。竊慕君子『不以其道得之，不居也』。孔子曰：富與貴，是人之所欲也，不以其道得之，不處也。若受爵不讓，掩面就之，詩云：受爵不讓，至于己斯亡。使皇天震怒，災流下民，於臣之身，亦何所寄！」太后不許。蕃固讓，章前後十上，上，時掌翻。竟不受封。

12段熲將輕兵追羌，出橋門，據東觀記，橋門，谷名。水經註云：橋門，即橋山之長城門也。晨夜兼行，與戰於奢延澤、落川、令鮮水上，賢曰：即上郡奢延縣界也。水經註：奢延水出奢延縣西南赤沙阜，東流入于河。落川，在奢延水南。賢曰：令鮮，水名，在今甘州張掖縣界，一名合黎水，一名羌谷水。余考鮮水既捷，乃追戰於靈武谷，此鮮水非甘州之鮮水明矣，當在上郡北地界。連破之；又戰於靈武谷，賢曰：靈武，縣名，有谷，在今靈州懷遠縣西北。余據前書地理志，北地郡有靈武縣，靈武谷當在此縣界，非唐靈州之靈武縣也。羌遂大敗。秋，七月，熲至涇陽，涇陽縣，屬安定郡。賢曰：故城在今原州平涼縣南。餘寇四千落，悉散入漢陽山谷間。

護匈奴中郎將張奐上言：「東羌雖破，餘種難盡，種，章勇翻。段熲性輕果，慮負敗難常，宜且以恩降，可無後悔。」詔書下熲，下，遐稼翻。熲復上言：「臣本知東羌雖衆，而輭弱易制，復，扶又翻；下同。輭，乳兗翻，柔也。所以比陳愚慮，比，毗至翻。思爲永寧之算；而中郎將張奐說虜強難破，宜用招降。降，戶江翻。聖朝明監，信納瞽言，故臣謀得行，奐計不用。事勢相反，遂懷猜恨，信叛羌之訴，飾潤辭意，云臣兵『累見折衄』，賢曰：傷敗曰衄，音女六翻。又言『羌一氣所生，不可誅盡，賢曰：言羌亦稟天之一氣所生，誅之不可盡也。山谷廣大，不可空靜，血流汙野，傷和致災。』汙，烏故翻。臣伏念周、秦之際，戎狄爲害，中興以來，羌寇最盛，誅之不盡，雖降復叛。今先零雜種，累以反覆，攻沒縣邑，剽略人物，剽，匹妙翻。發冢露尸，禍及生死，上天震怒，假手行誅。昔邢爲無道，衞國伐之，師興而雨；左傳曰：衞大旱，卜有事于山川，不吉。甯莊子曰：「昔周飢，克殷而年豐。今邢方無道，天其欲衞討邢乎！」從之，師興而雨。臣動兵涉夏，連獲甘澍，澍，音樹，又音注，時雨也。歲時豐稔，人無疵疫。上占天心，不爲災傷；下察人事，衆和師克。自橋門以西、落川以東，故宮縣邑，更相通屬，杜佑曰：橋門以西，落川以東，今金城、會寧、平涼郡地。屬，之欲翻。非爲深險絕域之地，車騎安行，無應折衄。案奐爲漢吏，身當武職，駐軍二年，不能平寇，桓帝延熹九年，奐督三州二營。虛欲修文戢戈，招降獷敵，賢曰：獷，惡貌也，音各猛翻。誕辭空說，僭而無徵。左傳：臧會卜爲信與僭。杜預註曰：僭，不信也。何以言之？昔先零作寇，趙充國徙令居內，宣帝時，趙充國擊西羌，降者三萬餘人，徙之金城，置金城屬國以處之。令，使也，音零。煎當亂邊，馬援遷之三輔，始服終叛，至今爲鯁，賢曰：鯁，與梗同。梗，病也。大雅云：至今爲梗。故遠識之士，以爲深憂。今傍郡戶口單少，數爲羌所創毒，數，所角翻；下同。創，初良翻，傷也。而欲令降徒與之雜居，降，戶江翻。是猶種枳棘於良田，養蛇虺於室內也。故臣奉大漢之威，建長久之策，欲絕其本根，不使能殖。賢曰：殖，生也。左傳曰：見惡如農夫之務去草焉，絕其本根，勿使能殖。本規三歲之費，用五十四億；今適期年，所耗未半，而餘寇殘燼，杜預曰：燼，火餘木也。將向殄滅。臣每奉詔書，軍不內御，賢曰：御，制御也。淮南子曰：國不可從外理，軍不可從中御。願卒斯言，卒，子恤翻，終也。一以任臣，臨時量宜，量，音亮。不失權便。」

13 八月，司空王暢免，宗正劉寵爲司空。

14 初，竇太后之立也，陳蕃有力焉。事見五十五卷桓帝延熹八年。及臨朝，政無大小，皆委於蕃。蕃與竇武同心戮力，以奬王室，徵天下名賢李膺、杜密、尹勳、劉瑜等，皆列於朝廷，與共參政事。於是天下之士，莫不延頸想望太平。而帝乳母趙嬈及諸女尚書，賢曰：女尚書，內官也。嬈，音乃了翻。旦夕在太后側，中常侍曹節、王甫等共相朋結，諂事太后，太后信之，數出詔命，有所封拜。蕃、武疾之，嘗共會朝堂，數，所角翻。朝，直遙翻。蕃私謂武曰：「曹節、王甫等，自先帝時操弄國權，操，千高翻。濁亂海內，今不誅之，後必難圖。」武深然之。蕃大喜，以手推【章：乙十六行本「推」作「椎」；乙十一行本同；孔本同；熊校同。】席而起。武於是引同志尚書令尹勳等共定計策。

會有日食之變，蕃謂武曰：「昔蕭望之困一石顯，事見二十八卷元帝初元二年。況今石顯數十輩乎！蕃以八十之年，欲爲將軍除害，今可因日食斥罷宦官，以塞天變。」爲，于僞翻。塞，悉則翻。武乃白太后曰：「故事，黄門、常侍但當給事省內【張：「內」下脫「典」字。】門戶，主近署財物耳；省內，謂禁中也。近署財物，謂少府所掌中藏府、尚方、內者諸署也。今乃使與政事，任重權，與，讀曰預。子弟布列，專爲貪暴。天下匈匈，正以此故，宜悉誅廢以清朝廷。」太后曰：「漢元以來故事，漢元，漢初也。世有宦官，但當誅其有罪者，豈可盡廢邪！」時中常侍管霸，頗有才略，專制省內，武先白收霸及中常侍蘇康等，皆坐死。武復數白誅曹節等，復，扶又翻。數，所角翻。太后冘豫未忍，冘，音淫。故事久不發。蕃上疏曰：「今京師囂囂，道路諠譁，言侯覽、曹節、公乘昕、王甫、鄭颯等，與趙夫人、諸尚書並亂天下，公乘，秦爵也。此以爵爲氏。乘，繩證翻。昕，許斤翻。趙夫人卽趙嬈。颯，音立。附從者升進，忤逆者中傷，忤，五故翻。中，竹仲翻。一朝羣臣如河中木耳，朝，直遥翻，謂舉朝之臣也。汎汎東西，耽祿畏害。陛下今不急誅此曹，必生變亂，傾危社稷，其禍難量。量，音良。願出臣章宣示左右，幷令天下諸姦知臣疾之。」太后不納。

是月，太白犯房之上將，入太微。晉書天文志：房四星爲明堂，天子布政之宮也，亦四輔也。第一星，上將也；次，次將也；次，次相也；上星，上相也。太微，天子庭也。侍中劉瑜素善天官，天官，卽天文也。史記天官書猶後之天文志。惡之，惡，烏路翻。上書皇太后曰：「案占書：宮門當閉，將相不利，姦人在主傍；願急防之。」又與武、蕃書，以星辰錯繆，不利大臣，宜速斷大計。斷，丁亂翻。於是武、蕃以朱寓爲司隸校尉，劉祐爲河南尹，虞祁爲雒陽令。武奏免黄門令魏彪，以所親小黄門山冰代之，姓譜：周有山師之官，子孫以爲氏。或云：烈山氏之後。使冰奏收長樂尚書鄭颯，長樂尚書，蓋以太后臨朝置之，以掌奏下外朝文書衆事也。樂，音洛；下同。送北寺獄。蕃謂武曰：「此曹子便當收殺，何復考爲！」復，扶又翻；下同。武不從，令冰與尹勳、侍御史祝瑨雜考颯，辭連及曹節、王甫。勳、冰即奏收節等，使劉瑜內奏。

九月，辛亥，武出宿歸府。典中書者先以告長樂五官史朱瑀，瑀盜發武奏，長樂，太后宮也。太后宮有女尚書五人，五官史主之。考異曰：范書帝紀作「丁亥」，袁紀作「辛亥」。按長曆，是年，九月，乙巳朔，無丁亥。今從袁紀。罵曰：「中官放縱者，自可誅耳，我曹何罪，而當盡見族滅！」因大呼曰：呼，火故翻，下同。「陳蕃、竇武奏白太后廢帝，爲大逆！」乃夜召素所親壯健者長樂從官史共普、張亮等十七人，長樂從官史，掌太后宮從官。從，才用翻。共，音龔。唶血共盟，唶，色洽翻。謀誅武等。曹節白帝曰：「外間切切，切切，猶言迫急也。請出御德陽前殿。」令帝拔劍踊躍，使乳母趙嬈等擁衞左右，取棨信，閉諸禁門，賢曰：棨，有衣戟也。漢官儀曰：凡居宮中，皆施籍於掖門。按姓名當入者，本官爲封棨，傳審印信，然後受也。召尚書官屬，脅以白刃，使作詔板，拜王甫爲黄門令，詔板，所謂尺一也。持節至北寺獄，收尹勳、山冰。冰疑，不受詔，甫格殺之，并殺勳；出鄭颯，還兵劫太后，奪璽綬。璽，斯氏翻。綬，音受。令中謁者守南宮，閉門絕複道。謁者掌守門戶；

文帝自代邸入立，有謁者十人，持戟衞端門是也。雒陽南、北宮有複道相通。使鄭颯等持節及侍御史謁者捕收武等。武不受詔，馳入步兵營，與其兄子步兵校尉紹共射殺使者。射，而亦翻。召會北軍五校士數千人屯都亭，雒陽都亭也。校，戶教翻。下令軍士曰：「黃門、常侍反，盡力者封侯重賞。」陳蕃聞難，將官屬諸生八十餘人，並拔刃突入承明門，難，乃旦翻。考異曰：袁紀：「蕃到承明門，使者不內，曰：『公未被詔召，何得勒兵入宮！』蕃曰：『趙鞅專兵向宮，以逐君側之惡，春秋義之。』有使者出開門，蕃到尚書門，正色云云。」今從范書。到尚書門，攘臂呼曰：呼，火故翻。「大將軍忠以衞國，黃門反逆，何云竇氏不道邪！」王甫時出與蕃相遇，適聞其言，而讓蕃曰：「先帝新棄天下，山陵未成，武有何功，兄弟父子並封三侯！謂武子機封渭陽侯，兄子紹封鄠侯，紹弟靖封西鄉侯。又設樂飲讌，多取掖庭宮人，旬日之間，貲財巨萬，大臣若此，爲是道邪！謂此非不道而何。公爲宰輔，苟相阿黨，復何求賊！」復，扶又翻。使劍士收蕃，蕃拔劍叱甫，辭色逾厲。遂執蕃，送北寺獄。考異曰：范書蕃傳曰：「蕃拔劍叱甫，甫兵不敢近。乃益人圍之數十重，遂執蕃送獄。」今據袁紀。黃門從官騶蹋踧蕃曰：從，才用翻。騶，側尤翻。賢曰：騶，騎士也。踧，子六翻。「死老魅！魅，明祕翻。物老而能爲精怪，曰魅。復能損我曹員數、奪我曹稟假不！」稟，給也。假，借也。不，俯九翻。卽日，殺之。時護匈奴中郎將張奐徵還京師，曹節等以奐新至，不知本謀，矯制以少府周靖行車騎將軍、加節，與奐率五營士討武。夜漏盡，天且明也。王甫將虎賁、羽林等合千餘人，出屯朱雀掖門，北宮南掖門曰朱雀門。將，卽亮翻。與奐等合，已而悉軍闕下，與武對陳。陳，讀曰陣。甫兵漸盛，使其士大呼武軍曰：「竇武反，汝皆禁兵，當宿衛宮省，何故隨反者乎！先降有賞！」營府兵素畏服中官，營府，謂五營校尉府也。於是武軍稍稍歸甫，自旦至食時，兵降略盡。降，戶江翻。武、紹走，諸軍追圍之，皆自殺，梟首雒陽都亭；梟，工堯翻。收捕宗親賓客姻屬，悉誅之，及侍中劉瑜、屯騎校尉馮述，皆夷其族。宦官又譖虎賁中郎將河間劉淑、故尚書會稽魏朗，云與武等通謀，皆自殺。會，工外翻。遷皇太后於南宮，徙武家屬於日南；自公卿以下嘗爲蕃、武所舉者及門生故吏，皆免官禁錮。議郎勃海巴肅，姓譜：巴，巴國之後，後漢又有揚州刺史巴祗。始與武等同謀，曹節等不知，但坐禁錮，後乃知而收之。肅自載詣縣，肅，勃海高城縣人。縣令見肅，入閤，解印綬，欲與俱去。肅曰：「爲人臣者，有謀不敢隱，有罪不逃刑，既不隱其謀矣，又敢逃其刑乎！」遂被誅。被，皮義翻。

曹節遷長樂衛尉，封育陽侯。育陽縣，屬南陽郡。王甫遷中常侍，黃門令如故。朱瑀、共普、張亮等六人皆爲列侯，共，音龔。姓譜：共，商諸侯之國，晉有左行共華。又云，鄭共叔段之後。十一人爲關內侯。於是羣小得志，士大夫皆喪氣。喪，息浪翻。

蕃友人陳留朱震收葬蕃尸，匿其子逸，事覺，繫獄，合門桎梏。震受考掠，桎，之日翻。梏，工沃翻。掠，音亮。誓死不言，逸由是得免。武府掾桂陽胡騰殯斂武尸，行喪，掾，俞絹翻。斂，力瞻翻。坐以禁錮。武孫輔，年二歲，騰詐以爲己子，與令史南陽張敞百官志：大將軍府，令史及御屬三十一人。共匿之於零陵界中，亦得免。

張奐遷大司農，以功封侯。奐深病爲曹節等所賣，固辭不受。

15 以司徒胡廣爲太傅，錄尚書事，司空劉寵爲司徒，大鴻臚許栩爲司空。臚，陵如翻。栩，況羽翻。

16 冬，十月，甲辰晦，日有食之。

17 十一月，太尉劉矩免，以太僕沛國聞人襲爲太尉。聞人，姓也，風俗通曰：少正卯魯之聞人，其後氏焉。

18 十二月，鮮卑及濊貊寇幽、幷二州。濊，音穢。貊，莫百翻。

19 是歲，疏勒王季父和得殺其王自立。

20 烏桓大人上谷難樓有衆九千餘落，遼西丘力居有衆五千餘落，【張：「落」下脫「皆」字。】自稱王。遼東蘇僕延有衆千餘落，自稱峭王。峭，音七笑翻。右北平烏延有衆八百餘落，自稱汗魯王。史言烏桓強盛。

二年（己酉、一六九）

1 春，正月，丁丑，赦天下。

2帝迎董貴人於河間。三月，乙巳，尊爲孝仁皇后，居永樂宮；樂，音洛。拜其兄寵爲執金吾，兄子重爲五官中郎將。

3夏，四月，壬辰，有青蛇見於御坐上。見，賢遍翻。坐，徂臥翻。癸巳，大風，雨雹，霹靂，霹靂，震霆也。考異曰：帝紀：「建寧二年，四月癸巳，大風雨雹。」楊賜傳：「熹平元年，青蛇見御坐。」續漢志：「熹平元年，四月，甲午，青蛇見御坐。」袁紀：「建寧二年，四月，壬辰，青蛇見；癸巳，大風。」按張奐傳，論陳、竇，薦王、李，與袁紀相應。今從之。拔大木百餘。詔公卿以下各上封事。大司農張奐上疏曰：「昔周公葬不如禮，天乃動威。尚書大傳曰：周公薨，成王欲葬之成周。天乃雷電以風，禾則盡偃，大木斯拔，邦人大恐。王葬周公于畢，示不敢臣也。今竇武、陳蕃忠貞，未被明宥，被，皮義翻。妖眚之來，皆爲此也，爲，于僞翻。宜急爲收葬，爲，于僞翻。徙還家屬，其從坐禁錮，一切蠲除。蠲，吉玄翻。又，皇太后雖居南宮，而恩禮不接，朝臣莫言，遠近失望。宜思大義顧復之報。」賢曰：顧，旋視也。復，反覆也。小雅曰：父兮生我，母兮鞠我，顧我復我，出入腹我。上深嘉奐言，以問諸常侍，左右皆惡之，惡，烏路翻。帝不得自從。奐又與尚書劉猛等共薦王暢、李膺可參三公之選，曹節等彌疾其言，遂下詔切責之。奐等皆自囚廷尉，數日，乃得出，並以三月俸贖罪。俸，扶用翻。

郎中東郡謝弼上封事曰：「臣聞『惟虺惟蛇，女子之祥』。詩小雅無羊之辭。鄭玄註云：虺、蛇穴處，陰之祥也。伏惟皇太后定策宮闈，援立聖明，書曰：『父子兄弟，罪不相及』，左傳：胥臣曰：康誥曰：「父不慈，子不祗，兄不友，弟不恭，不相及也。」今尚書康誥無此語。竇氏之誅，豈宜咎延太后！幽隔空宮，愁感天心，如有霧露之疾，陛下當何面目以見天下！孝和皇帝不絕竇氏之恩，事見四十七卷永元九年。前世以爲美談。禮，『爲人後者爲之子』，今以桓帝爲父，豈得不以太后爲母哉！願陛下仰慕有虞蒸蒸之化，凱【章：乙十六行本「凱」上有「俯思」二字；乙十一行本同；孔本同；張校同。】風慰母之念。書舜典曰：烝烝乂，不格姦。孔安國註云：烝烝，猶進進也。言舜進於善道。詩凱風曰：有子七人，莫慰母心。臣又聞『開國承家，小人勿用』，易師卦上六爻辭。今功臣久外，未蒙爵秩，阿母寵私，乃享大封，大風雨雹，亦由於茲。雨，于具翻。又，故太傅陳蕃，勤身王室，而見陷羣邪，一旦誅滅，其爲酷濫，駭動天下；而門生故吏，並離徙錮。離，遭也。蕃身已往，人百何贖！詩國風黃鳥曰：如可贖兮，人百其身。宜還其家屬，解除禁網。夫台宰重器，國命所繫，今之四公，唯司空劉寵斷斷守善，餘皆素餐致寇之人，必有折足覆餗之凶，賢曰：四公，謂劉矩爲太尉，許訓爲司徒，胡廣爲太傅及寵也。書曰：如有一介臣，斷斷猗無他技。孔安國註云：斷斷猗然，專一之臣也。素，空也；無德而食其祿曰素餐。易曰：負且乘，致寇至。又曰：鼎折足，覆公餗。鼎以喻三公；餗，鼎實也；折足覆餗，言不勝其任。據是年聞人襲已代劉矩爲太尉，餘三公亦不與賢註合。斷，丁亂翻。折，而設翻。餗，音速。可因災異，並加罷黜，徵故司空王暢、長樂少府李膺並居政事，庶災變可消，國祚惟永。」左右惡其言，惡，烏路翻。出爲廣陵府丞，府丞，卽郡丞也。去官，歸家。曹節從子紹爲東郡太守，以他罪收弼，掠死於獄。掠，音亮。

帝以蛇妖問光祿勳楊賜，賜上封事曰：「夫善不妄來，災不空發。王者心有所想，雖未形顔色，而五星以之推移，陰陽爲其變度。夫皇極不建，則有龍蛇之孽，賢曰：洪範五行傳曰：皇，大也；極，中也；建，立也；孽，災也。君不合大中，是謂不立。蛇，龍，陰類也。詩云：『惟虺惟蛇，女子之祥。』惟陛下思乾剛之道，別内外之宜，抑皇甫之權，割豔妻之愛，賢曰：豔妻，周幽王后褒姒也。皇甫卿士，皆后之黨，用后嬖寵而居位也。詩云：皇甫卿士，豔妻煽方處。別，彼列翻。則蛇變可消，禎祥立應。」賜，秉之子也。

4 五月，太尉聞人襲、司空許栩免；六月，以司徒劉寵爲太尉，太常汝南許訓爲司徒，太僕長沙劉囂爲司空。囂素附諸常侍，故致位公輔。

5 詔遣謁者馮禪說降漢陽散羌。說，輸芮翻。降，戶江翻。段熲以春農，百姓布野，羌雖暫降，而縣官無廩，必當復爲盜賊，復，扶又翻。不如乘虛放兵，放兵，謂縱兵擊羌也。勢必殄滅。熲於是自進營，去羌所屯凡亭山四五十里，魏收地形志，安定鶉陰縣有凡亭。杜佑作瓦亭山。註云：瓦亭山，在今平涼郡蕭關縣。遣騎司馬田晏、假司馬夏育將五千人先進，擊破之。夏，戶雅翻。羌衆潰東奔，復聚射虎谷，復，扶又翻；下同。分兵守谷上下門，熲規一舉滅之，不欲復令散走。秋七月，熲遣千人於西縣結木爲栅，西縣，前漢屬隴西郡，後漢屬漢陽郡。參據二志，皆云縣有嶓冢山，西漢水所出。是則禹貢所謂「嶓冢導漾，東流爲漢」，其發源之地也。段熲討羌起於安定高平；羌敗，則追至上郡奢延，及大敗於靈武谷，乃追至安定涇陽。諸羌散入漢陽山谷間，聚屯凡亭山；凡亭既破，復聚射虎谷，熲乃於西縣結柵以遮之。以羌奔潰所趨考之，射虎谷在西縣東北，凡亭山當在射虎谷東北。蓋東羌爲熲兵所追，復欲西奔出塞，歸其舊來巢穴，而殲於是谷也。賢曰：西縣故城，在今秦州上邽縣西南。廣二十步，長四十里遮之。廣，古曠翻。長，直亮翻。分遣晏、育等將七千人銜枚夜上西山，結營穿塹，去虜一里許，又遣司馬張愷等將三千人上東山，上，時掌翻。虜乃覺之。熲因與愷等挾東、西山，縱兵奮擊，破之，追至谷上下門，窮山深谷之中，處處破之，斬其渠帥以下萬九千級。帥，所類翻。馮禪等所招降四千人，分置安定、漢陽、隴西三郡。於是東羌悉平。熲凡百八十戰，斬三萬八千餘級，獲雜畜四十二萬七千餘頭，畜，許又翻。費用四十四億，軍士死者四百餘人；更封新豐縣侯，邑萬戶。

臣光曰：書稱「天地，萬物父母。惟人萬物之靈，亶聰明，作元后，元后作民父母。」周書泰誓之辭。亶，誠也。夫蠻夷戎狄，氣類雖殊，其就利避害，樂生惡死，樂，音洛。惡，烏路翻。亦與人同耳。御之得其道則附順服從，失其道則離叛侵擾，固其宜也。是以先王之政，叛則討之，服則懷之，處之四裔，裔，邊也。處，昌呂翻。不使亂禮義之邦而已。若乃視之如草木禽獸，不分臧否，不辨去來，悉艾殺之，否，音鄙。艾，讀曰刈。豈作民父母之意哉！且夫羌之所以叛者，爲郡縣所侵冤故也；侵冤者，爲所侵刻而銜冤。叛而不卽誅者，將帥非其人故也。苟使良將驅而出之塞外，擇良吏而牧之，則疆埸之臣也，豈得專以多殺爲快邪！夫御之不得其道，雖華夏之民，亦將蠭起而爲寇，又可盡誅邪！然則段紀明之爲將，段熲，字紀明，犯太宗嫌諱，故稱字。雖克捷有功，君子所不與也。

6 九月，江夏蠻反，夏，戶雅翻。州郡討平之。

7 丹楊山越圍太守陳夤，夤擊破之。山越本亦越人，依阻山險，不納王租，故曰山越。寇擾郡縣，蓋自此始。其後孫吳悉取其地，以民爲兵，遂爲王土。

8 初，李膺等雖廢錮，事見上卷桓帝延熹九年。天下士大夫皆高尚其道而汙穢朝廷，希之者唯恐不及，更共相標榜，爲之稱號：賢曰：標榜，猶相稱揚也。余謂立表以示人曰標，揭書以示人曰榜；標榜，猶言表揭也。更，工衡翻。以竇武、陳蕃、劉淑爲三君，君者，言一世之所宗也；李膺、荀翌、「翌」，范書作「昱」。杜密、王暢、劉祐、魏朗、趙典、朱寓爲八俊，俊者，言人之英也；郭泰、范滂、尹勳、巴肅及南陽宗慈、陳留夏馥、汝南蔡衍、泰山羊陟爲八顧，顧者，言能以德行引人者也；行，下孟翻。張儉、翟超、岑晊、苑康翟，萇伯翻。晊，之日翻。及山陽劉表、汝南陳翔、魯國孔昱、山陽檀敷爲八及，及者，言其能導人追宗者也；賢曰：導，引也。言謂所宗仰者。度尚及東平張邈、王孝、東郡劉儒、泰山胡母班、風俗通曰：胡母姓，本陳胡公之後也，公子完奔齊，遂有齊國。齊宣王母弟別封母鄉，遠取胡公，近取母邑，故曰胡母氏。陳留秦周、魯國蕃嚮、賢曰：蕃，姓也，音皮。東萊王章爲八廚，廚者，言能以財救人者也。及陳、竇用事，復舉拔膺等；陳、竇誅，膺等復廢。

宦官疾惡膺等，每下詔書，輒申黨人之禁。復，扶又翻。惡，烏路翻。下，遐稼翻。侯覽怨張儉尤甚，以破其冢宅也，事見上卷桓帝延熹九年。覽鄉人朱並素佞邪，爲儉所棄，承覽意指，上書告儉與同鄉二十四人別相署號，共爲部黨，圖危社稷，而儉爲之魁。詔刊章捕儉等。刊章者，刊去並姓名而下其章也。冬，十月，大長秋曹節因此諷有司奏「諸鉤黨者故司空虞放及李膺、杜密、朱寓、荀翌、翟超、劉儒、范滂等，賢曰：鉤，謂相牽引也。請下州郡考治。」下，遐稼翻。治，直之翻。是時上年十四，問節等曰：「何以爲鉤黨？」對曰：「鉤黨者，卽黨人也。」上曰：「黨人何用爲惡而欲誅之邪？」對曰：「皆相舉羣輩，欲爲不軌。」上曰：「不軌欲如何？」對曰：「欲圖社稷。」上乃可其奏。軌，法度也。君君、臣臣，所謂法也。爲人臣而欲圖危社稷，謂之不法，誠是也。而諸閹以此罪加之君子，帝不之悟，視元帝之不省召致廷尉爲下獄者，闇又甚焉！悲夫！

或謂李膺曰：「可去矣！」對曰：「事不辭難，罪不逃刑，臣之節也。左傳：羊舌赤之言曰：事君不辟難，有罪不逃刑。吾年已六十，死生有命，去將安之！」乃詣詔獄，考死；門生故吏並被禁錮。被，皮義翻。侍御史蜀郡景毅子顧爲膺門徒，未有錄牒，不及於譴，錄，記也。牒，籍也。時聚徒教授，多者以千計，各錄記其姓名於譜牒。毅慨然曰：「本謂膺賢，遣子師之，豈可以漏脫名籍，苟安而已！」遂自表免歸。

汝南督郵吳導受詔捕范滂，至征羌，抱詔書閉傳舍，征羌縣，屬汝南郡，本當鄉縣，光武以來歙有平羌之功，改爲征羌侯國以封之，因名焉。滂，縣人也。賢曰：傳，驛舍也，音知戀翻。征羌故城在今豫州郾陵縣東南。伏牀而泣，一縣不知所爲。滂聞之曰：「必爲我也。」爲，于僞翻。即自詣獄。縣令郭揖大驚，出，解印綬，引與俱亡，曰：「天下大矣，子何爲在此！」滂曰：「滂死則禍塞，何敢以罪累君。塞，悉則翻。累，力瑞翻。又令老母流離乎！」其母就與之訣，滂白母曰：「仲博孝敬，足以供養。仲博，滂弟字也。供，俱用翻。養，羊尚翻。滂從龍舒君歸黃泉，存亡各得其所。惟大人割不可忍之恩，勿增感戚！」仲博者，滂弟也。龍舒君者，滂父龍舒侯相顯也。相，息亮翻。母曰：「汝今得與李、杜齊名，死亦何恨！李、杜謂李膺、杜密。既有令名，復求壽考，可兼得乎！」復，扶又翻。滂跪受教，再拜而辭。顧其子曰：「吾欲使汝爲惡，惡不可爲；使汝爲善，則我不爲惡。」行路聞之，莫不流涕。

凡黨人死者百餘人，妻子皆徙邊，天下豪桀及儒學有行義者，行，下孟翻。宦官一切指爲黨人；有怨隙者，因相陷害，睚眦之忿，濫入黨中。睚，牛懈翻。眦，士懈翻。州郡承旨，或有未嘗交關，亦離禍毒，離，與罹同，遭也。其死、徙、廢、禁者又六七百人。廢禁，謂廢棄而禁錮。

郭泰聞黨人之死，私爲之慟曰：「詩云：『人之云亡，邦國殄瘁。』爲，于僞翻。詩大雅瞻卬之辭。毛氏曰：殄，盡也。瘁，病也。瘁，似醉翻。漢室滅矣，但未知『瞻烏爰止，于誰之屋』耳！」詩小雅正月之辭。毛氏註曰：富人之屋，烏所集也。鄭氏曰：視烏集於富人之屋，以言今民亦當求明君而歸之。考異曰：范書以泰此語爲哭陳、竇。袁紀以爲哭三君、八俊，今從之。泰雖好臧否人倫，好，呼到翻。否，音鄙。而不爲危言覈論，覈，謂深探其實也，刻覈也。故能處濁世而怨禍不及焉。處，昌呂翻。

張儉亡命困迫，望門投止，望門而投之，以求止舍，困急之甚也。莫不重其名行，行，下孟翻。破家相容。後流轉東萊，止李篤家。外黃令毛欽操兵到門，考兩漢志，外黃縣屬陳留郡，黃縣屬東萊郡。毛欽蓋爲黃縣令，「外」字衍。操，千高翻。篤引欽就席曰：「張儉負罪亡命，篤豈得藏之！若審在此，此人名士，明廷寧宜執之乎？」欽因起撫篤曰：「蘧伯玉恥獨爲君子，足下如何專取仁義！」篤曰：「今欲分之，明廷載半去矣。」賢曰：明廷，猶言明府，言不執儉，得義之半也。欽歎息而去。篤導儉經北海戲子然家，戲，許宜翻。姓譜：伏戲氏之後。遂入漁陽出塞。其所經歷，伏重誅者以十數，連引收考者布徧天下，宗親並皆殄滅，郡縣爲之殘破。爲，于僞翻。儉與魯國孔褒有舊，亡抵褒，不遇，賢曰：抵，歸也。褒弟融，年十六，匿之。後事泄，儉得亡走，國相收褒、融送獄，相，息亮翻。未知所坐。融曰：「保納舍藏者，融也，當坐。」謂自保無他而納儉，因舍止而藏匿之。褒曰：「彼來求我，非弟之過。」吏問其母，母曰：「家事任長，任，音壬。長，知兩翻。妾當其辜。」一門爭死，郡縣疑不能決，乃上讞之，賢曰：前書音義曰：讞，請也。上，時掌翻。讞，音宜桀翻。詔書竟坐褒。及黨禁解，儉乃還鄉里，後爲衞尉，卒，年八十四。儉傳云：建安初，徵爲衞尉，不得已而起。儉見曹氏世德已萌，乃闔門縣車，不豫政事，歲餘，卒於許下。夏馥聞張儉亡命，歎曰：「孽自己作，空汙良善，汙，烏路翻。一人逃死，禍及萬家，何以生爲！」乃自翦須變形，須，與鬚同。入林慮山中，慮，音廬。隱姓名，爲冶家傭，親突煙炭，形貌毀瘁，瘁，似醉翻。積二三年，人無知者。馥弟靜載縑帛追求餉之，馥不受曰：「弟柰何載禍相餉乎！」黨禁未解而卒。

初，中常侍張讓父死，歸葬潁川，雖一郡畢至，而名士無往者，讓甚恥之，陳寔獨弔焉。及誅黨人，讓以寔故，多所全宥。南陽何顒，素與陳蕃、李膺善，亦被收捕，顒，魚容翻。被，皮義翻。乃變名姓匿汝南間，與袁紹爲奔走之交，常私入雒陽，從紹計議，爲諸名士罹黨事者求救援，設權計，使得逃隱，所全免甚衆。

初，太尉袁湯三子，成、逢、隗，成生紹，逢生術。據術字公路，當讀如月令「審端徑術」之術，音遂。又據說文：術，邑中道，讀從入聲。則二音皆通。隗，五罪翻。逢、隗皆有名稱，少歷顯官。稱，尺證翻。少，詩照翻。時中常侍袁赦考異曰：袁紀作「袁朗」，今從范書袁隗傳。以逢、隗宰相家，與之同姓，推崇以爲外援，故袁氏貴寵於世，富奢甚，不與他公族同。紹壯健有威容，愛士養名，賓客輻湊歸之，輜軿、柴轂，填接街陌。賢曰：說文曰：軿車，衣車也。鄭玄註周禮曰：軿，猶屏也，取其自蔽隱。

柴轂，賤者之車。袁紹事始此。黨錮既死，而誅宦官者二袁也。人不爲善而欲去害己者，天其許之乎！術亦以俠氣聞。逢從兄子閎，少有操行，俠，户頰翻。從，才用翻。少，詩照翻。行，下孟翻。以耕學爲業，逢、隗數饋之，無所受。數，所角翻。閎見時方險亂，而家門富盛，常對兄弟歎曰：「吾先公福祚，後世不能以德守之，而競爲驕奢，與亂世爭權，此卽晉之三郤矣。」先公，謂袁安也。三郤，謂晉大夫郤錡、郤犨、郤至也。郤氏世爲晉卿，三子者憑藉世資，驕奢侵權，爲厲公所殺。及黨事起，閎欲投迹深林，以母老，不宜遠遁，乃築土室四周於庭，不爲户，自牖納飲食。母思閎時，往就視，母去，便自掩閉，兄弟妻子莫得見也。潛身十八年，卒於土室。

初，范滂等非訐朝政，賢曰：訐，謂橫議是非也。訐，居謁翻。朝，直遙翻。自公卿以下皆折節下之，折，而設翻。下，遐稼翻。太學生爭慕其風，以爲文學將興，處士復用。申屠蟠獨歎曰：「昔戰國之世，處士橫議，列國之王至爲擁篲先驅，史記：鄒衍如燕，昭王擁篲先驅，請列弟子之座而受業，築碣石宮，身親往師之。處，昌呂翻。復，扶又翻。橫，户孟翻。爲，于僞翻。篲，祥歲翻。卒有坑儒燒書之禍，事見七卷秦始皇三十四年、三十五年。卒，子恤翻。今之謂矣。」乃絕迹於梁、碭之間，碭，音唐。因樹爲屋，自同傭人。居二年，滂等果罹黨錮之禍，唯蟠超然免於評論。

臣光曰：天下有道，君子揚于王庭以正小人之罪，而莫敢不服。天下無道，君子囊括不言以避小人之禍，而猶或不免。坤之六四，居近五之位而無相得之義，乃上下閉隔之時，羣陰既盛，故當括囊以避禍。夬以五陽決一陰，小人衰微，君子道盛，故可揚于王庭以聲小人之罪。黨人生昏亂之世，不在其位，四海橫流，而欲以口舌救之，臧否人物，橫，戶孟翻。否，音鄙。激濁揚清，撩虺蛇之頭，撩，連條翻。蹺【章：乙十六行本「蹺」作「踐」；乙十一行本同；孔本同；退齋校同；熊校同。】虎狼之尾，以至身被淫刑，被，皮義翻。禍及朋友，士類殲滅而國隨以亡，不亦悲乎！殲，息廉翻。夫唯郭泰既明且哲，以保其身，以尹吉甫美仲山甫者美郭泰。申屠蟠見幾而作，不俟終日，謂申屠蟠得豫之六二。幾，居希翻。卓乎其不可及已！

9 庚子晦，日有食之。

10 十一月，太尉劉寵免；太僕扶溝郭禧爲太尉。

11 鮮卑寇并州。

12 長樂太僕曹節病困，詔拜車騎將軍。有頃，疾瘳，上印綬，上，時掌翻。復爲中常侍，位特進，秩中二千石。

13 高句驪王伯固寇遼東，玄菟太守耿臨討降之。句，如字，又音駒。驪，力知翻。

三年（庚戌、一七〇）

1 春，三月，丙寅晦，日有食之。

2 徵段熲還京師，拜侍中。熲在邊十餘年，未嘗一日蓐寢，熲，古迥翻。郭璞曰：蓐，席也。與將士同甘苦，故皆樂爲死戰，樂，音洛。所嚮有功。

3 夏，四月，太尉郭禧罷；以太中大夫聞人襲爲太尉。

4 秋，七月，司空劉囂罷；八月，以大鴻臚梁國橋玄爲司空。姓譜：黃帝葬橋山，子孫守冢，因氏焉。

5 九月，執金吾董寵坐矯永樂太后屬請，下獄死。屬，之欲翻。下，遐稼翻。

6 冬，鬱林太守谷永以恩信招降烏滸人十餘萬，萬震曰：烏滸之地，在廣州之南，交州之北。賢曰：烏滸，南方夷號也。廣州記曰：其俗食人，以鼻飲酒，口中進噉如故。劉昫曰：貴州鬱平縣，漢鬱林廣鬱縣地，古西甌駱越所居，谷永招降烏滸，開置七縣，即此也。杜佑曰：烏滸地在今南海郡之西南，安南府北朔寧郡管。滸，呼古翻。皆內屬，受冠帶，開置七縣。

7 涼州刺史扶風孟佗賢曰：佗，音馳。遣從事任涉將敦煌兵五百人，與戊己校尉【章：乙十六行本「校尉」作「司馬」；乙十一行本同。】曹寬、西域長史張宴將焉耆、龜茲、車師前、後部，合三萬餘人討疏勒，以元年疏勒弒其王也。任，音壬。敦，徒門翻。校，戶孝翻。龜茲，音丘慈。攻楨中城，四十餘日，不能下，引去。其後疏勒王連相殺害，朝廷亦不能復治。復，扶又翻。治，直之翻。

初，中常侍張讓有監奴，典任家事，威形諠赫。諠，況遠翻。孟佗資產饒贍，贍，而豔翻。與奴朋結，傾竭饋問，無所遺愛。言其汎愛無有遺者。奴咸德之，問其所欲。佗曰：「吾望汝曹爲我一拜耳！」爲，于僞翻。時賓客求謁讓者，車常數百千兩，兩，音亮。佗詣讓，後至，不得進，監奴乃率諸倉頭迎拜於路，遂共轝車入門，轝，羊茹翻。賓客咸驚，謂佗善於讓，皆爭以珍玩賂之。佗分以遺讓，遺，于季翻。讓大喜，由是以佗爲涼州刺史。

四年（辛亥、一七一）

1 春，正月，甲子，帝加元服，赦天下，唯黨人不赦。

2 二月，癸卯，地震。

3 三月，辛酉朔，日有食之。

4 太尉聞人襲免；以太僕汝南李咸爲太尉。

5 大疫。司徒許訓免；以司空橋玄爲司徒；夏，四月，以太常南陽來豔爲司空。

6 秋，七月，司空來豔免。

7 癸丑，立貴人宋氏爲皇后。后，執金吾酆之女也。

8 司徒橋玄免；以太常南陽宗俱爲司空，前司空許栩爲司徒。

9 帝以竇太后有援立之功，冬，十月，戊子朔，率羣臣朝太后於南宮，親饋上壽。朝，直遙翻。饋，進食也。黄門令董萌因此數爲太后訴冤，數，所角翻。爲，于僞翻。帝深納之，供養資奉，有加於前。共，居用翻。養，羊尚翻。曹節、王甫疾之，誣萌以謗訕永樂宮，帝母孝仁董太后所居也。

樂，音洛。下獄死。下，遐稼翻。

10鮮卑寇幷州。

王崇武標點容肇祖聶崇岐覆校

資治通鑑卷第五十七

翰林學士兼侍讀學士朝散大夫右諫議大夫知制誥判尚書都省兼提舉萬壽觀公事上護軍河內郡開國侯食邑一千三百戶賜紫金魚袋臣　司馬光　奉敕編集

後　學　天　台　胡三省　音　註

漢紀四十九 起玄黓困敦（壬子），盡上章涒灘（庚申），凡九年。

孝靈皇帝上之下

熹平元年（壬子、一七二）

1 春，正月，車駕上原陵。司徒掾陳留蔡邕曰：「吾聞古不墓祭。朝廷有上陵之禮，始謂可損；今見威儀，察其本意，乃知孝明皇帝至孝惻隱，不易奪也。據禮儀志，西都舊有上陵，至東都則其儀文愈備，其略見四十四卷永平元年。上，時掌翻。掾，俞絹翻。易，以豉翻。禮有煩而不可省者，此之謂也。」

2 三月，壬戌，太傅胡廣薨，年八十二。廣周流四公，太傅、太尉、司徒、司空。三十餘年，賢曰：廣以順帝漢安元年爲司空，至熹平元年薨，三十一年也。歷事六帝，安、順、沖、質、桓、靈。禮任極優，罷免未嘗滿歲，輒復升進。復，扶又翻。所辟多天下名士，與故吏陳蕃、李咸並爲三司。三司，即三公。練達故事，明解朝章，解，戶買翻，曉也。朝，直遙翻。故京師諺曰：「萬事不理，問伯始；天下中庸，有胡公。」胡廣，字伯始。夫既曰「萬事不理問伯始」，則當時之責望亦重矣，豈可以三十餘年周流四公爲榮哉！賢曰：中，和也。庸，常也。中和可常行之德也。然溫柔謹慤，常遜言恭色以取媚於時，無忠直之風，天下以此薄之。

3 五月，己巳，赦天下，改元。

4 長樂太僕侯覽坐專權驕奢，策收印綬，自殺。長樂太僕，太后宮官也；主馭，宦者爲之，秩二千石。樂，音洛。

5 六月，京師大水。

6 竇太后母卒於比景，太后憂思感疾，癸巳，崩於雲臺。宦者積怨竇氏，以衣車載太后尸置城南市舍，數日，曹節、王甫欲用貴人禮殯。帝曰：「太后親立朕躬，統承大業，豈宜以貴人終乎！」於是發喪成禮。

節等欲別葬太后，而以馮貴人配祔。賢曰：祔，謂新死之主祔於先死者之廟，婦祔於其夫，所祔之妃妾祔於妾祖姑也。詔公卿大會朝堂，朝，直遙翻。令中常侍趙忠監議。監，古銜翻。太尉李咸時病，扶輿而起，擣椒自隨，孔穎達曰：釋木云：椴，大椒。郭璞曰：今椒樹叢生，實大者名爲椴。陸璣疏云：

椒樹如茱萸，有針刺，葉堅而滑澤，蜀人作茶，吳人作茗，皆合煮其葉以爲香。今成皋山間有椒，謂之竹葉椒，其樹亦如蜀椒，少毒熱，不中合藥也，可著飲食中；又用烝雞豚，最佳香。東海諸島亦有椒樹，枝葉皆相似，子長而不圓，甚香，其味似橘皮。本草亦云：椒，大熱，有毒。按李咸擣椒自隨，齊明帝將殺高武諸孫，敕太官煮椒二斛，蓋其毒能殺人也。謂妻子曰：「若皇太后不得配食桓帝，吾不生還矣！」欲以死爭之也。既議，坐者數百人，各瞻望良久，莫肯先言。趙忠曰：「議當時定！」廷尉陳球曰：「皇太后以盛德良家，母臨天下，宜配先帝，是無所疑。」忠笑而言曰：「陳廷尉宜便操筆。」操，千高翻。球卽下議曰：「皇太后自在椒房，有聰明母儀之德；遭時不造，援立聖明，承繼宗廟，功烈至重。先帝晏駕，因遇大獄，遷居空宮，不幸早世，家雖獲罪，事非太后，今若別葬，誠失天下之望。且馮貴人冢嘗被發掘，骸骨暴露，與賊併尸，魂靈汙染，賢曰：段熲爲河南尹，坐盜發馮貴人冢，左遷諫議大夫。余據熲以延熹三年入爲侍中，轉執金吾、河南尹，則發冢之事於是年近耳。被，皮義翻。且無功於國，何宜上配至尊！」忠省球議，省，悉井翻；下同。作色俛仰，蚩球曰：「陳廷尉建此議甚健！」蚩，笑也。球曰：「陳、竇既冤，皇太后無故幽閉，臣常痛心，天下憤歎！今日言之，退而受罪，宿昔之願也！」李咸曰：「臣本謂宜爾，誠與意合。」於是公卿以下皆從球議。曹節、王甫猶爭，以爲：「梁后家犯惡逆，別葬懿陵，梁后先桓帝崩，葬懿陵。梁冀誅，始廢陵爲貴人冢。武帝黜廢衞后，而以李夫人配食，戾太子之亂，武帝策廢其母衞后，后自殺。武帝崩，霍光緣帝雅意，以李夫人配食。

今竇氏罪深，豈得合葬先帝！」李咸復上疏曰：「臣伏惟章德竇后虐害恭懷，安思閻后家犯惡逆，竇后事見四十六卷章帝建初八年。閻后事見五十卷、五十一卷安帝延光三年、四年。復，扶又翻。而和帝無異葬之議，順朝無貶降之文。朝，直遙翻。至於衞后，孝武皇帝身所廢棄，不可以爲比。今長樂太后尊號在身，親嘗稱制，且援立聖明，光隆皇祚。太后以陛下爲子，陛下豈得不以太后爲母！子無黜母，臣無貶君，宜合葬宣陵，一如舊制。」帝省奏，從之。省，悉景翻。考異曰：袁紀云：「河南尹李咸執藥上書曰：『昔秦始皇幽閉母后，感茅焦之言，立駕迎母，供養如初。夫以秦后之惡，始皇之悖，尚納直臣之語，不失母子之恩，豈況皇太后不以罪歿，陛下之過有重始皇！臣謹左手齎章，右手執藥，詣闕自聞。如遂不省，臣當飲鴆自裁，下覲先帝，具陳得失。』章省，上感其言，使公卿更議。廷尉陳球乃下議。」與范不同，今從范書。

秋，七月，甲寅，葬桓思皇后于宣陵。

7 有人書朱雀闕，古今註：永平二年十一月，初作北宮，朱爵，南司馬門闕，在宮門之外。言：「天下大亂，曹節、王甫幽殺太后，考異曰：舊云「常侍侯覽多殺黨人」。按時覽已死，恐誤。今去之。公卿皆尸祿，無忠言者。」詔司隸校尉劉猛逐捕，十日一會。猛以誹書言直，不肯急捕。月餘，主名不立；賢曰：不得書闕主名。猛坐左轉諫議大夫，以御史中丞段熲代之。熲乃四出逐捕，及太學游生繫者千餘人。節等又使熲以他事奏猛，論輸左校。校，戶教翻。

初，司隸校尉王寓依倚宦官，求薦於太常張奐，奐拒之，寓遂陷奐以黨罪禁錮。奐嘗與段熲爭擊羌，不相平，事見上卷建寧元年。熲爲司隸，欲逐奐歸敦煌而害之；奐徙屬弘農事見上卷桓帝永康元年。敦，徒門翻。奐奏記哀請於熲，乃得免。

初，魏郡李暠爲司隸校尉，暠，古老翻。以舊怨殺扶風蘇謙；謙子不韋瘞而不葬，瘞，於計翻。變姓名，結客報仇。暠遷大司農，不韋匿於廥中，鑿地旁達暠之寢室，說文曰：廥，芻藁藏，音工外翻。殺其妾并小兒。暠大懼，以板藉地，一夕九徙。又掘暠父冢，斷取其頭，斷，丁管翻。標之於市。暠求捕不獲，憤恚，嘔血死。恚，於避翻。不韋遇赦還家，乃葬父行喪。張奐素睦於蘇氏，而段熲與暠善，熲辟不韋爲司隸從事，不韋懼，稱病不詣。熲怒，使從事張賢就家殺之，先以鴆與賢父曰：「若賢不得不韋，便可飲此！」賢遂收不韋，并其一門六十餘人，盡誅之。

8勃海王悝之貶癭陶也，悝，苦回翻。癭，於郢翻。因中常侍王甫求復國，許謝錢五千萬；既而桓帝遺詔復悝國，悝復國事見上卷永康元年。悝知非甫功，不肯還謝錢。中常侍鄭颯、中黃門董騰數與悝交通，颯，音立。數，所角翻。甫密司察以告段熲。司，讀曰伺。冬，十月，收颯送北寺獄，使尚書令廉忠誣奏「颯等謀迎立悝，大逆不道」，遂詔冀州刺史收悝考實，迫責悝，令自殺；妃妾十一人、子女七十人、伎女二十四人皆死獄中，伎，渠綺翻。傅、相以下悉伏誅。甫等十二人皆以功封列侯。

9 十一月，會稽妖賊許生起句章，句章縣，屬會稽郡。賢曰：故城在今越州鄮縣西。十三州志曰：句踐之地，南至句無，其後併吳，因大城之，章霸功，以示子孫，故曰句章。妖，於驕翻。句，音章句之句。自稱陽明皇帝，衆以萬數；遣揚州刺史臧旻、丹陽太守陳寅討之。

10 十二月，司徒許栩罷；以大鴻臚袁隗爲司徒。隗，五罪翻。考異曰：袁紀在四年。今從范書。

11 鮮卑寇幷州。

12 是歲，單于車兒死，子屠特若尸逐就單于立。車，昌遮翻。

二年（癸丑、一七三）

1 春，正月，大疫。

2 丁丑，司空宗俱薨。

3 二月，壬午，赦天下。

4 以光祿勳楊賜爲司空。

5 三月，太尉李咸免。

6 夏，五月，以司隸校尉段熲爲太尉。

7 六月，北海地震。

8 秋，七月，司空楊賜免；以太常潁川唐珍爲司空。珍，衡之弟也。

9 冬，十二月，太尉段熲罷。

10 鮮卑寇幽、并二州。

11 癸酉晦日有食之。

三年（甲寅、一七四）

1 春，二月，己巳，赦天下。

2 以太常東海陳耽爲太尉。

3 三月，中山穆王暢薨，無子，國除。暢，中山簡王焉之曾孫。焉，光武子。考異曰：本傳云：「子節王稚嗣，無子，國除。」與帝紀異，未知孰是，又不知稚薨在何年，今且從帝紀。

4 夏，六月，封河間王利子康爲濟南王，奉孝仁皇祀。帝入繼大宗，故以康奉孝仁皇祀。利，帝從兄弟也。濟，子禮翻。

5 吳郡司馬富春孫堅召募精勇，得千餘人，助州郡討許生。百官志，郡有丞、長史，而無司馬。蓋是時以盜起，置司馬以主兵也。富春縣，屬吳郡。賢曰：今杭州富陽縣也，避晉簡文帝母鄭太后諱，改曰富陽。

冬，十一月，【張：「月」下脫「堅從」二字。】臧旻、陳寅大破生於會稽，斬之。會，工外翻。

6 任城王博薨，無子，國絕。桓帝延熹四年，博紹封任城國。

7十二月，鮮卑入北地，太守夏育率屠各追擊，破之。守，式又翻。夏，戶雅翻。屠，直於翻。遷育爲護烏桓校尉。鮮卑又寇幷州。

8司空唐珍罷，以永樂少府許訓爲司空。永樂少府，董太后宮官也。樂，音洛。

四年（乙卯、一七五）

1春，三月，詔諸儒正五經文字，命議郎蔡邕爲古文、篆、隸三體書之，刻石，立于太學門外。雒陽記曰：太學在雒陽城南開陽門外，講堂長十丈，廣二丈，堂前石經四部，本碑凡四十六枚。西行，尚書、周易、公羊傳十六碑存，十二碑毀。南行，禮記十五碑悉崩壞。東行，論語三碑毀。禮記碑上有諫議大夫馬日磾、議郎蔡邕名。古文，科斗書也。篆，大篆也。隸，今謂之八分書。後魏江式曰：伏羲氏作而八卦形其畫，軒轅氏興而靈龜彰其采。古史蒼頡覽二象之爻，觀鳥獸之迹，別刱文字，以代結繩。迄於三代，厥體頗異。雖依類取制，未能殊蒼氏矣。周禮：保氏教國子以六書：一曰指事，二曰象形，三曰形聲，四曰會意，五曰轉注，六曰假借。蓋是史頡之遺法。及宣王太史史籀著大篆十五篇，與古文或同或異，時人卽謂之籀書。孔子修六經，左丘明述春秋，皆以古文。七國殊軌，文字乖別；秦兼天下，李斯奏罷不合秦文者。斯作蒼頡篇，車府令趙高作爰歷篇，太史令胡母敬作博學篇，皆取史籀，或頗有省改，所謂小篆者也。秦燒經書，滌除舊典，官獄繁多，以趣約易，始用隸書，古文由此息矣。隸書者，始皇使下杜人程邈附於小篆所作也。世人以邈徒隸，卽謂之隸書。故秦有八體：一曰大篆，二曰小篆，三曰符書，四曰蟲書，五曰摹印，六曰署書，七曰殳書，八曰隸書。漢興有尉律學，教以籀書，又習八體。又有草書，莫知誰始，其書形雖無厥誼，亦是一時之變通也。孝宣時，召通蒼頡讀者，獨張敞從受之。涼州刺史杜業、沛人爰禮、講學大夫秦近亦能言之。孝平時，徵禮等百餘人說文字於未央宮中，黃門侍郎揚雄採以作訓纂。亡新居攝，使大司馬甄豐校文字之部，頗改定古文，時有六書：一曰古文，孔子壁中書也；二曰奇字，卽古文而異者；三曰篆書，云小篆也；四曰佐書，秦隸書也；五曰繆篆，所以摹印也；六曰鳥蟲，所以書幡信也。壁中書者，魯恭王壞孔子宅，而得尚書、春秋、論語、孝經也。又北平侯張蒼獻春秋左氏傳，書體與孔氏相類，卽前代之古文矣。後漢，郎中扶風曹喜號曰工篆，小異斯法，而甚精巧，自是後學，皆其法也。又詔侍中賈逵修理舊文，殊藝異術，王敎一端，苟有可以加於國者，靡不悉集。逵，卽汝南許愼古學之師也。愼嗟時人之好奇，歎俗儒之穿鑿，撰說文解字十五篇，類聚羣分，雜而不越，最可得而論也。左中郎將陳留蔡邕採李斯、曹喜之法，爲古今雜形。詔於太學立石碑，刊載五經，題書楷法，多是邕書。後開鴻都，書畫奇能莫不雲集。時諸方獻篆，無出邕者。魏初，博士清河張揖著埤蒼、廣雅、古今字詁，綴拾遺漏，增長事類，抑於文爲益，然其字詁方之許篇，古今體用，或得或失。陳留邯鄲淳亦與揖同時，善倉、雅、許氏字指，八體六書，精究閑理，有名於揖，又建三字石經於漢碑西，較之說文篆隸大同，而古字小異。又有京兆韋誕、河東衞覬二家，並號能篆，當時臺觀牓題、寶器之銘，悉是誕書，咸傳之子孫，世稱其妙。晉世，義陽王典祠令呂忱表上字林六卷，尋其況趣，附託許愼說文；而按偶章句，隱別古籀奇惑之字，文得正隸，不差篆意也。忱弟靜別放故左校令李登聲類之法，作韻集五卷，使宮商龣徵羽各爲一篇，而文字與兄便是魯、衞，音讀楚、夏，時有不同。皇魏承百王之季，世易風移，文字改變，篆形繆錯，隸體失眞，俗學鄙習，復加虛造，巧談辯士，以意爲疑，炫惑於時，難以釐改，乃曰「追來爲歸，巧言爲辯，小兔爲䨲，神虫爲蠶」，如斯甚衆，皆不合孔氏古書、史籀大篆、許氏說文、石經三字也。式言字學，本末頗詳，故備著之。趙明誠金石錄曰：石經，蓋漢靈帝熹平四年所立，其字則蔡邕小字八分書也；後漢書儒林傳叙云「爲古文、篆、隸三體」者，非也，蓋邕所書乃八分，而三體石經乃魏時所建也。洪氏隸續曰：

石經見於范史帝紀及儒林、宦者傳，皆云五經。蔡邕、張馴傳則曰六經。惟儒林傳云：爲古文、篆、隸三體書法。酈氏水經云：漢立石經於太學。魏正始中，又刻古文、篆、隸三字石經。唐志有三字石經古篆兩種，曰尚書，曰左傳。獨隋志所書異同，其目有一字石經七種，三字石經三種。既以七經爲蔡邕書矣，又云魏立一字石經，乃其誤也。范蔚宗時，三體石經與熹平所鐫並列於學官，故史筆誤書其事，後人襲其謬錯，或不見石刻，無以考正。趙氏雖以一字爲中郎所書，而未見三體者。歐陽氏以三體爲漢碑，而未嘗見一字者。近世方勺作泊宅編，載其弟匋所跋石經，亦爲范史、隋志所惑，指三體爲漢字。至公羊碑有馬日磾等名，乃云世用其所正定之本，因存其名。可謂謬論。北史江式云：魏邯鄲淳以書教皇子，建三字石經於漢碑西。按此碑以正始年中立。漢書云：元嘉元年，度尚命邯鄲淳作曹娥碑。時淳已弱冠，自元嘉至正始亦九十餘年。式以三字爲魏碑則是；謂之邯鄲淳所書，非也。使後儒晚學咸取正焉。碑始立，其觀視及摹寫者車乘日千餘兩，填塞街陌。乘，繩證翻。兩，音亮。塞，悉則翻。

2 初，朝議以州郡相黨，人情比周，比，毗至翻；下同。乃制昏姻之家及兩州人士不得對相監臨，監，古銜翻。至是復有三互法，賢曰：三互，謂婚姻之家及兩州人不得交互爲官也。復，扶又翻；下同。禁忌轉密，選用艱難，幽、冀二州久缺不補。蔡邕上疏曰：「伏見幽、冀舊壤，鎧、馬所出，賢曰：鎧，甲也。周禮考工記曰：燕無函。函，亦甲也。言幽、燕之地，家家皆能爲函，故無函匠也。左傳曰：冀之北土，馬之所生。比年兵饑，漸至空耗。今者闕職經時，吏民延屬，比，毗至翻。延屬者，延頸而屬望也。屬，之欲翻。而三府選舉，踰月不定。臣怪問其故，云避三互。十一州有禁，當取二州而已。

又，二州之士或復限以歲月，復，扶又翻；下同。狐疑遲淹，兩州懸空，萬里蕭條，無所管繫。愚以爲三互之禁，禁之薄者。今但申以威靈，明其憲令，對相部主，冀州之人刺幽州，幽州之人刺冀州，是爲對相部主。尚畏懼不敢營私；況乃三互，何足爲嫌！昔韓安國起自徒中，韓安國，梁人，坐法抵罪，梁內史缺，天子遣使拜爲梁內史，起徒中爲二千石。朱買臣出於幽賤，朱買臣，吳人，家貧，賣薪以自給，後隨計吏至長安，拜會稽太守。並以才宜，還守本邦，豈復顧循三互，繫以末制乎！臣願陛下上則先帝，蠲除近禁，其諸州刺史器用可換者，無拘日月、三互，以差厥中。」朝廷不從。

臣光曰：叔向有言：「國將亡，必多制。」左傳叔向詒子產書之言也。明王之政，謹擇忠賢而任之，凡中外之臣，有功則賞，有罪則誅，無所阿私，法制不煩而天下大治。治，直吏翻。所以然者何哉？執其本故也。及其衰也，百官之任不能擇人，而禁令益多，防閑益密，有功者以閡文不賞，閡，與礙同。爲姦者以巧法免誅，上下勞擾而天下大亂。所以然者何哉？逐其末故也。孝靈之時，刺史、二千石貪如豺虎，暴殄烝民，而朝廷方守三互之禁。以今視之，豈不適足爲笑而深可爲戒哉！

3 封河間王建孫佗爲任城王。佗，帝從兄弟之子也。佗，徒河翻。任，音壬。

4 夏，四月，郡、國七大水。

5 五月，丁卯，赦天下。

6 延陵園災。延陵，成帝陵也。

7 鮮卑寇幽州。

8 六月，弘農、三輔螟。

9 于窴王安國攻拘彌，大破之，殺其王。窴，徒賢翻。戊己校尉、西域長史各發兵輔立拘彌侍子定興爲王，人衆裁千口。

五年（丙辰、一七六）

1 夏，四月，癸亥，赦天下。

2 益州郡夷反，太守李顒討平之。顒，魚容翻。

3 大雩。

4 五月，太尉陳耽罷；以司空許訓爲太尉。

5 閏月，永昌太守曹鸞上書曰：「夫黨人者，或耆年淵德，或衣冠英賢，皆宜股肱王室，左右大猷者也；而久被禁錮，辱在塗泥。被，皮義翻。謀反大逆尚蒙赦宥，黨人何罪，獨不開恕乎！所以災異屢見，見，賢遍翻。水旱荐臻，皆由於斯。宜加沛然，以副天心。」帝省奏，大怒，省，悉井翻。即詔司隸、益州檻車收鸞，送槐里獄，掠殺之。永昌郡，屬益州刺史。而扶風槐里縣，屬司隸。蓋詔益州收鸞，而司隸送槐里獄。掠，音亮。於是詔州郡更考黨人門生、故吏、父子、兄弟在位者，悉免官禁錮，爰及五屬。賢曰：謂斬衰、齊衰、小功、大功、緦麻也。

6 六月，壬戌，以太常南陽劉逸爲司空。

7 秋，七月，太尉許訓罷；以光祿勳劉寬爲太尉。

8 冬，十月，司徒袁隗罷；十一月，丙戌，以光祿大夫楊賜爲司徒。

9 是歲，鮮卑寇幽州。

六年（丁巳、一七七）

1 春，正月，辛丑，赦天下。

2 夏，四月，大旱，七州蝗。

令三公條奏長吏苛酷貪汙者，罷免之。平原相漁陽陽球坐嚴酷，徵詣廷尉。姓譜：齊人遷陽，子孫以國爲氏。一曰：周景王封少子於陽樊，因邑命氏。考異曰：本傳：司空張顥條奏。按顥，光和元年爲太尉，未嘗爲司空。球，光和元年陷蔡邕時，已爲將作大匠，不知被徵果在何年，唯熹平五年、六年、大旱，故附於此。帝以球前爲九江太守討賊有功，球傳云：九江山賊起，三府上球有理姦才，拜九江太守。球到，設方略，凶賊殄破。特赦之，拜議郎。

3 鮮卑寇三邊。鮮卑強盛，東西北三邊皆被寇也。

4 市賈小民相聚爲宣陵孝子者數十人，詔皆除太子舍人。宣陵，桓帝陵。百官志：太子舍人秩二百石，更直宿衛，如三署郎中。賈，音古。

5 秋，七月，司空劉逸免；以衛尉陳球爲司空。

6 初，帝好文學，好，呼到翻。自造皇羲篇五十章，因引諸生能爲文賦者並待制鴻都門下；後諸爲尺牘及工書鳥篆者，賢曰：說文曰：牘，書板也，長一尺。藝文志曰：六體者，古文、奇字、篆書、隸書、繆篆、蟲書。音義曰：古文，謂孔子壁中書也。奇字，卽古文而異者也。篆書，謂小篆，蓋秦始皇使程邈所作也。隸書亦程邈所獻，主於徒隸，從簡易也。繆篆，謂其文屈曲纏繞，所以摹印章。蟲書，謂爲蟲鳥之形，所以書旛信也。皆加引召，遂至數十人。侍中祭酒樂松、賈護多引無行趣勢之徒置其間，百官志：侍中有僕射一人，中興轉爲祭酒。行，下孟翻。趣，七喻翻。憙陳閭里小事；憙，許記翻。帝甚悅之，待以不次之位；又久不親行郊廟之禮。會詔羣臣各陳政要，蔡邕上封事曰：「夫迎氣五郊，淸廟祭祀、養老辟雍，迎氣五郊及養老辟雍，註並見四十四卷明帝永平二年。漢宗廟一歲五祀，春以正月，夏以四月，秋以七月，冬以十月及臘。皆帝者之大業，祖宗所祗奉也。而有司數以蕃國疏喪、宮內產生及吏卒小汙，疏喪，謂疏屬之喪也。賢曰：小汙，謂病及死也。數，所角翻。廢闕不行，忘禮敬之大，任禁忌之書，拘信小故，以虧大典。自今齋制宜如故典，漢制：凡齋，天地七日，宗廟、山川五日，小祀三日。齋日內有汙染解齋，副倅行禮；先齋一日有汙穢災變，齋祀如儀。庶答風霆、災妖之異。妖，於驕翻。又，古者取士必使諸侯歲貢，尚書大傳曰：古者諸侯之於天子，三歲一貢士。孝武之世，郡舉孝廉，又有賢良、文學之選，於是名臣輩出，文武並興。漢之得人，數路而已。賢曰：數路，謂孝廉、賢良、文學之類也。夫書畫辭賦，才之小者；匡國治政，未有其能。治，直之翻；下同。陛下即位之初，先涉經術，聽政餘日，觀省篇章，省，悉井翻。聊以游意當代博奕，非以爲教化取士之本。而諸生競利，作者鼎沸，其高者頗引經訓風喻之言，下則連偶俗語，有類俳優，或竊成文，虛冒名氏。臣每受詔於盛化門，差次錄第，其未及者，亦復隨輩皆見拜擢。既加之恩，難復收改，但守奉祿，於義已弘，不可復使治民，復，扶又翻。及在州郡。昔孝宣會諸儒於石渠，事見二十七卷甘露三年。章帝集學士於白虎，事見四十六卷建初四年。通經釋義，其事優大，文武之道，所宜從之。若乃小能小善，雖有可觀，孔子以爲致遠則泥，君子固當志其大者。賢曰：子夏曰：雖小道，必有可觀者焉，致遠恐泥。鄭玄註云：小道，如今諸子書也。泥，謂滯陷不通。邕以爲孔子之言，當別有所據也。泥，乃計翻。又，前一切以宣陵孝子爲太子舍人，臣聞孝文皇帝制喪服三十六日，事見十四卷文帝後七年。雖繼體之君，父子至親，公卿列臣受恩之重，皆屈情從制，不敢踰越。今虛僞小人，本非骨肉，既無幸私之恩，又無祿仕之實，惻隱之心，義無所依。至有姦軌之人通容其中；桓思皇后祖載之時，鄭玄曰：祖，謂將葬，祖祭於庭。載，謂升柩於車也。東郡有盜人妻者，亡在孝中，本縣追捕，乃伏其辜。虛僞雜穢，難得勝言。勝，音升。太子官屬，宜搜選令德，豈有但取丘墓凶醜之人！其爲不祥，莫與大焉，言雖他有不祥，莫與比並大也。宜遣歸田里，以明詐僞。」書奏，帝乃親迎氣北郊及行辟雍之禮。又詔宣陵孝子爲舍人者悉改爲丞、尉焉。漢縣置丞、尉。丞，署文書，典知倉獄。尉，主盜賊。

7 護烏桓校尉夏育上言：校，戶教翻。夏，戶雅翻。上，時掌翻。「鮮卑寇邊，自春以來三十餘發，請徵幽州諸郡兵出塞擊之，一冬、二春，必能禽滅。」先是護羌校尉田晏坐事論刑，先，悉薦翻。被原，被，皮義翻。欲立功自效，乃請中常侍王甫求得爲將。甫因此議遣兵與育并力討賊，帝乃拜晏爲破鮮卑中郎將；大臣多有不同，乃召百官議於朝堂。蔡邕議曰：「征討殊類，所由尚矣。然而時有同異，勢有可否，故謀有得失，事有成敗，不可齊也。夫以世宗神武，將帥良猛，財賦充實，所括廣遠，數十年間，官民俱匱，猶有悔焉。謂輪臺哀痛之詔也。況今人財並乏，事劣昔時乎！自匈奴遁逃，鮮卑強盛，據其故地，事見四十七卷和帝永元五年。稱兵十萬，才力勁健，意智益生；加以關塞不嚴，禁網多漏，精金良鐵，皆爲賊有，漢人逋逃爲之謀主，兵利馬疾，過於匈奴。昔段熲良將，習兵善戰，有事西羌，猶十餘年。段熲自桓帝延熹二年擊西羌，至建寧二年始成功，凡十一年。今育、晏才策未必過熲，鮮卑種衆不弱曩時，種，章勇翻。而虛計二載，載，子亥翻。自許有成，若禍結兵連，豈得中休，當復徵發衆人，轉運無已，復，扶又翻。是爲耗竭諸夏，并力蠻夷。夫邊垂之患，手足之疥搔，中國之困，胸背之瘭疽，賢曰：疥，音介。搔，新到翻。埤蒼曰：瘭，必燒翻。杜預註左傳曰：疽，惡瘡也。方今郡縣盜賊尚不能禁，況此醜虜而可伏乎！昔高祖忍平城之恥，呂后棄慢書之詬，詬，古候翻，恥也。方之於今，何者爲盛？天設山河，秦築長城，漢起塞垣，所以別內外，異殊俗也。別，彼列翻。苟無蹵國內侮之患則可矣，蹵，與蹙同。豈與蟲螘之虜螘，與蟻同。校往來之數哉！雖或破之，豈可殄盡，而方令本朝爲之旰食乎！爲，于僞翻；下同。旰，晚也，音古按翻。昔淮南王安諫伐越曰：『如使越人蒙死以逆執事，廝輿之卒有一不備而歸者，前書音義曰：廝，微也。輿，衆也。雖得越王之首，猶爲大漢羞之。』而欲以齊民易醜虜，皇威辱外夷，就如其言，猶已危矣，況乎得失不可量邪！」量，音良。帝不從。八月，遣夏育出高柳，田晏出雲中，匈奴中郎將臧旻率南單于出鴈門，各將萬騎，三道出塞二千餘里。檀石槐命三部大人各帥衆逆戰，檀石槐分其國爲三部，見五十五卷桓帝延熹九年。帥，讀曰率。育等大敗，喪其節傳輜重，喪，息浪翻。傳，株戀翻。重，直用翻。各將數十騎奔還，死者什七八。三將檻車徵下獄，下，遐稼翻。贖爲庶人。

8 冬，十月，癸丑朔，日有食之。

9 太尉劉寬免。

10 辛丑，京師地震。

11 十一月，司空陳球免。

12 十二月，甲寅，以太常河南孟戫爲太尉。戫，音乙六翻。

13 庚辰，司徒楊賜免。

14 以太常陳耽爲司空。

15 遼西太守甘陵趙苞到官，遣使迎母及妻子，垂當到郡；道經柳城，杜佑曰：漢遼西郡故城在盧龍城東。柳城縣，屬遼西郡；賢曰：故城在今營州南。值鮮卑萬餘人入塞寇鈔，鈔，楚交翻。苞母及妻子遂爲所劫質，質，音致，劫以爲質也。載以擊郡。苞率騎二萬與賊對陳，陳，讀曰陣。賊出母以示苞，苞悲號，謂母曰：「爲子無狀，欲以微祿奉養朝夕，不圖爲母作禍。號，戶刀翻。養，羊亮翻。爲，于僞翻。昔爲母子，今爲王臣，義不得顧私恩，毀忠節，唯當萬死，無以塞罪。」塞，悉則翻。母遥謂曰：「威豪，趙苞，字威豪。人各有命，何得相顧以虧忠義，爾其勉之！」苞即時進戰，賊悉摧破，其母妻皆爲所害。苞自上歸葬，自上奏乞歸葬也。上，時掌翻。帝遣使弔慰，封鄃侯。鄃，音輸。苞葬訖，謂鄉人曰：「食祿而避難，非忠也；難，乃旦翻。殺母以全義，非孝也。如是，有何面目立於天下！」遂歐血而死。

光和元年（戊午、一七八）是年三月改元。

1 春，正月，合浦、交趾烏滸蠻反，滸，呼古翻。招引九眞、日南民攻沒郡縣。

2 太尉孟戫罷。

3 二月，辛亥朔，日有食之。

4 癸丑，以光祿勳陳國袁滂爲司徒。

5 己未，地震。

6 置鴻都門學，其諸生皆敕州郡、三公舉用辟召，或出爲刺史、太守，入爲尚書、侍中，有封侯、賜爵者；賜爵關內侯以下也。士君子皆恥與爲列焉。

7 三月，辛丑，赦天下，改元。

8 以太常常山張顥爲太尉。顥，中常侍奉之弟也。

9 夏，四月，丙辰，地震。

10 侍中寺雌雞化爲雄。

11 司空陳耽免；以太常來豔爲司空。

12 六月，丁丑，有黑氣墮帝所御溫德殿東庭中，長十餘丈，似龍。長，直亮翻。

13 秋，七月，壬子，青虹見玉堂後殿庭中。洛陽宮殿名，南宮有玉堂前後殿。見，賢遍翻。詔召光祿大夫楊賜等詣金商門，洛陽記曰：南宮有崇德殿、太極殿，殿西有金商門。問以災異及消復之術。消復者，消變而復其常也。賜對曰：「春秋讖曰：『天投蜺，天下怨，海內亂。』春秋演孔圖曰：霓者，斗之亂精也，失度投蜺見。郭璞註爾雅曰：雙出，色鮮盛者爲雄，曰虹；闇者爲雌，曰蜺。加四百之期，亦復垂及。春秋演孔圖曰：劉四百歲之際，褒漢王輔，皇王以期，有名不就。宋均註曰：雖褒族人爲漢王以自輔，以當有應期，名見攝錄者，故名不就也。復，扶又翻。今妾媵、閹尹之徒共專國朝，媵，以證翻。朝，直遥翻。欺罔日月；又，鴻都門下招會羣小，造作賦說，見寵於時，更相薦說，更，工衡翻。旬月之間，並各拔擢。樂松處常伯，任芝居納言，常伯，侍中。納言，尚書。處，昌呂翻。郤儉、梁鵠各受豐爵不次之寵，姓譜：郤，晉卿郤氏之後。而令搢紳之徒委伏畎畮，畮，古畝字。口誦堯、舜之言，身蹈絕俗之行，行，下孟翻。棄捐溝壑，不見逮及。冠履倒易，陵谷代處，幸賴皇天垂象譴告。周書曰：『天子見怪則修德，諸侯見怪則修政，卿大夫見怪則修職，士庶人見怪則修身。』此逸書也。唯陛下斥遠佞巧之臣，遠，于願翻。速徵鶴鳴之士，易曰：鶴鳴在陰，其子和之；我有好爵，吾與爾靡之。繫辭曰：君子居室，言善，則千里之外應之。鶴鳴之士，言士之修身踐言，爲時所稱者也。斷絕尺一，斷，丁管翻。抑止槃游，冀上天還威，衆變可弭。」

議郎蔡邕對曰：「臣伏思諸異，皆亡國之怪也。天於大漢殷勤不已，故屢出祆變以當譴責，祆，與妖同，於驕翻。欲令人君感悟，改危即安。今蜺墮、雞化，皆婦人干政之所致也。前者乳母趙嬈，貴重天下，嬈，奴鳥翻。讒諛驕溢，續以永樂門史霍玉，永樂門史，董太后宮官。樂，音洛。依阻城社，又爲姦邪。今道路紛紛，復云有程大人者，宮中耆宿，皆稱中大人。復，扶又翻。察其風聲，將爲國患；宜高爲隄防，明設禁令，深惟趙、霍，以爲至戒。今太尉張顥，爲玉所進；光祿勳偉璋，有名貪濁；偉，姓；璋，名。又長水校尉趙玹，玹，音玄。屯騎校尉蓋升，蓋，古合翻。並叨時幸，榮富優足；宜念小人在位之咎，退思引身避賢之福。伏見廷尉郭禧，純厚老成；光祿大夫橋玄，聰達方直；故太尉劉寵，忠實守正；並宜爲謀主，數見訪問。數，所角翻。夫宰相大臣，君之四體，委任責成，優劣已分，不宜聽納小吏，雕琢大臣也。賢曰：雕琢，謂鐫削以成其罪也。又，尚方工技之作，續漢志：尚方，掌上手工，作御刀劍諸好器物。技，巨綺翻。鴻都篇賦之文，可且消息，以示惟憂。惟，思也。宰府孝廉，士之高選，近者以辟召不慎，切責三公，而今並以小文超取選舉，開請託之門，違明王之典，衆心不厭，賢曰：厭，伏也，音一葉翻。莫之敢言；臣願陛下忍而絕之，思惟萬機，以答天望。聖朝既自約厲，左右近臣亦宜從化，人自抑損，以塞咎戒，塞，悉則翻。則天道虧滿，鬼神福謙矣。易曰：天道虧盈而益謙，鬼神害盈而福謙。以盈爲滿者，避惠帝諱也。夫君臣不密，上有漏言之戒，下有失身之禍，易曰：君不密則失臣，臣不密則失身。願寢臣表，無使盡忠之吏受怨姦仇。」章奏，帝覽而歎息；因起更衣，更，工衡翻。曹節於後竊視之，悉宣語左右，語，牛倨翻。事遂漏露。其爲邕所裁黜者，側目思報。

初，邕與大鴻臚劉郃素不相平，臚，陵如翻。郃，古合翻，又曷閤翻。叔父衞尉質又與將作大匠陽球有隙。球卽中常侍程璜女夫也。璜遂使人飛章言「邕、質數以私事請託於郃，郃不聽。邕含隱切，志欲相中。」賢曰：中，傷也。郃，古合翻。數，所角翻。中，竹仲翻。於是詔下尚書召邕詰狀。下，遐稼翻；下是下同。詰，去吉翻。邕上書曰：「臣實愚戇，戇，陟降翻。不顧後害，陛下不念忠臣直言，宜加掩蔽，誹謗卒至，卒，讀曰猝。便用疑怪。臣年四十有六，孤特一身，得託名忠臣，死有餘榮，恐陛下於此不復聞至言矣！」復，扶又翻。於是下邕、質於雒陽獄，劾以「仇怨奉公，議害大臣，大不敬，棄市。」誣邕以請託不聽，志欲中傷，爲仇怨奉公之吏。三公、九卿皆大臣也。劾，戶概翻，又戶得翻。事奏，中常侍河南呂強愍邕無罪，力爲伸請，爲，于僞翻。帝亦更思其章，有詔：「減死一等，與家屬髡鉗徙朔方，不得以赦令除。」陽球使客追路刺邕，刺，七亦翻。客感其義，皆莫爲用。球又賂其部主，部主，州牧、郡守也。使加毒害，所賂者反以其情戒邕，由是得免。

14 八月，有星孛于天市。孛，蒲內翻。

15 九月，太尉張顥罷；以太常陳球爲太尉。

16 司空來豔薨。考異曰：袁紀云：「豔以久病罷。」今從范書。冬，十月，以屯騎校尉袁逢爲司空。

17 宋皇后無寵，後宮幸姬衆共譖毀。勃海王悝妃宋氏，卽后之姑也，中常侍王甫恐后怨之，悝被誅，事見上熹平元年。悝，苦回翻。因譖后挾左道祝詛；祝，職救翻。詛，莊助翻。帝信之，遂策收璽綬。璽，斯氏翻。綬，音受。后自致暴室，以憂死。父不其鄉侯酆及兄弟並被誅。不其縣，前漢屬琅邪郡，後漢併省爲鄉。賢曰：故城在今萊州卽墨縣西南，蓋其縣之鄉也。其，音基。被，皮義翻；下同。

18 丙子晦，日有食之。

尙書盧植上言：「凡諸黨錮多非其罪，可加赦恕，申宥回枉。又，宋后家屬並以無辜委骸橫尸，不得斂葬，斂，力贍翻。宜敕收拾，以安遊魂。又，郡守、刺史一月數遷，宜依黜陟以章能否，縱不九載，可滿三歲。賢曰：書曰：三載考績，三考黜陟幽明。孔安國註曰：三年考功。三考，九年。能否幽明有別，升進其明者，黜退其幽者，此皆唐堯之法也。載，子亥翻。又，請謁希求，一宜禁塞，塞，悉則翻。選舉之事，責成主者。又，天子之體，理無私積，宜弘大務，蠲略細微。」帝不省。省，悉井翻。

19 十一月，太尉陳球免；十二月，丁巳，以光祿大夫橋玄爲太尉。

20 鮮卑寇酒泉；種衆日多，種，章勇翻。緣邊莫不被毒。被，皮義翻。

21 詔中尙方卽尙方也，屬少府。爲鴻都文學樂松、江覽等三十二人圖象立贊，以勸學者。爲，于僞翻。尙書令陽球諫曰：「臣案松、覽等皆出於微蔑，蔑者，微之甚，幾於無也。斗筲小人，筲，竹器，容斗二升，音所交翻。依憑世戚，附託權豪，俛眉承睫，睫，卽涉翻，目毛也。徼進明時。徼，一遙翻。或獻賦一篇，或鳥篆盈簡，賢曰：八體書有鳥篆，象形以爲字也。而位升郎中，形圖丹青。亦有筆不點牘，辭不辨心，假手請字，妖僞百品，莫不蒙被殊恩，蟬蛻滓濁。賢曰：說文曰：蛻，蟬蛇所解皮也，音式銳翻，或音他外翻。是以有識掩口，謂掩口而笑也。天下嗟嘆。臣聞圖象之設，以昭勸戒，欲令人君動鑒得失，未聞豎子小人詐作文頌，而可妄竊天官，垂象圖素者也。今太學、東觀東觀，在南宮。觀，古玩翻。足以宣明聖化，願罷鴻都之選，以銷天下之謗。」書奏，不省。省，悉井翻。

22 是歲，初開西邸賣官，開邸舍於西園，因謂之西邸。入錢各有差：二千石二千萬，四百石四百萬；其以德次應選者半之，或三分之一；於西園立庫以貯之。貯，丁呂翻。或詣闕上書占令長，隨縣好醜，豐約有賈。占，章贍翻。長，知兩翻。賈，讀曰價。富者則先入錢，貧者到官然後倍輸。又私令左右賣公卿，公千萬，卿五百萬。初，帝爲侯時常苦貧，及卽位，每歎桓帝不能作家居，居，積也。曾無私錢，故賣官聚錢以爲私藏。藏，徂浪翻。

帝嘗問侍中楊奇曰：「朕何如桓帝？」對曰：「陛下之於桓帝，亦猶虞舜比德唐堯。」帝不悅曰：「卿強項，賢曰：強項，言不低屈也。眞楊震子孫，死後必復致大鳥矣。」大鳥事見五十一卷安帝延光四年。復，扶又翻。奇，震之曾孫也。

23 南匈奴屠特若尸逐就單于死，子呼徵立。

二年（己未、一七九）

1 春，大疫。

2 三月，司徒袁滂免，以大鴻臚劉郃爲司徒。考異曰：袁紀：「二月，丁巳，滂免。」「劉郃」作「劉邵」。今從范書。

3 乙丑，太尉橋玄罷，拜太中大夫；以太中大夫段熲爲太尉。玄幼子遊門次，爲人所劫，登樓求貨；所謂劫質也。玄不與。司隸校尉、河南尹圍守玄家，不敢迫。玄瞋目呼曰：瞋，七人翻。呼，火故翻。「姦人無狀，玄豈以一子之命而縱國賊乎！」促令攻之，玄子亦死。玄因上言：「天下凡有劫質，皆并殺之，不得贖以財寶，開張姦路。」由是劫質遂絕。質，音致。

4 京兆地震。

5 司空袁逢罷；以太常張濟爲司空。

6 夏，四月，甲戌朔，日有食之。

7 王甫、曹節等姦虐弄權，扇動內外，太尉段熲阿附之。節、甫父兄子弟爲卿、校、牧、守、令、長者布滿天下，所在貪暴。校，戶教翻。守，式又翻。長，知兩翻。甫養子吉爲沛相，尤殘酷，凡殺人，皆磔尸車上，隨其罪目，宣示屬縣，賢曰：罪目，罪名也。磔，陟格翻。夏月腐爛，則以繩連其骨，周徧一郡乃止，見者駭懼。視事五年，凡殺萬餘人。尚書令陽球常拊髀發憤曰：「若陽球作司隸，此曹子安得容乎！」既而球果遷司隸。

甫使門生於京兆界辜榷官財物七千餘萬，前書音義曰：辜，障也；榷，專也；謂障餘人買賣而自取其利。榷，古岳翻。京兆尹楊彪發其姦，言之司隸。京兆，屬司隸所部。彪，賜之子也。時甫休沐里舍，里舍，私第也。熲方以日食自劾。球詣闕謝恩，因奏甫、熲及中常侍淳于登、袁赦、封㬎等罪惡，姓譜：封，夏封父之後。㬎，音吐嗑翻。辛巳，悉收甫、熲等送雒陽獄，及甫子永樂少府萌、沛相吉。樂，音洛。球自臨考甫等，五毒備極；萌先嘗爲司隸，乃謂球曰：「父子既當伏誅，亦以先後之義，少以楚毒假借老父。」少，詩沼翻。球曰：「爾罪惡無狀，死不滅責，乃欲論先後求假借邪！」萌乃駡曰：「爾前奉事吾父子如奴，奴敢反汝主乎！今日臨阬相擠，擠，子細翻，又則兮翻。行自及也！」球使以土窒萌口，箠扑交至，箠，止橤翻。扑，普卜翻。父子悉死於杖下；熲亦自殺。乃僵磔甫尸於夏城門，大署牓曰：「賊臣王甫。」盡沒入其財產，妻子皆徙比景。

球既誅甫，欲以次表曹節等，乃敕中都官從事曰：中都官從事，卽都官從事，主察舉百官犯法者。中興以後，專令掊擊貴戚。「且先去權貴大猾，去，羌呂翻。乃議其餘耳。公卿豪右若袁氏兒輩，時諸袁以與袁赦同宗，貴寵於世。從事自辦之，何須校尉邪！」權門聞之，莫不屏氣。屏，必郢翻。曹節等皆不敢出沐。會順帝虞貴人葬，虞貴人，順帝母。百官會喪還，曹節見磔甫尸道次，慨然抆淚曰：賢曰：抆，拭也，音亡粉翻。「我曹可自相食，何宜使犬舐其汁乎！」舐，池爾翻。考異曰：袁紀云：「球會虞貴人葬，還入夏城門，曹節見謁於道旁。球大駡曰：『賊臣曹節。』」節收淚於車中，而有是語。今從范書。語諸常侍：「今且俱入，勿過里舍也。」語，牛倨翻。節直入省，白帝曰：「陽球故酷暴吏，前三府奏當免官，以九江微功，復見擢用。事見上熹平六年。復，扶又翻；下同。愆過之人，好爲妄作，好，呼到翻。不宜使在司隸，以騁毒虐。」帝乃徙球爲衞尉。時球出謁陵，諸陵皆在司部，故司隸出謁陵。節敕尚書令召拜，不得稽留尺一。球被召急，因求見帝，【章：甲十一行本「帝」下有「叩頭」二字；乙十一行本同；張校同；退齋校同。】曰：「臣無清高之行，橫蒙鷹犬之任，謂司隸主搏噬姦非，猶鷹犬也。行，下孟翻。橫，戶孟翻。前雖誅王甫、段熲，蓋狐狸小醜，未足宣示天下。願假臣一月，必令豺狼鴟梟各服其辜。」梟，堅堯翻。叩頭流血。殿上呵叱曰：「衞尉扞詔邪！」至於再三，乃受拜。

於是曹節、朱瑀等權勢復盛。節領尚書令。郎中梁人審忠上書曰：審，姓也。漢初有審食其。「陛下卽位之初，未能萬機，皇太后念在撫育，權時攝政，故中常侍蘇康、管霸應時誅殄。太傅陳蕃、大將軍竇武考其黨與，志清朝政。朝，直遙翻。華容侯朱瑀知事覺露，禍及其身，遂興造逆謀，作亂王室，撞蹹省闥，撞，直江翻。蹹，與踏同。執奪璽綬，迫脅陛下，聚會羣臣，離間骨肉母子之恩，間，古莧翻。遂誅蕃、武及尹勳等。因共割裂城社，自相封賞，事見上卷建寧元年。父子兄弟，被蒙尊榮，被，皮義翻。素所親厚，布在州郡，或登九列，或據三司。九列，九卿也。三司，三公也。不惟祿重位尊之責，惟，思也。而苟營私門，多蓄財貨，繕修第舍，連里竟巷，盜取御水，以作漁釣，賢曰：水入宮苑爲御水。車馬服玩，擬於天家。天家，猶王家也。君，天也，故謂之天家。羣公卿士，杜口吞聲，莫敢有言，州牧郡守，承順風旨，辟召選舉，釋賢取愚。故蟲蝗爲之生，夷寇爲之起。爲，于僞翻。天意憤盈，積十餘年；故頻歲日食於上，地震於下，所以譴戒人主，欲令覺悟，誅鉏無狀。昔高宗以雉雊之變，故獲中興之功；高宗肜日：有飛雉升鼎耳而雊，懼而脩德，殷以中興。近者神祇啓悟陛下，發赫斯之怒，詩云：王赫斯怒。故王甫父子應時馘戮，路人士女莫不稱善，若除父母之讎。誠怪陛下復忍孽臣之類，不悉殄滅。忍，謂含忍也，隱忍也。孽，魚列翻。昔秦信趙高，以危其國；事見八卷秦二世紀。吳使刑臣，身遘其禍。左傳：吳伐越，獲俘焉，以爲閽，使守舟。吳子餘祭觀舟，閽以刀弑之。今以不忍之恩，赦夷族之罪，姦謀一成，悔亦何及！臣爲郎十五年，皆耳目聞見，瑀之所爲，誠皇天所不復赦。願陛下留漏刻之聽，漏之度，晝夜百刻。留漏刻之聽，言少須臾留聽也。裁省臣表，省，悉井翻。掃滅醜類，以答天怒。與瑀考驗，有不如言，願受湯鑊之誅，妻子并徙，以絶妄言之路。」章寢不報。

中常侍呂強清忠奉公，帝以衆例封爲都鄉侯，強固辭不受，因上疏陳事曰：「臣聞高祖重約，非功臣不侯，所以重天爵、明勸戒也。中常侍曹節等，宦官祐薄，品卑人賤，讒諂媚主，佞邪徼寵，徼，一遙翻，又古堯翻。有趙高之禍，未被轘裂之誅。賢曰：轘裂，以車裂也。陛下不悟，妄授茅土，開國承家，小人是用，易曰：開國承家，小人勿用。又并及家人，重金兼紫，賢曰：金印紫綬；重兼，言累積也。重，直龍翻。交結邪黨，下比羣佞。比，毗至翻。陰陽乖剌，剌，盧達翻。稼穡荒蕪，人用不康，罔不由茲。臣誠知封事已行，言之無逮，封事，謂封爵之事也。所以冒死干觸陳愚忠者，實願陛下損改既謬，從此一止。臣又聞後宮采女數千餘人，衣食之費日數百金，比穀雖賤而戶有饑色，比，頻寐翻，言近者也。按法當貴而今更賤者，由賦發繁數，以解縣官，數，所角翻。賢曰：縣官調發既多，故賤糶穀以供之。解，居隘翻，發也。寒不敢衣，飢不敢食，民有斯戹而莫之卹。宮女無用，填積後庭，天下雖復盡力耕桑，猶不能供。復，扶又翻；下同。又，前召議郎蔡邕對問於金商門，邕不敢懷道迷國，蓋引論語迷邦之言。不曰邦者，避高帝諱。而切言極對，毀刺貴臣，譏呵宦官。陛下不密其言，至令宣露，羣邪項領，膏唇拭舌，賢曰：詩曰：駕彼四牡，四牡項領。註云：項，大也。四牡者，人所駕，今但養大其領，不肯爲用，諭大臣自恣，王不能使也。膏唇拭舌，謂欲讒毀故也。競欲咀嚼，造作飛條。賢曰：飛條，飛書也。陛下回受誹謗，致邕刑罪，室家徙放，老幼流離，豈不負忠臣哉！今羣臣皆以邕爲戒，上畏不測之難，下懼劍客之害，賢曰：謂陽球使客追刺邕也。難，乃旦翻。臣知朝廷不復得聞忠言矣！故太尉段熲，武勇冠世，冠，古玩翻。習於邊事，垂髮服戎，賢曰：垂髮，謂童子也。功成皓首，歷事二主，二主，靈帝、桓帝。勳烈獨昭。陛下既已式序，式，用也。式序者，用敍其功也。位登台司，而爲司隸校尉陽球所見誣脅，一身既斃，而妻子遠播，播，遷也。天下惆悵，惆，丑鳩翻。功臣失望。宜徵邕更加授任，反熲家屬，則忠貞路開，衆怨以弭矣。」帝知其忠而不能用。

8 丁酉，赦天下。

9 上祿長和海賢曰：上祿縣，屬武都郡，今成州縣。姓譜：和，本自羲和之後；一云卞和之後。上言：「禮，從祖兄弟別居異財，恩義已輕，服屬疎末。而今黨人錮及五族，既乖典訓之文，有謬經常之法。」帝覽之而悟，於是黨錮自從祖以下皆得解釋。從祖，緦麻服。從，才用翻。

10 五月，以衞尉劉寬爲太尉。

11 護匈奴中郎將張脩與南單于呼徵不相能，脩擅斬之，更立右賢王羌渠爲單于。更，工衡翻。秋，七月，脩坐不先請而擅誅殺，檻車徵詣廷尉，死。

12 初，司徒劉郃兄侍中鯈與竇武同謀，俱死，鯈，直留翻；桓紀作「劉鯈」。永樂少府陳球說郃曰：賢曰：桓帝母孝崇皇后宮曰永樂，置太僕、少府。余據此時帝母孝仁董太后居永樂宮，非孝崇后也。說，輸芮翻。「公出自宗室，位登台鼎，天下瞻望，社稷鎭衞，豈得雷同，容容無違而已。今曹節等放縱爲害，而久在左右，又公兄侍中受害節等，今可表徙衞尉陽球爲司隸校尉，以次收節等誅之，政出聖主，天下太平，可翹足而待也！」郃曰：「凶豎多耳目，恐事未會，先受其禍。」尚書劉納曰：「爲國棟梁，傾危不持，焉用彼相邪！」論語：孔子曰：「危而不扶，顚而不持，則將焉用彼相矣！」焉，於虔翻。郃許諾，亦與陽球結謀。球小妻，程璜之女，由是節等頗得聞知，乃重賂璜，且脅之。璜懼迫，以球謀告節，節因共白帝曰：「郃與劉納、陳球、陽球交通書疏，謀議不軌。」帝大怒。冬，十月，甲申，劉郃、陳球、劉納、陽球皆下獄，死。下，遐稼翻。

13 巴郡板楯蠻反，楯，食尹翻。遣御史中丞蕭瑗督益州刺史討之，不克。瑗，于眷翻。

14 十二月，以光祿勳楊賜爲司徒。

15 鮮卑寇幽、并二州。

三年（庚申、一八〇）

1 春，正月，癸酉，赦天下。

2 夏，四月，江夏蠻反。夏，戶雅翻。

3 秋，酒泉地震。

4 冬，有星孛于狼、弧。晉書天文志：狼，一星，在東井東南。弧，九星，在狼東南。孛，蒲內翻。

5 鮮卑寇幽、并二州。

6 十二月，己巳，立貴人何氏爲皇后。考異曰：袁紀在十一月。今從范書。徵后兄潁川太守進爲侍中。后本南陽屠家，以選入掖庭，生皇子辯，故立之。爲何進謀誅宦官、敗國亡家張本。

7 是歲作罼圭、靈昆苑。賢曰：罼圭苑有二，東罼圭苑，周一千五百步，中有魚梁臺，西罼圭苑周三千三百步，並在雒陽宣平門外。司徒楊賜諫曰：「先帝之制，左開鴻池，右作上林，不奢不約，以合禮中。今猥規郊城之地以爲苑囿，壞沃衍，杜預註左傳曰：衍沃，平美之地也。壞，音怪。廢田園，驅居民，畜禽獸，畜，許六翻。殆非所謂若保赤子之義。書曰：若保赤子，惟民其康乂。今城外之苑已有五六，賢曰：陽嘉元年，起西苑。延熹二年，造顯陽苑。雒陽宮殿名有平樂苑、上林苑。桓帝延熹元年置鴻德苑。可以逞情意，順四節也。賢曰：逞，快也。四節，謂春蒐、夏苗、秋獮、冬狩。宜惟夏禹卑宮、太宗露臺之意，惟，思也。以尉下民之勞。」書奏，帝欲止，以問侍中任芝、樂松；任，音壬。考異曰：范書云「中常侍樂松」。松本鴻都文學，必非中常侍。袁紀云「侍中」，今從之。對曰：「昔文王之囿百里，人以爲小；齊宣五里，人以爲大。齊宣王問於孟子曰：「文王之囿，方七十里，人猶以爲小；寡人之囿，方四十里，人以爲大，何也？」對曰：「文王之囿方七十里，芻蕘者往焉，雉兔者往焉，與人同之；人以爲小，不亦宜乎！今王之囿，殺其麋鹿者如殺人之罪；人以爲大，不亦宜乎！」此云五里，微與孟子異。今與百姓共之，無害於政也。」帝悅，遂爲之。

8 巴郡板楯蠻反。

9 蒼梧、桂陽賊攻郡縣，零陵太守楊琁制馬車數十乘，以排囊盛石灰於車上，賢曰：排囊，即今囊袋也。排，音蒲拜翻。盛，時征翻。繫布索於馬尾；索，昔各翻。又爲兵車，專彀弓弩。及戰，令馬車居前，順風鼓灰，賊不得視，因以火燒布然，馬驚，奔突賊陣，因使後車弓弩亂發，鉦鼓鳴震，羣盜波駭破散，波駭者，蓋喻以物擊水，一波動，萬波隨而駭動。追逐傷斬無數，梟其渠帥，梟者，斬首而梟之木上也。梟，堅堯翻。帥，所類翻。郡境以清。荆州刺史趙凱誣奏琁實非身親破賊，而妄有其功；琁與相章奏。凱有黨助，遂檻車徵琁，防禁嚴密，無由自訟；乃噬臂出血，書衣爲章，具陳破賊形勢，及言凱所誣狀，潛令親屬詣闕通之。詔書原琁，拜議郎；凱受誣人之罪。琁，喬之弟也。楊喬，見上卷桓帝永康元年。

容肇祖標點　王崇武　聶崇岐覆校